natürlich oekom!

Mit diesem Buch halten Sie ein echtes Stück Nachhaltigkeit in den Händen. Durch Ihren Kauf unterstützen Sie eine Produktion mit hohen ökologischen Ansprüchen:

- 100 % Recyclingpapier
- mineralölfreie Druckfarben
- Verzicht auf Plastikfolie
- Kompensation aller CO_2-Emissionen
- kurze Transportwege – in Deutschland gedruckt

Weitere Informationen unter www.natürlich-oekom.de und #natürlichoekom

Bibliografische Information der Deutschen Nationalbibliothek:
Die Deutsche Nationalbibliothek verzeichnet diese Publikation
in der Deutschen Nationalbibliografie; detaillierte bibliografische
Daten sind im Internet über www.dnb.de abrufbar.

© 2022 oekom verlag, München
oekom – Gesellschaft für ökologische Kommunikation mbH
Waltherstraße 29, 80337 München

Layout und Satz: Markus Miller
Korrektur: Katharina Spangler
Umschlaggestaltung: Mirjam Höschl, oekom verlag
Umschlagabbildung: © Günter Albers/stock.adobe.com
Druck: CPI books GmbH, Leck

Alle Rechte vorbehalten
ISBN 978-3-96238-382-4

Georg Jochum

Jenseits der Expansionsgesellschaft

Nachhaltiges Dasein und Arbeiten im Netz des Lebens

Bibliothek der Alternativen | Band 4

Inhaltsverzeichnis

Editorische Notiz   9
Einleitung   13

A
GENESE UND WANDLUNGEN DER EXPANSIONSGESELLSCHAFT

1   Vom limitierenden Non Plus Ultra zum expansiven Plus Ultra   27
1.1   Das limitierende Non Plus Ultra: Die Säulen des Herakles als Symbol einer begrenzten Welt   27
1.2   Plus Ultra als Devise für imperial-koloniale Expansion   41
1.3   Vom terminierten Abendland zum expansiven Westen   47
1.4   Die Genese des expansiven Kapitalismus   53
1.4.1   Ressourcengrenzgebiete und die ökonomische Expansion   54
1.4.2   Die Macht des Silbergelds   75
1.4.3   Das Scheitern des Imperiums   79
1.5   Das moderne Weltsystem – Lange Wellen und Hegemoniezyklen   84
1.5.1   Landnahme im expansiven Kapitalismus   86
1.5.2   Okzidentalistische Expansionsideologien   96

2   Die Utopie der Expansion des Human Empire – Das Plus Ultra der technoszientistischen Macht über die Natur   99
2.1   Die Ausdehnung der Grenzen des Human Empire   103
2.1.1   Die adaptierte Symbolik der Säulen des Herakles   107
2.1.2   Die Entfesselung des Prometheus: Vom Mythos zur Technoscience   112
2.1.3   Vom Hispanium Imperium zum Human Empire – Bacon und die Utopie »Nova Atlantis«   115
2.2   Die Dialektik der Technoszientistischen Kolonialität   120

2.3	Die technoszientistische Epistemologie	123
2.4	Der Triumph des Human Empire in der industriegesellschaftlichen Moderne	129
2.5	Das Bacon-Projekt und US-Amerika	134
2.6	Die Frage der ökologischen Grenzen der Expansionsgesellschaft	145
2.7	Neue und grüne Landnahmen	152
3	**Am Ende der Expansionsgesellschaft? Pandemische Risiken und Grenzen der kolonialen Landnahme**	**161**
3.1	SARS-CoV-2 und die Zerstörung des Netzes des Lebens	161
3.2	Reproduktionsverhältnisse im Netz des Lebens	165
3.3	Evolutionäre Grundbedingungen der Anthropogenese	167
3.4	Zur historischen Entwicklung: Kolonisierungsarbeit und Stoffwechsel mit der Natur	169
4	**Exploitation, Extinktion und Rekonfiguration des Netzes des Lebens: fundamentale Aspekte der Expansionsgesellschaft**	**173**
4.1	Die expansive Landnahme des Netzes des Lebens und die Zunahme pandemischer Risiken	181
4.2	Am Ende der Expansionsgesellschaft?	187

B

JENSEITS DER EXPANSIONSGESELLSCHAFT – AUF DEM WEG ZU NACHHALTIGEM LEBEN UND ARBEITEN IM NETZ DES LEBENS?

5	**Die sozial-ökologische Transformation der Arbeitsgesellschaft**	**203**
6	**Die »Doppelbewegung« als sozial-ökologische Transformationen denken**	**207**
7	**Wider die Kommodifizierung von Arbeit. Perspektiven einer nachhaltigen Arbeit(sgesellschaft)**	**213**
7.1	Das Leitbild der nachhaltigen Arbeit	213
7.2	Innovationen und Transformationen in der Erwerbsarbeitssphäre	216
7.3	Erweiterte Subjektansprüche, nachhaltige Arbeit und konfliktäre Konversionen	216

7.4	Die Neubestimmung des Verhältnisses von bezahlten und unbezahlten Arbeiten	218
7.5	Die globalen Zusammenhänge der Arbeitsgesellschaft	229
8	**Digitalisierung von Arbeit und nachhaltige Arbeit**	**231**
8.1	Zur Bedeutung der Digitalisierung für den sozial-ökologischen Wandel der Arbeitsgesellschaft	231
8.2	Befördert die Digitalisierung alternative Arbeitsformen?	232
8.3	Die Governance der sozial-ökologischen Transformation	234
8.4	Nachhaltigkeit durch Kommodifizierung oder durch gemeinschaftliche Nutzung? – Das Beispiel der Fischerei	235
8.5	Digitale Technologien und die Governance der Arbeitswelt	239
9	**Von der expansiven zur nachhaltigen Lebensführung?**	**247**
9.1	Antike Lebensführungskonzepte	248
9.2	Der Wandel der Lebensführungsformen in der frühen Moderne	250
9.2.1	Die expansive Lebensführungsethik der Expansionsgesellschaft	250
9.2.2	Von der fordistischen zur postfordistischen Lebensführung	256
9.3	Nachhaltige Lebensführung jenseits des grünen Kapitalismus	260

C
VOM ZEITALTER DER EXPANSION ZUM ZEITALTER DER GÄA? – ZUSAMMENFASSENDE UND WEITERFÜHRENDE ÜBERLEGUNGEN

10	Der Übergang in das Zeitalter der expansiven Globalisierung	267
11	Von der Expansion zur Integration	277
12	Vom Zeitalter der Globalisierung zum »age of globality«?	283
13	Vom Plus Ultra zum Re Intra?	287
14	Vom Anthropozän zum Zeitalter Gaias/Pacha Mamas?	297

Literatur 305

Ich widme dieses Buch meiner geliebten Leonor, mit der ich Wege des Übergangs von der Alten zur Neuen Welt erkundete, und die mir den Übergang vom Diesseits zum Jenseits einfach gemacht hat.

Editorische Notiz

Das vorliegende Werk ist posthum erschienen. Der Autor, Georg Jochum, hat uns in den letzten Wochen vor seinem für ihn absehbaren Tod gebeten, den Text zu redigieren, mit ihm eventuelle Veränderungen zu diskutieren und schließlich die Fertigstellung zu sichern. Dieser Bitte sind wir weniger als Kollegen, sondern vielmehr als Freunde nachgekommen, die sich diesem Wunsch nicht verschließen wollten und konnten. Einige Änderungen konnten mit Georg noch besprochen werden – bis zehn Tage vor seinem Tod war er in der Lage, zeitweise per E-Mail zu kommunizieren. Sprechen war ihm schon sehr viel länger nicht mehr möglich.

Für ihn, der bis zur finalen Erschöpfung Textteile für diese Publikation formulierte, war dies nicht nur eine Ablenkung vom Kommenden, sondern auch ein tiefsitzendes Bedürfnis, angesichts des ökologischen wie sozialen Zustands der Welt das eigene wissenschaftliche Wirken zu einem mahnenden Abschluss bringen zu können. Georg Jochum hatte seinen Frieden mit seinem allzu kurzen Leben gemacht, ein bedingender Schritt dahin war die Abfassung des vorliegenden Buches und die Absicherung seiner Veröffentlichung.

So handelt es sich bei dieser Schrift um ein – im besten Sinn des Wortes – aufklärendes Vermächtnis. Es hinterlässt die Gedankenwelt eines historisch-philosophisch gebildeten Soziologen, der die Genese eines alles vereinnahmenden Kapitalismus zum Ausgangspunkt seiner Kritik an der globalen Ungleichheit macht. Aber dieses Buch verweist auf die materielle und soziale Begrenztheit dieses ökologischen Weltsystems. Einiges davon ist bereits in der Dissertationsschrift *Plus Ultra oder die Erfindung der Moderne. Zur neuzeitlichen Entgrenzung der okzidentalen Welt* (Jochum 2017) ausgearbeitet worden, wird hier aber um weitere Aspekte wie die Digitalisierung oder Nachhaltigkeitsdiskurse erweitert. Aufgenommen sind auch neuere Überlegungen, die seiner Zeit am Postwachstumskolleg in Jena entsprungen sind und sein Denken stärker um die Frage nach der Überwindung der als Sackgasse identifizierten Realentwicklung des globalisierten Kapitalismus kreisen lassen. Die von Georg Jochum als Gegenentwurf skizzierte ökologische Sozialität respektive öko-sozialistische Gesellschaftsform in weltweitem Maßstab konnte bedauerlicherweise nicht mehr tiefer ausgearbeitet werden. Daher müssen die Fragen danach, wie dieses neue Zeitalter eingeleitet werden kann, welche Passagen und welche Widerstände dagegen zu erwarten sind, unbeantwortet bleiben. Dass er um die Ambivalenzen und Widersprüche des Prozesses wusste, darf vorausgesetzt werden.

Auch wenn Kritiker der Dissertation zu Recht moniert haben, dass der weltgeschichtliche Urheber des dem Text als Ausgangspunkt dienenden Eroberungsgedankens des Plus Ultra, Kaiser Karl V., diese Überzeugung später selbst nicht mehr aktiv verfolgte, so gilt doch, dass die Triebkräfte losgelassen waren und sich ohne Rücksicht auf humane wie ökologische Werte verselbstständigt haben. Im Ergebnis stehen mehr als 500 Jahre der Ausbeutung von Natur und Menschen. Auch der in westlichen Ländern eingeleitete Übergang zu nachhaltigerer Wirtschaft treibt den globalen Ressourcenverbrauch an und ist in den Auswirkungen auf regionale Ökonomien zu hinterfragen. Kritisch wird auch die in der vorliegenden Schrift wiederholte Anlehnung Georg Jochums an Wallerstein (1986) betrachtet. Für Jochum ist der Ansatz der Weltsystemanalyse jedoch eher als auf ökonomischen Prinzipien beruhender holistischer Gedankengang inspirierend, anstatt damit einen kruden Ökonomismus inkludieren zu wollen. Und auch der eher essayistische Rückgriff auf Galeanos Werk *Die offenen Adern Lateinamerikas* (1980) bedeutet nicht, ein theoretisches Gerüst abzulehnen, sondern es wird als illustrierende Realgeschichte genutzt. Leider konnte diese durch vielleicht aktuellere und exakte quantitative Bezifferungen auch nicht mehr zum Gedankengang Jochums beitragen. Wäre noch Zeit geblieben, hätte Georg Jochum sich aufgemacht, weitere Quellen heranzuziehen.

Die vorliegende Veröffentlichung spiegelt die kritische Position des Autors gegenüber historischen wie andauernden Entwicklungen wider. Angesichts der drängenden Fragen nach den ökologischen und sozialen Transformationen der Weltgesellschaft(en), der Probleme des Übergangs zu einer nachhaltigen Produktionsweise, des überbordenden Konsums insbesondere in der westlichen, zunehmend aber auch der gesamten Welt, des Energie- und Ressourcenhungers des digitalen Zeitalters etc. hat die Beantwortung dieser Fragen gegenwärtig wie zukünftig eine außerordentlich hohe Relevanz.

Die notwendig gewordenen redaktionellen Überarbeitungen sind an dieser Position ausgerichtet und zielen darauf, ihnen und damit Georg Jochums Vorstellungen gerecht zu werden. Soweit es sein Zustand zuließ, wurden Formulierungen miteinander abgestimmt. Insbesondere im letzten Teil des Buches war dies nur noch partiell und zuletzt gar nicht mehr möglich. Insofern haben die Bearbeiter einen Teil der Verantwortung für die vorliegende Publikation übernommen und hoffen, dieser in Georg Jochums Sinne gerecht zu werden. Die originären Quellen, Belege, Gedanken und Zielsetzungen des Autors bleiben dabei aber erhalten und unberührt, ebenso der dringliche, letzte Mahnruf für eine Veränderung gesellschaftlicher Verhältnisse. Für all das stehen Georg Jochum und sein Appell. Als Mahner für eine gerechte, für eine nachhaltig wirtschaftende globale Gesellschaft wird Georg Jochum fehlen.

Wir hoffen, dass die Veröffentlichung die avisierte Wirkung eines mahnenden Impulses erreicht und zugleich die zu Grunde liegende wissenschaftliche Leistung gewürdigt wird.

Dem oekom Verlag danken wir für sein kooperatives Verhalten vor und nach dem Ableben Georg Jochums; sich auf die Ungewissheit redaktioneller Überarbeitungen durch Fremde sowie notwendig veränderte Termine einzulassen, ist keine Selbstverständlichkeit.

Fedor Pellmann (München) und Ingo Matuschek (Berlin)

Einleitung

Die moderne Expansionsgesellschaft konstituiert sich – so die These dieses Buches – im Kontext der sogenannten europäischen Expansion. Der vor genau 500 Jahren am 6. September 1522 erfolgte Abschluss der Weltumsegelung der Magellanexpedition durch Sebastian del Cano und seine Botschaft an Kaiser Karl V., dass er »die ganze Rundheit der Welt entdeckt und umfahren habe«, kann damit als symbolträchtiger Beginn des modernen Zeitalters der expansiven Globalisierung angesehen werden.

Mit der vorliegenden Schrift soll dieser Jahrestag zum Anlass für eine kritische Reflexion des damit beginnenden Prozesses genommen werden. Denn mit der Sprengung der bisher als unüberschreitbar angesehenen Grenzen der mittelalterlichen Welt erfolgte nicht nur in einem geografischen Sinn eine Horizonterweiterung und Öffnung für Neue Welten, sondern damit verband sich auch der Beginn der Gewinnung und des Ausweitens der imperial-kolonialen Macht des Okzidents über den ganzen Erdenglobus. Zugleich wurde die Überschreitung der alten geografischen Grenzen und die eurozentrische Ausdehnung des Machtbereichs des sogenannten Abendlandes zu einem Paradigma für ein »enlarging of the bounds of Human Empire« (Bacon 1862: 398), d. h. die anthropozentrische Expansion menschlicher Macht über die Natur. Von nun an wurde für das Selbstverständnis der okzidentalen Kultur die Idee der Legitimität der Grenzüberschreitung zentral; mit der Durchsetzung des »expansiven Kapitalismus« (Dörre 2019: 1) geriet die Notwendigkeit der Ausdehnung von Grenzen zu einem systemimmanenten »Zwang« der modernen Gesellschaft.

Indem sich zuvor als unverrückbar erachtete Grenzen zu überschreitbaren bzw. nach außen expandierbaren Grenzen verwandelten, begründete sich die moderne westliche Gesellschaft als Expansionsgesellschaft. Prozesse des Machtgewinns über das »Große Grenzland« (Moore 2020: 135) und der Zwang zur Gewinnung immer neuer Gebiete durch »Landnahme« (vgl. Kap. A 1.5) wurden für die westliche Zivilisation konstitutiv.

Und bis heute ist die moderne Expansions- und Wachstumsgesellschaft scheinbar unabdingbar auf eine permanente Überschreitung von Schranken, eine Ausdehnung von imperialer Macht, eine expansive Erschließung neuer menschlicher und außermenschlicher Arbeitskräfte, von neuen Absatzmärkten und die Aneignung der Ressourcen und produktiven Potenziale der Natur angewiesen.

Zunehmend werden allerdings die Schattenseiten und Ambivalenzen dieses okzidentalen Sonderweges sichtbar wie auch vermehrt diskutiert; es zeigen sich angesichts vielfältiger ökologischer und sozialer Krisen und der Einsicht in ökologische »planetary boundaries« (Rockström u. a. 2009) die Grenzen des modernen Expansionsprojekts. Daher sind eine kritische Reflexion und Revision dieses Projekts notwendig. Die vorliegende Schrift will einen Beitrag hierzu leisten.

Im Folgenden soll die Genese der modernen Expansionsgesellschaft im Detail nachgezeichnet werden. Zurückgegriffen wird dabei zum einen auf Ansätze in der deutschen Soziologie, in denen mit Rekurs auf Luxemburgs Analyse des »schrankenlosen Expansionsdrangs des Kapitals« (Luxemburg 1921/1970: 478) die Mechanismen der »industriell-kapitalistische Landnahme« (Lutz 1984: 61) analysiert wurden und aktuell die Frage nach einem möglichen »Expansionsparadox kapitalistischer Landnahmen« (Dörre 2019: 16) auch in Hinblick auf die gegenwärtige Gesellschaft gestellt wird. Ergänzend werden Analysen von Wallerstein zur »großen Expansion« des modernen Weltsystems (Wallerstein 1989) sowie von Moore zum »Kapitalismus im Netz des Lebens« (Moore 2020) einbezogen.

In Anknüpfung an diese Ansätze wird in der vorliegenden Publikation die moderne Gesellschaft als Expansionsgesellschaft beschrieben, d. h. als eine Gesellschaft, die in ihren Leitbildern, ihren Strukturen und Basisprinzipien auf eine permanente Expansion ausgerichtet und in ihrem Funktionieren auch auf diese Expansion angewiesen ist. Damit deckt sich die Beschreibung mit manchen Analysen im sogenannten Postwachstumsdiskurs (Seidl und Zahrnt 2010; Paech 2012, 2013a, 2014; Schmelzer/Vetter 2019), geht aber darüber hinaus.[1] Mit der Einführung des Begriffs

---

1 Die vorliegenden Bücher wurden während meines Aufenthalts als Fellow am Kolleg Postwachstumsgesellschaften an der Friedrich-Schiller-Universität Jena begonnen. Auf

und des Konzepts der Expansionsgesellschaft ist die Intention verbunden, bestimmte Engführungen, die mit dem Begriff der Wachstumsgesellschaft und den kritisch darauf bezogenen Visionen einer Postwachstumsgesellschaft verbunden sind, zu überwinden. Denn zum einen ist mit der Kritik der Wachstumsgesellschaft das Problem verbunden, dass die Idee des (ökonomischen) Wachstums in der Gesellschaft häufig positiv konnotiert ist und dementsprechend die Vision einer Postwachstumsgesellschaft auf schwer zu überwindende Vorbehalte stößt. Mit dem Begriff der Expansionsgesellschaft soll diese Problematik vermieden und in stärkerem Maße auf den aggressiven, gewalttätigen Charakter der modernen Gesellschaften und ihren Zwang zur permanenten Ausdehnung verwiesen werden.

Zum anderen ist mit dem Konzept der Expansionsgesellschaft eine alternative Vorstellung von dem Ursprung der gegenwärtigen nicht nachhaltigen Gesellschaft und damit auch der Art der Transformation hin zu Nachhaltigkeit verbunden: Zumeist wird nämlich die Genese der Wachstumsgesellschaft mit der Herausbildung der modernen Industriegesellschaft, dem Anstieg des Verbrauchs an fossilen Ressourcen und der damit verbundene »großen Beschleunigung« im 18. Jahrhundert in einen Zusammenhang gebracht, die aktuelle ökologische Krise vor allem an dem Klimawandel festgemacht und die Postwachstumsgesellschaft entsprechend häufig primär als postfossile Gesellschaft konzipiert. In den konservativ-werteorientierten Strategien und reformistisch ausgerichteten Konzepten wird dabei eine Transformation hin zu einer Postwachstumsgesellschaft für möglich erachtet, die ohne fundamentale Veränderungen der gesellschaftlichen Herrschafts- und Produktionsverhältnisse auskomme (z. B. Miegel 2010). Im Gegensatz dazu identifizieren kapitalismuskritische Ansätze in stärkerem Maße den mit dem Kapitalismus verbundenen Zwang zur Ausweitung der Akkumulation als zentralen Wachstumstreiber. Dem entspre-

---

dem am Kolleg durchgeführten Workshop »Externalisierungsgesellschaft und imperiale Lebensweise als Forschungsprogramm« wurden die Grundideen in meinem Vortrag »Am Ende der Expansionsgesellschaft – auf dem Weg zu nachhaltiger Arbeit?« erstmals präsentiert. Ich danke dem Kolleg für den intellektuellen Freiraum und die Anregungen.

chend wird eine Postwachstumsgesellschaft auch als postkapitalistische Gesellschaft konzipiert (Dörre u. a. 2019).

Die vorliegende Schrift ist dieser letzten Richtung im Diskurs zuzuordnen und zugleich wird eine räumliche, zeitliche und inhaltliche Ausweitung der Perspektive vorgenommen. Zwar ist es zutreffend, dass mit der verstärkten Nutzung fossiler Energien im 18. Jahrhundert eine Beschleunigung eingesetzt hat und die kapitalistische Akkumulation ausgeweitet worden ist. Allerdings hat, wie noch ausführlich dargelegt wird, der expansive Kapitalismus und damit auch die gegenwärtige sozial-ökologische Krise historisch noch weiter zurückliegende Wurzeln, die mit der Genese des Projekts der Moderne verbunden sind.

Mit der sogenannten europäischen Expansion beginnt faktisch ein Prozess der zunehmenden Dominanz des Okzidents über die außereuropäische Welt und es etabliert sich eine »Kolonialität der Macht« (Quijano 2016: 31). Hiermit war die Etablierung einer hierarchischen Ausdifferenzierung der globalen Arbeitsordnung nach rassischen Kriterien sowie eine spezifische »Kolonialität der Natur (Colonialidad de la naturaleza)« (Alimonda 2011: 21) verknüpft, die mit exportorientierten, auf Sklavenarbeit beruhenden Monokulturen in den überseeischen Kolonien verbunden war. An dieser Stelle, und nicht erst mit dem Übergang zum »fossil capital« (Malm 2016), bilden sich die Grundstrukturen des expansiven Kapitalismus heraus. Dementsprechend muss der Übergang in eine Postexpansionsgesellschaft auch mit einer Transformation zu einer postkolonialen Gesellschaft einhergehen.

Mit dem hier vorgelegten Konzept der Expansionsgesellschaft ist des Weiteren die Idee verknüpft, dass der modernen Wachstums- und Expansionsdynamik ein bisher wenig beachteter »Expansionsimperativ« zugrunde liegt. In dem Wahlspruch »Plus Ultra«, den sich Kaiser Karl V. als Devise für sein Imperium erwählte, fand die frühneuzeitliche koloniale europäische Expansion ihren paradigmatischen Ausdruck. Das Plus Ultra kann als ein wirkmächtiger »imperiale[r] Expansionstopos« (Feuerstein 2005: 141) angesehen werden, der die moderne Expansionsgesellschaft prägt und untergründig auch heute noch bestimmt. Eine Überwindung der gegenwärtigen sozial-ökologischen Krisen und die Erschließung von Gesellschaftsvisionen jenseits der Expansionsgesellschaft machen dementsprechend auch eine kritische Reflexion dieses Expansionsimperativs notwendig.[2]

Tatsächlich wurde die Vorstellung von einem limitierten Wirkungsraum des Menschen in der Antike und im Mittelalter durch in besonderem Maße symbolträchtige geografische Punkte zum Ausdruck gebracht: Die sogenannten Säulen des Herakles[3], d. h. die bei der Straße von Gibraltar sich befindenden markanten Erhebungen des Felsens von Gibraltar (lat.: Calpe) auf der europäischen und auf der afrikanischen Seite (Berg Jebel Musa; lat.: Mons Abila), kennzeichneten in der Antike den Übergang zwischen dem vertrauten Mittelmeer und dem ungeheuren atlantischen Ozean. Sie waren damit »am Ende des abendländischen Kosmos« (Frank 1979: 12) angesiedelt und als »Abgrenzungssymbole mit dem Index eines Tabus« (ebd.: 12) versehen. Sie galten als das später sprichwörtlich gewordene Non Plus Ultra der Alten Welt. Noch Dante (1265–1321) ließ in seiner *Divina Commedia* den von Neugier und Abenteuerlust getriebenen Odysseus über diese Schwelle »wo Herkules seine Zielsäulen bezeichnet hatte, dass der Mensch sich nicht weiter hinausbegebe« (Dante 1997: Inf. 26. Vers 118) hinausschreiten – und für die Übertretung des Tabus sodann mit dem Untergang seines Schiffs bestrafen.

Nach der erfolgreichen Missachtung des alten Gebots des Non Plus Ultra und der Entdeckung der sogenannten Neuen Welt infolge der Fahrt des Kolumbus sollte sich auch die geografische und anthropologische Bedeutung der Säulen des Herakles grundlegend verändern. Mit der im Auftrag von Karl V. begonnenen Ausfahrt der Magellanexpedition von der nahe Gibraltar gelegenen Hafenstadt Sanlúcar de Barrameda und dem Abschluss der Expedition durch die Rückkehr des Schiffes Victoria im Jahre 1522 war die alte Bedeutung der Säulen endgültig obsolet gewor-

---

2 Einige der folgenden Überlegungen wurden bereits in der Schrift *Plus Ultra* (Jochum 2017) ausgeführt und manche Gedanken wurden von dort teilweise entnommen. Allerdings fehlte hierbei eine Inbezugnahme auf die Idee der Expansionsgesellschaft. Damit wird hier eine neue Rahmung vorgenommen und insbesondere auch in stärkerem Maße die Bedeutung des expansiven Kapitalismus und des damit verbundenen Landnahmezwangs herausgearbeitet.

3 Die lateinische Bezeichnung Herkules entspricht der altgriechischen Bezeichnung Herakles. In diesem Buch wird der jeweils von anderen Autoren verwendete Name beibehalten.

den. Es wurde deutlich, dass ein neues globales Imperium unter Kaiser Karl V. entstehen könnte. Dieser kehrte darum zuerst die alte, resignative Symbolik der Säulen des Herakles als Mahnmal eines Non Plus Ultra in ihr Gegenteil um und erwählte »Plus Oultre« (»Noch Weiter« bzw. »Plus Ultra«) zur hoffnungsvollen Leitidee seines (angestrebten) globalen Imperiums. Der Okzident gewann dadurch »aus einem Symbol der Begrenzung ein Symbol der Öffnung und der Entgrenzung« (Walter 1999: 128). Mit dem Leitmotiv Plus Ultra wurde also der imperial-koloniale Expansionsimperativ der Moderne formuliert, wie auch Feuerstein treffend deutlich macht:

> »In der Neuzeit und frühen Globalisierungsmoderne vollzieht sich der radikale Wandel des warnenden Verbotes non plus ultra in den programmatischen Aufruf plus ultra. [...] Bei Karl V. wird plus ultra zu einer imperialen Herrschaftsgeste und veranschaulicht ein verändertes Selbstverständnis, mit dem der moderne Habitus in See sticht und seinen Siegeszug antritt. [...] Ein neuer Weltgeist setzt sich in Szene, der alle Produktivkräfte auf ein unbeirrbares Vorwärts, eine unumkehrbare Expansion und ein endloses Wachstum einschwört. Politik, Ökonomie, Wissenschaft und Technologie werden zu Medien für das Übertreffen selbstgesteckter Ziele, um dem imperialen Expansionstopos zu dienen, der alles seinen Wertvorstellungen unterwirft.« (Feuerstein 2005: 141)

In der vorliegenden Schrift wird der Einfluss dieses Übergangs vom Non Plus Ultra zum Plus Ultra auf die Herausbildung der modernen Expansionsgesellschaft detaillierter dargestellt. Mit der Darlegung der Bedeutung des Expansionsimperativs Plus Ultra soll ergänzend zu den oben skizzierten Landnahmetheorien und der dort vorgenommenen Fokussierung auf den mit dem expansiven Kapitalismus verbundenen Zwang zu fortwährenden Landnahmen, zu Akkumulation und Marktexpansion ein weiterer, in den bisherigen Analysen weniger berücksichtigter Expansionstreiber reflektiert werden. Dabei wird nicht unterstellt, dass es sich hierbei um eine prinzipiell differente Logik handelt. Vielmehr wird deutlich, dass das imperial-koloniale Plus Ultra, das Plus Ultra des Kapitals und das Plus Ultra der technoszientistischen Naturbeherrschung im Zusammenhang zu sehen sind. Es handelt sich dabei um verschiedene Aspekte der modernen Expansionsgesellschaft, die bis heute die gesellschaftlichen Verhältnisse sowie die Naturverhältnisse prägen.

Wenn im Titel dieser Publikation zugleich von einem Übergang zu einer Gesellschaft jenseits der Expansionsgesellschaft die Rede ist, so ist damit die These verbunden, dass nicht mehr überschreitbare soziale und ökologische Schranken der Expansion erreicht sind und daher eine grundlegende Transformation der gegenwärtigen Gesellschaft notwendig ist. Mit der These von der Expansionsgesellschaft und ihrer Genese im Kontext der frühneuzeitlichen Expansion soll ein Betrag zur aktuellen Debatte um eine sogenannte »Große Transformation« (WBGU 2011) geleistet werden, in dem eine veränderte Sicht auf die historische Entwicklung erschlossen wird.

Dem breit rezipierten Gutachten des Wissenschaftlichen Beirats Globale Umweltveränderungen *Welt im Wandel: Gesellschaftsvertrag für eine Große Transformation* (WBGU 2011) zufolge ist »die Energietransformation im 19. Jahrhundert als Grundlage der Industriellen Revolution« (ebd.: 92) anzusehen. Diese hatte eine umfassende »Große Transformation« (ebd.: 1; 87 ff.) zur Folge, die nicht nur ökonomische und technische Bereiche betraf, sondern mit einem enormen sozialen und politischen Wandel verbunden war. Vor diesem Hintergrund wird vom WBGU die aktuelle ökologische Krise der Moderne vor allem als Krise des fossilen Entwicklungspfades beschrieben und dementsprechend für eine erneute große Transformation hin zu einer nachhaltigen Entwicklung ein Ausstieg aus dem »fossilnuklearen Metabolismus der Industriegesellschaft« (WBGU 2011: 27) als notwendig erachtet.

Diese Perspektive ist durchaus fruchtbar, um zentrale Aspekte jener Transformation, die zur Genese der modernen Welt beitrugen, zu beleuchten und zugleich ein Verständnis für die aktuellen Krisen des okzidentalen Entwicklungsmodells zu ermöglichen. Allerdings blendet die Fokussierung auf die energetisch-industrielle Ebene wichtige andere Aspekte aus. So hat Polanyi, der die Begrifflichkeit der »Großen Transformation« (Polanyi 1978 [1944]) prägte, die Durchsetzung der Idee eines selbstregulierenden Marktsystems und die damit verbundene »Transformation der natürlichen und menschlichen Substanz der Gesellschaft in Waren« (Polanyi 1978: 70) und somit die kapitalistische Kommodifizierung als zentrales Moment des Transformationsprozesses benannt. Darüber hinaus wird aber vernachlässigt, dass die große Transformation, welche zu einer Sonderstellung des Westens führte, als mehrstufiger Prozess zu analysieren ist. Wie in der vorliegenden Abhandlung unter Fokussierung der Abhängigkeitsverhältnisse zwischen europäischen Zentren und lateinamerikanischer Peripherie argumentiert wird, etablierten sich infolge der europäischen Expansion bereits in der frühen Neuzeit Dependenzverhältnisse im Weltsystem, die heute vor dem Hintergrund der Forderung nach einer anderen, nachhaltigeren Entwicklung zum Problem werden. Wie insbesondere die Herausbildung von der exportorientierten und auf Sklaverei basierenden Plantagenwirtschaft verdeutlicht, war das kapitalistische Weltsystem von Beginn an ein »weltökologisches System« (Moore 2003), das mit problematischen sozial-ökologischen Nebenfolgen verbunden war.

Als paradigmatischer Beginn der großen Transformation, welche die Beschreitung des okzidentalen Sonderwegs und die Herausbildung der modernen Expansionsgesellschaft einleitete, ist somit die europäische Kolonisierung der außereuropäischen Welt anzusehen. Die durch den Übergang zur Welt des Plus Ultra begonnenen vielfältigen Transformationen werden im Folgenden im Detail analysiert. Der mittels der verstärkten Nutzung fossiler Brennstoffe ermöglichte Triumph des industriegesellschaftlichen Projekts der Naturbeherrschung ist aus dieser Perspektive nur als Klimax eines mehrdimensionalen Prozesses anzusehen, dessen Ursprünge weit früher anzusetzen sind. Dies impliziert, dass es verkürzt ist, primär den Wandel der energetischen Grundlagen des Gesellschaftsmodells ins Zentrum zu rücken, um eine Analyse und Bewältigung der aktuellen Krisen des modernen Entwicklungspfades zu ermöglichen. Vielmehr setzt eine neue große Transformation hin zu einer nachhaltigen Entwicklung eine Reflexion sowohl der okzidentalen Kolonisierung der Welt als auch der ideengeschichtlichen Grundlagen des Projekts der Kolonisierung der Natur voraus. Zu dieser auf die Kolonialisierungsgeschichte bezogenen Reflexion soll die in dieser Schrift vorgenommene Darlegung der Genese und historischen Entwicklung der Expansionsgesellschaft beitragen. Vor dem Hintergrund dieser historischen Analysen werden sodann die aktuellen sozial-ökologischen Krisen analysiert. Schließlich scheint die Welt am Ende der Expansionsgesellschaft angelangt zu sein. Um den Übergang hin zu einer Gesellschaft jenseits der Expansionsgesellschaft einzuleiten, erscheint es notwendig, zunächst eine Vision und eine Transformationsstrategie zu entwickeln. Diese begründenden Argumentationslinien und der Inhalt dieser Arbeit werden nachstehend skizziert.

In Teil A werden die Genese und historische Entwicklung der modernen Expansionsgesellschaft dargestellt. Zunächst wird die limitierende Bedeutung der Säulen des Herakles in der antiken und mittelalterlichen Welt diskutiert, um vor diesem Hintergrund sodann den neuzeitlichen Übergang zum expansiven Non Plus Ultra aufzuzeigen. Im Unterkapitel »Das limitierende Non Plus Ultra« wird dargelegt, dass die entscheidende Umkehrung der Bedeutung der Säulen des Herakles von Kaiser Karl V. mit der Wahl von Plus Oultre zu seiner Leitidee vollzogen wurde. Mit dieser Programmatik war eine explizit imperiale Botschaft verbunden. Die Säulen des Herakles stellen das erste und paradigmatische Sinnbild der mit der europäischen Expansion verbundenen Kolonialität der Moderne dar. Im Kapitel »Die Genese des expansiven Kapitalismus« zeigt sich, dass sich im Rahmen der europäischen Expansion und insbesondere der imperialen Expansion unter Karl V. das moderne expansive kapitalistische Weltsystem konstituierte. Dabei spielen die Aktivitäten der frühkapitalistischen Handelshäuser der Welser und Fugger und deren Bedeutung bei der der kolonialen Einbeziehung Amerikas in die Weltökonomie eine exemplarische Rolle. Wie im Kapitel »Die Macht des Silbergelds« daraufhin deutlich wird, war das durch die Ausbeutung von Natur und Menschen in der Neuen Welt gewonnene Silber von zentraler Bedeutung für die Erstarkung des Kapitalismus in der frühen Neuzeit. Das hieraus gemünzte Silbergeld wurde die monetäre Grundlage für das sich herausbildende kapitalistische Weltsystem. Der spanische Piaster geriet dabei zunehmend außer Kontrolle der spanischen Herrscher und es bildete sich anstelle eines von den Habsburgern dominierten globalen Imperiums das moderne Weltsystem als kapitalistische Weltwirtschaft heraus.

Im nachfolgenden Kapitel »Landnahme im expansiven Kapitalismus« wird unter Bezug auf Rosa Luxemburgs Analyse der »Weltexpansion des

Kapitals« (Luxemburg 1921/1970: 396) und des sogenannten »Landnahmetheorems« (Dörre 2019: 7) näher begründet, weshalb und in welcher Weise mit dem Aufstieg des modernen Weltsystems der kapitalistische Akkumulationszwang zum zentralen Expansionstreiber der Expansionsgesellschaft wurde. Dieser theoretische Exkurs dient dazu, ein besseres Verständnis der verschiedenen großen Wellen der Kapitalakkumulation in der Moderne zu ermöglichen, die in den anschließenden Kapiteln diskutiert werden. Im folgenden Kapitel »Die Utopie der Expansion des Human Empire« wird aufgezeigt, dass von Francis Bacon eine für die moderne Expansionsgesellschaft entscheidende Neudeutung und Ausweitung des imperialen Expansionsimperativs Plus Ultra zum Projekt eines Plus Ultra der technoszientistischen Macht über die Natur vollzogen wurde. In dem 1620 veröffentlichten *Novum Organum* verkündete Francis Bacon sein Projekt, durch Wissenschaft und Technik »die Macht und die Herrschaft des Menschengeschlechts (humani generis potentiam et imperium) selbst über die Gesamtheit der Natur zu erneuern und zu erweitern.« (Bacon 1990a: 271; § 129) Ähnlich wie bei der Conquista der Neuen Welt durch die Spanier war die von Bacon propagierte Erkundung und Eroberung der Natur allerdings auch mit Schattenseiten verbunden. Sie sollen an dieser Stelle ebenfalls diskutiert werden. Bacon trug in starkem Maße zur Durchsetzung eines verobjektivierenden Naturverständnisses bei und sein Projekt der infiniten Naturbeherrschung kann als zentraler Ursprung für die industriegesellschaftliche Ausbeutung der natürlichen Umwelt angesehen werden, deren ökologisch bedenkliche Folgen heute zunehmend erkennbar werden. Mit der Darlegung des Zusammenhangs zwischen der okzidentalen Kolonisierung der Welt und der Eroberung der Natur wird es auch möglich, Fragestellungen der de- und postkolonialen Debatten auf das Problem der Kolonisierung der Natur zu übertragen. Im anschließenden Kapitel »Der Triumph des Human Empire in der industriegesellschaftlichen Moderne« wird aufgezeigt, dass Bacons Vision von einem Plus Ultra der Wissenschaft und Technik in der gesamten westlichen Welt eine starke Wirkmächtigkeit entfaltete und nicht zuletzt Einfluss auf den Aufstieg von England und sodann der USA zu hegemonialen Mächten innerhalb des Weltsystems nahm. In weltökologischer Hinsicht waren diese Wellen auch mit neuen Formen der Landnahme und Ausbeutung von Natur verbunden – und damit auch mit nicht intendierten ökologischen Nebenfolgen, die, wie im Kapitel »Die Frage der ökologischen Grenzen der Expansionsgesellschaft« diskutiert wird, heute einer weiteren Expansion des Human Empire entgegenstehen. Zwar ließe sich dieser pessimistischen Diagnose entgegenhalten, dass damit das Innnovationspotenzial des Kapitalismus unterschätzt wird. Von manchen Akteuren werden in diesem Sinne derzeit ein grünes Wachstum und ein neuer »grüner« Kondratjeff propagiert. Wie jedoch im Kapitel »Neue und grüne Landnahmen« unter Fokussierung auf Lateinamerika dargelegt wird, werden die ökologischen Probleme durch derartige als nachhaltig deklarierte Strategien eher vertieft. Es kann daher konstatiert werden, dass derzeit ökologische Grenzen der Expansionsgesellschaft erreicht sind. Im folgenden Kapitel »Am Ende der Expansionsgesellschaft?« ist ausgeführt, dass auch die aktuelle Coronakrise als Paradigma der neuen pandemischen Risiken und Grenzen der kolonialen Landnahme des Netzes des Lebens interpretiert werden kann, da sie die mit der gegenwärtigen Bioökonomie und der Biodiversitätskrise verbundenen Risiken verdeutlicht.

Wie im zweiten Hauptkapitel B. »Jenseits der Expansionsgesellschaft – Auf dem Weg zu nachhaltigem Leben und Arbeiten im Netz des Lebens?« dargelegt wird, stellt sich angesichts dieses Erreichens von sozial-ökologischen Grenzen der Expansionsgesellschaft die Frage nach Visionen einer weniger expansiven, nachhaltigeren Gesellschaft und nach den entsprechenden Wegen in die sozial-ökologische Transformation. Im Unterkapitel »Die Sozial-ökologische Transformation der Arbeitsgesellschaft« wird unter Rekurs auf Polanyi vorgeschlagen, dass sich Transformationsszenarien auf die Arbeitswelt fokussieren sollten. Mit Bezug auf das Leitbild der »Nachhaltigen Arbeit« werden hierbei – bezogen auf die Themenfelder der Erwerbsarbeitssphäre – Transformationswege von Veränderungen im Verhältnis der bezahlten und unbezahlten Arbeiten, der globalen Zusammenhänge der Arbeitsgesellschaft(en), der Digitalisierung von Arbeit sowie der Governance der sozial-ökologischen Transformation diskutiert. Im Kapitel »Von der expansiven zur nachhaltigen Lebensführung?« wird schließlich auf der Grundlage einer Betrachtung des historischen Wandels der Lebensführungspraktiken umrissen, wie ein Übergang von den Lebensführungsmodellen der Expansionsgesellschaft hin zu einer nachhaltigen gemeinschaftsorientierten Lebensführung vollzogen werden kann.

Im abschließenden Kapitel C. »Vom Zeitalter der Expansion zum Zeitalter der Gäa?« werden zusammenfassende und weiterführende Überlegungen vorgenommen. Unter Bezug auf lateinamerikanische postkoloniale Diskurse und Überlegungen von Latour wird argumentiert, dass wir uns derzeit nicht in einem Übergang zum Anthropozän als Zeitalter des Menschen befinden. Vielmehr wird aktuell das moderne Zeitalter der Expansion durch ein neues Zeitalter Gajas bzw. Pacha Mamas abgelöst, das von der Vision einer Wiedereinbettung der Gesellschaft in das Netz des Lebens geprägt ist. Die Orientierung daran dient als erster Schritt zum Einmünden in den Prozess einer Großen Transformation, wie sie oben umrissen wurde. Die Umsetzung wird sich allerdings nicht ideengeschichtlich, sondern in einer politischen Kehrtwende erweisen müssen. Inwieweit dies in Umkehrung der bisherigen Entwicklung ein Plus Ultra der sozialen (R)Evolution jenseits expansiver Qualität der kapitalistischen Gesellschaft und damit ein dringend erforderliches Korrektiv sein wird, ist allerdings eine Frage an die Zukunft und die sich stets verändernden Verhältnisse.

A

GENESE UND WANDLUNGEN DER EXPANSIONSGESELLSCHAFT

1
Vom limitierenden Non Plus Ultra zum expansiven Plus Ultra

Im Folgenden wird die limitierende Bedeutung der Säulen des Herakles in der antiken und mittelalterlichen Welt dargestellt, um vor diesem Hintergrund den Übergang zum expansiven Non Plus Ultra aufzuzeigen. Das geschieht in fünf Schritten: Zunächst wird die mit den Säulen des Herakles verbundene begrenzende Symbolik dargestellt. Die im Zuge einer Umdeutung zum neuen Leitmotiv eines Plus Ultra aufgestiegene Perspektive wird folgend als Basis einer imperial-kolonialen Expansion analysiert. Damit verbunden war auch eine Neuorientierung im Hinblick auf ein vor allem westwärts gerichtetes Expansionsstreben, welches im dritten Schritt näher beleuchtet wird. Viertens wird auf die Genese des darauf aufbauenden expansiven Kapitalismus eingegangen, bevor im letzten Schritt das gegenwärtige moderne Weltsystem behandelt wird.

1.1
Das limitierende Non Plus Ultra: Die Säulen des Herakles als Symbol einer begrenzten Welt

Die Säulen des Herakles kennzeichneten in der antiken Welt den Übergang zwischen dem vertrauten Mittelmeer und dem ungeheuren atlantischen Ozean. Sie waren »am Ende des abendländischen Kosmos« (Frank 1979: 12) angesiedelt und markierten eine Grenze zwischen dem »Mare Nostrum«, das integrierter Bestandteil der menschlichen Welt war, sowie einem äußeren Meer, das zu befahren als Hybris galt. Dieser Vorstellung lag ein mythisches Weltbild zugrunde, in dem die Unterscheidung zwischen Ökumene (d.h. der besiedelten Erde) und dem Ozean zentrales Element war (Voegelin 2004b: 140).

Dem westlichen Ende der Ökumene und dem dort sichtbar werdenden Horizont kam hierbei eine besondere Bedeutung zu. Dieser markierte als Ort des Untergangs der Sonne eine Grenze, jenseits derer das Reich des Todes, der Nacht und des Chaos begann. Es war daher das »Westgrauen« (Bloch 1959: 885), d. h. die Furcht vor dem Atlantik, auch in einer archetypischen mythischen Angst des Menschen vor einem dunklen Hades der Scheibenwelt, in welche die Sonne absteigen muss, begründet. Das Bewusstsein von einer klar bestimmbaren Scheidung zwischen der humanen Welt fand bei den antiken Griechen in den zwischen Erdkreis und abgründigem Atlantik gelegenen Säulen des Herakles einen signifikanten Ausdruck. Die Errichtung dieser Säulen steht den antiken Mythen zufolge in Verbindung mit den sogenannten »Arbeiten« des Kulturheros: Als zehnte Arbeit sollte Herakles das Vieh von einer im atlantischen Ozean gelegenen Insel entführen. Um auf die Insel zu segeln, erhielt er vom Sonnengott Helios dessen goldenen Sonnenbecher als Fahrzeug. Im Zusammenhang damit wird auch von der Errichtung der Säulen des Herakles berichtet. Zu Herakles heißt es bei Apollodorus:

> »Als Denkzeichen seines Zuges errichtete er [Herakles; d. A.] auf den Grenzen Europas und Libyens zwei sich gegenüberstehende Säulen. Als ihn auf seiner Reise Helios [der Sonnengott; d. A.] sehr brannte, spannte er den Bogen gegen den Gott. Dieser, seinen Muth bewundernd, lieh ihm einen goldenen Kahn, in welchem er über den Ozean fuhr.« (Apollodorus 1828: b 2)

Dabei ist von einer tieferen mythischen Bedeutung auszugehen: Bei der Fahrt mit dem Sonnenkahn handelt es sich vermutlich ursprünglich um eine Jenseitsfahrt des Sonnenheros, wie sie in vielen anderen Mythen zu finden ist. Herakles markiert daher mit der Errichtung der Säulen den Ort des Transits von der bewohnten Ökumene in die Unterwelt. Die Säulen verweisen nicht nur auf die geografische Grenze zwischen Ökumene und Ozean; in der antiken Alltagsvorstellung wurden vielmehr die Säulen des Herkules als Schwelle angesehen, deren Überschreitung in die Transzendenz der Totenwelt führt (Jochum 2017: 63 f.).

Darüber hinaus versinnbildlichten die Säulen allgemein die Grenzen der menschlichen Welt und die Begrenztheit der Macht des Menschen. Eines der ersten Zeugnisse für diesen Grenzcharakter der Säulen ist eine Ode des griechischen Dichters Pindar (ca. 522–443 v. Chr.), in der es heißt:

»Die Säulen des Herakles.
Die setzte der göttliche Heros hinaus,
Zeugen der Schiffahrt am Rand des Meers, weithin bekannte.
Er zwang die wilden gewaltigsten Ungeheuer der See
Und spürte für sich die Strömungen aus,
wo er das Ende des Segelns fand,
und setzte der Erde die Grenze.« (Pindarus 1923: 144)

Zwar galt das Mittelmeer, das inmitten des bekannten Orbis Terrarum bzw. der Ökumene angesiedelt war, den Griechen als befahrbar. Der weitaus größere, unerschlossene und den Erdkreis umgebende atlantische Ozean erschien hingegen als weitaus gefährlicher (Freiesleben 1978). Fahrten sowohl entlang der afrikanischen als auch der europäischen Atlantikküste waren durchaus üblich – tabuisiert war aber, und hierauf bezog sich das Überschreitungsverbot der Säulen des Herakles, die Fahrt in den offenen Ozean. Die Säulen des Herakles wurden somit mit einem »Tabu der Abschreckung« (Bloch 1959b: 887) assoziiert und die Bedrohungen, die den Tabubrecher erwarteten, waren vielfältig. Bei den Griechen und Römern waren diese Erzählungen und die Legende vom »Schlamm- und Dunkelmeer« (ebd.: 885) wirkmächtig. Die Bezeichnungen »Meer des Todes«, »das düstere Meer«, das »Meer des Kronos« und »das tote Meer« (Humboldt 2009: 33, Fn 48) verdeutlichen eindrucksvoll, dass der jenseits der Säulen gelegene atlantische Ozean im Gegensatz zum vertrauten »Mare Nostrum« als gefährliches und todbringendes Meer angesehen wurde. Immer wieder wurde in der Antike diese Vorstellung reproduziert.

Über ihren Charakter als Grenze der westlichen Seefahrt hinaus gewannen die Säulen des Herakles eine vielfältige Bedeutung für das Selbst- und Weltbewusstsein des antiken Menschen (Jochum 2017: 71 ff.). Sie wurden bei den Griechen häufig auch als Sinnbild für die Grenzen der Ökumene und damit der Welt des Menschen insgesamt angesehen und bei den Römern markierten die Säulen des Herakles ebenfalls den Beginn und zugleich das Ende des »Orbis Terrarum«, wie bei Plinius deutlich wird:

> »Der gesamte Erdkreis [Terrarum orbis] wird in drei Teile geteilt: Europa, Asien und Afrika. Der Anfang befindet sich im Westen und an der Meerenge von Gades, wo der Atlantische Ozean hereinströmt und sich in die inneren Meere ergießt. [...] An den Schmalstellen der Meerenge aber versperren an beiden Seiten hohe Berge den Zugang, die Abila in Afrika, in Europa die Kalpe, die Grenzen der Taten des Herakles.« (Plinius Secundus 1973: 13).

Diese Bedeutung der Säulen als exemplarische Grenze des Erdkreises bzw. der Ökumene hatte jedoch eine über die unmittelbar geografische Ebene weit hinausreichende Relevanz. Denn die Begriffe der Ökumene bzw. des »Orbis Terrarum« bezeichneten nicht allein einen geografischen Raum, sondern wurden im Laufe des sogenannten »Ökumenischen Zeitalters« (Voegelin 2004a, 2004b) mit vielfältigen kosmologischen, politischen, spirituellen und anthropologischen Bedeutungsgehalten aufgeladen. Entsprechend wurden auch die herakleischen Säulen mit diesen Konnotationen assoziiert. Als exemplarische Grenzsymbole galten die Säulen immer wieder in metaphorischer Weise als Sinnbild der »Conditio Humana«. Mit ihnen war in der Antike eine Anthropologie verknüpft, welche die Leib- und Umweltgebundenheit des Menschen hervorhob und den Gedanken einer absoluten Handlungs- und Weltoffenheit als Hybris ablehnte.

Bei Pindar geht es bei der Erwähnung der Säulen des Herakles zumeist um die sportlichen Leistungen der Olympioniken. So ist die oben zitierte Passage über die Setzung der herakleischen Grenzsäulen Teil eines Gedichts, in dem die Leistungen des Knaben Aristoklides im Allkampf gepriesen werden. Damit wird zugleich die Botschaft verbunden, dass der Wettkämpfer sich in die seinem Wesen und seinen körperlichen Fähigkeiten gemäßen Grenzen zu fügen habe und nicht das Übermaß anstreben solle. In ähnlicher Weise heißt es bezogen auf den Reitwagenfahrer Theron: »[S]o gelangt jetzt zur äußersten Grenze Theron durch seine Leistungen – er rührt vom Hause an die Säulen des Herakles. Das Darüberhinaus ist Weisen unzugänglich [...]. Ich will dem nicht nachgehen; eitel wär' ich.« (Pindarus 1992: 31)

Theron hat das Höchste erreicht, was in dieser olympischen Disziplin erreichbar ist, ein »Darüber-Hinaus« kann es nicht geben. Damit wird eine spezifische Weltsicht und eine Anthropologie vermittelt, die sich von dem Denken der Moderne grundlegend unterscheidet. Zwar wird durchaus eine heroische Leistungsbereitschaft eingefordert, aber zugleich ist die Hybris der Grenzenlosigkeit der Verdammung würdig. Es wird so deutlich, dass die Säulen des Herakles eine metaphorische und paradigmatische Bedeutung hatten. Sie kennzeichneten nicht nur eine geografische Grenze, sondern galten als Sinnbild für den Umgang des Menschen mit seinen physischen Leistungsgrenzen. Ebenso wurden hiermit Grenzen des Wissens verbunden: »In the ancient world the Pillars of Hercules marked the boundaries between the known, familiar world and the forbidden and treacherous ocean (okeanos) beyond man's knowledge or grasp.« (McKnight 1992: 111) Dem Menschen wurde damit ein klar bestimmter Ort im Kosmos zugewiesen; echtes Wissen war daher auch nicht dadurch gekennzeichnet, dass es die Grenzen des Wissens und der Macht über die Welt erweitert, sondern dass es vielmehr den Menschen zur Integration in die ihm zugewiesene Welt befähigt: »Knowledge in this conception depended on the discovery of the boundaries of man's nature [...]. Knowledge is knowledge of ones's place in the hierarchy of things, and exceeding such limits is symptomatic of ignorance, error, or sin.« (McKnight 1992: 127) Die Säulen des Herakles symbolisieren damit für den antiken und mittelalterlichen Menschen einen Wissensbegriff, der Wissen vor allem als »Selbstbegrenzungswissen« (Assmann 1994: 115) fasst.

Dabei ist die Deutung der Säulen als Grenzsymbol auch als eine Art Gegenreaktion auf den zu dieser Zeit ebenfalls aufkeimenden Geist prometheischer Grenzüberschreitungen zu interpretieren (Walter 1999: 122) und macht die ambivalente Haltung hinsichtlich der menschlichen Potenziale deutlich. Die herakleischen Grenzsymbole waren daher auch mit einer Anthropologie der technologischen Fähigkeiten des Menschen verknüpft. Sie wurden als eine gleichsam natürliche Grenze zwischen dem menschlichen Kosmos und dem außermenschlichen, ozeanischen Chaos gedeutet. Dies impliziert, dass sie zugleich Sinnbild für die Unterscheidung zwischen dem durch Arbeit kultivierbaren bzw. dem technisch erschließbaren Raum und der nicht domestizierbaren natürlichen Um- und Außenwelt waren. Denn es war insbesondere »der paradigmatische Kulturheros überhaupt, Herakles« (Böhme 2001b: 242), der in der Antike durch seinen Kampf gegen die Ungeheuer den Sieg der Kultur über die Natur versinnbildlichte. Das antike Denken setzte mit den Säulen des Herakles in gewisser Weise dem Menschen eine ultimative Grenze für die Erschließung der Welt durch Technik und Arbeit.

Allerdings gibt es in der Antike auch Schriften, welche auf den ersten Blick einem limitierenden Charakter der Säulen widersprechen. In den Dialogen *Timaios* und *Kritias* berichtete Platon von der einst jenseits der Säulen des Herakles angesiedelten Insel Atlantis, die aufgrund der Hybris ihrer mächtigen Bewohner im Meer versunken sei:

> »Vor der Mündung, welche ihr in eurer Sprache die Säulen des Herakles heißt, hatte es eine Insel, welche größer war als Asien und Libyen zusammen, und von ihr konnte man damals nach den übrigen Inseln hinübersetzen, und von den Inseln auf das ganze gegenüberliegende Festland, welches jenes recht eigentlich so zu nennende Meer umschließt. Denn alles das, was sich innerhalb der eben genannten Mündung befindet, erscheint wie eine (bloße) Bucht mit einem engen Eingange. [...] Auf dieser Insel Atlantis nun bestand eine große und bewundernswürdige Königsherrschaft, welche nicht bloß die ganze Insel, sondern auch viele andere Inseln und Teile des Festlands unter ihrer Gewalt hatte.« (Platon 1856: 25a, b)

Hier wird eindeutig der mythische Umkreis der antiken Ökumene durchbrochen und dem Diktum widersprochen, dass die Welt der Menschen durch die herakleischen Grenzzeichen und durch das die Erdinsel umschlingende ozeanische Band begrenzt sei. Sogar die Existenz eines Kontinents am anderen Ufer des Atlantiks wird postuliert und damit gleichsam die Existenz Amerikas antizipiert. Trotz dieses scheinbaren Wirklichkeitsgehalts der platonischen Erzählung ist davon auszugehen, dass »Atlantis [...] offensichtlich eine Erfindung, eine Fiktion Platons ist« (Nesselrath 2002: 24). Allen Spekulationen über die Realität des Mythos und die historische Verortung der Insel in Raum und Zeit soll hier keine Bedeutung zukommen. Allerdings ist festzuhalten, dass Atlantis von Platon zunächst nicht als Utopie konzipiert wurde, sondern als negatives Gegenbild zum idealen Ur-Athen fungierte, das von den sogenannten Atlantern angegriffen wurde. Platon will keine ideale Gesellschaft entwerfen, sondern vielmehr die Gefahren einer imperialen Hybris, die zum Untergang in der Katastrophe führt, verdeutlichen. (Platon 1857: 109a)[4]

Doch sollte die Fehldeutung des Textes über das mächtige, prunkvolle und reiche Atlantis später zu einer hierzu gegensätzlichen Interpretation führen: »Der Überfluß erklärt, wieso Atlantis, diese negative Utopie par excellence, im Laufe der Jahrhunderte in eine positive Utopie verwandelt wurde, in eine Art irdisches Paradies.« (Vidal-Naquet 2006: 25) Die alte platonische utopische Vision hat wohl auch unmittelbar mit dazu beigetragen, Kolumbus zu seinem Wagnis zu veranlassen. Viele Autoren der Renaissance setzen nach der Entdeckung Amerikas den Kontinent mit Atlantis gleich. Und dass Thomas Morus in seinem bei Amerika angesiedelten Utopia wesentliche Elemente der Politeia Platons übernahm, kann als Fernwirkung der platonischen Imagination angesehen werden – und schließlich entstand mit der 1627 publizierten Bacon'schen Utopie vom New Atlantis (Bacon 1862) die Vision eines neuen, die Säulen des Herakles überschreitenden expansiven Imperiums – jenes auf anwachsende Naturbeherrschung beruhende Human Empire.

Diese Deutung des Atlantismythos, auf die später noch näher eingegangen wird, steht allerdings in klarem Kontrast zur platonischen Erzählung. Denn, wie gezeigt, wollte Platon mit seiner Schrift eine Kritik an hybrider, imperialistischer Maßlosigkeit und der Unfähigkeit zur reflexiven Begrenzung üben und knüpfte damit durchaus an die gängige Bedeutung der Säulen des Herakles an. Dies verdeutlicht, dass die Säulen in

---

4 Die positive Rolle im Atlantismythos nimmt nicht etwa das Inselreich ein, sondern vielmehr das tapfere Ur-Athen, das sich den Expansionsbestrebungen der Atlanter erfolgreich widersetzt. Wie Vidal-Naquet argumentiert, übt Platon mit seiner Schilderung von Atlantis damit letztlich eine Kritik an Entwicklungstendenzen seiner eigenen Stadt und ihren Grossmachtvisionen: »Die Schilderung des Krieges von Athen gegen Atlantis ist aus meiner Sicht der Konflikt zwischen dem Athen, wie Platon es sich gewünscht hätte, dem so genannten Ur-Athen, und dem imperialistischen Athen.« (Vidal-Naquet 2006: 26)

Die Säulen des Herakles als Symbol einer begrenzten Welt

der Antike nicht allein in einem geografischen Sinne als Grenzsymbole interpretiert wurden, sondern als Signum der Begrenztheit der humanen Möglichkeiten galten und den Menschen vor den Gefahren der Hybris warnten. Diese anthropologische und ethische Bedeutung sollte auch im mittelalterlichen Denken weiter tradiert werden.

Insbesondere bei Dante findet sich in seiner *Göttlichen Komödie* in literarischer Form eine entsprechende Tabuisierung der Ausfahrt in die Region jenseits der Säulen des Herakles im Zusammengang mit einer Neudeutung des Odysseusmotivs: Der antike Held Odysseus kehrt bei Dante nicht nach Ithaka heim, sondern stößt durch die »Glut des Strebens [...] die ganze Welt zu kennen« (Dante 1974: Inf. 26 Vers 97) und damit von Neugier getrieben in das Unbekannte vor. Er verwirft hochmütig die Mahnung des Non Plus Ultra und wagt sich, der Sonne auf ihrem Wege folgend, über die herakleischen Grenzmarken hinaus in den verbotenen atlantischen Ozean:

»So gings aufs offne, hohe Meer das Rennen
[...] Als uns zum engen Schlund der Kiel getragen,
Wo noch, von Herkules gesetzt, der Halt
Dem Schiffer dort gebot, die Male ragen.«
(Dante 1974: Inf. 26 100–118)

Im italienischen Original heißt es »dov' Ercule segnò li suoi riguardi, acciò che l'uom più oltre non si metta.« (Dante 1966: Inf. 26 Vers 118 f.), und hier lässt sich erstmals das Gebot des Non Plus Ultra wörtlich ausmachen, also jene Worte, von denen fortan behauptet wird, sie seien als Inschrift auf den Säulen des Herakles angebracht gewesen (Rosenthal 1973: 212). Odysseus widersetzt sich allerdings dem Überschreitungsverbot, das nicht nur im geografischen Sinne, sondern auch in einem umfassenden anthropologischen und kosmologischen Sinne für das antik-mittelalterliche Weltbild kennzeichnend war. Während Homer noch einen nach Heimkehr sich sehnenden Odysseus entwarf, schildert ihn Dante im 14. Jahrhundert als einen »Meer-Faust« (Bloch 1959b: 1201) und Abenteurer, den die maßlose Sehnsucht nach der unbekannten Ferne vorantreibt. Mit einer in mittelalterlicher Sicht lasterhaften Hybris spricht Odysseus folgende Worte zu seinen Begleitern: »Ihr Brüder! [...], habt des Westens Strand erreicht mit vielen tausend Leibesgefahren. Wollt ihr nicht der Sonne nach, auf Kundschaft nun bedacht [...]. Auf Mannheit und auf Wissen habet acht!« (Dante 1974: Inf. 26 Vers 119–127) Es ist so Dantes Ulysses »das Gegenteil des homerischen Odysseus. Heimat, Familie und lokale Herrschaft gelten ihm nichts, er ist zum obsessiven Abenteurer geworden, der von einer unerklärlichen Macht gezwungen wird, den Kreis des Bekannten und Vertrauten zu überschreiten und aufzubrechen ins Ungewisse.« (Assmann 1994: 106) Der Odysseus Dantes lässt sich aufgrund seines Verlangens, die Welt zu erkunden, von dem Gebot des Non Plus Ultra nicht zurückhalten – ein Streben, das aus christlicher Sicht allerdings als mit der Sünde des Hochmutes verbunden gilt (Assmann 1994: 106). Für diese Missachtung des Gebots des »Nicht weiter hinaus« wird Odysseus nicht nur unmittelbar mit dem Untergang seines Schiffs bestraft, sondern er muss später auch noch in Dantes Hölle schmoren, weil er seinem Erkenntnisdrang folgte.

Wenn Dante in seiner *Commedia* somit einen gleichsam neuzeitlichen Menschen entwirft, dann nicht, um ihn zu preisen, sondern um vor einer neuen innerweltlichen Vernunft zu warnen, deren Herausbildung sich in seiner Zeit erstmals andeutete. Blumenberg hat in diesem Sinne in *Die Legitimität der Neuzeit* (Blumenberg 1966) Dantes Odysseus als Gestalt interpretiert, an der vor allem das mittelalterliche Verhältnis zur curiositas, d. h. zur Neugier zum Ausdruck gebracht wird, die insbesondere durch den Einfluss von Augustinus diskriminiert und »in die Skala der menschlichen Kardinallaster eingereiht« wurde (ebd.: 209). In Dantes Inferno wird an der Gestalt des Odysseus deutlich gemacht, dass allein der auf die jenseitigen Welten ausgerichtete Wissensdurst gerechtfertigt ist: »Die eigene Neugier auf die Reiche des Jenseits hat Dante sorgfältig abgehoben von der gescheiterten eigenmächtigen Grenzüberschreitung des Odysseus. [...] Noch also bedarf die Neugierde der transzendenten, der mehr als theoretisch gerichteten Legitimation.« (Blumenberg 1966: 334) Der rein innerweltliche Erkenntnisdrang des Odysseus wird hingegen als Sünde gefasst und daher mit dem Tode und der Bannung in die Unterwelt bestraft. So wie auch in der Antike war damit unter Bezug auf die limitierenden Säulen des Herakles eine Anthropologie gesetzt, welche den Menschen in eine geschlossene Welt bannte und nur in dem Streben nach einer himmlischen Transzendenz einen Ausweg sah.

Diese anthropologische Bedeutung der Säulen als Mahnmale gegen hybride Grenzüberschreitung blieb auch im Mittelalter verbunden mit der nautisch-kosmografischen Entwicklung als Sinnbild für die räumliche Begrenztheit der Ökumene. Auf vielen der sogenannten »Orbis Terrarum-Karten« (OT-Karten) bzw. Ökumenekarten finden sich die Säulen des Herakles als ultimatives Ende der Welt abgebildet (Van Duzer 2011: 260 f.). Diese Karten hatten zugleich eine spirituelle Bedeutung. Damit verbunden war Idee der Einheit des Menschengeschlechts unter einer die gesamte Ökumene umspannenden christlichen Religion (Jochum 2017: 91 f.).

Noch 1480 wurde auf der Weltkarte von Hans Rüst die alte Vorstellung von einer kreisrunden Ökumene bzw. »Orbis Terrarum« mit den Säulen des Herakles als Grenzsymbole wiedergegeben (vgl. Abb. 1).

Mit dem Weltbild, das in den Ökumenekarten seinen Ausdruck fand, war allerdings entgegen der heute weit verbreiteten Vorstellung kein Glauben an eine scheibenförmige Erde verbunden. Neuere Untersuchungen haben überzeugend aufgezeigt, dass die traditionelle Erzählung von einem in Furcht vor dem Sturz über den Rand der Erdscheibe erstarrten Mittelalter als Konstruktion des 19. Jahrhunderts anzusehen ist (Russell 1991; Krüger 2007). Im Mittelalter war die Kenntnis von der Kugelgestalt der Erde vielmehr weit verbreitet. Entgegen der vereinfachenden These, die Globuskonzeptionen hätten sich von der Antike bis in die Moderne (Krüger 2007: 33) kontinuierlich entwickelt, ist daher zu betonen, dass sich die mittelalterliche Erdkugel grundlegend vom neuzeitlichen Erd-Wasser-Globus unterschied. Die mittelalterliche Erdkugelvorstellung war wesentlich durch die aristotelische Schrift *Vom Himmel* beeinflusst. Demnach befand sich die kugelförmige Erde im Zentrum des Kosmos und wurde von den ebenfalls sphärisch angeordneten leichteren Elementen umgeben, sodass »das Wasser um die Erde herum […], die Luft aber um das Wasser herum, das Feuer aber um die Luft herum« seien (Aristoteles 1987: 287b). Diesem Modell zufolge hätte normalerweise die Erdsphäre vollkommen von Wasser umgeben sein müssen. Es stellte sich dabei nun die Frage, wie es möglich sei, dass sich ein Teil der Erdkugel aus der umgebenden Wasserkugel erhebt. Eine einfache Erklärung hierfür bot die insbesondere von scholastischen Naturphilosophen vertretene These der exzentrischen Mittelpunkte von Erdsphäre und Wassersphäre. Es wurde hierbei angenommen, dass die Erdkugel einen anderen Mittelpunkt habe als der größere Wasserglobus, wodurch die Existenz eines trockenen Erdkreises ermöglicht wurde (Vogel 1995; Jochum 2017: 159 f.).

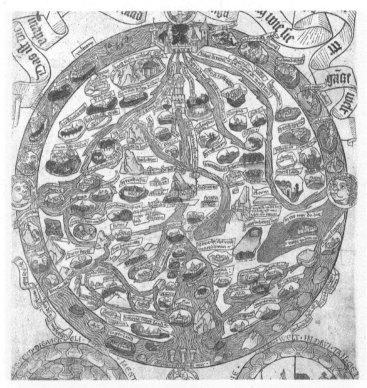

Abb. 1: Die Weltkarte von Hans Rüst (Inkunablenkarte ca. 1480). Diese kurz vor der Reise des Kolumbus gedruckte Karte gibt noch das traditionelle Weltbild des Mittelalters wieder. Der kreisförmige Ozean umgibt den Erdkreis. Die am unteren Rand abgebildeten Säulen des Herakles verdeutlichen auch hier, dass ein Vorstoß in den ungeheuren Atlantik tabuisiert ist.[5]

---

5   Quelle: Deutsches Museum Archiv © Georg Jochum.

Die Säulen des Herakles als Symbol einer begrenzten Welt

Diese Vorstellungen führten dazu, dass trotz des Wissens um die Kugelform der Erde die antike Vorstellung von einem klar vom Meer begrenzten »Orbis Terrarum« auch im Mittelalter weit verbreitet war (Vogel 1995: 149). Es wurde dieser Konzeption zufolge von dem aus der Wassersphäre ragenden trockenen Teil der Erdkugel gebildet. In vereinfachter Form ist daher der Erdkreis auf den spätmittelalterlichen Ökumenekarten in schematischer Form als eine Art Scheibe dargestellt, wie auch die Karte von Rüst (vgl. Abb. 1) deutlich macht. Der Ozean blieb zugleich im Mittelalter weiterhin tabuisiert und die Säulen des Herakles behielten ihren Grenzcharakter.

Erst der Erfolg der Reise von Kolumbus und die Durchbrechung der ozeanischen Grenzen durch weitere portugiesische und spanische Seefahrer brachte die Verabschiedung von der Theorie der exzentrischen Erdsphäre und des Tabus des Non Plus Ultra mit sich. Die Positionen der scholastischen Naturphilosophen wurden nach den Entdeckungsreisen fragwürdig, wie folgender Kommentar aus dem Jahre 1501 über den Scholastiker Albert von Sachsen deutlich macht:

> »Er [A. v. Sachsen; d. Verf.] fügt auch einen gewissen lächerlichen Satz hinzu, dass von Herkules Säulen aufgestellt worden seien, damit niemand das Meer befahre, das er selbst undurchdringlich nennt. Ich weiß nicht, was er will. Denn täglich hören wir, dass die Spanier über viele tausend Stadien [...] segeln.« (von Sachsen; zit. nach Vogel 1995: 441)

Die faktischen Erfolge der iberischen Seefahrer haben das Weltbild verändert, das alte Weltwissen hatte seine Bedeutung verloren: »Die Wahrnehmung der Alten, für die das feste Land an den Säulen des Herakles geendet hatte und die den Ozean für undurchdringlich hielten, konnte nun als Weltfremdheit verspottet werden.« (Vogel 1995: 442). Durch die Entdeckungsfahrten der iberischen Seefahrer wurde so auch ein für die Herausbildung eines neuen okzidentalen Selbstverständnisses paradigmatische Transformation der Bedeutung der Säulen der Herakles eingeleitet, die nicht mehr mit einem Non Plus Ultra verbunden wurden, sondern mit der expansiven Devise Plus Ultra.

Durch den Übergang zur neuzeitlichen Vorstellung vom Erdwasserglobus wurde eine »kosmographische Revolution« (Vogel 1995) vollzogen. Diese fand ihre eindrucksvolle Widerspiegelung in dem Werk der Kosmografen Waldseemüller und Ringmann, die mit der Cosmographiae Introductio (Ringmann/Waldseemüller 1507/2010) und einer großen Weltkarte nicht nur den Prozess der »Erfindung Amerikas« (O'Gorman 1958) abschlossen, sondern auch die neue Vorstellung von dem Amerika einschließenden Erdwasserglobus visualisierten (Jochum 2017: 172 ff.; Wootton 2015: 124).

Abb. 2: Aus der Globensegmentkarte Waldseemüllers (1507) gefertigter Erdglobus mit als Amerika benanntem südlichen Teil der Neuen Welt.[6]

---

6 Quelle: Fotografie der Reproduktion, Deutsches Museum München © Georg Jochum

Die Säulen des Herakles als Symbol einer begrenzten Welt

Das bedeutet insgesamt, dass die für Entstehung der modernen Expansionsgesellschaft bedeutsame Sprengung der ozeanischen Grenzen in der frühen Neuzeit und die damit verbundene Umkehr der Bedeutung der Säulen des Herakles im Rahmen der sich vom 13. bis zum 16. Jahrhundert vollziehenden Prozesse eingeordnet werden müssen. Gerade für jene Zeit hat sich der Terminus der »europäischen Expansion« bzw. das sogenannte »Zeitalter der Expansion« etabliert (Schmitt u. a. 1984; Reinhard 1983, 1985, 1988, 1990; Pietschmann 1994: 208). Es begann eine 500 Jahre andauernde Landnahme des Globus durch die okzidentale Kultur, weshalb man die nun beginnende Epoche als Zeitalter der expansiven Globalisierung benennen kann, die dem Expansionsimperativ Plus Ultra entsprang.

Die entscheidende Umkehrung der Bedeutung der Säulen des Herakles wurde von Kaiser Karl V. mit der Wahl von »Plus Oultre« bzw. »Noch Weytter« zu seiner Leitdevise vollzogen. Hiermit war eine explizit imperiale Botschaft verbunden und die Devise sollte auch als Ankündigung der Herrschaft über die Neue Welt verstanden werden. Markierten die Säulen des Herakles einst die Ausdehnung des römischen Imperiums bis zum Maximum des Möglichen, so werden sie nun zum Signum der neuzeitlichen Entgrenzung der okzidentalen Imperialität. Die Säulen des Herakles stellen das erste und paradigmatische Sinnbild der mit der europäischen Expansion verbundenen Kolonialität der Moderne dar.

Damit wird zugleich die Ambivalenz der Plus-Ultra-Devise deutlich. Diese bringt nicht allein den Geist des neuzeitlichen Menschen als entgrenzendes und weltöffnendes Subjekt zum Ausdruck. Vielmehr war die Überschreitung der ozeanischen Grenze untrennbar mit der gewaltsamen Eroberung und Aneignung der Neuen Welt und deren Bewohner verbunden. Insbesondere bei den beiden bekanntesten Konquistadoren des amerikanischen Festlandes, Cortés und Pizarro, ist der Bezug zum Plus Ultra unmittelbar gegeben, da ihre Eroberungen in die Herrschaftszeit Karls V. fallen. Auch die fast zwanzig Jahre andauernden Eroberungszüge der deutschen Welser in Venezuela und Kolumbien wären ohne die Herrschaft des Kaisers nicht möglich gewesen (Pumm 1992; Denzer 2005).

Im Folgenden soll daher anhand der Auseinandersetzung mit Karl V. und seinem Imperium auch die Dialektik des expansiven Plus Ultras deutlich gemacht werden.

1.2
Plus Ultra als Devise für imperial-koloniale Expansion

Die mit der ozeanischen Entgrenzung und der Entdeckung neuer Welten verbundenen Revolutionen und Umbrüche bündelten sich, wie dargelegt, in einem zentralen Symbol: den Säulen des Herakles. Sie wurden von Kaiser Karl V. nun aber mit einem heroischen Plus Ultra versehen. (Jochum 2017) Die Wahl der Devise erfolgte erstmals 1515 aus Anlass der Volljährigkeit Karls V., mit der er als Herzog von Burgund zum Großmeister des Ordens zum Goldenen Vlies wurde. Sein Berater Ludovico Marliano, ein Anhänger einer imperialen und universalen Konzeption der Herrschaft Karls V., inspirierte ihn zur Wahl seines zunächst in französischer Sprache formulierten Herrschaftsmottos: »Plus Oultre«.

Der entscheidende Bezugspunkt für Marliano dürfte dabei Dantes *Odysseus* gewesen sein. (Rosenthal 1973: 227) Mit der Umkehrung des dort formulierten Grenztabus Nec Plus Ultra zur prometheischen Entgrenzungsdevise Plus oultre / Plus Ultra erfand Marliano nicht nur für Karl V. ein Motto, sondern auch ein Symbol für die Überwindung der Limitierungen des antiken Wissens und den neuen expansiven, prometheischen Geist der Neuzeit insgesamt: »By this time, the Colums were no longer considered limitary markers but, rather, symbolic points of departure for the venture some spirits of the day. Charles's contemporaries took pride in the Promethean daring expressed by his device in contrast to the restrictive attitude of Antiquitiy.« (Rosenthal 1973: 221)

Mit dieser Umkehrung begründete die Moderne die Legitimität ihres Drangs zum Neuen und fand so ihr zentrales Signum. Zu Recht zählt Walter die Säulen des Herakles »zu den erfolgreichsten Symbolen, die die Menschheit hervorgebracht hat.« (Walter 1999: 119)

Die Legitimierung der weltöffnenden Macht des Menschen, die in der nautischen Grenzüberschreitung ihr grundlegendes Paradigma erhielt, sollte das Weltbild des Abendlandes radikal verändern. Oder wie es Blumenberg formuliert: »Das Selbstbewusstsein der Neuzeit fand im Bild der Säulen des Herkules und ihrer Weisung ›Nec plus ultra‹, die der Odysseus Dantes noch so verstanden (und missachtet) hatte, dass der Mensch sich hier nicht weiterwagen dürfe, das Symbol ihres neuen Anfangs und gegen das bisher Gültige gerichteten Anspruches.« (Blumenberg 1966: 335)

Die mit den Säulen des Herakles und der Devise Plus Ultra verbundene Botschaft war dabei nicht allein die Preisung der atlantischen Grenzüberschreitung und eine Propagierung der weiteren Eroberung Amerikas. Vielmehr waren damit auch Hoffnungen auf eine Ausdehnung der Grenzen der Macht und die Entstehung eines globalen Weltreichs unter dem Habsburger Herrscher verknüpft. Das Imperium, das einst bei den Römern bis an die Säulen des Herakles reichte, sollte – so die implizite Botschaft – nun nach der neuzeitlichen Entgrenzung der Welt den gesamten Globus umfassen: »Thus, Marliano […] envisioned a global empire, larger and more powerful than any previously known, under a single Christian ruler.« (Rosenthal 1973: 223)

Mit der Transformation des Grenztabus Non Plus Ultra zur Entgrenzungsdevise Plus Ultra erfand also Marliano für Karl V. und die Neuzeit insgesamt ein Sinnbild, welches das Projekt der Entgrenzung der Welt und der europäischen Expansion in signifikanter Weise zum Ausdruck brachte. Die Devise verwies nicht nur auf die bereits erreichte Ausweitung der imperialen Macht und des Wissens, sondern verhieß auch weitere Grenzüberschreitungen. Die Säulen verwandelten sich so vom Ende der Alten Welt zum Tor in eine neue, noch zu erschließende Welt, in welche der Okzident unter seinem neuen Herrscher auszufahren schien. Pagden zeichnet dies folgendermaßen nach:

> »When in 1516 Charles V added Hercules' pillars […] to his coat of arms but transformed the line by rendering it as ›Plus Ultra‹ he was not only celebrating the fact that his ›imperium‹ had passed beyond the limits of that Augustus, whose name he frequently assumed: He was also making a statement about the further possibilities that now remained. The pillars now stood not on the boundaries of the known, but at the entrance to the still-to-be-known.« (Pagden 2002: 269)

Zwar wurde mit der Symbolik primär die Ausdehnung der Macht Karls V. assoziiert. Darüber hinaus verbanden aber auch viele Angehörige der geistigen Elite mit der Devise das Versprechen einer Erweiterung des Wissens über die Welt. Es war daher das »motto Plus Oultre […] not simply a chiding reversal of a restrictive Herculean proverb but, rather, a new slogan that expressed, quite literally, a new vision of the world« (ebd.: 228).

Die Symbolik wandelte sich dabei im Laufe der Herrschaftszeit Karls V. Von der Bindung an die Funktion Karls als Großmeister des Ordens vom Goldenen Vlies lösten sich Motto und Symbolik bald. Der zwischen den Säulen dargestellte Gegenstand der imperialen Macht sollte variieren: »Marlianos' Idee erwies sich in der Folge als vielseitig verwendbar. Es funktionierte wie ein Passepartout. Die Säulen und das Spruchband mit dem Motto bildeten den Rahmen, die wechselnden Herrschaftszeichen Karls den Bildinhalt« (Walter 1999: 129). Dieser Wechsel der Inhalte bringt die verschiedenen Aspekte und den Wandel des Plus-Ultra-Projekts des Kaisers zum Ausdruck.

Die ursprüngliche Botschaft der Verwendung des Bildes und des Mottos war, dass »under Charles the banner of the Order of the Golden Fleece would be carried literally or figuratively beyond the Columns of Hercules.« (Rosenthal 1973: 206). Damit stand eine in der Tradition der mittelalterlichen Kreuzzugsidee zu verortende religiöse Zielsetzung im Mittelpunkt und es »verbildlichte die Imprese [...] das politische Programm des Ordens vom Goldenen Vlies: Verbreitung des christlichen Glaubens in alle Welt und Wiedergewinnung des Heiligen Landes.« (Walter 1999: 129). Damit war das Plus Ultra jedoch auch als Aufruf zum Zurückdrängen des Islams zu verstehen.

Der Enkel der katholischen Könige Ferdinand und Isabella ließ vermutlich den Wahlspruch Plus Oultre auch auf den Segeln seines Schiffes anbringen, mit dem er 1516 an die nordspanische Küste fuhr, um dort als Carlos I. zum König von Spanien gekrönt zu werden (Kohler 1999: 76). Aufgrund der Kritik, auf welche die französische Variante in Spanien stieß, wurde 1517 schließlich die latinisierte Form Plus Ultra gewählt (Rosenthal 1973: 221). Dabei wurde zugleich die in Flandern entstandene Emblematik hispanisiert. Sie ist auch heute noch auf der spanischen Flagge zu finden, wo sie allerdings nur noch das Wappen Spaniens im Mittelpunkt zeigt.

Die Devise führte von Beginn an auch eine theologische und universalistische Bedeutung mit sich. Ihre Botschaft war der Glaube an die Möglichkeit der Expansion der Grenzen theologischer und politischer Macht sowohl in der Alten als auch der Neuen Welt (Rosenthal 1973: 224 f.).

Plus Ultra als Devise für imperial-koloniale Expansion

Im Zuge der Ausdehnung der Herrschaftsgebiete Karls V. durch das Antreten seines Erbes und mittels zusätzlicher Eroberungen vollzog sich ein Bedeutungszuwachs der Emblematik. Im politischen Sinne brachten das Motiv und die damit verbundene Devise vor allem auch den Anspruch Karls V. auf eine dominierende Stellung innerhalb Europas zum Ausdruck (Rosenthal 1971: 225). Nach der Wahl Karls V. zum Kaiser rückten die Insignien, die seine Herrschaft über das Heilige Römische Reich symbolisierten, in den Mittelpunkt. So wurde der Reichsadler nun häufig zwischen den Säulen platziert. Noch heute findet sich dieses Symbol seiner Macht in den zentralen Orten seines Imperiums an vielen Bauwerken, wie z. B. am Maximilianmuseum in Augsburg (vgl. Abb. 3). Häufig wurde eine Abbildung des Kaisers zwischen oder unter die Säulen gesetzt. Das »Plus Oultre« wurde dabei im Deutschen teilweise als »Noch Weiter« wiedergegeben.

Abb. 3: Säulen der Herakles an der Fassade des Maximiliansmuseums in Augsburg (Bau des Gebäudes um 1545).[7]

Zunehmend erhielt die Emblematik auch einen globalen, universalistischen Bedeutungsgehalt. Insbesondere während der Amtszeit Mercurino Arborio Gattinaras als Großkanzler Karls V. war die Idee der Universalmonarchie bei Teilen der führenden Eliten des Habsburger Reiches bestimmend (Kohler 1999: 96). Mit der Ausweitung des Herrschaftsbereichs Karls V. und der Übernahme der Kaiserwürde schien es möglich, das römische Imperium auf globaler Ebene zu erneuern.

Die Bürger von Messina würdigten ihn 1535 in diesem Sinne mit der Devise, er regiere ein »Reich, in dem die Sonne niemals untergeh[e]«. Das

---

7 Quelle: Fotografie © Georg Jochum

hatte einst der römische Dichter Vergil von Kaiser Augustus behauptet (Parker 2003: 113). Während der Slogan in der Antike letztlich unzutreffend war, da die Herrschaft der antiken Imperatoren auf den westlichen Teil der Ökumene beschränkt war, schien bei Karl V. nach der Fahrt Magellans, die als Beginn der sogenannten Globalisierung angesehen werden kann, die Verwirklichung dieser Idee zumindest praktikabel zu sein.

Im Jahre 1518 traf der Portugiese Magellan auf den jungen spanischen König Carlos I, und versuchte diesen von seinem Unternehmen einer Westfahrt zu den Gewürzinseln zu überzeugen. Der Habsburger Herrscher unterstützte das Vorhaben und am 20. September 1519 fuhren fünf Schiffe von Hafen von Sanlúcar de Barrameda aus. Nach einer mühevollen Reise erreichte Magellan 1521 die Philippinen, starb allerdings dort in einem Kampf mit Eingeborenen (Jostmann 2019). Dennoch war die Expedition ein Erfolg. Mit der Heimkehr des mit Gewürzen beladenen Schiffes Victoria im Jahre 1522 unter der Führung von Sebastian del Cano und dessen Nachricht an den zwischenzeitlich am 28. Juni 1519 zum Kaiser des Heiligen Römischen Reiches gewählten Karl V., dass »wir die ganze Rundheit der Welt entdeckt und umfahren haben, ausgehend vom Westen und zurückkommend vom Osten«[8] wurde deutlich, dass ein neues globales Imperium unter einem neuen Imperator Mundi entstehen könnte. Infolge der Ausweitung des Herrschaftsbereichs Karls V. durch seine Erbschaften und die spanischen Entdeckungen sowie der gleichzeitigen Übernahme der Kaiserwürde schien es möglich, dass die Welt umspannende römische Imperium auf neuer, ausgeweiteter Stufe wiederherzustellen. Es »führte[n] der Umfang der Herrschaftsgebiete in der Hand Karls V. [...] zu zahlreichen [...] Äußerungen über das Imperium Romanum und damit verbunden über monarchia universali, monarchia mundi [...], so dass man geradezu von einer Renaissance der Idee des Kaisertums in und durch Karl V. sprechen kann.« (König 2002: 198)

---

8   In dem spanischen Originalbrief heißt es: »que hemos descubierto e redondeado toda la redondeza del mundo, yendo por el occidente e veniendo por el oriente«. vgl. http://www.lavanguardia.com/cultura/20160525/402040408516/la-carta-perdida-de-elcano-hemos-descubierto-toda-la-redondeza-del-mundo.html

Plus Ultra als Devise für imperial-koloniale Expansion

In dem Maße, in dem nach der Eroberung Mexikos und Perus auch die Größe und der Reichtum der Neuen Welt erkennbar wurden, sollte zunehmend auch die Einbeziehung der neuen westlichen Hemisphäre in das Imperium mit der Emblematik verbunden werden. In der Retrospektive erschien die Wahl des Mottos Plus Ultra durch Karl V. geradezu als programmatische Vorankündigung dieser Expansion, wie es 1552 insbesondere der Chronist Francisco López de Gómara mit seiner Deutung in der Karl V. gewidmeten *Historia General de las Indias* suggerierte:

> »Gott wollte, dass die Indien zu Eurer Regierungszeit und von Euren Untertanen entdeckt wurden, damit Ihr sie zum heiligen Glauben (Gesetz) bekehrt, wie viele weise und christliche Personen meinen. Es begannen die Eroberungen der Indios, nachdem jene der Mauren abgeschlossen waren, denn schon immer kämpfen die Spanier gegen Ungläubige. Der Papst übertrug die Eroberung und Bekehrung. Ihr habt Euch als Devise Plus Ultra gesetzt und damit zu verstehen gegeben, dass Ihr die Herrschaft über die Neue Welt anstrebt.« (López de Gómara, zit. nach König 2002: 221)

Über die Programmatik der Kreuzzüge, der »Reconquista« der vom Islam eroberten Gebiete und der Renaissance des antiken Reiches hinaus wurde somit das Motto zunehmend als Ankündigung einer erweiterten Conquista und der Neugeburt eines neuen globalen Reiches verstanden. Wie deutlich wird, wäre es damit verkürzt, die Umkehr der Bedeutung der Säulen der Herakles allein als eine Widerspiegelung einer geografischen Entgrenzung zu interpretieren. Vielmehr sind die Säulen bzw. ihre Bedeutung klar im imperialen Kontext zu verstehen. War das Erreichen der Säulen des Herakles in der Antike auch als Sinnbild für das Maximum der imperialen Macht des römischen Reiches ausgelegt worden, so wird nun ihr Überschreiten zum Symbol für die Entgrenzung imperialer Macht. Die mit der Devise Plus Ultra versehenen Säulen sind damit als Symbole der okzidentalen Kolonialität und Expansivität zu sehen. Der imperiale Geist des neuzeitlichen Okzidentalismus findet hierin seinen ersten und paradigmatischen Ausdruck. (Coronil 2002; Boatcă 2009; zum Orientalismus Dietze u. a. 2010) Nicht genug damit – wie im Folgenden dargelegt, wird die Neudeutung der Säulen zugleich zur Genese eines grundlegenden neuen Verständnisses des Westens bzw. des Okzidents, denn es kommt zu einer neuen eurozentrischen Weltsicht.

1.3
Vom terminierten Abendland zum expansiven Westen

Der besondere Charakter, der den Säulen des Herakles in der Antike zukam, lag auch darin begründet, dass eine Verbindung zum Mythos vom Untergang der Sonne in die ozeanische Unterwelt hergestellt werden konnte. Zugrunde lagen archetypische solarmythologische Vorstellungen, die auch die Begriffe für die westlichen Länder der Erde prägten. Die etymologischen Ursprünge der Begriffe Orient und Okzident, Morgenland und Abendland, Asien und Europa, Osten und Westen verweisen auf eine alte, durch die scheinbare Bewegung der Sonne vorgegebene Unterteilung der Welt.

So geht der Begriff des Ostens auf die indogermanische Wurzel »aues« (leuchten, hell werden) zurück. Der Osten ist somit die Himmelsrichtung der aufgehenden, den Morgen erleuchtenden Sonne (Dudenverlag 2001: 577). »Westen« leitet sich im Gegensatz hierzu ab von der Wurzel »*aue« mit der Bedeutung »von etwas weg, fort« und bezeichnet den Ort, an dem Sonne fortgeht (Dudenverlag 2001: 568, 925). In ähnlicher Weise steht dem Okzident als der Region der »untergehenden Sonne« (occidens sol bzw. occasu solis) der Orient als Ort der sich erhebenden, »aufgehenden Sonne« (*oriens sol*) gegenüber (Dudenverlag 2001: 571, 576).[9] In den ältesten solarmythologischen Vorstellungen war der Okzident dementsprechend gegenüber dem lichtbringenden Orient eher negativ konnotiert und wurde auch mit der Endlichkeit des Lebens assoziiert: »Im Westen,

---

9 Auch der Name Europa leitet sich vermutlich vom semitischen Wort »ereb« ab, das »dunkel« und »Abend« bedeutet. Von Vorderasien aus betrachtet war »Europa in der Tat der ›dunkle Erdteil‹ […] über dem die Sonne unterging« (Urmes 2003: 81). Einen ähnlichen Bedeutungsgehalt besitzt das griechische Wort »érebos«, das mit »dunkel« und »Reich des Todes« übersetzt wird (ebd.: 82). Dahingegen ist Asien aus dem assyrischen »acu«, das man mit »Aufgang der Sonne« wiedergeben kann, abgeleitet (ebd.: 83).

wo die Sonne untergeht, wohnt der Tod. Dort ist die Unterwelt, ist das heidnische Golgatha, endet der Sonnengott.« (Bloch 1959b: 885)

An dieses westliche Ende der Erde zu gelangen, hieß, die absolute Peripherie zu erreichen und sich dem Tode anzunähern. Über das Mahnmal des Non Plus Ultras hinaus in das offene Meer hinauszustoßen, galt deshalb auch als hybride Missachtung der Todesdrohung. Die Säulen des Herakles waren daher ein zentrales Symbol in einer solarmythologischen Geografie, die mit einer pessimistischen Positionierung des Okzidents und des abendländischen Menschen in der Welt verbunden war. Als höherwertig galt lange Zeit der Orient, aus dem das Licht kommt, bzw. war im Mittelalter eine Ausrichtung auf das im Zentrum des Erdkreises positionierte Jerusalem dominierend gewesen (Kugler 2004: 41).

Eine gewisse Aufwertung hatte der Westen allerdings durch die These der sogenannten »translatio imperii« erhalten, in der eine Ost-West-Wanderung der imperialen Macht postuliert wurde und die zugleich eine Legitimation der imperialen Expansion darstellte.[10] Demnach folgt die Geschichte der Imperien einer Verlaufslogik, die, dem Gang der Sonne folgend, sich vom Morgenland zum Abendland hin zum von Kaiser Karl dem Großen begründeten Imperium der Franken vollzog. Nach der Überschreitung der Non-Plus-Ultra-Grenze und der Entdeckung neuer Welten konnte diese Theorie auf Karl V., den Kaiser des »sacrum imperium« und zugleich spanischen König, bezogen und neu gedeutet werden (Jochum 2017: 259 ff.).

In euphorischen Worten preist der zeitgenössische Humanist Pérez de Oliva die Neupositionierung Spaniens, die sich durch das Durchbrechen der Säulen des Herakles ergeben habe. Spanien sei von der Peripherie in das Zentrum der Welt gerückt und es scheint Pérez de Oliva der Ost-

---

10 Bei Otto von Freising (ca.1112–1158), einem der bedeutendsten Geschichtsschreiber des Mittelalters, heißt es: »[Es] hat alle menschliche Macht und Weisheit im Orient ihren Anfang genommen [...]. Was die menschliche Macht betrifft, so glaube ich hinlänglich geschildert zu haben, wie sie von den Babyloniern auf die Meder und Perser, dann auf die Makedonier, nachher auf die Römer [...] gekommen ist [und] [...] von diesen auf die Franken übertragen (translatum) worden ist, die im Abendland wohnen [...].« (Otto Frisingensis 1961: Buch V. Vorwort 373 f.)

West-Sukzession der Imperien folgend als der legitime Erbe der imperialen Macht:

> »Früher lagen wir am Ende der Welt, nun aber sind wir in deren Mitte. Niemals vorher in der Geschichte gab es eine so glückliche Umkehrung des Schicksals. Als Herakles die Welt ermessen wollte, bezeichnete er die Straße von Gibraltar als deren Ende [Non Plus Ultra]; [...] heute aber zieren seine Säulen das Wappen unseres Fürsten [mit der Inschrift: Plus Ultra] [...] [Wir haben] [z]ahllose Völker und Länder [entdeckt], die von uns die Religion, die Sprache und die Gesetze übernehmen werden [...]. Am Anfang der Welt lag die Herrschaft im Osten, später weiter unten in Asien. Danach lag sie in den Händen der Perser und Chaldäer; von dort kam sie nach Ägypten, nach Griechenland und nach Italien, zuletzt auch nach Frankreich. Nun aber, den geographischen Graden westwärts folgend, ist die Herrschaft nach Spanien gekommen; [...] So liegt also das Gewicht der Welt und die Verantwortung für die Bekehrung dieser Völker in den Händen Spaniens.« (Pérez de Oliva; mit Anmerkungen zit. nach Delgado 2003: 255)

Delgado folgert aufgrund dieser und anderer Zeugnisse, »dass spätestens mit der Entdeckung der Neuen Welt für die Spanier eine faktische translatio imperii stattgefunden hatte.« (Ebd.: 255) Die Formulierung: »Früher lagen wir am Ende der Welt, nun aber sind wir in deren Mitte« lässt eine neue, eurozentrische Weltsicht erkennen, welche die alte Orient-Okzident-Polarität sprengt. Spanien, das alte Ende des antik-mittelalterlichen Erdkreises, wird zum neuen imperialen Zentrum einer globalen Welt, die nun vom neu positionierten Okzident unterworfen und beherrscht werden soll. Diese neue Zentralität Spaniens wird, dies macht das obige Zitat auch deutlich, mit einem klaren Zivilisierungs-, Eroberungs- und Missionsauftrag verbunden. Das unterscheidet die Sachlage auch von dem davor dominanten mythologischen Weltbild.

Mit der Neuzentrierung Europas und der gleichzeitigen Entdeckung eines neuen Westens im transatlantischen Raum geht eine grundlegende Neuausrichtung der abendländischen Kultur einher, welche darum die alten solarmythologischen Vorstellungen sprengt und den Begriffen für die Himmelsrichtungen und Erdregionen eine neue Bedeutung verleiht:

»Mit seiner Option für den Westkurs hatte er [Kolumbus, Anm. G. J.] die Emanzipation des ›Abendlandes‹ von seiner unvordenklichen solarmythologischen Ausrichtung nach Osten auf den Weg gebracht, ja, mit der Entdeckung eines Westkontinents war es ihm gelungen, den mythisch-metaphysischen Vorrang des Orients zu dementieren. Wir gehen seither nicht mehr auf den ›Ursprung‹ oder den Sonnenaufgangspunkt zurück, sondern laufen fortschrittlich und ohne Heimweh mit der Sonne.« (Sloterdijk 1999: 833)

Die alte Identität Europas war durch das mit der Bahn der Sonne verbundene polare Spannungsfeld zum Orient bestimmt gewesen, wie die diskutierte Etymologie der Begriffe Abendland, Westen, Okzident und Europa verdeutlicht. Diese Polarität verändert sich mit der Erschließung eines erweiterten Westens im Plus-Ultra-Raum grundlegend. Der Westen wird vom Ort des Endes zum Ort des Aufbruchs. Die Entgrenzung des ozeanischen Westhorizonts war damit untrennbar mit einer »revolutionäre[n] Entostung« verbunden und dies hatte zur Folge, »dass seit einem halben Jahrtausend die Prozesse der Globalisierung ihrem kulturellen und topologischen Sinn nach auch immer ›Westung‹ und Verwestlichung bedeuten.« (Sloterdijk 1999: 833)

Die Neubestimmung des Westens war dabei auch mit einer grundlegend veränderten kulturellen und ökonomischen Bedeutung des Atlantiks verbunden. Der atlantische Ozean verwandelte sich vom Meer des Todes zum »Mare Nostrum« der neu entstehenden »atlantische[n] Zivilisation« (Schabert 1989; Miliopoulos 2007). Es bildet sich ein erweiterter Westen heraus, der den alten europäischen Westen, also das atlantische Westmeer, und den neuen amerikanischen Westen vereint. Diese Entgrenzung des Westhorizonts im Zeichen des Plus Ultra wird nicht zuletzt für ein gewandeltes okzidentales Selbstverständnis konstitutiv. Sie geht mit einer Neubestimmung des Verhältnisses zu Grenzen in der westlichen Kultur insgesamt einher, wie Schabert ausführt:

»Jetzt aber scheint [...] jenes wahrhaft weltenrevolutionäre Projekt begonnen zu haben, aus dem den Menschen die Möglichkeit erwuchs, die Grenzen der Welt und ihrer Macht [...] immer weiter zu verschieben und mehr und noch mehr auszudehnen [...]. Der Aufbruch Europas in die Moderne fand in Amerika sein Ziel.« (Schabert 1989: 47)

Am Atlantik gelegene Hafenstädte wie Lissabon, Sevilla und sein Vorhafen Sanlucar, von dem Magellan ausfuhr, Antwerpen oder später Amsterdam wurden in der atlantischen Zivilisation zu neuen Zentren der globalen Welt. Die Öffnung der Welt für die koloniale Landnahme wurde eingeleitet. Die moderne Expansionsgesellschaft entsteht im Zeichen des Plus Ultra an dieser Westfront, im atlantisch-amerikanischen Grenzraum, der sich jenseits der alten limitierenden Non-Plus-Ultra-Grenze eröffnet. Das Haus Europa erobert den Westen für die eurozentrische Kolonisierung der außereuropäischen Welt.

Es beginnt jener Prozess, der auch im politischen, ökonomischen und kulturellen Sinne für die Moderne kennzeichnend werden sollte und der in den Begriffen der »Verwestlichung« bzw. der »Okzidentalisierung« seinen Ausdruck fand. Die Expansion der Ökumene in Richtung Westen implizierte, dass sich der Westen fortan nicht mehr statisch als klar definierte westliche Region im geschlossenen Erdkreis verstand, sondern im Zeitalter der Expansion und Globalisierung als Zentrum einer vor allem nach Westen gerichteten Ausweitung des Erdkreises zum Erdglobus und seiner Eroberung durch kolonisierende See- und Landnahme definierte. Im Laufe der Zeit transformierte sich diese für die westliche Kultur konstitutive Grunderfahrung und löste sich von dem räumlichen Bezug. Die Entgrenzung und expansive Ausweitung des räumlichen Westens ging in die Vorstellung einer auch kulturell, ökonomisch und technologisch permanent sich fortentwickelnden, fortschreitenden und modernisierenden westlichen Zivilisation über. Das Fehlen der Grunderfahrung der okzidentalen Entgrenzung bei den sogenannten nichtwestlichen Kulturen wurde fortan seitens des Westens nur mehr als Defizit angesehen und Begriffe der nachholenden Entwicklung und Modernisierung gleichsam zu Synonymen einer anzustrebenden Verwestlichung dieser Staaten mit letztlich globalem Charakter. Erst heute stellt sich, wie am Ende der vorliegenden

Publikation diskutiert wird, die Frage, ob angesichts immer deutlicher erkennbar werdender ökologischer Gefahren das Projekt der durchgehenden Verwestlichung und Okzidentalisierung mit dem damit einhergehenden Ressourcenverbrauch und Energiehunger etc. auf Grenzen stößt und einer grundlegenden Revision inklusive einer Reflexion ihrer Ursprünge bedarf. Dabei geht es nicht nur um den räumlichen Umfang, sondern um die Intensität und Qualität des globalen Überstülpens der westlichen Lebensweise und Denkmuster. Gerade hierzu soll diese Darstellung des Übergangs vom begrenzenden Non Plus Ultra zum entgrenzenden, expansiven Plus Ultra beitragen.

Im Grunde kommt mit der Umdeutung der alten Grenzsymbole der Säulen des Herakles in signifikanter Weise die Öffnung der »Great Frontier« (Prescott Webb 1951) bzw. des »Großen Grenzlands« (Moore 2020: 135) letztlich für die okzidentale Kultur insgesamt in Fahrt und hat sich seitdem stetig weiterentwickelt und darüber hinaus verbreitet. Ich beziehe mich hierbei auf die von Prescott Webb in *The Great Frontier* (1951) formulierte »Boom-Hypothese«, der zufolge die Ausdehnung der »Großen Grenze« Europas in die westliche Hemisphäre eine bisher statische abendländische Gesellschaft belebt und die Entwicklung so grundlegender Institutionen der Moderne wie des Individualismus, des Kapitalismus und der politischen Demokratie ermöglicht. Auf diese These rekurriert auch Moore, reflektiert aber in weit kritischerer Weise als Prescott Webb die Schattenseiten dieser Grenzlandnahme. Er schreibt:

> »Die Öffnung des ›Großen Grenzlands‹ markierte den Aufstieg einer Zivilisation, deren Dreh- und Angelpunkt der Geldverkehr war […]. Die in der Neuzeit stattfindenden epochalen Neuordnungen von Arbeit und Land beruhten auf der skrupellosen Eroberung und fortwährenden Aneignung von Reichtum in den Grenzgebieten.« (Moore 2020: 135)

Im Folgenden soll dieser mit dem Plus Ultra der Ökonomie verbundene Prozess der Landnahme näher betrachtet werden. Es wird deutlich, dass sich die moderne Expansionsgesellschaft nach der Überschreitung der alten limitierenden Non-Plus-Ultra-Grenze und der darauf folgenden »europäischen Land- und Seenahme der Neuen Welt« (Schmitt 1950: 60) und der kolonialen Erschließung des »Great Frontier« (Prescott Webb 1964 [1951]) bzw. des »Großen Grenzlands« (Moore 2020: 135) herausbildete. Letztlich handelte es sich um ein Grenzland, das alle Meere und Kontinente und damit den ganzen Globus umfasste. Dieser wurde nun zum Objekt der imperialen Bestrebungen der okzidentalen Zivilisation.

1.4
Die Genese des expansiven Kapitalismus

Im Rahmen der europäischen Expansion und insbesondere der imperialen Expansion unter Karl V. konstituierte sich im »langen 16. Jahrhundert« eine europäisch dominierte Weltökonomie und damit das moderne kapitalistische Weltsystem als expansiver Kapitalismus, dessen »Great Expansion« bzw. »Große Expansion« (Wallerstein 1986: 2011) die Geschichte der modernen Expansionsgesellschaft bis in die Gegenwart bestimmt. Wie Moore in seiner Ausweitung der seit den siebziger Jahren des vorigen Jahrhunderts etablierten Weltsystemanalyse Wallersteins (als hierarchisches Verhältnis der jeweiligen Gesellschaften zueinander im Rahmen einer globalen kapitalistischen Ordnung, die sich in Zentren und Peripherien unterscheidet) zu einer Untersuchung der Weltökologie (als kapitalismuskritische Perspektive auf dessen Auswirkungen auf die Umwelt) argumentiert, war insbesondere die mit der kolonialen Inkorporation von Amerika in die Weltökonomie in der frühen Neuzeit verbundene Etablierung von »sugar and silver commodity frontiers« (Moore 2009: 309) als »constitutive moment [...] of an epochal reorganization of ›world ecology‹« (ebd.) anzusehen. Die Erschließung dieser »Ressourcengrenzgebiete« – so die deutsche Übersetzung von »commodity frontier« (Moore 2020: 466) – steht am Beginn der immer weitergehenden Expansion des Weltsystems zu einer sich intensivierenden, extraktivistischen und nicht-nachhaltigen Aneignung der menschlichen Arbeit, dem Land sowie der Natur.

»Silver and sugar enabled [...] the consolidation of a capitalist world-economy predicated on the endless accumulation of capital. The ›local‹ environmental transformations precipitated by these frontiers were not simply consequences of European expansion; they were in equal measure constitutive of such expansion, condition as well as consequence. Degradation and relative exhaustion in one region after another were followed by recurrent waves of global expansion aimed at securing fresh supplies of land and labor, and thence to renewed and extended cycles of unsustainable development on a world-scale.« (Moore 2009: 309)

Die so zusammengefassten Ergebnisse des World-Ecology-Research-Networks, das Moore koordiniert, stellen eine Fundamentalkritik nicht nur der ökologischen Risiken kapitalistischer Akkumulation dar, sondern sehen im System selbst den Antrieb zur Zerstörung der Natur, ganzer Länder und nicht zuletzt menschlicher Arbeit und Existenz. Im Nachfolgenden soll diese mit der kolonialen Einbeziehung Amerikas in die Weltökonomie verbundene Erschließung von neuen Ressourcengebieten für Silber und Zucker exemplarisch unter Fokussierung auf die Aktivitäten der frühkapitalistischen Handelshäuser der Welser und Fugger näher betrachtet werden. Hier kann ein zentraler Ursprung des expansiven Kapitalismus angesetzt werden, der in seiner expansiven Ausrichtung und seiner quantitativen Ausprägung deutlich den Effekt anderer Beispiele, wie weitere (mediterrane) Stadtstaaten und Hafenstädte (z. B. Genua, Venedig, Dubrovnik), überwog.

1.4.1
Ressourcengrenzgebiete und die ökonomische Expansion

Einher mit der frühneuzeitlichen europäischen Expansion ging eine wachsende Bedeutung des Handelskapitals. Erst die Konzentrierung auf den Warenaustausch ermöglichte die Herausbildung des Kapitalismus als Ganzes. Fernhandelsgesellschaften waren besonders »wichtige Träger der kommerziellen Expansion« (Häberlein 2016: 21). Die imperiale und die ökonomische Expansion stehen dabei in Wechselwirkung und verstärken sich, wie Feuerstein bilanziert:

»Das plus ultra der Ökonomie baute Karl V. auf flämische, Augsburger und Genueser Bankhäuser auf, mit deren Krediten er sein überseeisches Imperium finanzierte. Mit der neuzeitlichen Expansion laufen

Schiffe als schwimmende Kredite aus und kehren mit Zinsen beladen in die Heimathäfen zurück: Money makes the world go around. Seefahrt ist ein riskantes Geschäft, das mit hohen Gewinnen lockt und mit der das Zeitalter der Global Players beginnt« (Feuerstein 2005: 141).

Hervorzuheben ist hierbei die Rolle der Handelshäuser der Fugger und Welser, die den »Aufbruch ins globale Zeitalter« (Häberlein 2016) in der frühen Neuzeit gestalten und prägen. Es sind die »Fugger und Welser [...] die beiden wichtigsten unter den oberdeutschen Akteuren in diesem Prozess der expansiven Globalisierung« (ebd.: 229). Durch ihre Rolle im interkontinentalen Kupfer- und Gewürzhandel sowie als Bankiers des spanischen Königs und deutschen Kaisers Karl V. gehörten sie zur »exklusiven Gruppe der ›global Player‹ der Renaissance« (ebd.: 197). Angesichts der engen Verbindung zwischen der imperialen Expansion des Kaisers und der ökonomisch kapitalistischen Expansion macht das Bespiel dieser Handelshäuser deutlich, dass in dieser frühen Phase der ursprünglichen Akkumulation »das plus ultra der Expansionspolitik – mehr Land! – [...] (mit) dem plus ultra des Risikoinvestments – mehr Kapital« (Feuerstein 2005: 141) untrennbar verbunden ist. So wird deutlich, dass in dieser für das moderne Weltsystem konstitutiven Phase die kapitalistische Expansion und die imperial-kolonialer Expansion eine Einheit bilden. Die von Luxemburg für den Prozess der kapitalistischen Landnahme als kennzeichnend beschriebene Verbindung zwischen staatlicher Macht bzw. Gewalt und dem »schrankenlosen Expansionsdrang des Kapitals« (ebd.: 478) lässt sich hier bereits erkennen. Man kann geradezu sagen, dass das für die moderne Expansionsgesellschaft bis heute kennzeichnende Prinzip des Zwangs zur immer weitergehenden Landnahme hier seinen wesentlichen Ursprung hat. Da die beiden Handelshäuser u. a. in die Expedition des Magellan involviert waren, steht deren Engagement auch für die Einleitung der ökonomischen Globalisierung. Auch wenn es vereinfachend wäre, den Beginn des modernen kapitalistisch-imperial-kolonialen Weltsystems und damit auch der modernen Expansionsgesellschaft zu datieren, so kann doch den Jahren 1519 bis 1521 eine besondere Bedeutung zugeschrieben werden. Mit der Ausfahrt von Magellan 1519, der durch das Kapital der Augsburger Fugger ermöglichten Wahl von Karl V. zum

Kaiser im gleichen Jahr, der Eroberung Mexikos durch Cortez 1520 und der Rückkehr El Canos von der Weltumsegelung am 22. September 1522, beginnt die Transformation des Globus zum großen Grenzland der okzidentalen Welt und damit die frühneuzeitliche ökonomisch-koloniale »expansive Globalisierung« (Held u. a. 1999).

Der Aufstieg der Handelshäuser der Fugger und Welser war anfänglich eng mit dem Boom des Handels mit Barchent im späten Mittelalter verbunden. Dieses Mischgewebe aus im oberdeutschen Raum angebautem Flachs und importierter Baumwolle war ein zentrales Handelsgut für die Familienunternehmen (Häberlein 2016: 37 f.) Um 1500 etablierten sich sodann im Rahmen einer erhöhten Silberproduktion im Erzgebirge und im Alpenraum beide Familien als wesentliche Akteure des Silber- und Kupferbergbaus und des Handels mit diesen Metallen. Ein Mangel an Edelmetallen führte im späten Mittelalter dazu, dass in technische Neuerungen investiert wurde. Techniken zum Heben des Wassers ließen die Erschließung tieferer Erzgänge zu und Maschinen zur Bewetterung der Gruben wurden eingeführt. Durch diese Innovationen konnten alte Bergwerke wiederaufgenommen und neue erschlossen werden. Zwischen 1450 und 1540 stieg die Silberproduktion Mitteleuropas um das Fünffache an (Heß 1986: 2). Neben den Bergwerken im Erzgebirge war dabei das Silberbergwerk von Schwaz in Tirol wegweisend für diesen Aufschwung des Bergbaus. Der Urgroßvater Karls V., der Habsburger Erzherzog Sigismund der Reiche, hatte durch die Silberbergwerke in Schwaz eine mächtige Stellung erlangt. Der Reichtum dieser Minen trug zugleich wesentlich zum Aufstieg der frühkapitalistischen Handelsgesellschaften bei. 1485 schlossen die Fugger mit dem Erzherzog einen Anleihevertrag ab. Dafür erhielten sie das Anrecht auf Silber aus den Schwazer Bergwerken, die Fugger wurden zu Gläubigern des Erzherzogs und hierdurch geriet das Haus Habsburg in Abhängigkeit vom Handelshaus. Die in Schwaz gewonnenen Erfahrungen sollten schließlich auch auf andere Gebiete angewendet werden. Wichtig für die Fugger wurde auch das Engagement in Ungarn. Diese Aktivitäten legte »den Grundstein eines für damalige Zeit sehr modern organisierten regelrechten Konzernunternehmens« (Ludwig 1988: 113). Die Fugger erlangten im Laufe der Zeit eine fast monopolartige Stellung in der europäischen Metall- und insbesondere Kupfererzeugung und im Handel mit diesen Produkten. Ähnliche Entwicklungen vollzogen auch andere oberdeutsche Handelshäuser wie die Welser. Der Erfolg der Fugger und Welser gründete somit darauf, dass sie als die »Herren über das Silber« (Braudel 1986: 158) den Zugriff auf die materielle Basis des Frühkapitalismus hatten.

Die oberschwäbischen Kaufleute nahmen so eine zentrale Position in der frühkapitalistischen Weltwirtschaft ein. Zum einen waren sie Erstabnehmer des Silbers und zum anderen auch an den Bergwerken selbst beteiligt, weshalb das Handelshaus der Fugger auch als »Silberkonzern« (Ludwig 1988: 112) bezeichnet wurde. Sie leiteten über Antwerpen das Silber bzw. das Geld weiter und fungierten schließlich auch selbst als Investoren im Asienhandel. Bereits die erste Hochphase (1501–1521) der neuzeitlichen Weltwirtschaft war durch die Verbindung zwischen dem portugiesischen König, dem »Herrn über die Gewürze« (Braudel 1986: 158), und den oberdeutschen Herren über das Silber geprägt.

Da Europa zu dieser Zeit noch keine eigenen hochwertigen Produkte im Austausch gegen die Schätze des Orients anbieten konnte, war es im Wesentlichen auf die Metalle Mitteleuropas angewiesen. Ohne das Kupfer und Silber, das die oberdeutschen Kaufleute aus Minen in Tirol und dem Erzgebirge gewannen, hätten die Portugiesen keinen Handel mit Afrika und Asien betreiben können. Damit wären ihnen die begehrten Gewürze verwehrt (Walter 2003: 243) und es »wäre die portugiesische Expansion im Indischen Ozean […] nicht möglich« (Häberlein 2016: 149) gewesen. Die Erschließung des Seeweges nach Asien durch die Portugiesen und die in der Folgezeit zusammen mit den oberdeutschen Kaufleuten aufgebauten Handelsbeziehungen hatten einen wesentlichen Einfluss auf die Herausbildung des frühneuzeitlichen Kapitalismus.[11]

Die neue globale Weltwirtschaft erfuhr sodann eine Ausweitung und Intensivierung während der Herrschaftszeit von Karl V., dessen Aufstieg durch die Unterstützung seitens der Herren des Silbers ermöglicht wurde. Das wichtigste Darlehen, das die Habsburger bei den Fuggern und auch den Welsern aufnahmen, diente 1519 der Finanzierung der Wahl von

---

11 So rüsteten z. B. Augsburger Kaufleute bereits 1506 die erste rein ökonomisch motivierte Handelsfahrt nach Indien aus (Knabe 2005: 29).

Karl V. zum deutschen Kaiser.[12] Diese weltgeschichtlich bedeutsame Entscheidung ist bereits eng mit der wachsenden Macht des Kapitals verbunden: »Die Kaiserwahl vom Juni 1519, bei der Karl gewinnt, ist in gewisser Weise ein Triumph des internationalen Finanzkapitals, angeführt von den Fuggern und Welsern [...]. Sie ist der Beweis, dass der internationale Kapitalismus, von Italien abgesehen, nun seine Zentren in Augsburg und Antwerpen hat.« (Braudel 1992: 21)

Es wurden so die Augsburger Kaufleute und insbesondere die Fugger zu heimlichen Mitherrschern des Imperiums. Während der Regierungszeit Karls V. konnte, so zeigt Braudel, durch die Bedeutung insbesondere des oberdeutschen Finanzkapitals der frühe Kapitalismus als neue Form der Organisation der ökomischen Beziehungen erstarken und zu einer neuen, gleichsam imperialen Macht werden: »Der ganze Kapitalismus [...] hat sich zu Beginn seiner Herrschaft auf die Bergwerke in den Alpen und in Ungarn gestützt sowie auf Augsburg mit seiner Schlüsselfunktion – eine Stadt, wo die ›imperiale‹ Rolle der Fugger evident ist.« (Ebd.: 70). Bis heute findet sich das imperiale Expansionssymbol von Karl V. in der Stadtsymbolik von Augsburg und man kann dies als Symbol für die enge Verbindung von imperialer und ökonomischer Expansion in dieser konstitutiven Phase des kapitalistischen Weltsystems ansehen. (vgl. Abb. 3)

Auch an der ersten, von Ferdinand Magellan begonnenen Umrundung der Erde waren die oberdeutschen Kaufleute beteiligt. Die am Beginn der Herrschaftszeit im Zeichen des Plus Ultra unternommene Expedition wurde vermutlich indirekt durch die Fugger über den spanischen Kaufmann Cristobal de Haro mitfinanziert (Häberlein 2016: 94). Die Welser hingegen ließen über einen Mittelsmann einen großen Teil der Gewürze an Bord der Victoria, dem einzigen Schiff, das nach Spanien zurückkehrte, für 20.000 Dukaten aufkaufen (Denzer 2005: 47; Häberlein 2016: 94). Man kann diese erste Weltumsegelung damit als Symbol für den Beginn der ökonomischen Globalisierung ansehen. In

---

12 Der Kauf der Kurfürstenstimmen kostete 851.918 Goldgulden. Bei den Welsern nahm Karls Großvater Maximilian 143.000 Goldgulden und bei italienischen Bankern in Mailand 165.000 auf. Den Löwenanteil trugen mit 543.585 Gulden jedoch die Fugger bei (Morsak 2003: 164).

die koloniale Landnahme der Neuen Welt waren die oberdeutschen Handelshäuser ebenfalls einbezogen. Kaiser Karl ermöglichte und förderte ihr Engagement, indem er ab 1525 auch Nicht-Kastiliern die zuvor verbotene Teilhabe am Amerikahandel sowie die Auswanderung in die Neue Welt gestattete (Häberlein 2016: 111). Die Welser hingegen gründeten auf Santo Domingo eine Faktorei und importierten darüber hinaus Wein aus Spanien, exportierten Perlen und Zucker, beteiligten sich am Sklavenhandel und betrieben auf der Basis von Sklavenarbeit eine eigene Zuckermühle auf der Insel (Häberlein 2014: 23). Da die Rodung der Plantagen, die Errichtung von Zuckermühlen und der Erwerb von Sklaven kapitalintensiv waren, bestand seitens der Krone Interesse an ausländischen Investoren, und, neben genuesischen Kaufleuten, nutzten insbesondere die Welser die sich so ergebenden Möglichkeiten (Häberlein 2014: 12). Die Welser waren also an der Produktion von und dem Handel mit Zucker auf der portugiesischen Kolonie Madeira beteiligt (Häberlein 2016: 108), doch sie engagierten sich in dieser konstitutiven Phase auch an der Erschließung eines neuen Ressourcengrenzgebiets für Zucker in der neuen Welt (Häberlein 2016: 15). Schließlich waren die Welser auch in ein koloniales Unternehmen auf dem amerikanischen Festland involviert und stiegen zeitweise zu einer Kolonialmacht auf. 1528 schlossen Repräsentanten der Bartholomäus-Welser-Gesellschaft mit der spanischen Krone einen Vertrag über die Kolonisation Venezuelas ab. Die Augsburger Firma verpflichtete sich vertraglich zum Bau von Festungen und zur Gründung von Städten, die mit Kolonisten besiedelt werden sollten, sowie zur Verwaltung des Territoriums. Im Gegenzug und als Ausgleich für die hohen finanziellen Risiken des Unternehmens ließen sich die Welser einige Sonderprivilegien einräumen: Neben Bergbaurechten erhielten sie eine Lizenz zum Transport von 4.000 Sklaven von Afrika nach Amerika (Häberlein 2014: 23).[13] Die Gewinnperspektiven veranlass-

---

13 Es begann der Einsatz afrikanischer Sklaven bereits innerhalb des Imperiums Karls V., und zwar auf Anraten von Las Casas, der damit die Unterdrückung und Vernichtung der Indios verhindern wollte – ein Rat, den er später schwer bereute und dies auch mit seiner Brevísima relación de la destrucción de Africa (Casas 1989), einer Anklageschrift über die Gewalt gegenüber den Afrikanern, wieder gutzumachen suchte. Etwa 11 Millionen Personen wurden von Afrika nach Amerika verschleppt und versklavt (Frank 1999: 22).

ten die Welser, das für ein Handelshaus untypische Unternehmen einer Kolonisierung von letztlich völlig unbekanntem Land aus in Angriff zu nehmen (Denzer 2005: 55). Eine weitere Lizenz für den Handel mit 800 Sklaven wurde 1529 erteilt (Häberlein 2014: 128). Skrupel gab es anscheinend keine und es war für die Augsburger Kaufleute der Handel mit Sklaven »offenbar ein Geschäft wie jedes andere.« (Ebd.:130)

Das Projekt der Kolonisierung Venezuelas entwickelte sich unter der Führung der Welser Statthalter und Generalkapitäne zu einem reinen Beuteunternehmen. Angeregt durch den Erfolg Pizarros in Peru, erhofften die Stellvertreter der Welser ebenfalls durch die Eroberung von indigenen Gebieten zu Reichtum zu gelangen. In mehreren Expeditionen, die aber alle scheiterten und auch mit dem Tode der meisten Beteiligten verbunden waren, erkundeten sie unbekannte Gebiete auf der Suche nach dem El Dorado. Im Vergleich zu den spanischen Eroberern zeigen sich jedoch kaum Unterschiede, wie Häberlein zusammenfasst: »Es gibt keinerlei Grund zu beschönigen [...]. Wie andere Konquistadoren raubten, plünderten, mordeten, folterten und vergewaltigten sie und hinterließen zerstörte Dörfer und verödete Landstriche« (Häberlein 2016: 128). Es ist offen, ob diese Praktiken im Sinne der Augsburger Firmenleitung waren. Aufgrund der langen und unsicheren Kommunikationswege waren die Beauftragten der Welser auch kaum zu kontrollieren (ebd.: 127). Letztlich scheiterte das koloniale Engagement in Venezuela und war in ökonomischer Perspektive mit hohen finanziellen Verlusten verbunden. Profitabler war das Zusatzgeschäft, der Handel mit Sklaven, die in den Zuckerrohrplantagen zum Einsatz kamen (ebd.: 126). Die Welser waren somit in einer entscheidenden, frühen Phase an der Ausdehnung der commodityfrontier für Zucker und der mit der Expansion der Zuckerplantagenwirtschaft verbundenen Ausweitung des Sklavenhandels sowie der Nutzung von Sklaven als Arbeitskräfte beteiligt. Sie leisteten so einen »entscheidenden Beitrag zur Entstehung eines atlantischen Wirtschaftsraums« (Häberlein 2016: 15). Auch wenn sie nur ein Akteur unter vielen anderen waren und bald von anderen verdrängt wurden[14], so stehen so sie doch ähnlich

---

14 Das Handelshaus der Welser konnte die durch die Lizenzen gewonnene Monopolstellung im Sklavenhandel nicht dauerhaft halten. Später avancierte Florenz zum Zentrum der

wie die Fugger für die neue Rolle des Kapitals in dieser frühen Phase des kapitalistischen Weltsystems, in der der transatlantische Grenzraum zu einem Experimentierfeld für neue Formen der kapitalistischen Ökonomie wurde. Vor allem der Einsatz von Sklaven auf den Zuckerrohrplantagen ist nicht als präkapitalistische Form der Organisation von Arbeit anzusehen. Vielmehr ist er Teil der Etablierung einer auf rassischer und relationaler Differenzierung beruhenden kapitalistischen Weltökonomie. Die Entstehung des »black Atlantic« (Gilroy 1993) durch den Sklavenhandel stellt keine Randnotiz der Geschichte der Moderne dar, sondern war Teil ihrer Konstitution und dieser Handel war, wie an der Rolle der Welser deutlich wird, bereits in hohem Maße kapitalistisch organisiert. Der intensivierte Einsatz der Sklaven, der sich später auch in Brasilien, in der Karibik und in Nordamerika verbreitete, fand im Rahmen der sich entwickelnden globalen Ökonomie statt. Er hatte wenig mit traditionellen Sklavenhaltergesellschaften gemein, wie auch Osterhammel in hervorhebt: hervorhebt:

> »Die drei vollkommen neuartigen, im 16. und 17. Jahrhundert geradezu künstlich kreierten Sklavengesellschaften in der Neuen Welt beruhten auf keinerlei vorgefundenen Strukturen. Sie waren Produkte eines gigantischen social engineering […] [,] bei dem Amerika den Produktionsfaktor Boden, Europa Startkapital und Organisationsmacht und Afrika die Arbeitskräfte bereitstellte.« (Osterhammel 2009b)

Der berüchtigte atlantische Dreieckshandel, in dem Waren aus Europa dem Kauf von Sklaven in Afrika dienten, die in Amerikas verkauft wurden und dort in der Produktion von Zuckerrohr und Baumwolle eingesetzt wurden, die wiederum nach Europa importiert wurden, konstituierte eine der ersten transnationalen Ökonomien des globalen Kapitalismus (Thomas 1997). Die auf Sklaverei beruhende »Plantagenrevolution« (Osterhammel 2009b: 30) entfaltete sich zuerst in den spanischen Kolonien in der Karibik und in dem von Portugal kolonisierten Brasilien, sodann in den Besitzungen der Niederländer, Franzosen und Briten in der Karibik und später in den britischen Kolonien Nordamerikas (Zeuske 2019;

Finanzierung des Sklavenhandels (Zeuske 2013: 504).

Conermann/Zeuske 2020). Gerade bei den frühen Handelskompanien, wie der englischen Royal African Company oder der niederländischen Westindischen Compagnie als frühe »Global Player« stand der Sklavenhandel im Zentrum (Reinhard 1985: 141 f.).

In dieser frühen Phase des kapitalistischen Weltsystems war die auf rassischen Kategorien beruhenden Untergliederungen der Menschheit für die Sklaverei und andere Formen der Ausbeutung zentral. Sie ist als ein konstitutiver Bestandteil der eurozentrischen kolonialen Moderne anzusehen, wie auch Quijano insbesondere bezüglich Amerika hervorhebt:

> »In Amerika war die Vorstellung von raza ein Modus, um den mit der Eroberung durchgesetzten Herrschaftsverhältnissen Legitimität zu verleihen. [...] Die Expansion des europäischen Kolonialismus in den Rest der Welt führte zur Entwicklung einer eurozentrischen Wissensperspektive und damit zu einer theoretischen Ausformulierung der Vorstellung von raza als Naturalisierung dieser kolonialen Herrschaftsverhältnisse zwischen Europäern und Nicht-Europäern.« (Quijano 2016: 29)

Diese kolonialen Herrschaftsbeziehungen mit ihren nach sogenannten rassischen Prinzipen ausdifferenzierten Formen der Arbeitsorganisation waren auch ein zentrales Element der neuen Muster globaler Macht im entstehenden Kapitalismus. Weber ging in der Protestantischen Ethik bekanntermaßen von der Annahme aus, dass »der Okzident [...] in der Neuzeit [...] eine ganz andere und nirgends sonst auf der Erde entwickelte Art des Kapitalismus: die rational-kapitalistische Organisation von – formell – freier Arbeit« (Weber 1920: 7) entwickelt habe und beantwortete deren Genese mit inneren Dynamiken der europäischen Kultur. Die nicht marktförmig organisierten Formen der Arbeit erscheinen dem gegenüber als nichtmodern und außerhalb des Systems stehend. Die auf die Geschichte der Kolonialität der Moderne ausgeweitete Perspektive lässt hingegen eine andere Beziehung erkennen. Quijano zufolge führte die »Kolonialität der Kontrolle über den Faktor Arbeit« zu einer Pluralisierung von einerseits der »Zuschreibung aller unbezahlter Formen von Arbeit zu den kolonisierten razas« und andererseits der »Zuschreibung von bezahlter, entlohnter Arbeit der kolonisierenden raza, also zugunsten der Weißen« (Quijano 2016: 39). Die mit dem Kapitalismus einhergehende Konstruktion der inferioren Rassen, die in der Arbeitswelt die nachgeordneten, unfreien Tätigkeiten ausüben, und das Konzept der freien Arbeit des okzidentalen Subjekts, die sich gegenseitig bedingen, haben hier ihren Anfang genommen.

Damit ist die koloniale Ökonomie der frühen Neuzeit keineswegs nur als Vorform des Kapitalismus anzusehen, sondern vielmehr war »die ›ursprüngliche Akkumulation‹ des Kolonialismus [...] ein unverzichtbarer Bestandteil der anhaltenden Dynamik des Kapitalismus. ›Freie Lohnarbeit‹ in Europa ist [...] historisch durch anderswo ›Unfreie Arbeit‹ bedingt.« (Ebd.). Es ist daher der »Kolonialismus [...] [als] die dunkle Seite des europäischen Kapitalismus« (Boatcă 2009: 63) anzusehen.

Dies galt insbesondere für den Anbau von Baumwolle im »Empire von Cotton« (Beckert 2015) und ebenso für Zucker. Wie Moore aus weltökologischer Perspektive argumentiert, ist dabei jedes Vorrücken des Aneignungsgrenzgebiets von Zucker als Folge einer Krise der vorausgehenden Stufe der kapitalistischen Organisation und Aneignung von Natur infolge einer Übernutzung und Erschöpfung und Übernutzung der billigen menschlichen und nichtmenschlichen Arbeit zu interpretieren. Bereits der Vorstoß auf die atlantischen Inseln und vor allem nach Madeira und die dortige Zuckerproduktion ist im Kontext einer ökonomischen Krise im späten Mittelalter infolge des Mangels an Arbeitskräften und verfügbarem Land gedacht. Die Strategien einer Lösung der Krise durch eine geografische Expansion waren zwar erfolgreich, führten aber bald wieder zu einer erneuten sozial-ökologischen Krise.

So stieg Madeira Ende des 15. Jahrhunderts zum größten Zuckerproduzenten der Welt auf. Bald war jedoch der Weltzuckermarkt übersättigt. Die Überproduktion fiel mit zunehmender Erschöpfung und Erosion des Bodens zusammen. Aber nicht nur der Boden war ausgelaugt, sondern auch die Sklaven. Jedes Jahr starben fünf bis zehn Prozent der Sklavenbevölkerung (Moore 2003: 349). Die Zuckerproduktion war nicht mehr rentabel, doch fand die Krise durch eine »sugar frontier's movement (ebd.: 351), der Verlagerung der Produktion in die Neue Welt – zunächst auf die karibischen Inseln und dann vor allem nach Brasilien – eine Lösung.

Die Produktivität stieg, allerdings wurden bald wieder neue, ähnliche sozial-ökologische Schwierigkeiten erkennbar: »Intensifying competitive pressures within the sugar sector [...] encouraged planters to overexploit land and labor. Typically, within the course of a century this undermined productivity drove the sugar frontier ever onward to virgin soil, which in turn required fresh supplies of capital and labor. A vicious circle indeed!« (ebd.: 351).

Hier wird Moore zu Folge ein Muster erkennbar, das für die kapitalistische Akkumulation typisch ist: Durch geografische Expansion werden immer wieder neue Aneignungsgrenzgebiete erschlossen, um Zugang zu »billiger Natur« (Moore 2020: 109) zu gewinnen. Wie er im Anschluss an feministische Theorien argumentiert, kommt es durch die »Aneignung unbezahlter Arbeit von ›Frauen, Natur und Kolonien‹ zu einer ›Umstrukturierung der Produktionsverhältnisse‹ [...] mit dem Ziel, einen neuerlichen und erweiterten Strom billiger Arbeit, Nahrung, Energie und Rohstoffe in das Warensystem fließen zu lassen.« (Ebd.: 155). Hierdurch werde ein »ökologischer Surplus« (ebd.: 152) erzeugt, der allerdings langfristig im Laufe einer Akkumulationswelle wieder abnehme. Durch die Ausbeutung der billigen Natur und ihre sozial-ökologische Erschöpfung »sinkt der ökologische Überschuss durch den Widerspruch zwischen der Reproduktionszeit des Kapitals und den Reproduktionszeiten der übrigen Natur« (ebd.: 153). Auf die durch das Sinken des ökologischen Surplus hervorgerufene ökonomische Krise werde wiederum mit einer neuen Expansion reagiert: »Periodisch auftretende Wellen sozio-ökologischer Erschöpfung – verstanden als das Unvermögen eines bestehenden Bündels menschlicher wie außermenschlicher Naturen, dem Kapital noch mehr Arbeit bereit zu stellen – motivieren wiederkehrende Wellen geografischer Expansion.« (Ebd.: 106). Der kapitalistischen Akkumulation wohne daher eine Dynamik infiniter Expansion und die Notwendigkeit der Aneignung immer wieder neuer Grenzgebiete und ihrer »billigen Natur« (ebd.: 106) inne. Diese Expansionslogik lässt sich, wie gezeigt, bereits an der Erschließung eines neuen Ressourcengrenzgebiets für Zucker erkennen. Doch gilt dies ebenso für das Vorrücken der commodity-frontier für Silber in der frühen Neuzeit. In diesem Prozess spielte nun wiederum der zweite Augsburger Global Player, die Handelsgesellschaft der Fugger, eine zentrale Rolle.

Im Gegensatz zu den Welsern, deren koloniale Abenteuer in Venezuela scheiterten und die auch nicht dauerhaft aus dem Vorrücken der commodity-frontier für Zucker Gewinn schlagen konnten, waren die Fugger auf eine andere, letztlich erfolgreichere Weise an der Erschließung und Ausbeutung Amerikas beteiligt, indem sie von der Erschließung neuer Ressourcengrenzgebiete für Silber in der neuen Welt profitierten.

Wie oben skizziert, waren die Fugger bereits zentrale Akteure im durch technische und organisatorische Neuerungen boomenden mitteleuropäischen Silberbergbau gewesen und waren so um 1500 zu »Herren des Silbers« aufgestiegen. Ab den 1530er-Jahren ging allerdings die Expansionsgeschwindigkeit in der Metallwirtschaft zurück (Moore 2020: 190). Ursache hierfür waren die steigenden Löhne und zunehmenden Kosten für Brenn- und Grubenholz infolge einer zunehmenden Entwaldung, die nicht nur durch den Silberbergbau, sondern auch durch die Nachfrage der Städte und den zunehmenden Bedarf von Holz für die Gewinnung und Verarbeitung von Eisen vorangetrieben wurde (Moore 2003: 333). Diese durch regionale Erschöpfung der menschlichen und außermenschlichen Produktivität bedingte Krise konnte aber mittels einer Verlagerung und Verschiebung der Ressourcengrenzgebiete für Silber in die neue Welt gelöst werden. Nicht zuletzt konnten die Fugger auch daran in erheblichem Maße partizipieren.

Nach der Eroberung von Mexiko und Peru durch Cortez und Pizarro wurden nämlich in diesen Gebieten neue Silberminen entdeckt und erschlossen.[15] Neben Zacatecas in Neu-Spanien wurde insbesondere das im heutigen Bolivien gelegene Potosí wichtig. Rasch stieg es zu einer der größten und reichsten Städte der Welt auf und so lag es nicht fern, dass sich das Hauptinteresse der Spanier darauf richtete. Der Schriftsteller Eduardo Galeano formulierte das bereits 1980 in seinem weltbekannten Buch »Die offenen Adern Lateinamerikas«: »Amerika war damals ein gewaltiger Schachteingang, der hauptsächlich auf Potosí konzentriert

---

15 Die oberdeutschen Herren über das Silber versuchten zu Beginn auch von den Silberfunden in der Neuen Welt zu profitieren. Deutsche Bergmänner, die als führend im Montangewerbe galten, wurden in den ersten Jahren nach Amerika gesendet (Pferdekamp 1938: 24). Einige Minen in Sultepec, einem der ersten Grubengebiete auf dem Festland, waren in der Hand von Deutschen (Walter 2003: 245). Das Engagement war allerdings nicht von Dauer.

Die Genese des expansiven Kapitalismus

war.« (Galeano 1980: 33) Welche Bedeutung der unerwartete Strom von Silber insbesondere auch für Karl V. besaß, wird noch heute am Stadtwappen von Potosí deutlich, welches nicht zuletzt der Habsburger verlieh, nachdem er während eines Aufenthalts in Ulm das erste Silber aus Potosí in Empfang nahm. Der zwischen den Säulen des Herakles platzierte cerro rico (reiche Berg), der Silberberg von Potosí, und die darüber schwebende Krone können als Sinnbild für das imperiale Plus Ultra, d. h. die Expansion der imperialen Macht nach Amerika und der kolonialen Aneignung seiner Reichtümer, gedeutet werden (vgl. Abb. 4).

Abb. 4: Erstes Stadtwappen von Potosí: Zwischen den Säulen des Herakles platziert der Silberberg von Potosí und darüber die imperiale Krone. Verliehen von Karl V. im Jahr 1547.[16]

---

16 Arzans de Orsúa y Vela, Bartolomé (1965/1737): Historia de la Villa Imperial de Potosí (III tomos). Archivo y Biblioteca Nacionales de Bolivia, https://upload.wikimedia.org/wikipedia/commons/9/97/Escudo_otorgado_por_Carlos_V%2C_dada_en_Ulma_el_28_de_enero_de_1547.JPG; Lizenz: CC BY-SA 3.0; Zugriff: 10.10.2015.

Zunächst boomte die Förderung aufgrund der ausreichenden Verfügbarkeit von Holz und billiger Arbeit, bald ging aufgrund einer Erschöpfung der menschlichen und natürlichen Ressourcen die Produktivität in Potosí und auch in Neuspanien wieder zurück (Moore 2003: 338). Mit den traditionellen Verfahren waren die oberflächennahen Erzminen schnell ausgebeutet und der Silberbergbau in Peru und Mexiko geriet an seine Grenzen hinsichtlich der Mengen gewonnenen Edelmetalls (Häberlein 2016: 146). In den mittel- und südamerikanischen Bergwerksregionen wurde daher ein Amalgamierungsverfahren zunehmend angewendet, das die Gewinnung von Silber aus dem edelmetallhaltigen Gestein durch den Zusatz von Quecksilber ermöglichte. Durch dieses zwar äußerst umwelt- und gesundheitsschädliche, wirtschaftlich aber hoch effektive Verfahren ließ sich die Silberförderung in den Minen von Potosí in Peru und Neuspanien (Mexiko) erheblich steigern, die Krise überwinden und die Silber-Frontier weiter vorantreiben.

Den hierdurch stark erhöhten Bedarf an Quecksilber konnten wiederum die Welser und sodann vor allem die Fugger durch die Quecksilberminen von Almaden in Spanien befriedigen. Deren Nutzung war mit der sogenannten Maestrazgopacht verbunden, die sich die Welser ab 1533 sicherten. Ab 1538 gewannen die Fugger die Pacht und nach einer kurzen Unterbrechung wurde 1562 Almaden im Zuge eines neuen Pachtvertrags erneut der Augsburger Handelsgesellschaft überlassen. Die Fugger verpflichteten sich, jährlich mindestens 1000 Zentner Quecksilber zu liefern, und die spanische Regierung garantierte einen Festpreis. Die Bezahlung sollte durch Gold- und Silberlieferungen aus der Neuen Welt erfolgen (Häberlein 2016: 147). Dies implizierte, dass die Fugger in zweifacher Weise von den Quecksilberlieferungen profitierten: Zum einen wurden sie hierfür entlohnt und zum anderen garantierte das Quecksilber, dass genügend Silber aus der neuen Welt zur Tilgung der Schulden des Kaisers beim Handelshaus nach Europa gelangte. Erst nach der Erschließung lokaler Quecksilbervorkommen in Huancavelica (Peru) verlor Almaden allmählich an Bedeutung für die Gewinnung von Silber in der neuen Welt. Lange Zeit war aber die Quecksilberproduktion in Almaden »geradezu die Lebensader des Fuggerschen Unternehmens« (Häberlein 2014: 29).

Der Bedarf an Arbeitskräften für die Minen in Almaden wurde mit Sträflingen und konvertierten Mauren, die letztlich Zwangsarbeit ausübten, sowie durch afrikanische Sklaven gedeckt. Die Arbeitsbedingungen waren schrecklich, das Risiko einer Quecksilbervergiftung hoch und die Lebenserwartung gering (Häberlein 2016: 48). Diese Verhältnisse waren, selbst gemessen an den in Spanien sicherlich nicht hohen Standards, unzumutbar. Das führte dazu, dass von der Krone eine Untersuchung angeordnet wurde, die von dem später als Schriftsteller bekannt gewordenen Mateo Aleman durchgeführt wurde. In seinem Bericht klagte er die Vertreter der Fugger in Almaden an, verantwortlich für die unerträglichen Arbeitsbedingungen der Zwangsarbeiter und die hiermit verbundenen gesundheitlichen Beeinträchtigungen und Todesfällen zu sein (Matilla 1958: 115).

Keineswegs besser waren die mit dem Einsatz von Quecksilber zur Silbergewinnung verbundenen Arbeitsbedingungen in der Neuen Welt. Im Raum Potosí wurde das Quecksilber-Amalgam-Verfahren, das sich zuvor bereits in Neuspanien verbreitet hatte, vor allem unter dem Vizekönig Francisco de Toledo in breitem Umfang eingeführt und hierdurch »eine der spektakulärsten Episoden sozio-ökologischer Transformationen des Frühkapitalismus« (Moore 2020: 191) eingeleitet. Toledo veränderte nicht zuletzt auch grundlegend die Arbeitsorganisation. Die für die Gewinnung von Silber mit Quecksilber notwendigen Arbeiten wurden im Rahmen der sogenannten Mita ausgeübt: Die Mita war ein System kolonialer Zwangsarbeit, das an die Arbeitspflicht unterworfener Völker bei den Inkas anknüpfte, aber von den Spaniern insbesondere für den Silberbergbau im Raum Potosí transformiert wurde. Jährlich mussten die zur Mita herangezogenen Siedlungen des andinen Hochlands eine festgelegte Anzahl von männlichen Arbeitskräften nach Potosí entsenden (Moore 2003: 338). Diese Arbeitskräfte waren durch das neue Produktionsverfahren notwendig geworden.

Durch die Amalgamierung der silberhaltigen Mineralien mithilfe von Quecksilber konnte die Produktivität der Silberminen in Neuspanien und Peru wieder gesteigert werde. Die Folgen waren durch die hohe Toxizität für die Arbeitskräfte tödlich. Viele Mitayos ließen während der gefährlichen Arbeit in den Stollen ihr Leben. Und ebenso starb eine große

Anzahl in den Betrieben zur Weiterverarbeitung des Silbers, den sogenannten »ingenios«, an den hochgiftigen Quecksilberdämpfen (Müßig 2020: 129). Der hierdurch enorm erhöhte Bedarf an Arbeitskräften führte darum zugleich zu einem drastischen Rückgang des Bestands der indigenen Bevölkerung. In einer Petition von 1600 an den König heißt es: »in der Stadt Potosí sind eine große Anzahl an Einheimischen […] in den Minen des Berges von Potosí, andere sind an Quecksilber gestorben, wieder andere an tausend Krankheiten.« (zit. nach Müßig 2020: 129). Der Cerro Rico in Potosí verschlang so in drei Jahrhunderten acht Millionen Menschenleben (Galeano 1980: 51). Ähnliches geschah in den Bergwerken Mexikos. Nach dem aktuellen Stand der Forschung reduzierte sich die Zahl der indigenen Einwohner Amerikas in den hundert Jahren nach der sogenannten Entdeckung von etwa 70 Millionen auf 10 Millionen. In den karibischen Gebieten wurde die Bevölkerung fast vollkommen ausgerottet und in Mexiko und Peru war ein Rückgang um 90 Prozent zu verzeichnen. Selbst vorsichtige Schätzungen gehen von einer Reduktion auf zwei Drittel der ursprünglichen Zahl aus (Gründer 1998: 136). Inwieweit nun allerdings die Rede vom Genozid bzw. vom Völkermord berechtigt ist, ist umstritten. Ein explizites Programm der Vernichtung wurde von der spanischen Krone nicht formuliert. Der Bevölkerungsrückgang war auf die Ausbeutung der Arbeitskraft der indigenen Bevölkerung sowie in starkem Maße auch auf die Auswirkungen der eingeschleppten Infektionskrankheiten zurückzuführen (ebd.: 137).

Eine weitere Form der schweren Ausbeutung der Arbeitskraft der indigenen Bevölkerung war mit den sogenannten »Encomiendas« verbunden. Hierbei handelte es sich um ein lehensartiges System, durch das den Konquistadoren Landgüter einschließlich der dort lebenden Bevölkerung übertragen wurden. Diese zentrale Institution des spanischen Kolonialsystems war offiziell mit dem Ziel eingeführt worden, die Eingeboren unter der Obhut eines Spaniers zum christlichen Glauben und Leben zu bekehren. Faktisch war aber dieses »Anvertrauen« (encomendar) mit Sklaverei ähnlicher Leibeigenschaft und Zwangsarbeit verbunden (Delgado 2001: 31).

Insbesondere der Dominikanermönch Las Casas wandte sich seit 1515 in seinen Schriften darum vehement gegen die Gewaltexzesse der Konquistadoren und die Ausbeutung der indigenen Urbevölkerung. Las Casas sah dabei das Encomienda-System als das zentrale Problem an und forderte dessen Abschaffung. Anstelle dessen sollten die Indios der direkten Herrschaft des Kaisers unterstellt werden, wie er in einem Schreiben an Karl V. forderte: Insbesondere sein Schrift *Brevísima relación de la destrucción de las Indias* (1552) trug hierdurch wesentlich zum Erlass der »Leyes Nuevas« bei, die ein Verbot der Indiosklaverei und eine Neuordnung der Encomiendas beinhalteten (Delgado 2001: 42). In ökonomischer Hinsicht war mit den »Leyes Nuevas« der Versuch verbunden, an die Stelle des auf die Encomienda gestützten privaten Produktionssystems eine kirchlich-staatliche Ökonomie zu setzen (Mires 1991: 111). Die Konquistadoren setzten sich jedoch gegen diese Versuche einer Limitierung ihrer Macht und Autonomie zu Wehr. Trotz des Erlasses der »Neuen Gesetze« konnte faktisch das Encomienda-Wesen nicht abgeschafft werden, da die Encomenderos heftigen Widerstand leisteten und auch die Krone auf die durch die Ausbeutung der indigenen Bevölkerung erzielten Gewinne nicht verzichten wollte (Delgado 2001: 44 f.). Mit dazu beigetragen hatte sicher auch die Zwangslage des Kaisers, der dem Druck seiner Gläubiger auf Rückzahlung der Kredite ausgesetzt war und sich daher keine moralischen Skrupel leisten konnte. Denn »es gewannen Silberlieferungen aus der Neuen Welt als Rückzahlungen für Darlehen an Karl V. eine wachsende Bedeutung«. (Häberlein 2018: 137)

Die Fugger und Welser profitierten so indirekt von der Ausbeutung der natürlichen Ressourcen und Arbeitskräfte der Neuen Welt und der damit verbundenen Ausbeutung der Arbeitskräfte. Insofern trugen insbesondere die Fugger, wie dargelegt, mit ihren Krediten und ihrem Quecksilberhandel zum Silberboom bei. Sie förderten damit besonders auch die Expansion des globalen Handels (Häberlein 2016: 151), weil einerseits ein imperialer Impetus und ein weites Herrschaftsgebiet, andererseits der Geldhandel damit einhergingen. Nach der Gründung Manilas konnten die Spanier mit den Manila-Flotte große Mengen an Silber über den Pazifik lenken und damit auch den Chinahandel finanzieren. Eine transpazifische Handelsroute nach Asien entstand, welche vor allem auch China in das kapitalistische Weltsystem einband. Es war dieser Zusammenhang, »der die Fugger in diesem Zeitraum zu globalen Akteuren machte«

(Häberlein 2016: 151). Moore argumentiert in seiner weltökologischen Ausweitung der Weltsystemanalyse, dass die mit der kolonialen Inkorporation von Amerika in die damalige globale Ökonomie verbundene Ausweitung von »commodity frontiers« für Zucker und Silber konstitutiv für die Genese eines ausbeuterischen, extraktivistischen Verhältnisses zu Natur und Menschen in der frühen Neuzeit war (Moore 2013). In beiden Bereichen waren, wie gezeigt, die Augsburger Handelshäuser aktiv und sie trugen somit zur Etablierung von Abhängigkeitsverhältnissen und Arbeitsbedingungen bei, die als kennzeichnend für die »Kolonialität der modernen Expansionsgesellschaft« angesehen werden können.

Mit dieser Begrifflichkeit wird an den peruanischen Soziologen Anibal Quijano angeknüpft, der in der paradigmatischen Schrift *Colonialidad y modernidad/racionalidad* (Quijano 1992) die zentrale Bedeutung des Kolonialismus für die Genese der Moderne und des modernen Kapitalismus herausgearbeitet hat. In der Durchsetzung einer spezifischen eurozentrischen Rationalität, welche auf der einen Seite auf der Ermächtigung des europäischen Zentrums und auf der anderen Seite auf der Subordination der kolonisierten Welten und Menschen beruhte, liegt demnach die »Kolonialität der Macht« (Colonialidad del poder/Coloniality of power; Quijano 1997, 2000a, 2000b) in der Moderne begründet. Die koloniale Aneignung der amerikanischen Welt und die sich hier herausbildenden ökonomischen Strukturen und Abhängigkeitsverhältnisse waren demnach konstitutiv für die Genese des modernen kapitalistischen Weltsystems, wie Quijano in dem zusammen mit Wallerstein verfassten Artikel *Americanity as a concept* (Quijano/Wallerstein 1992) deutlich macht:

»The Americas as a geosocial construct were born in the long sixteenth century. The creation of this geosocial entity, the Americas, was the constitutive act of the modern world-system. The Americas were not incorporated into an already existing capitalist worldeconomy. There could not have been a capitalist world-economy without the Americas.« (ebd.: 549 f.)

Aus dieser Perspektive sind damit Amerikanität (Americanity), Modernität und Kolonialität untrennbar miteinander verbunden, da mit der

Entdeckung der Neuen Welt die Herausbildung des modernen kapitalistischen Weltsystems im neu erschlossenen atlantischen Raum verbunden war: »Americanity has always been, and remains to this day, an essential element in what we mean by ›modernity‹. [...] As the centuries went by, the New World became the pattern, the model of the entire world-system.« (Quijano/Wallerstein 1992: 549) Aus Quijanos Sicht sind daher der okzidentale Sonderweg und die Besonderheit der Moderne nicht durch die Durchsetzung der in den traditionellen Modernisierungstheorien genannten Prinzipien von Fortschritt, Rationalität, Säkularität usw. zu erklären, da sich diese auch in anderen Kulturen finden lassen (Quijano 2016: 48). Entscheidend sei vielmehr die Herausbildung eines globalen Herrschaftssystems gewesen: »Das aktuelle Weltsystem, das sich in Amerika auszuformen begann, [hat] drei zentrale Komponenten [...]: die Kolonialität der Macht, den Kapitalismus und den Eurozentrismus.« (Ebd.: 54) Es sei daher die Moderne als »eurozentrierte koloniale Moderne« (Quijano 2010: 35) zu beschreiben, in der die seit 1492 herausgebildeten kolonialen Beziehungen durch eine »weltweite Verbreitung des in Amerika geschaffenen Herrschaftsmusters« universalisiert wurden und deren Analyse auch zu einem Verständnis der »gegenwärtige(n) Herrschaftskrise« notwendig sind. (Quijano 2010: 34 f.). In ähnlicher Weise formuliert Dussel:

> »Im Okzident besteht die ›Moderne‹, die mit der Invasion Amerikas durch die Spanier beginnt [...], in der geopolitischen Öffnung Europas auf den Atlantik. Dies ist die Entfaltung und Kontrolle des ›Welt-Systems‹ in strengem Sinne. [...] All dies geschieht zeitgleich zum Ursprung und der Entwicklung des Kapitalismus, der anfangs merkantil ist: reine ursprüngliche Geldakkumulation. Das heißt, die Moderne, der Kolonialismus, das Welt-System und der Kapitalismus sind Aspekte einer selben, zeitgleichen und sich wechselseitig konstituierenden Realität.« (Dussel 2013: 15)

Die auf der Unterteilung der Menschen nach rassischen Prinzipien aufbauende Sozial- und Arbeitsordnung wurde schließlich, wie auch andere Autoren der durch Quijjano inspirierten »Grupo modernindad/ colonialidad« argumentieren, paradigmatisch für die Herrschaftsstrukturen des sich etablierenden kapitalistischen Weltsystems.[17] Es ist daher die Kolonialität als »die finstere Seite der Moderne« (Mignolo 2012a: 97) anzusehen. Dabei ist, wie oben dargestellt, die Annahme von zentraler Bedeutung, dass die sozialen Ungleichheiten im Weltsystem eng mit einer rassischen Stratifizierung der Weltbevölkerung verbunden waren und sind. Die ökonomischen Gegensätze können daher nicht, wie insbesondere in letztlich eurozentristischen Analysen geschehen, allein auf den Klassengegensatz zwischen Kapital und Lohnarbeit reduziert werden – allein der Begriff der Sklavenarbeit sollte diesbezüglich stutzig machen. Vielmehr ist Lohnarbeit im kapitalistischen Weltsystem nur eine Form der kapitalistisch organisierten Arbeit, die lange Zeit im Wesentlichen auf die weiße (männliche) Bevölkerung beschränkt gewesen ist. Gemeint ist damit, dass im Mittelalter, aber gerade zur Zeit der Industrialisierung und der Proletarisierung sich Macht und Geld besonders in Europa akkumulierten. Die spezifisch moderne Ausbeutung ist jedoch mit der unfreien Arbeit der Gruppen verbunden, denen nicht-weiße Identitäten zugeschrieben wurden. In der mit der spanischen Kolonisierung der Neuen Welt entstehenden »kolonialen Matrix der Macht« (Mignolo 2012a: 49) waren nun die Kontrolle von Ökonomie, Politik, Natur, Geschlecht und Erkenntnis eng miteinander verwoben (Mignolo 2012a: 50 f., 142 f.).

Diese hierarchischen Strukturen und die »Kolonialität der Arbeit/ Colonialidad Del Trabajo« (Jochum 2016, 2017c; Marañón 2017) sind in Lateinamerika mit einer spezifischen »Kolonialität der Natur (Colonialidad de la naturaleza)« verknüpft (Alimonda 2011, S. 21), insbesondere infolge der Etablierung von exportorientierten Monokulturen und damit einer neuen Stufe der Aneignung der »billigen Arbeit« der Natur. Wie Alimonda hervorhebt, werden die mit den ersten Zuckerrohrplantagen im karibischen Raum im 16. Jahrhundert sich herausgebildeten »Merkmale der Kolonialität der amerikanischen Natur im 21. Jahrhundert weiterhin

---

17 In einem auch als »Projekt Modernität/Kolonialität« (Proyecto Modernidad/Colonialidad i.O., Garbe 2013) bezeichneten Kreis fanden sich seit 1998 mit Anibal Quijano, Enrique Dussel, Catherine Walsh, Maldonado-Torres, Fernando Coronil, Edgardo Lander, Arturo Escobar, Walter Mignolo u. m. verschiedene prominente lateinamerikanische Denker zusammen und formulierten ein Programm einer dekolonialen und posteurozentristischen Sozialwissenschaft (auch Lander und Castro-Gómez 2000).

wiederholt mit der Expansion von Soja-Monokulturen und Agrotreibstoffen« (Alimonda 2011: 48). Dabei beschreiben die Analysen dieser kolonialen Matrix keineswegs nur längst vergangene Phasen der europäischen Kolonialherrschaft, sondern vielmehr ist von der bis heute andauernden Kontinuität der kolonialen Herrschaftsverhältnisse auszugehen: »Wir leben in einer kolonialen Moderne, wir sind mit einer Kolonialmodernität konfrontiert« (Quijano 2010: 34f.).

Die Genese dieser »Kolonialität der Moderne« und insbesondere der »Kolonialität der globalen kapitalistischen Macht« (Quijano 2016: 38) gehört zur imperial-kolonialen, europäischen Expansion. Das hiermit verbundene Plus Ultra der Ökonomie führte, wie nicht zuletzt das Beispiel der oberdeutschen Handelshäuser deutlich macht, zur Herausbildung von Grundstrukturen einer globalen Ungleichheitsordnung im kapitalistischen Weltsystem. Diese unterlegte allem einen ausbeuterischen Arbeitsbegriff, der sowohl Mensch als auch Natur missachtete.

Zu ergänzen ist, dass nicht nur die Genese von kapitalistisch-kolonialen Abhängigkeitsverhältnissen im transatlantischen Raum eine konstitutive Bedeutung für die Moderne besaß. Auch die zur kolonialen Verwaltung der überseeischen Gebiete notwendige Bürokratie war paradigmatisch. Dussel verweist auf die unzähligen Akten des »Archivo de las Indias« und kommt zum Schluss: »Spanien war der erste moderne bürokratisierte Staat.« (Dussel 1993: 56, Fn. 41). Die Arbeiten der »Casa de Contración« in Sevilla können als das erste wissenschaftliche Großprojekt der Neuzeit angesehen werden (Lamb 1995: 683). Die Sammlung von Wissen stand dabei klar im Dienst kolonialer Macht und es ist auch davon auszugehen, dass »der Vorgang der europäischen Expansion die Entstehung der modernen empirischen Wissenskultur Europas prägt« (Brendecke 2009: 12). Da dieses Wissen die koloniale Aneignung von Natur und Menschen unterstützte, lässt sich schließlich auch von einer »Kolonialität des Wissens« (Colonialidad del Saber) sprechen (Lander 1993). Macht, Ausbeutung, Expansion und nicht zuletzt Wissen zeichnen damit die sogenannte Moderne aus. In ihrem Zentrum stand jedoch eine akzentuierte Geldwirtschaft. Von zentraler Bedeutung für die das Erstarken des Kapitalismus in der frühen Neuzeit war darum der durch die Ausbeutung von Natur und Menschen ermöglichte Silberstrom. Das hieraus gemünzte Silbergeld wurde die monetäre Grundlage für das sich herausbildende kapitalistische Weltsystem.

1.4.2
Die Macht des Silbergelds

Galeano beschrieb in eindringlicher Weise in *Die offenen Adern Lateinamerikas* (1980) den Prozess der Ausbeutung der Ressourcen und der Bevölkerung Amerikas:

> »Lateinamerika ist die Region der offenen Adern. Von der Entdeckung bis in unsere Tage hat sich alles zuerst in europäisches, nachher in nordamerikanisches Kapital verwandelt [...]. Alles: die Schätze der Natur und die Fähigkeiten der Bevölkerung, die Produktionsmethoden und die Klassenstrukturen jedes Ortes sind von auswärts durch seine Eingliederung in das weltumfassende Getriebe des Kapitalismus bestimmt worden.« (Galeano 1980: 11)

Infolge der Entdeckung der Silbervorkommen in der Neuen Welt verloren, wie gezeigt, die mitteleuropäischen Bergwerke allmählich an Bedeutung und es wurde eine nächste Stufe in der Herausbildung des (globalen) Kapitalismus eingeleitet. Die Edelmetalle, die aus Amerika in die Alte Welt flossen und zumeist in Münzen verwandelt wurden, stellten die Basis der ersten kapitalistischen Expansion dar. Gold und Silber wurden zum wichtigsten Handelsgut im transatlantischen Handel. Braudel kommt auf Basis der Analyse der aus Spanisch-Amerika transferierten Edelmetalle zum Schluss, dass dieses »den Ehrentitel Schatz der Schätze der Welt sehr wohl verdiente« (Braudel 1986: 471). Zwar ist umstritten, inwieweit die kapitalistische Expansion von diesen Schätzen grundständig abhängig war. Die in Europa einsetzende technische und ökonomische Entwicklung trug ebenso dazu bei, auch wenn sie selbst nicht unberührt vom Kapitalfluss blieb. Es war aber nicht zuletzt »der allgemeine Anstieg der kapitalistischen Aktivitäten, der für die besondere Verwendung des Münzmetalls verantwortlich war« (Wallerstein 1986: 105). Das von den Konquistadoren erbeutete Gold sowie das in den Bergwerken von Mexiko und Peru geförderte Silber führten zu einem scheinbar unerschöpflichen Strom an Edelmetallen in die Alte Welt. Der Reichtum Potosís unterstützte zusammen mit den aus den mexikanischen Bergwerken gewonnenen Edelmetallen die kapitalistische Dynamik in Europa. Es »speisten die Eingeweide des ›Cerro Rico‹ des ›Reichen Berges‹ in entscheidendem Maße die Entwicklung Europas« (Galeano 1980: 30) in nahezu jeder Hinsicht. Zwischen 1503 und 1660 gelangte 185 Tonnen Gold und 16.000 Tonnen Silber in den bei Sevilla gelegenen Hafen von San Lúcar de Barrameda, was die in Europa vorhandenen Reserven um das Dreifache übertraf (ebd.: 33). Nicht nur für Kaiser Karl V. und seine Nachfolger respektive ihr feudalistisches Staatsgebilde (Stichworte: die Erbauung Escorials, der Ausbau der Armada, die Verfestigung der spanischen Fueros), sondern auch für die Etablierung des neuzeitlichen Kapitalismus war dieser Geldstrom von zentraler Bedeutung: »Das Edelmetall Amerikas stand Pate bei der Taufe des Kapitalismus, eines ungeheuer gefräßigen Monsters, das Europa aus feudal-klerikaler Stagnation brutal herausriss.« (Ludwig 1988: 159) Es war zunächst zwar der europäische Bergbau, der wesentlich zur Entstehung des kapitalistischen Motors und der Bereitstellung des primären Treibstoffs beitrug, aber erst die amerikanischen Bergwerke ermöglichten es, dass diese Maschinerie weiterwuchs und das System expandierte. Mit der Ausdehnung etablierten sich für Jahrhunderte auch die Machtstrukturen. Wie sich dieser ökonomisch-politisch-koloniale Zusammenhang etablierte, wird folgend nachgezeichnet.

Ein Großteil des Silbers wurde zu Münzen verarbeitet. Am bedeutsamsten war dabei der »Real de ocho«, der spanische Piaster im Wert von acht Reales. Diese erste globale Handelsmünze wurde in Spanien und auch in Peru und Mexiko aus dem amerikanischen Silber geprägt. Als »mexikanischer Dollar« wurde er sogar zum Vorbild für den US-amerikanischen Dollar (Heß und Klose 1986: 187). Namensgebend war der weit verbreitete »Joachimsthaler«, der aus dem Silber der Minen des böhmischen Joachimsthal im Erzgebirge geprägt wurde.[18] Karl V. schuf hieraus

---

18 Als Daler oder Jochimdaler Guldengroschen verbreitet sich die Münze zunächst im deutschen Raum. Im Ausland fanden die Namen Daalder, Dollar, Tallero und Jocandale Verwendung. Und auch nationale Nachahmungen werden später mit diesen Bezeichnungen versehen (Heß und Klose 1986: 29 f.).

die zentrale Währung seines neuen globalen Reiches. Ein Teil des Silbers wurde in Spanien gemünzt und dabei in der Regel mit dem Wappenschild Spaniens und dem Herrschaftszeichen von Kastilien, Leon und Aragon versehen. In zunehmendem Maße wurden allerdings auch Münzstätten in Amerika eingerichtet. Hierbei fand nun auf der Münze das bekannte Symbol Karls V. Verwendung. Über 300 Jahre wurden – mit einigen Unterbrechungen – die Säulen des Herakles und der Slogan Plus Ultra auf spanischen Silbermünzen geprägt und hierdurch fand die Symbolik eine weltweite Verbreitung.

Abb. 5: Der Säulenpiaster: Mexikanischer Real de Ocho aus dem Jahr 1737 mit den Säulen des Herakles und der Umschrift »Utraque unum (Beide sind eins.)«[19]

In einer mexikanischen Prägungsvariante, die von 1732 an häufig verwendet wurde, erhielten die Münzen ein besonders eindrucksvolles Bild. Die beiden Halbkugeln der Alten und der Neuen Welt, die von den mit der

---

19 Quelle: http://www.fuenterrebollo.com/faqs-numismatica/ima70/1737-8reales-mexico.jpg; Zugriff: 10.10.2014.

Die Genese des expansiven Kapitalismus

Devise Plus Ultra versehenen Säulen des Herakles flankiert waren und über dem Ozean schwebten, prangten dort (vgl. Abb. 5). Die Münze war am Rande mit der Devise »Utraque Unum« (Beide sind eins.) versehen und dies »weist auf das sich über beide Welthalbkugeln erstreckende spanische Weltreich hin.« (Heß und Klose 1986: 93) Aufgrund dieser Darstellung wurden die weltweit zirkulierenden Münzen »Real fuerte columnario«, »Mundos y mares« (Welten und Meere), »Columnas y mundos« (Säulen und Welten), oder verkürzt auch nur »Columnario« genannt. Im englischen Sprachraum wurde diese Münze als »Pillar Dollar«, im Deutschen auch als »Säulenpiaster« bekannt (ebd.: 93). Der Zusammenhang von Geld, Macht und entgrenzter Welt wurde also als solcher auch materiell ausgedrückt.

Nur wenig Geld zirkulierte in Lateinamerika selbst, es wurde vielmehr nach Spanien verschifft.[20] Zweimal pro Jahr erreichte die berühmte Silberflotte Sevilla. Die unversiegbaren Reichtümer, die auf diese Art nach Spanien gelangten, waren der »Beitrag der Neuen Welt zur grundlegenden Änderung der europäischen Wirtschaft.« (Clain-Stefanelli 1978: 163). Denn von Spanien aus floss das Silber weiter über die ganze Welt und wurde die zentrale Währung: »Silver pesos became the most widely circulating currency in the world.« (Bulmer-Thomas 2006: 428) Dem realen, damals weltweiten Geldfluss entsprach auch eine Verbreitung der sich dahinter befindenden Weltkonzeption. Mit den Münzen fand auch die Symbolik der Säulen des Herakles lange nach dem Tod von Karl V. noch eine weltweite Verbreitung. Durch die jahrhundertelange Dominanz wurde der »Real de Ocho« »zu einer der wichtigsten Welthandelsmünzen« (Heß und Klose 1986: 187) und so auch zum Vorbild anderer Währungen. Dieser wurde in der Türkei, China, den USA und vielen anderen Ländern nachgeahmt. Aus Sicht einiger Autoren ist aus dieser Münze durch eine Vereinfachung auch das Dollarzeichen abgeleitet worden: »Vom mexikanischen Peso […] auf dessen Rückseite die Säulen des Herakles abgebildet

---

20 Die Reichtümer wurden teilweise auch in Barrenform über den Atlantik transportiert. Jedoch verändert sich die Zusammensetzung im Laufe der Zeit, da die nach Spanien gesandten Edelmetalle zu immer größeren Teilen aus Münzen, und hierbei wiederum primär aus »Real de Ocho« bestanden (Cipolla 1998: 81).

waren, übernahm der US-Dollar auch die Abkürzung $, die wir als Dollar-Symbol benutzen.« (Walter 1999: 142) Dass damit die erste wie auch die zweite globale Leitwährung mit den Säulen des Herakles versehen waren, mag ein Zufall der Geschichte sein, der aber dennoch als symbolträchtiges Sinnbild für die Entgrenzung der Macht des Kapitals und die durch die kapitalistische Akkumulation vorangetriebene Expansion des kapitalistischen Weltsystems in neue Ressourcengrenzgebiete angesehen werden kann. Karl V. wählte die Emblematik, um damit seinen eigenen imperialen Anspruch zum Ausdruck zu bringen. Auch die späteren Prägungen des Säulenpiasters mit den Erdhälften standen noch im Zeichen der Vision eines spanischen Weltreichs. Faktisch symbolisierten sie aber das Plus Ultra der kapitalistischen Ökonomie, den Drang und Zwang des Kapitals zur infiniten Akkumulation.

Der spanische Traum vom globalen spanischen Imperium sollte aber bald zerbrechen, andere Länder übernahmen die Führungsrolle und wurden zu Hegemonen im Weltsystem. Zwar übte Spanien durch seinen Gold- und Silberreichtum zweifelsohne eine Art von Herrschaft über die Welt aus, doch war diese nicht mehr mit politischer Macht verbunden. Vielmehr wurde der Piaster zur Grundlage der ökonomischen Globalisierung: »[Die] monetäre Herrschaft war größer und dauerhafter als die politische. [...] Auf diese Weise trug das iberoamerikanische Silber zur Schaffung einer Art einheitlichen Wirtschaftsraumes rund um den Globus bei.« (Wallerstein 1986: 113) Der spanische Piaster geriet dabei zunehmend außer Kontrolle der spanischen Herrscher und es bildete sich anstelle eines von den Habsburgern dominierten globalen Imperiums das moderne Weltsystem als kapitalistische Weltwirtschaft heraus.

1.4.3
Das Scheitern des Imperiums

Spanien konnte von den Reichtümern der Neuen Welt nicht dauerhaft profitieren. Die Geldströme flossen weiter, um die Schulden des Kaisers bei Bankiers wie den Fuggern zu bezahlen, um Kriege gegen Frankreich, die Türken und die Protestanten in Deutschland zu finanzieren und um Konsumgüter vor allem aus Nordeuropa zu importieren (Ludwig 1988: 134). Karl V. entkam so trotz des scheinbaren Reichtums nie der Abhängigkeit von Krediten der Fugger und Welser – aber ebenso waren die Fugger auf Karl V. angewiesen, sodass Ausdehnung und Zerfall des politischen und des ökonomischen Imperiums untrennbar miteinander verbunden waren: »Gemeinsam stiegen die Sterne Karl V. und der Fugger, gemeinsam sanken sie wieder.« (Wallerstein 2003: 371)

Die Euphorie der Weltbemächtigung, welche Karl V. zu Beginn seiner Herrschaftszeit erfasst hatte und welche in der Devise Plus Ultra ihren Ausdruck fand, wurde im Laufe der Zeit getrübt. In Deutschland spalteten die Religionskonflikte das Reich. In Spanien kam es zum Aufstand der »Comuneros«. Die Türken stellten eine wachsende Gefahr dar. Das expandierende Reich zerbrach von innen und wurde von außen bedroht. Letztlich sollte die neu entstehende globale Welt nicht in jener Weise organisiert werden, wie es Kaiser Karl V. und seine Berater sich vorgestellt hatten. Wallerstein schlussfolgert daraus die Entstehung des weltweiten Kapitalismus: »Im 16. Jahrhundert lässt sich also nicht nur der Aufstieg der Weltreiche verzeichnen, sondern gleichfalls ihr definitives Scheitern als Organisationsprinzip eines modernen Weltsystems. Ersetzt wurden sie fortan durch die kapitalistische Weltwirtschaft.« (Ebd.: 365)

Diese Entwicklung war eine Folge der Eigendynamik der Finanzströme. Das amerikanische Silber führte zu einer kapitalistischen Expansionsphase, jedoch nicht in Spanien, sondern vor allem in den nordwesteuropäischen Regionen, die mit ihren Produkten den spanischen Markt erobern wollten, um an dem Strom der Edelmetalle teilzuhaben (Galeano 1980: 34).[21] Wie Wallerstein argumentiert, sind auch die Gestalt und der Aufstieg des Calvinismus und seines Arbeitsethos in diesem Kontext zu sehen. Es waren die mit dem Silberfluss und den erweiterten Handelsbeziehungen im Imperium verbundenen ökonomischen Umwälzungen,

---

21 Der Handel und das Geldwesen waren weitgehend in der Hand von Flamen, Franzosen, Genuesen, Engländern und Deutschen (Galeano 1980: 35). In Spanien wurden die Reichtümer in Land oder in Bauwerke, aber nicht in industrielle Unternehmungen investiert. Grund hierfür war auch die mangelnde Bereitschaft Karls V., eine eigenständige merkantile Politik in Spanien zu verfolgen und protektionistische Schutzmaßnahmen zu ergreifen (Braudel 1986: 266 f.). So kam es gerade in Spanien – im nach der Kolonisierung des Amerikanischen Festlandes eigentlichen Zentrum des Weltreiches Karls V. – zu einer zunehmenden Untergrabung der ökomischen Basis.

welche das Erstarken des calvinistischen Protestantismus begünstigten. Gerade in Flandern entstand in diesem Kontext eine frühindustrielle und frühkapitalistische Gesellschaft, die sich mit wachsender ökonomischer Macht vom spanischen imperialen Zentrum, von dem sie sich in ihren Aktivitäten eingeschränkt fühlte, emanzipieren wollte. Mit der Wahl des Calvinismus als Religion konnten die frühkapitalistischen Gruppen in den Niederlanden ihre Abspaltungsbemühungen auch religiös begründen. Die Genese einer neuen Wirtschafts- und Arbeitsethik ging damit dem Protestantismus voraus, und war nicht dessen Folge: »[Es] war [...] nicht so, dass Calvinisten Kapitalisten, sondern dass Kapitalisten Calvinisten wurden.« (Ebd.: 320)

An die Stelle des Imperiums trat so die moderne nationalstaatlich-kapitalistische Ordnung der Moderne, was zuerst in der Befreiung Hollands aus dem Imperium und seiner Konstitution als kapitalistischer Nationalstaat ihren Ausdruck fand. Man kann diese Entwicklung letztlich als Konsequenz der Eigendynamik des Kapitals ansehen: »Die Kapitalisten brauchten die Unterstützung und den Schutz von Staaten, aber ein einziger, übermächtiger Staat, dem sie ihr Kapital nicht entziehen konnten, zerstörte ihre Grundlagen.« (Ebd.: 391) Der Kampf zwischen Weltreich und kapitalistischem Weltsystem ist als Auseinandersetzung darum zu sehen, in welcher Weise Europa seine koloniale Landnahme der Welt organisieren sollte. Die Schwäche des einen wird zur Voraussetzung des anderen. Die mit Karl V. verbundene Vision einer »Monarchia Unviersalis« nach dem Vorbild des späten römischen Imperiums war gescheitert. Wallerstein stellt darüber hinaus aber auch eine Verlagerung an die Ränder fest: »Im langen 16. Jahrhundert etabliert sich die kapitalistische Weltwirtschaft, basierend auf der Arbeitsteilung zwischen Zentrum und Peripherie [...]. Karl V. kämpfte gegen den Strom.« (Ebd.: 391) Die religiös wie auch nationalistisch begründete erfolgreiche Rebellion der protestantischen Niederlande gegen Philipp II., den Sohn Karls V., brachte den Sieg des kapitalistischen Geistes am Rande des Herrschaftsgebietes zum Ausdruck. Ohne politische Einbindung in die bestehende Herrschaft konnte diese Entwicklung sich nun erst recht weltweit ausbreiten. Der kapitalistische Imperialismus und das »Empire of capital« (Meiksins Wood 2003) traten an die Stelle des gescheiterten katholischen Weltreichs und in dieser Form wurden fortan die okzidentale Aneignung der außereuropäischen Welt vorangetrieben und die globalen Wirtschaftsbeziehungen organisiert. Die nationalstaatlich organisierte kapitalistische Moderne konstituierte sich, nicht zuletzt im protestantischen Einflussbereich.

Nicht die Herrschaft Spaniens über den Globus, sondern die Entgrenzung des Marktes und die Ausweitung der Macht des okzidentalen Kapitalismus über die Welt fanden somit letztlich im Säulenpiaster ihr Symbol. War die Devise Plus Ultra bei Karl V. noch mit der Vision der Ausdehnung des Weltreichs verbunden gewesen, so kann sie nun mit der Wachstums- und Landnahmelogik des Kapitalismus assoziiert werden. Es ist diese Emanzipation von der Macht des Imperiums und die Transformation der Entgrenzungsdynamik der europäischen Expansion in den kapitalistischen Wachstumszwang als entscheidender Faktor bei der Herausbildung des modernen expansiven Kapitalismus anzusehen.[22] Das »Plus Ultra der imperialen Expansion« ging in das Plus Ultra der kapitalistischen Ökonomie über.

Der Freiheitskampf der Niederländer war in gewisse Weise auch ein Kampf um die Befreiung des Kapitals von den letzten Bindungen und Begrenzungen, denen es im Reich der Habsburger unterworfen war. In den Jahren nach der Befreiung von der Macht des Habsburger Imperiums stiegen die Niederlande zum neuen Hegemon im sich konstituierenden Weltsystem auf. Die Niederländer sollten sich dabei auch zunehmend neue ökonomische Aktivitätsräume aneignen sowie erschließen und dabei andere Akteure verdrängen. Wie oben gezeigt, konnten um 1500 der Augsburger Handelshäuser durch eine Kooperation mit den Portugiesen kurzzeitig eine bedeutende Stellung im Bereich des Gewürzhandels mit Asien erlangen und zwischen 1580 und 1600 zeitweise auch wiedergewinnen (Häberlein 2016). Den Niederländern gelang es dann aber, die Portugie-

---

22 Zwar haben auch andere Faktoren wie die Lockerung des Zinsverbots zu dieser Dynamik beigetragen (Jochum 2006: 297f.). Aber auch diese Entwicklungen sind nicht von der nautischen Entgrenzung der Welt zu trennen: »The modern monetary age thus began with the geographic discoveries, with the full fruition of the Renaissance. [...] A vast increase in money, minted and printed, occurred in parallel with an unprecedented expansion in physical and mental resources.« (Davies 1994: 194: 174)

sen sowohl militärisch als auch als ökonomische Konkurrenten aus diesem Raum zu verdrängen. Sie etablierten sich nach der Eroberung des zuvor von den Portugiesen beherrschten Malakka im Jahre 1641 als eine neue Kolonialmacht im indonesischen Raum. Dabei erwiesen sich die Niederländer, die in ihrer gegen die Spanier gerichteten Propaganda häufig auf deren Gräueltaten in Amerika verwiesen, keineswegs als zimperlicher. Karl Marx resümiert: »Die Geschichte der holländischen Kolonialwirtschaft entrollt ein unübertreffbares Gemälde von Verrat, Bestechung, Meuchelmord und Niedertracht«. (Marx 1962: 779) Neben Fortschritten im Schiffbau und neuen Militärtechniken trugen dazu auch effizientere Formen der kapitalistischen Organisation der kolonialen Ausbeutung bei.

Die als 1602 als Aktiengesellschaft gegründete Niederländische Ostindien-Kompanie (VOC) sollte in vielen Bereichen eine monopolartige Position erlangen (Gaastra 1988). Ihre Blütezeit fällt mit jener Epoche zusammen, in der die Niederlande eine hegemoniale Stellung im Weltsystem erlangten. Auch im Sklavenhandel sollten die Niederländer zeitweise ein führender Akteur werden und sie trugen – im kapitalistischen Sinne – zur »effizienteren« Organisation dieses »Gewerbes« bei: »For the Dutch, over the course of several centuries and in a large number of constellations across and beyond its territorial reach, capitalist development and different forms of commercial slavery became joined at the hip.« (Brandon 2020).

Ein Vergleich des kapitalistischen Imperialismus der VOC mit den Aktivitäten der oberdeutschen Handelshäuser im Reich der Habsburger macht deutlich, dass der ökonomische Expansionismus letzterer noch nicht vollständig rational und effizient im kapitalistischen Sinne organisiert war. Erst bei der niederländischen VOC und der Britischen Ostindien-Kompanie (gegründet 1600) verbanden sich die ökonomischen Aktivitäten des Kapitals und nationalstaatliches Handeln zu einer neuen Form des »Kriegskapitalismus« (Beckert 2015: 51). Die Sklaverei wurde dabei nicht nur beim Zuckeranbau, sondern später auch beim Baumwollanbau zu einem zentralen Element der imperial-kapitalistischen Landnahme:

»Die Expansion europäischer Handelsnetze nach Asien, Afrika und in die Amerikas beruhte nicht in erster Linie auf dem Angebot von erstklassiger Waren zu guten Preisen, sondern vor allem auf der Bereitschaft, Konkurrenten militärisch zu unterdrücken und den Menschen in vielen Regionen der Welt die merkantile Präsenz Europas aufzuzwingen [...]. Die Europäer erschufen eine neue Welt, indem sie eigene Plantagen errichteten. Einmal in den Produktionsprozess involviert, festigten die Europäer ihren wirtschaftlichen Erfolg mit der Sklaverei.« (Ebd.: 50)

Imperiale Expansion, Enteignung und Sklaverei wurden zu Grundsteinen einer neuen Organisation wirtschaftlicher Abläufe. Auf dieser Grundlage sollten zunächst die Niederlande und sodann England eine zeitweise hegemoniale Stellung im Weltsystem gewinnen.

1.5
Das moderne Weltsystem – Lange Wellen und Hegemoniezyklen

Mit dem Scheitern des Imperiums der Habsburger und dem Aufstieg des kapitalistischen Weltsystems wurde in der modernen Expansionsgesellschaft somit eine neuer Expansionstreiber zentral. Der kapitalistische Akkumulationszwang und der damit verbundene Zwang zur Marktexpansion wurden nun zur treibenden im »expansiven Kapitalismus« (Dörre 2019: 1). Wallerstein zufolge expandierte das Weltsystem in mehreren, aufeinander folgenden, langen Wellen bzw. Zyklen immer weiter, um schließlich den ganzen Globus einzubeziehen. Die Zyklen sind wiederum durch Phasen einer Expansion und anschließenden Kontraktion mit ökonomischen Krisen verbundenen. Technologische Innovationen konnten dabei, wie Wallerstein in Anlehnung an Kondratjew argumentiert, mit dazu beitragen, diese Krisen zu überwinden und neue Phasen der Expansion einzuleiten. Ökonomische Expansionsphasen waren dabei in der Regel auch mit einer imperialen Expansion verbunden, um durch koloniale Landnahme die Grenzen des Systems weiter auszudehnen und neue Gebiete zu inkorporieren. Wallerstein umreißt dies folgendermaßen:

»The capitalist world-economy functions [...] systems by means of a pattern of cyclical rhythms. The most obvious, and probably the most important, of these rhythms is a seemingly regular process of expansion and contraction of the worldeconomy as a whole. On present evidence, this cycle tends to be 50 – 60 years in length, covering its two phases. The functioning of this cycle (sometimes called ›long waves‹, sometimes Kondratjew cycles) is complex. One part, […] of the process is that, periodically, the capitalist worldeconomy has seen the need to expand the geographic boundaries of the system as a whole, creating thereby new loci of production to participate in its axial division of labor. Over 400 years, these successive expansions have transformed the capitalist worldeconomy from a system located primarily in Europe to one that covers the entire globe.« (Wallerstein 2000: 269)

Die aufeinander folgenden geografischen Expansionsbewegungen fanden unter Ausnutzung von militärischem, politischem und wirtschaftlichem Druck statt, um politische Widerstände gegen die »incorporation« zu überwinden (ebd. 2000: 269). Dabei können verschiedene Phasen im Prozess der »Großen Expansion« bzw. »Great Expansion« (Wallerstein 1998: 2004) der kapitalistischen Weltökonomie unterschieden werden. Demnach lassen sich vier Hegemoniezyklen identifizieren, die jeweils von einer hegemonialen Ordnungsmacht bestimmt wurden. Nach den Habsburgern, die die mit der frühen europäischen Expansion entstehende Weltökonomie dominierten, dabei aber mit ihrem Streben nach einer Transformation der Weltökonomie in ein Weltreich scheiterten, wurden die Niederlande zeitweise zur hegemonialen Macht (1625–72), worauf dann eine Phase der Dominanz Englands (1815–73) und sodann der USA (bis 1967) folgte (Wallerstein 2000: 256). In den nachfolgenden Kapiteln wird im Detail auf jene langen Wellen der Kapitalakkumulation näher eingegangen, in denen England und die USA zu hegemonialen Mächten wurden. Zunächst soll aber näher begründet werden, weshalb und in welcher Weise mit dem Aufstieg des modernen Weltsystems der kapitalistische Akkumulationszwang zum zentralen Expansionstreiber der Expansionsgesellschaft wurde. Dabei wird neben den Arbeiten von Wallerstein zur großen Expansion des Wertsystems vor allem auch auf das sogenannte »Landnahmetheorem« (Dörre 2019: 7) rekurriert, das insbesondere in der deutschen Soziologie unter Bezug auf Rosa Luxemburgs

Analyse der »Weltexpansion des Kapitals« (Luxemburg 1921/1970: 396) entwickelt wurde. Ergänzend wird auf Analysen von Harvey (2003) und Moore (2020) zurückgegriffen. Durch den Bezug auf diese Ansätze kann deutlich gemacht werden, dass mit dem Ausstieg und der Konsolidierung des expansiven kapitalistischen Weltsystems der Plus-Ultra-Expansionsimperativ sich von dem ursprünglichen Entstehungskontext der europäischen Expansion gleichsam emanzipiert und die expansive Kapitalexpansion zur zentralen Triebkraft des Plus Ultra der Ökonomie wird. Dieser theoretische Exkurs dient im Nachfolgenden zum einen dazu, ein besseres Verständnis der verschiedenen großen Wellen der Kapitalakkumulation in der Moderne zu ermöglichen. Zum anderen bieten die vorgestellten Ansätze auch Erklärungen für die sozial-ökologischen Krisen der Expansionsgesellschaft.

1.5.1
Landnahme im expansiven Kapitalismus

Die Überlegung von Rosa Luxemburg zur »Weltexpansion des Kapitals« (Luxemburg 1921/1970: 396) finden sich vor allem in ihrer Schrift *Die Akkumulation des Kapitals* (Luxemburg 1921/1970). Ein zentraler Anstoß für das Verfassen des Textes waren neben dem Versuch, »eine ökonomische Erklärung des Imperialismus« (ebd.) zu liefern, Problemstellungen gewesen, die sich für Luxemburg aus der Auseinandersetzung mit der Marxschen Theorie ergeben hatten. Ihr zufolge finde nämlich »das Marxsche Schema der Akkumulation auf die Frage: für wen die erweiterte Reproduktion eigentlich stattfindet, keine Antwort.« (Ebd.: 254) Der Grund liege darin, »den Prozess der Akkumulation in einer ausschließlich aus Kapitalisten und Arbeitern bestehenden Gesellschaft darstellen zu wollen, unter […] ausschließlicher Herrschaft der kapitalistischen Produktionsweise.« (Ebd.: 257) Im Gegensatz hierzu betonte Luxemburg, dass neben der kapitalistischen Produktionsweise noch nichtkapitalistisch organisierte Ökonomien existieren, deren Aneignung für den Kapitalismus essenziell sei, da nur die Expansion in diesen noch nicht kapitalisierten Raum hinein den Prozess der produktiven Verwertung des Kapitals ermöglichen würde. Die Grundtendenz des Kapitals sei damit per se expansiv und auf die Eroberung des Globus ausgerichtet: »Zur produktiven Verwendung des realisierten Mehrwerts ist erforderlich, dass das Kapital fortschreitend immer mehr den gesamten Erdball zur Verfügung hat, um in seinen Produktionsmitteln quantitativ und qualitativ unumschränkte Auswahl zu haben.« (Ebd.: 280) Der zentrale Grundgedanke ist, der Kapitalismus als »Umwelt« benötige noch nicht monetär organisierte Produktionsformen der Naturalwirtschaft, die er sich aneigne und umwandelt: »Der Kapitalismus kommt zur Welt und entwickelt sich historisch in einem nicht-kapitalistischen sozialen Milieu.« (Ebd.: 289) Der Kapitalismus lebe von dem »Ruin« dieser »nicht-kapitalistischen Formationen«, die er es als »Nährboden« benötige. Auf »dessen Kosten, durch dessen Aufsaugung vollziehe sich die Akkumulation«. (Ebd.: 334 f.) Er benötigt dieses nichtkapitalistische Milieu, um Waren abzusetzen, bezieht Waren aus diesem Milieu und gewinnt schließlich durch die Zerstörung traditioneller Produktionsformen neue proletarische Arbeitskräfte (ebd.: 395).

Der Relation der kapitalistischen Welt zu ihrer Umwelt ist dabei eine Expansionsdynamik inhärent. Das Kapital, einmal zur Welt gekommen, hat die ihm innewohnende Tendenz, die gesamte Welt zu beherrschen, »sich auf dem Erdrund auszubreiten und alle anderen Wirtschaftsformen zu verdrängen«. (Ebd.: 380) Der Position, dass der Kapitalismus auch ohne Expansion denkbar sei, setzte Luxemburg entgegen, dass »Expansion die ganze geschichtliche Laufbahn des Kapitals« bestimmt habe. Sie spricht vom »unbezähmbaren Drang des Kapitals nach Expansion«. (Ebd.: 476) Damit schaffe sich aber der Kapitalismus seinen eigenen Gegensatz, da er jene Grundlagen aufzehre, die er zu seinem Gedeihen benötige. Es entstehe so der »Widerspruch zwischen dem schrankenlosen Expansionsdrang des Kapitals und der Schranke, die es sich selbst durch fortschreitende Vernichtung aller anders gearteten Produktionsformen errichtet.« (Ebd.: 478) Die Endlichkeit des Milieus steht im Gegensatz zur Unendlichkeit des Expansions- und Vernichtungszwangs des Kapitals. Wenn eine Ausdehnung nicht mehr möglich ist und »je spärlicher die nichtkapitalistischen Gebiete werden, die der Weltexpansion des Kapitals noch offenstehen, um so erbitterter wird der Konkurrenzkampf des Kapitals um jene Akkumulationsgebiete.« (Luxemburg 1970: 396)

Den Imperialismus ihrer Zeit interpretierte Luxemburg als den »letzte[n] Abschnitt seines geschichtlichen Expansionsprozesses: er ist die

Periode der allgemeinen verschärften Weltkonkurrenz der kapitalistischen Staaten um die letzten Reste des nichtkapitalistischen Milieus der Erde.« (Ebd.: 479) Wie Luxemburg in ihrer während des ersten Weltkrieges verfassten Schrift argumentiert, würde in seiner letzten Phase die Destruktivität des kapitalistischen Expansionsprozesses auch auf seinen Ursprung zurückschlagen:

> »Nachdem die Expansion des Kapitals vier Jahrhunderte lang die Existenz und die Kultur aller nichtkapitalistischen Völker in Asien, Afrika, Amerika und Australien unaufhörlichen Konvulsionen und dem massenhaften Untergang preisgegeben hatte, stürzt sie jetzt die Kulturvölker Europas selbst in eine Serie von Katastrophen, deren Schlußergebnis nur der Untergang der Kultur oder der Übergang zur sozialistischen Produktionsweise sein kann.« (Ebd.: 480)

Die These Luxemburgs, dass der Kapitalismus damals an seine ultimative Schranke der Expansion geraten sei, sollte eigentlich durch die Geschichte bestätigt werden. Das geschah nicht, wie die Ausdehnung des Kapitalismus seit 1990 beweist. Rosa Luxemburgs Hoffnungen auf den Übergang zum Sozialismus sollten sich nicht erfüllen. Der Kapitalismus erwies sich als erstaunlich krisenresistent und konnte immer wieder neue Grenzgebiete für eine weitere Expansion erschließen. Die einstige Deutung des Imperialismus und insbesondere des ersten Weltkrieges als Folge des Erreichens einer relativen Schranke des Kapitalismus erscheint allerdings auch heute noch bedenkenswert und verweist auf die Gefahren, die der kapitalistischen Expansionslogik innewohnen. Gerade angesichts der mittlerweile sich aufdrängenden Wahrnehmung von sozial-ökologischen Grenzen des Wachstums gewinnt die Analyse Luxemburgs heute wieder an Aktualität. Ihr Ansatz wurde daher in den letzten Jahren wieder aufgriffen und für die Analyse der gegenwärtigen Gesellschaft und ihrer Krisen fruchtbar gemacht, wie nachstehend gezeigt wird.

An die Überlegungen von Luxemburg zur Notwendigkeit eines nichtkapitalistischen Milieus als Bedingung des Funktionierens des Kapitalismus knüpfte bereits Burkhart Lutz in seiner Schrift *Der kurze Traum immerwährender Prosperität (1982)* an und begründete damit das sogenannte »Landnahmetheorem«. Lutz argumentiert, dass Luxemburgs These historisch zwar teilweise widerlegt sei, und ihre werttheoretischen Begründungen Schwächen aufwiesen, aber ihre Überlegungen dennoch auch heute noch relevant seien. Demnach »besitzt der von Rosa Luxemburg freigelegte Mechanismus industriell-marktwirtschaftlicher Expansion mit der ihm eigentümlichen Janusgestalt von Wohlstandsvermehrung [...] im expandierenden Sektor einerseits und völliger Gleichgültigkeit gegenüber den zerstörerischen Folgen dieser Expansion in den in Besitz genommenen Feldern traditioneller Wirtschaftstätigkeit und Lebensweise anderseits eine Fülle von Berührungspunkten mit aktuellen Erfahrungen, Diskussionen und Analysen.« (Lutz 1982: 61)

Die Fruchtbarkeit der Konzeption Luxemburgs liegt Lutz zufolge insbesondere in der Einsicht, »dass die industriell-kapitalistische Landnahme kein kontinuierlicher Prozess sein muß, sondern immer wieder auf Schranken stoßen kann, vor denen sie verharren muß, bis neue Bedingungen realisiert sind, die deren Durchbrechung ermöglichen.« (Ebd.: 61) Es sei hier angemerkt, dass der Begriff der »Landnahme«, den Lutz dabei ins Zentrum rückt und der in der deutschen Diskussion unmittelbar mit dem Ansatz von Luxemburg assoziiert wird, sich bei ihr nicht wörtlich findet. Die von Lutz geprägte Begrifflichkeit kann als Synonym für die bei Luxemburg verwendeten Begriffe der »Expansion« und der Rede von der Notwendigkeit des »Assimilierens«, der »Aufsaugung« und »Zernagung« des nichtkapitalistischen Milieus als »Nährboden« der Akkumulation (Lutz 1982: 334 f.) angesehen werden. Es sollen damit vermutlich auch Assoziationen an die koloniale Landnahme geweckt werden. Inwieweit Lutz dabei auch von Carl Schmitt und dessen Rede von der die »europäische[n] Landnahme nicht-europäischer Länder« (Schmitt 1950: 101) sowie der »Industrienahme des industriell-technischen Zeitalters« (Schmitt 1995: 583) beeinflusst wurde, lässt sich nicht rekonstruieren, darf aber vermutet werden.

Während sich Luxemburg bei ihrer Analyse der Aneignung des nichtkapitalistischen Milieus auf die imperialistische Eroberung außereuropäischer Gebiete konzentriert, weitet Lutz die Perspektive aus und bezieht auch andere Ebenen mit ein: Nach dem zweiten Weltkrieg beruhte das Wachstum seiner Ansicht nach auf in den industriell-kapitalistischen

Gesellschaften sich vollziehenden »innere[n] Landnahmen in Form weitgehender Absorption des bis dahin immer noch starken traditionellen Sektors durch den industriell-marktwirtschaftlichen Sektor.« (Lutz 1982: 62) In seiner Analyse aus den achtziger Jahren glaubt Lutz Anzeichen für eine Beendigung der Wachstumsphase und eine neue Stagnation zu erkennen (ebd.: 230 f.), und stellt die Frage nach neuen Möglichkeiten der Landnahme und damit des Wachstums. Auch wenn er diese Möglichkeit nicht ausschließt, so ist sein damaliges Urteil letztlich doch von Skepsis geprägt:

> »Was sich innerhalb der Industrienationen derzeit an Landnahme vollzieht, stößt vielerorts bereits sichtbar an Grenzen, die z. B. von der Knappheit natürlicher Ressourcen oder von den beschränkten Möglichkeiten gezogen werden, immaterielle Bedürfnisse mit Hilfe industrialisierter, kommerzieller Dienstleistungen zu befriedigen; hier sind demzufolge kaum mehr wirklich bedeutsame Expansionsräume auszumachen.« (Ebd.: 262)

Neues Wachstum sei jedoch nur möglich, wenn alternative Wege die Landnahme gefunden werden:

> »Ob es in den westlichen Industrienationen überhaupt wieder zu einer Prosperität kommt, und die Frage, wie die sie tragenden Konstellation konkret aussehen wird, […] wird davon abhängen, ob und wie es heute gelingt, zu verhindern, dass dramatische Ressourcenverknappungen als Spätfolge der vergangenen Prosperität nicht mehr beherrschbare Prozesse systemischer Destabilisierung auslösen, die entweder in einer schnellen Zerstörung oder in einem langsam voranschreitenden Verfall der ökologischen, ökonomischen und gesellschaftlichen Lebensbedingungen und Lebensverhältnissen münden.« (Ebd.: 267)

Damit geht die Analyse von Lutz letztlich in eine »ökologischen« Krisentheorie des Kapitalismus über. Er konnte allerdings nicht den um 1990 erfolgten Zusammenbruch des sogenannten Ostblocks und den damit verbundenen Triumph des kapitalistischen Systems sowie die Dynamik der Globalisierung antizipieren. Ebenso wenig war die folgende digitale

Revolution schon real absehbar. Hierdurch sollte es in den neunziger Jahren zu einem neuen weltweiten Wachstumsschub kommen, der die Befürchtungen von Lutz zu widerlegen schien. Angesichts der zunehmenden Kämpfe um die knapper werdenden Ressourcen, die Problematik des Klimawandels, wie auch Veränderungen in der Arbeitswelt, gewannen sein Ansatz der »industriell-kapitalistischen Landnahme« und die Theorie von Luxemburg insgesamt seit ca. 2000 wieder an Bedeutung.

In der deutschen Soziologie entwickelte insbesondere Klaus Dörre das Landnahmetheorem weiter. Dörre zufolge kann man von einem expansiven Kapitalismus sprechen, »da Landnahme besagt: Der Kapitalismus muss expandieren, um zu existieren« (Dörre 2019: 6). Er sei auf die »fortwährende Okkupation von ›neuem Land‹ angewiesen«, wobei »Land nicht nur für Territorien im direkten Sinne steht, sondern auch für Bevölkerungsgruppen, Produktionsweisen, Lebensformen« (ebd.) sowie zunehmend auch für Wissensbestände, die kommodifiziert werden.

Ausgangspunkt ist die Marx'sche Bestimmung, wonach von Kapitalismus erst dann gesprochen werden kann, wenn erwirtschafteter Mehrwert reinvestiert wird, um zusätzlichen Mehrwert zu generieren. Dabei kann – und hier geht Dörre mit Luxemburg über Marx hinaus – das Kapital sich nicht ausschließlich aus sich selbst heraus reproduzieren, sondern es sei, so der »Grundgedanke des Landnahmetheorems« (Dörre 2019: 7), »auf die beständige Einverleibung eines Außen, eines nichtkapitalistischen Anderen angewiesen.« (Ebd.) Hiermit lasse sich ein in der klassischen Marxschen Theorie nichtthematisierter »Expansionstreiber« (ebd.: 8) identifizieren. Weil der zusätzlich erzeugte Mehrwert des jeweils vorausgegangenen Produktionszyklus innerhalb bereits vorhandener zahlungsfähiger Nachfrageaggregate nicht zu realisieren ist, verlangt die erweiterte Reproduktion des Kapitals nach ständiger Marktexpansion. (ebd.: 8)

Mit diesem Zwang zur Ausweitung der Akkumulationsgebiete ist aber langfristig auch eine ökologische Problematik verknüpft: »Wie die expansive Nutzung von Arbeitsvermögen entfalten sich auch die Störungen des Erdmetabolismus […]. Dieser Expansionsmechanismus ist gegenüber den Reproduktionserfordernissen natürlicher Kreisläufe blind.« (Ebd.: 8)

In sozial-ökologischer Hinsicht lasse sich auf diese Weise ein »Expansionsparadox« der kapitalistischen Produktionsweise erkennen: »Je erfolgreicher die Akkumulations- und Kommodifizierungsmaschine arbeitet, desto wirkungsvoller untergräbt sie die Selbstreproduktionsfähigkeit sozialer und natürlicher Ressourcen, ohne die moderne kapitalistische Gesellschaften nicht überlebensfähig sind.« (Ebd.: 6)

Da dieses Expansionsparadox kapitalistischer Landnahmen als die zentrale Ursache für die gegenwärtigen sozial-ökologischen Krisen angesehen werden kann, ist es Dörre zufolge fraglich, ob »eine Nachhaltigkeitsrevolution gelingen kann, ohne den systemischen Zwang zu fortwährenden Landnahmen, zu Akkumulation und Marktexpansion anzutasten«. (Ebd.: 28)

In ähnlicher Weise wie Dörre argumentiert David Harvey in der Publikation *Der Neue Imperialismus* (Harvey 2005). Es bestehe im Kapitalismus ein Zwang zur permanenten Expansion, weil »die Prozesse der Kapitalakkumulation als ständig in Ausdehnung begriffen werden« (Harvey 2005: 96) müssten. Er bezieht sich dabei auf die These Luxemburgs, dass die expansive Dynamik des Kapitalismus mit dem Zwang zu einer fortschreitenden Aneignung eines nicht-kapitalistischen Milieus verbunden sei. Während allerdings bei Luxemburg dieses Milieu primär dazu diente, Waren abzusetzen, und sie eine Krise vor allem deshalb erwartete, weil durch die Grenzen der Expansionsmöglichkeiten die Nachfrage abnehmen würde, setzt Harvey dieser »Unterkonsumtionstheorie« eine »Theorie der Überakkumulation« entgegen, der zufolge ein »Mangel an profitablen Investitionsmöglichkeiten als das grundlegende Problem« zu identifizieren sei (ebd.: 137). Die imperiale Logik des Kapitalismus liegt demnach primär in seiner immanenten Expansion, die auf einer monetären Mechanik der Akkumulation und Reinvestition von Kapital beruht.

Harvey weicht damit von Luxemburg ab; dennoch wird ihre Grundargumentation beibehalten: »[Es] ist der Gedanke, der Kapitalismus müsse ständig etwas ›außerhalb seiner selbst‹ haben, um sich zu stabilisieren.« (Ebd.: 139 f.) Harvey führt den Begriff der »Akkumulation durch Enteignung« (ebd.: 142 f.) ein, um die Akkumulationslogik des kapitalistischen Imperialismus zu beschreiben: »Was die Akkumulation durch Enteignung tut, ist eine Reihe von Vermögenswerten (darunter auch die Arbeitskraft) zu sehr niedrigen (und in manchen Fällen ganz ohne) Kosten freizusetzten. Das überakkumulierte Kapital kann sich solcher Vermögenswerte bemächtigen und sie unmittelbar in einen profitbringenden Nutzen verwandeln.« (Ebd.: 147) Krisen des Kapitalismus ergeben sich für Harvey – hier ähnelt seine Argumentation der von Lutz – dann, wenn die Möglichkeiten der Aneignung/Enteignung eines Außens erschöpft bzw. noch nicht erschlossen seien. Dies könne dazu führen, dass durch neoimperiale Bestrebungen versucht werde, neue Räume zu eröffnen (Ebd.).

Eine dem Landnahmetheorem verwandte Argumentation findet sich auch bei Moore, dessen Konzeption der dem Kapitalismus inhärenten Logik einer fortschreitenden Expansion durch die Aneignung immer wieder neuer Grenzgebiete im »Großen Grenzland« (Moore 2020: 135) bereits oben skizziert wurde. Zwar bezieht sich Moore nicht unmittelbar auf Luxemburg, jedoch spielt er auf die Überlegungen von Harvey an und rekurriert damit indirekt auf das luxemburgische Gedankengut. Man kann in gewisser Weise vom Moore'schen Konzept der Grenzlandnahme sprechen. Demnach hänge »die Möglichkeit frischer Kapitalakkumulation […] davon ab, ob neue Grenzgebiete für die Aneignung erschlossen werden könnten« (ebd.: 160). Daher beginne »jede neue Ära des Kapitalismus mit einem ›neuen Imperialismus‹ und einer neuen Industrialisierung.« (Moore 2020: 160) Die mit einer neuen Phase der Industrialisierung verbundene Produktivkraftentwicklung geht dabei mit einer intensivierten Aneignung von billiger Natur einher. Dies ist aus Sicht von Moore zum Verständnis der kapitalistischen Expansionslogik entscheidend. Es gehe demzufolge weniger um eine Erschließung neuer Märkte oder Arbeitskräfte, die mittels Lohnarbeit ausgebeutet würden, um deren Mehrwert abzuschöpfen, wie in den klassischen marxistisch inspirierten Theorien postuliert worden ist. Entscheidend sei vielmehr, Moore zufolge, die Aneignung von unbezahlter, billiger Arbeit:

>»Der Kapitalismus expandiert nicht, um das Feld der Kommodifizierung als solches auszuweiten; er expandiert, um die Balance der Weltakkumulation in Richtung Aneignung zu verschieben. […] Vorrang besitzt meist die Projektion kapitalistischer Macht in noch nicht kapitalisierte Bereiche der Reproduktion: von noch nicht zur Ware gemachten menschlichen und außermenschlichen Naturen.« (Ebd.: 161)

Auch die Erhöhung der Arbeitsproduktivität infolge der industriellen Entwicklung sei demnach »in großem Ausmaß bedingt durch gigantische Aneignungen unbezahlter Arbeit, die entweder von Menschen (Hausarbeit) oder von außermenschlichen Naturen [...] geleistet wurde.« (Ebd.: 161) Wie Moore auf der Grundlage eines von feministischen Ansätzen inspirierten posthumanistischen Arbeitsbegriffs argumentiert, sei demnach die »unbezahlte ›Arbeit der Natur‹ – von den kurzen Zyklen der Landwirtschaft über die intergenerationelle Zeit der Kindererziehung bis zur geologischen Zeit, in der fossile Energieträger entstehen – [...] der Sockel, auf dem sich die bezahlte ›Arbeit des Kapitals‹ entfaltet.« (Ebd.: 161) Hierdurch werde ein »ökologischer Surplus« (ebd.: 152) erzeugt, der allerdings im Laufe einer Akkumulationswelle wieder abnehme. Durch die Ausbeutung der billigen Natur und ihre sozial-ökologische Erschöpfung »sinkt der ökologische Überschuss durch den Widerspruch zwischen der Reproduktionszeit des Kapitals und den Reproduktionszeiten der übrigen Natur.« (Ebd.: 153) Auf die durch das Sinken des ökologischen Surplus hervorgerufene ökonomische Krise werde wiederum mit einer neuen Expansion reagiert: »Periodisch auftretende Wellen sozio-ökologischer Erschöpfung – verstanden als das Unvermögen eines bestehenden Bündels menschlicher/außermenschlicher Naturen, dem Kapital noch mehr Arbeit bereitzustellen – motivieren wiederkehrende Wellen geographischer Expansion.« (Ebd.: 106) Man kann demnach resümieren, dass der kapitalistischen Akkumulation eine Dynamik infiniter Expansion und die Notwendigkeit der Aneignung immer wieder neuer Grenzgebiete und ihrer »billigen Natur« innewohnt. Mit dieser infiniten Akkumulation sind aber langfristig tiefgreifende Probleme verbunden, da eine »Kluft zwischen dem endlichen Charakter der Biosphäre und den wesenhaften endlosen Ansprüchen des Kapitals liegt (ebd.: 175). Moore kommt zu dem Schluss, dass die zentrale »Schwierigkeit [...] darin (besteht), dass dieses Kapital eine grenzenlose Expansion in einem begrenzten Netz des Lebens voraussetzt.« (Patel/Moore 2018: 40)

Die Grenzen dieser infiniten Expansion werden heute an ökologischen Problemen wie dem Klimawandel erkennbar. Dieser macht mittlerweile unmissverständlich die negative und lebensbedrohliche Bilanz des Kapitalismus deutlich. Moore spricht dabei von einem »paradigmatischen Übergang zum Negativwert« (Moore 2020: 421), womit eine negative Dialektik der kapitalistischen Mehrwertproduktion bezeichnet wird. Und im Gegensatz zu früheren Verläufen könne diese Krise auch nicht mehr durch Restrukturierungen mit dem Ziel der Aneignung von neuen Grenzgebieten gelöst werden. »Die Negativwertakkumulation, die bereits den Anfängen des Kapitalismus eingeschrieben war, aber bislang latent geblieben ist, führt inzwischen zu Widersprüchen, die nicht mehr durch technische, organisatorische oder imperiale Neustrukturierungen ›repariert‹ werden können.« (Ebd.)

Zusammenfassend kann an dieser Stelle festgehalten werden, dass die verschiedenen auf Luxemburg aufbauenden Landnahmetheorien eine ökonomisch fundierte Erklärung der Expansionslogik der modernen Expansionsgesellschaft liefern. Neben dem Plus-Ultra-Expansionsimperativ ist der mit der Durchsetzung der kapitalistischen Mehrwertakkumulation verbundene Expansionszwang als zentraler Expansionstreiber und damit auch als Ursache der gegenwärtigen sozial-ökologischen Krisen zu identifizieren. Um diese Krisen zu verstehen, ist allerdings auch eine intensivere Beschäftigung mit einem zentralen Element der kapitalistischen Landnahme von Natur erforderlich, das in den dargestellten Theorien nur unzureichend berücksichtigt wurde. Wie im Folgenden ausgeführt wird, ist es notwendig, auch die Relevanz von technischen Innovationen für den Übergang zu neuen Phasen und Wellen der großen Expansion zu reflektieren.

Die langen Wellen bzw. Hegemonialzyklen sind, wie oben dargelegt, Wallerstein zufolge auch mit der Durchsetzung besonders prägender technischer Innovationen und den damit verbundenen »Kondratieff cycles« verknüpft. (Wallerstein 2000: 269) Neben der Erschließung neuer Grenzgebiete durch Landnahme sind somit neue Zyklen im Weltsystem auch durch die Durchsetzung neuer Technologien gekennzeichnet bzw. beide Prozesse bedingen sich gegenseitig. Insbesondere der Aufstieg Englands zu einem Hegemon in der der dritten Hauptphase der Expansion des Weltsystems war mit einer neuen Stufe der technologischen Entwicklung verbunden. Der Agrarkapitalismus geht nun in einen industriellen Kapitalismus über und die industrielle Produktion gewinnt eine wachsende Bedeutung auf dem Weltmarkt. Es kommt zu einer weiteren geografischen Ausdehnung der europäischen Weltwirtschaft, die nun zunehmend den gesamten Globus umfasst. Durch militärische Aktivitäten der europäischen Mächte wird diese Expansion vorangetrieben und durchgesetzt. Die industriell-technische Entwicklung verbesserte dabei die militärische Feuerkraft und Stärke. Verbesserte Schifffahrtseinrichtungen (z. B. Dampfschiffe) machten den Handel ausreichend günstig, um rentabel zu sein. Zugleich erforderte die industrielle Produktion den Zugang zu Rohstoffen in einer Art und in einer Menge, dass der Bedarf innerhalb der bisherigen Grenzen nicht gedeckt werden konnte, wodurch wiederum weitere imperiale Landnahmeprozesse induziert wurden. (Wallerstein 2000: 94)

In der nachfolgenden Darstellung wird daher die Bedeutung der technologischen Entwicklung für die expansive kapitalistische Landnahme näher betrachtet und es werden auch die damit verbundenen weltökologischen Konsequenzen reflektiert. Dabei wird zunächst insbesondere auf der Etablierung Englands zur dominierenden Macht in der dritten Phase des Weltsystems fokussiert. Dabei gewinnt die von Francis Bacon propagierte Transformation des imperialen Plus-Ultra-Projekts eine zentrale Bedeutung. Diese wandelt sich zu einer technoszientistischen Kolonisierung der Natur, die dem Ziel folgt, die Grenzen des Human Empire (Bacon 1969: 398) in ideengeschichtlicher Hinsicht ständig auszuweiten. Neben dem kapitalistischen Zwang zur ausgeweiteten Akkumulation kann diese Idee der geistigen bzw. wissenschaftlichen Expansion der menschlichen Macht über die Natur als weiterer zentraler Expansionstreiber der Expansionsgesellschaft identifiziert werden.

1.5.2
Okzidentalistische Expansionsideologien

Die verschiedenen Phasen der imperialen und ökonomischen Expansion des Abendlandes waren bereits mit spezifischen okzidentalischen Expansionsideologien verbunden, mit denen die Landnahme der außereuropäischen Welt legitimiert wurde. Bereits Boatcă hat davon gesprochen, wenn sie zwischen mehreren, sich ablösenden »lange[n] Wellen des Okzidentalismus« (Boatcă 2009) in der Geschichte der Moderne unterscheidet. Diese seien auch mit »ideologischen ›langen Wellen‹ des modernen

Welt-Systems« (Boatcă 2009: 234) verknüpft. Die Repräsentationssysteme bezeichnet Boatcă – unter Referenz auf Coronil (2002) und Mignolo (2005) – als Okzidentalismus[23] und postuliert, dass sich im Verlauf der kolonialen Moderne drei Stufen eines »globalen Designs des Okzidentalismus« (ebd.: 246) herausgebildet haben, die mit je unterschiedlichen Konstruktionen kolonialer Differenz verbunden gewesen seien. In der vorliegenden Arbeit wird an diese Differenzierung angeknüpft, dabei werden allerdings auch Ergänzungen und Modifikationen vorgenommen.

Boatcă zufolge stand in der ersten, iberisch geprägten Phase (16. – 17. Jahrhundert) das Ziel der »christlichen Missionierung« der Bewohner der neu entdeckten Welten im Zentrum der okzidentalistischen Legitimationsdiskurse (Boatcă 2009: 242; 343 f.). Neben dem Christentum hat, wie hier ergänzt werden soll, auch die durch den abendländischen Humanismus beeinflusste Unterstellung einer Superiorität der »humaneren« Europäer über die vermeintlich »inhumanen« Indios eine zentrale Rolle im kolonialen Diskurs gespielt.(Jochum 2017: 276 f.). In der Aufklärungszeit wurde diese koloniale Differenzierung unter Bezug auf evolutionistische Vorstellungen temporalisiert. Das heißt, es fand eine »Akzentverschiebung statt, die weg von der Vorstellung einer räumlichen Grenze zwischen Christen [...] und Barbaren [...] und hin zu einer zeitlichen Differenz zwischen der modernen Zivilisation und der primitiven Kolonialwelt führte« (Ebd.). Die Idee eines »Zivilisationsauftrags« (ebd.) der westlichen Kultur ging in dieser zweiten Welle des Okzidentalismus (18. – 19. Jahrhundert) mit der Konstruktion von rassisch-ethnischen Differenzen ein-

---

23 Coronil und Mignolo sind dem Umfeld der Grupo modernidad/colonialidad zurechenbar und ihre Kritik des Okzidentalismus stellt einen Versuch der Überwindung der mit der Kolonialität der Macht verbundenen Herrschaftsstrukturen und hierarchischen Unterteilungen der Welt dar. Coronil bezeichnet als »›Okzidentalismus‹ [...] all jene Praktiken der Repräsentation, die an der Produktion von Konzeptionen der Welt beteiligt sind, welche (1) die Komponenten der Welt in abgegrenzte Einheiten unterteilen; [...] diese Repräsentationen naturalisieren; und so (5) an der Reproduktion existierender asymmetrischer Machtbeziehungen [...] beteiligt sind.« (Coronil 2002: 186). Mignolo betont insbesondere die Bedeutung der Entdeckung und Eroberung Amerikas bei der Herausbildung des neuzeitlichen Okzidentalismus und der Idee der Überlegenheit des so genannten Westens über andere Kulturen. (Mignolo 2005: 35)

Das moderne Weltsystem

her, welche die Abgrenzungen im Weltsystem legitimierten. Die Idee des Fortschritts wurde zu einem zentralen neuen ideologischen Grundsatz zur Rechtfertigung der Expansion der kapitalistischen Weltwirtschaft in neue Gebiete (Boatcă 2009: 242). Nach dem Zweiten Weltkrieg war vor allem der von der US-amerikanischen Truman-Regierung initiierte Entwicklungsdiskurs dominierend, in dem eine nachholende Entwicklung der sogenannten Dritten Welt propagiert wurde: »Aus einer okzidentalistischen Perspektive wurde die Weltkarte diesmal in ›entwickelte‹ und ›unterentwickelte‹ Völker aufgeteilt.« (Ebd.: 245) In den letzten Jahren ist schließlich im Zuge der Globalisierung und der Durchsetzung einer neoliberalen ökonomischen Ordnung der Zwang zur Anpassung der nationalen Ökonomien an den globalen Markt in den Vordergrund getreten (ebd.: 245). All diese okzidentalischen Ideologien legitimierten somit neue Stufen der imperialen und ökonomischen Expansion und damit einer Ausweitung des Ultra-Projekts der modernen Expansionsgesellschaft. Wie im Folgenden deutlich wird, sollte dabei insbesondere in der zweiten Welle des Okzidentalismus eine Umdeutung des Plus-Ultra-Symbolik zu einem Paradigma für technoszientistischen Fortschritt eine zentrale Bedeutung gewinnen.

2
Die Utopie der Expansion des Human Empire – Das Plus Ultra der technoszientistischen Macht über die Natur

Hundert Jahre nach Karl V. sollte erneut eine zentrale Gestalt der Moderne die Idee eines globalen Imperiums konzipieren. Und auch hier wurden die Überwindung der Begrenzung der Säulen des Herakles und die Ausfahrt des Kolumbus als Symbol für die Erweiterung des Herrschaftsbereichs gewählt. Im *Novum Organum* (1620) umriss Francis Bacon sein Anliegen, durch Wissenschaft und Technik menschliche Macht und Herrschaft auch auf die Gesamtheit der Natur auszudehnen (Bacon 1990a).

Von Francis Bacon wurde das erste umfassende Programm einer technoszientistischen Beherrschung der Natur formuliert, das als Beginn einer neuen Stufe der modernen Expansionsgesellschaft angesehen werden kann. Wie Blumenberg hervorgehoben hat, gewann das Herrschaftsmotto von Karl V. eine über seinen ursprünglichen Sinngehalt hinausgehende Relevanz: »Die Überschreitung der Säulen des Herkules, die Durchbrechung des ›Nec plus ultra‹ am Beginn der Neuzeit wollten einzig und einmalig die Grenzen zu einer noch unbekannten Wirklichkeit öffnen […]. Es sollte sich herausstellen, dass das Unbekannte, Unerschlossene noch andere Orientierungssysteme und damit andere Möglichkeiten der Grenzüberschreitung zuließ. Der Anfang der Neuzeit erwies sich als wiederholbares, wenigstens imitierbares Paradigma.« (Blumenberg 1973: 257)

Bei Bacon wird diese paradigmatische Bedeutung der Plus-Ultra-Symbolik besonders klar erkennbar. Sie dient Bacon einschließlich ihres imperialen Gehalts als Paradigma für das Projekt einer Ausweitung des Human Empire (Bacon 1862: 389). Die Ausfahrt der iberischen Schiffe durch die Säulen des Herakles wurde zum Grundexempel für die technowissenschaftliche Erkundung und Beherrschung der Natur. Ähnlich wie bei der Konquista der Neuen Welt durch die Spanier war die von Bacon propagierte Erkundung und Eroberung der Natur allerdings auch mit Schattenseiten verbunden, die im Folgenden ebenfalls diskutiert werden. Bacon trug in der Tat in starkem Maße zur Durchsetzung eines verobjektivierenden Naturverständnisses bei und sein Projekt der infiniten Naturbeherrschung kann als zentraler Ursprung für die industriegesellschaftliche Ausbeutung der natürlichen Umwelt angesehen werden, deren ökologisch bedenklichen Folgen heute zunehmend erkennbar werden. Mit der Darlegung des Zusammenhangs zwischen der okzidentalen Kolonisierung der Welt und der Eroberung der Natur wird es auch möglich, Fragestellungen der de- und postkolonialen Debatte auf das Problem der Kolonisierung der Natur zu übertragen.

Die europäische Expansion und damit die Entdeckung und Eroberung der außereuropäischen Welt hatte, wie gezeigt, mit der Umdeutung der Säulen des Herakles als Sinnbild der Entgrenzung und der Globalisierung der imperialen Macht von Karl V. ihr zentrales Symbol erhalten.

Hundert Jahre später griff der englische Philosoph und Staatsmann Francis Bacon also dieses Motiv auf und deutete es in neuer Weise. In dem 1620 veröffentlichten *Novum Organum Scientarium* verkündete Francis Bacon unter Bezug auf die Plus Ultra Symbolik sein Projekt, durch Wissenschaft und Technik »die Macht und die Herrschaft des Menschengeschlechts (humani generis ipsius potentiam et imperium) selbst über die Gesamtheit der Natur (in rerum universitatem) zu erneuern und zu erweitern« (Bacon 1990a: § 129). Francis Bacon transformierte mit dieser Programmatik den Okzidentalismus und sein Kernsymbol, die Säulen des Herakles, und weitete das eurozentrische Projekt der Kolonisierung der Welt zum anthropozentrischen und technoszientistischen Programm der expansiven Kolonisierung von Natur. Damit wurde der endgültige Bruch der Moderne mit der Antike und deren Wissensverständnis eingeleitet. »Wenn man auf irgendein einzelnes Werk weisen wollte, das zum Symbol des Ausbruchs in die Neuzeit geworden ist und in dieser säkularen Funktion die Schriften des Aristoteles ablöste – man hätte kaum eine andere Wahl als das Novum Organum.« (Krohn 1990: 10) Bacon entwirft mit seiner »Philosophie der Forschung und des Fortschritts« (Krohn 1999) das wissenschaftlich-technische Projekt der Neuzeit und bestimmte im Positiven wie im Negativen den Kurs des Schiffs der Moderne: »Die ganze

Entwicklung der modernen Gesellschaft ist in der Philosophie Bacons präsent.« (Krohn 1999: 23 f.) Auch Whitney macht in der Schrift *Francis Bacon – Die Begründung der Moderne* (1989) deutlich, dass der englische Philosoph mit der Entwicklung einer »Philosophie der Erfindung« (ebd.: 21) den innovativen Prozess des Erfindens des Neuen erstmals systematisch reflektiert und so als Wegbereiter der Moderne angesehen werden kann. Bacon wird tatsächlich häufig als der Begründer der modernen positivistischen Naturwissenschaften gepriesen und auch Marx und Engels schreiben in diesem Sinne: »Der wahre Stammvater des englischen Materialismus und aller modernen experimentierenden Wissenschaften ist Bacon.« (Marx und Engels 1957: 135) Zwar wurde seine Bedeutung angesichts seiner geringen konkreten wissenschaftlichen Erkenntnisse und der geringen Bedeutung der Mathematik immer wieder relativiert. Mit seinem empirischen Programm war er aber visionär und seine Utopie *Nova Atlantis* und der darin entworfene »Technologietempel« (Krohn 1999: 24), das »Haus Salomon«, wurden alle schließlich mit dem Projekt der Moderne realisiert. Die neuzeitlichen Wissenschaften konstituierten sich damit im Geiste der Utopie Bacons als kooperatives, anwendungsorientiertes Unternehmen. Sowohl die Londoner Royal Society (1645/1660), die Academie des Sciences (1666) in Paris wie ebenso die Preußische Akademie der Wissenschaften (1700) in Berlin »sind in ihren Grundchartas und in ihrem institutionellen Aufbau […] dem ›Haus Salomon‹ verpflichtet« (Krohn 1987: 181).

Viele Autoren haben aber auch immer wieder auf die Schattenseiten und Gefahren hingewiesen, welche »Das Bacon-Projekt« (Schäfer 1993) in sich birgt. Zuallererst ist hier die *Dialektik der Aufklärung* (Horkheimer und Adorno 2001) zu nennen, worin 1947 bereits im Kapitel »Begriff der Aufklärung« vor allem Bacons Lehre thematisiert wird und vom »Herold Bacon« als Verkünder des »erbarmungslosen Fortschritts« die Rede ist (ebd.: 9 f.: 48). Die Auseinandersetzung mit Bacon steht im Zentrum der Überlegungen Horkheimers und Adornos. Man kann mit ihnen die Analyse der Ausfahrt des Odysseus als Vorgeschichte des Bacon-Projekts interpretieren und die Einmündung der Aufklärung in den Faschismus als deren unheilvolle Konsequenz. Hans Jonas verwies später in seiner Schrift *Das Prinzip Verantwortung* (Jonas 1989) ebenfalls auf »die Unheilsdrohung des Bacon'schen Ideals« (ebd.: 251). Böhme schließlich diagnostiziert angesichts der aktuellen Krise des neuzeitlichen Naturverhältnisses sogar, dass wir nun *Am Ende des Baconschen Zeitalters* (Böhme 1993) angelangt seien.

Diese relativ aktuellen Auseinandersetzungen machen die Bedeutung Bacons für die Konstitution der modernen Welt deutlich. Eine kritische Reflexion des Projekts der Moderne muss daher das Bacon-Projekt in die Betrachtung miteinbeziehen. Dies gilt umso mehr, als die von den letztgenannten Autoren erhoffte Revision und Beendigung des Bacon'schen Projekts keineswegs vollzogen wurde. In der letzten Zeit kann man angesichts der immer wirkmächtiger werdenden technoszientistischen Projekte und Utopien vielmehr geradezu von einer Renaissance Bacons sprechen: »Today's technoscience can be considered as a new tip of the iceberg of the Baconian project of modern science and the modern age in general.« (Schmidt 2011: 105)[24] Das Bacon'sche Projekt steht somit am Beginn des »Zeitalter der Technoscience« (Weber 2001/2003). Es erfährt heute, wie auch Schäfer betont, im Zuge der »globalization of technoscience« (Schäfer 2001: 301) seine Radikalisierung: »Das Baconsche Zeitalter hat, wenn überhaupt, seine Augen gerade erst aufgeschlagen […]. Wir erleben die Geburt einer globalen Zivilisation, die ohne Rücksicht auf das vorgebliche Ende des Baconschen Zeitalters die weltweite Durchsetzung der industriellen Wissenschaft betreibt.« (Schäfer 1998: 84)

Ohne Kenntnis dieses Projekts und seiner Ursprünge ist somit ein Verständnis auch der gegenwärtigen gesellschaftlichen Entwicklungen nicht möglich. Im Folgenden wird daher aufgezeigt, wie Bacon unter Bezug auf das paradigmatische Plus Ultra der frühen Moderne und der darauffolgenden Konquista der amerikanischen Welt das Projekt der industri-

---

24 Wenn hier im Folgenden von Technowissenschaft, Technoscience und technoszientistischer Vernunft die Rede ist, so beziehe ich mich auf die aktuelle wissenschaftssoziologische und technikphilosophische Diskussion, in der Technoscience folgendermaßen beschrieben wird: »Der Begriff der TechnoWissenschaft wurde eingeführt, um einer Forschungspraxis gerecht zu werden, für die die Trennung von Darstellung und Eingriff nicht mehr gilt. Wissenschaft und Technik seien eben darum ununterscheidbar geworden, weil die Darstellung der Natur immer schon mit einer technischen Naturveränderung einhergeht – was dargestellt wird, ist nicht das Bleibende der Natur an sich, sondern bereits ein Erzeugnis technowissenschaftlicher Praxis.« (Nordmann 2004: 213)

ell-technischen Landnahme bzw. der »conquest of nature« (Forbes 1968) konzipierte. Diese Parallelisierung dient nicht allein dazu, ein tieferes Verständnis der historischen Genese der Moderne zu ermöglichen. Vielmehr wird hier davon ausgegangen, dass angesichts des systematischen Zusammenhangs zwischen beiden Formen der Weltaneignung sich aktuell ähnliche Probleme erkennen lassen: So wie die mit der Kolonisierung der außereuropäischen Welt verbundene Gewalt als »the darker side of the Renaissance« (Mignolo 1995) und des hierarchischen Humanismus angesehen werden kann, so sind auch die mit der ausgeweiteten Kolonisierung der Natur verbundenen ökologischen Nebenfolgen die dunkle Seite des technischen Humanismus. Diese Ambivalenzen sind auch gegenwärtig in der aktuellen Phase der Okzidentalisierung erkennbar und sie überlagern und verstärken sich sogar in einer neuen Stufe der technoszientistisch-kapitalistischen Globalisierung. Der Übergang in eine künftige reflexive und andere Moderne, welche die Krisen und Schattenseiten der klassischen (kapitalistischen) Moderne vermeidet und die daraus resultierenden Krisen bewältigt, kann daher ohne eine grundlegende Reflexion und Modifikation des Bacon'schen Programms und seiner Zielsetzung der Errichtung des Human Empire nicht gelingen.

2.1
Die Ausdehnung der Grenzen des Human Empire

In gängigen technikgeschichtlichen Darstellungen zur Genese des neuzeitlichen Verständnisses von Wissenschaft, Technik und Arbeit und dem damit verbundenen Naturverhältnis gehört zweifelsohne Bacons Werk *Novum Organum* zu den bedeutendsten Schriften der Moderne – für Krohn ist es das Symbol des Aufbruchs in die Neuzeit. (s. o.; Krohn 1990: 10). Die Ausfahrt durch die Säulen des Herakles versinnbildlichen diesen Schritt (vgl. Abb. 6 und 7).

Das Titelblatt des *Novum Organum* stellt dabei eine unverkennbare Nachahmung des Frontispiz des Navigationshandbuchs *Regimento de navegación* (1606), des Spaniers Garcia de Céspedes dar. Dieses im Auftrag der Casa der Contratación in Sevilla verfertigte Handbuch ziert ein Schiff, das durch die Säulen des Herakles hinaus in den Ozean fährt (vgl.

Abb. 6). Die Abbildung ist ein signifikantes Beispiel dafür, dass die Plus-Ultra-Symbolik auch nach dem Tod von Karl V. noch weit verbreitet war. Die darunter angebrachte Devise »Oceanum referans navis Victoria totum – Hispanium imperium clausit utroque polo« (»Den Ocean entriegelt des Schiffes umfassender Sieg – Das Spanische Imperium reicht von Pol zu Pol«) macht deutlich, dass mit dem nautischen Wissen auch die Hoffnung auf eine globale Expansion des spanischen Imperiums verbunden war. Das Titelbild symbolisiert somit sowohl die kosmografisch-wissenschaftliche als auch die imperiale Expansion, welche mit der Durchbrechung der Säulen des Herakles verbunden gewesen ist.

Abb. 6, links: Frontispiz des *Regimento de Navegación*;[25]
Abb. 7, rechts: Frontispiz des *Novum Organum*[26]

Während im spanischen Navigationshandbuch die Ausfahrt der Schiffe noch primär dem Ziel der Mehrung der Macht des »Hispanium impe-

---

25 Quelle: Garcia de Céspedes: 1606 © Deutsches Museum Bibliothek.
26 Quelle: Francis Bacon: 1620 © Deutsches Museum Bibliothek.

rium« dient, vollzieht Bacon im *Novum Organum* eine entscheidende Übertragung des Navigationsparadigmas. Die neue naturwissenschaftlich-technische Navigationskunst, die er entwickelt, dringt nicht mehr in den realen Ozean vor, sondern die Schiffe der Wissenschaft erkunden das Plus Ultra der Neuen Welten einer noch unbekannten und unbeherrschten Natur.

Es wird vermutet, dass Bacon Céspedes imitierte, weil englische Autoren zu dieser Zeit die Entwicklung des militärischen und technischen Wissens der Iberer insgesamt mit Interesse verfolgten und zu übernehmen suchten. Infolge der nautischen Revolution hatten die iberischen Mächte eine klare Führerschaft in Fragen der Navigation gewonnen und diese Überlegenheit der Portugiesen und Spanier wurde auch in England klar anerkannt (Cañizares-Esguerra 2006: 18). Die Wahl des Titelbildes von Céspedes als Vorbild zur Illustration von Bacons Werk ist daher kein Zufall. Denn die Navigationskunst war wegweisend für die Herausbildung einer neuen wissenschaftlichen Rationalität und für Bacon wird diese zum Exempel für ein neues technoszientistisches Forschungsprogramms. Erst die Einführung neuer Forschungsmethoden ermöglichte die Ausfahrt auf die hohe See der bisher unerforschten Natur. Bacons Programm eines auf empirischer Forschung basierenden kumulativen wissenschaftlichen Fortschritts kann damit als Übertragung der Vorgehensweise der iberischen Seefahrer auf die allgemeine Erkundung der Natur interpretiert werden. In seinen Schriften wird dementsprechend eine Vielzahl nautischer Metaphern verwendet, welche dem Leser die neue empirische Methodologie plausibel machen soll. So heißt es in der Einleitung:

> »In früheren Jahrhunderten, als man sich zu Wasser bloß nach der Beobachtung der Sterne richtete, konnte man zwar die Küsten der Alten Welt entlangsegeln [...]. Indes zur Fahrt über das Weltmeer und zur Entdeckung der Länder der Neuen Welt musste zunächst der Gebrauch der Magnetnadel als eines sicheren und zuverlässigen Führers bekannt sein. So ist in ganz ähnlicher Weise das, was bisher in den Künsten und Wissenschaften erfunden worden ist, von der Art, dass es durch Übung, Nachdenken, Beobachten und Schlüsse gefunden werden konnte. [...] Ehe wir aber zu dem Entlegenen und Verborge-

nen der Natur gelangen können, ist es erforderlich, eine bessere und vollkommenere Handhabe und Anwendung des menschlichen Geistes und Verstandes einzuführen.« (Bacon 1990a: 27)

Es ist nicht allein die konkrete Navigationskunst, die Bacon zum Vorbild wird, sondern die gesamte Forschungspraxis der iberischen Piloten. Für das im Zentrum der Bacon'schen Utopie *Nova Atlantis* stehende »Haus Salomon« standen wohl auch die spanischen Wissenschaftsgemeinschaften und hier zuallererst die »Casa de Contratación« in Sevilla Pate (Cañizares-Esguerra 2006: 19). Die Vorbildfunktion des im Auftrag der Casa de Contratación geschaffenen Handbuches von Céspedes verdeutlicht, dass das Bacon-Projekt im Kontext der frühneuzeitlichen europäischen Expansion zu deuten ist, wie auch Brendecke hervorhebt:

»Die ein- und ausfahrenden Schiffe mögen bei Bacon metaphorisch für das Zurücklassen der Autoritäten und die Einholung neuer empirischer Kenntnisse stehen. Bei Garcia Céspedes wurde Empirie dagegen nicht im übertragenen, sondern in einem ganz direkten Sinne thematisiert [...]. Sein Lehrtext [...] war Teil jener für Kolonialherrschaft notwendigen Organisation und Bündelung von empirischem Wissen. [...] Es wird deshalb [...] angenommen, dass signifikante Elemente der modernen empirischen Wissenskultur nur dann zu verstehen sind, wenn man sie in Bezug zu den Herrschafts- und Verwaltungspraktiken stellt, die sich in der Expansions- und Kolonialzeit herausbildeten.« (Brendecke 2009: 11)

Entsprechend war das empirische Projekt Bacons auch als imperiales Projekt konzipiert und der Prozess der Entdeckung und Eroberung der Welt diente als Paradigma für die Konquista der Natur. Das Projekt der Erweiterung des Hispanum Imperium wurde in die Vision der Expansion des Human Empire (Bacon 1862: 389) transformiert.

Wie im Folgenden näher dargelegt wird, übernimmt Bacon in seinem Werk nicht allein die Entgrenzungssymbolik, welche mit den Säulen des Herakles seit Karl V. verbunden waren. Vielmehr werden alle Elemente des Plus-Ultra-Expansionsimperativs von Bacon aufgenommen und in einen technoszientistischen Fortschrittsmythos, der auf die expansive Kolonisierung und Landnahme der Natur und die Zurückdrängung aller Naturschranken abzielt, umgedeutet.

2.1.1
Die adaptierte Symbolik der Säulen des Herakles[27]

Dies wird an einer näheren Auseinandersetzung mit dem Titelbild des *Novum Organum* (1620) als »eine[r] der bedeutendsten Illustrationen der frühneuzeitlichen Grenzüberschreitungen« (Goldstein 2002: 659) erkennbar. Mit der Durchfahrt des Schiffs der Wissenschaften durch die Säulen des Herakles ist die Verheißung verbunden, dass durch einen den Ausfahrten und Expeditionen der Entdecker verwandten Prozess der Erforschung der Natur das Wissen anwachsen würde – in der Unterzeile des Bildes wird explizit ein »augebitur sciencia«, eine Vermehrung des Wissens, verkündet. Kolumbus hatte durch die Entdeckung Amerikas aufgezeigt, dass eine Überwindung der Beschränkungen einer alten Welt und die Eröffnung neuer, bisher verborgener Welten möglich sei. Diese erfolgreiche Ausfahrt wird bei Bacon vom Konkreten ins Allgemeine übertragen, in eine grundlegende Programmatik der Öffnung von Grenzen, die Erschließung und Entdeckung noch unbekannter Potenziale im Menschen und in der Natur transformiert. Es kommt bei Bacon so zur »Inszenierung der Grenzüberschreitung als Begründung der Fortschrittsgeschichte.« (Mieth 2002: 647)

In dem Frontispiz nutzt Bacon die bei den Zeitgenossen bekannte Plus-Ultra-Symbolik und ihre Umdeutung zu einem Symbol der Entgrenzung, löst diese aber von der konkreten Überschreitung des geografischen Raums und der imperialen Bedeutung bei Karl V. und überträgt sie in einen neuen Kontext. Die von Karl V. vollzogene Bedeutungsumkehr der Säulen ist für ihn, wie auch eine Passage aus einer anderen Schrift erkennbar macht, Ausdruck für einen revolutionären Umbruch: »So verhält sich auch der Vorzug unseres Zeitalters: also dass unsere gegenwärtige Zeiten mit Recht als ihr Symbol [...] jenes Plus Ultra – noch weiter – besitzen; statt wie die Antiken das Non Ultra – nicht weiter – zu gebrau-

---

27 Die Darstellung folgt in weiten Teilen den Ausführungen in Jochum 2018b.

chen [...] wegen unseren Seefahrten, durch welche es vergönnt ist, den ganzen Umfang des Erdballs gleich den himmlischen Körpern zu umlaufen und umschiffen?« (Bacon 1826: 123, Bacon 2006: 126)

Bereits in der Vorrede des *Novum Organum* macht Bacon deutlich, dass es ihm mit seiner Adaption der Symbolik vor allem um eine Überwindung der Vorbehalte gegen eine Ausdehnung der Grenzen des Wissens geht. Er erläutert, dass der »Stand der Wissenschaften [...] weder glücklich ist noch zu einer Stärkung der Erkenntnis führt.« Es müsse daher »dem menschlichen Verstande [...] ein ganzer neuer, bisher nicht gekannter Weg eröffnet werden [...] [,] damit der Geist von seinem Recht auf die Natur der Dinge Gebrauch machen kann.« (Bacon 1990a: 13) Dieser neue Weg der Wissenschaft führt nun gleichsam durch die Schicksalssäulen des Herakles:

> »Mir scheint, die Menschen kennen weder ihre Mittel noch ihre Kräfte richtig, von jenen halten sie in der Tat mehr, von diesen weniger als richtig ist. So kommt es, dass sie entweder die vorhandenen Künste (artes) unvernünftig überschätzen und nichts über sie hinaus erstreben, oder dass sie sich selbst mehr als berechtigt erachten, ihre Kräfte an unbedeutenden Dingen verzehren, anstatt sie an dem zu erproben, was zum Wichtigsten führt. Daher haben auch die Wissenschaften gleichsam ihre Schicksalssäulen (columnae fatales), über die hinauszukommen werden die Menschen weder durch Verlangen noch Hoffnung beflügelt.« (Bacon 1990a: 13)

Bacon reflektiert einen stillen Zusammenhang: So wie in der Schifffahrt die Furcht vor dem Non Plus Ultra der Säulen des Herakles die Ausfahrt in den offenen Ozean verhindert hat – dies den Lesenden als bekannt vorausgesetzt, und daher nicht mehr eigens ausgearbeitet (s. o.) – so besitzen auch das Denken und die Praxis des Menschen ein Non Plus Ultra, das sie innerhalb bestimmter Grenzen gefangen hält. Die eine der beiden Säulen des Schicksalsglaubens (columnae fatales), welche die Wissenschaft einengt, ist Überschätzung der bisher gewonnenen Erkenntnisse und der entwickelten technischen Hilfsmittel, die ein Verlangen nach einem »über sie hinaus«, d. h. ein Streben nach Innovationen, nicht aufkommen lässt.

Die zweite Säule ist die Unterschätzung der eigenen Kräfte. Durch diese beiden Säulen wird dem Menschen die Ausfahrt in den Möglichkeitshorizont der humanen Potenziale verwehrt. Die Unterwerfung unter den mythischen Bann der antiken Autoritäten würde zum Verhängnis führen: »Die Säulen des Herakles, die das Titelblatt der Instauration Magna mit einem schon transzendierenden Schiffsverkehr vor Augen führen, sind [...] eine schicksalshafte Grenze [...] nicht im Sinne einer göttlichen Mahnung gegen die Hybris, sondern der mythischen Entmutigung des Begehrens und der Hoffnung.« (Blumenberg 1966: 384)

Die alte Welt, die innerhalb der durch die Säulen des Herakles gesetzten Grenzen existiert, ist nicht mehr die konkrete Welt, um die es geht. Vielmehr werden das Wissen der Antike und des Mittelalters fortentwickelt. Die bisher erfahrbare begrenzte Welt wird zur Methode der neuen Wissenschaft. Bacon setzt sich mit seinem *Novum Organum* von dem alten »Organon« des Aristoteles ab, das paradigmatisch für die scholastischen Wissenschaften war. Er meint, dass sich die aristotelische Methode zu einem erstarrten und unfruchtbaren scholastischen System entwickelt habe. Die eigene Methode lege dagegen gezielt den Schwerpunkt auf die Überprüfung an der Empirie.

Dass die Durchfahrt des Schiffes durch die Säulen des Herakles als Sinnbild für die Überwindung alter Lehrmeinungen zu deuten ist, macht Bacon auch unmissverständlich in *Über die Würde und die Förderung der Wissenschaften* deutlich, wenn er an König James I. gerichtet schreibt:

»Denn wie lange sollen wir ein paar anerkannte Autoren wie die Säulen des Herakles dastehen lassen, über die hinaus (nec Plus Ultra) es keine Erkundungsfahrt und keine Entdeckung in der Wissenschaft gibt, wenn wir doch solch einen hellen und gütigen Stern wie Eure Majestät haben, um uns zu führen und voranzubringen?« (Bacon 2006: 88)

Kritisch gelten Bacon die klassischen Philosophen als jene anerkannten Autoren, deren abstrakter Wissensbegriff mit der Fokussierung auf die scholastischen Theorien die Eröffnung eines neuen Horizonts des Wissens verhindert. Die hierdurch vollzogene Begrenzung der Wissenschaften ist für Bacon durch die neuen Entdeckungen obsolet geworden.: »Die Fahrt über die Säulen des Herkules hinaus hat ihre Abenteuerlichkeit verloren (...): die Gewissheit, jenseits des Meeres die terra incognita zu finden, rechtfertigt die Ausfahrt, ja macht das Verweilen im Binnenmeer des Bekannten sträflich.« (Blumenberg 1966: 390).

Bacon will mit seinen neuen wissenschaftlichen Methoden die antiquierte Philosophie überwinden und damit den Weg in bisher unbekannte Welten eröffnen. Das Ziel der Wissenschaft liegt nicht mehr in der Erlangung einer philosophischen oder theologischen Wahrheit, sondern in der Mehrung von praktischen Fertigkeiten. Wie Hannah Arendt argumentiert, hatte »die neuzeitliche Umkehrung des Verhältnisses von Vita contemplativa und Vita activa« (Arendt 1960: 287) zur Folge, dass der Homo faber an die Stelle des theoretischen Menschen trat, die Wissenschaft in den Dienst der Produktion trat: »Das Primat fiel vielmehr vorerst den Tätigkeiten zu, die charakteristisch sind für Homo faber, dem Machen, Fabrizieren und Herstellen.« Diese Neubestimmung des Verhältnisses von Arbeit und Wissen wird insbesondere im Werk von Francis Bacon vollzogen. Im *Novum Organum* heißt es gegen das kontemplative Wissen gerichtet:

»Es handelt sich nämlich nicht bloß um das Glück der Betrachtung (felicitas contemplativa), sondern in Wahrheit um die Sache und das Glück der Menschheit und um die Macht zu allen Werken (omnis operum potentia). [...] Die Natur wird nur besiegt, indem man ihr gehorcht. Daher fallen jene Zwillingsziele, die menschliche Wissenschaft und Macht zusammen (Scientia et Potentiae, vere in idem coincidunt).« (Bacon 1990a: 63)

Ziel ist die Macht zu den Werken, d.h. rationale Arbeit, die durch die Erkenntnisse der anwendungsorientierten Wissenschaft befördert wird. Von Aristoteles war als »das vollkommene Glück eine Art von betrachtender (theoretike) Tätigkeit« (Aristoteles 1995: 1178b) bestimmt worden, die als Selbstzweck und die höchste Form humaner Existenz angesehen wurde. In Anlehnung an Aristoteles war in der scholastischen Philosophie die vita contemplativa über die vita activa gestellt worden. Das Wissen diente letztlich dazu, dem Menschen die Nichtigkeit der irdischen Welt bewusst zu machen und auf die höhere, jenseitige Welt vorzubereiten.

An die Stelle dieser Priorisierung des kontemplativen Wissens setzt nun Bacon die Beförderung des Glücks der Menschheit durch die tätige Wirkmacht über die Natur. Wissen wird vom Selbstzweck zum Mittel, das dem höchsten Zweck des Sieges der Menschheit über die Natur unterstellt wird. Wissen und Macht koinzidieren, indem Wissenschaft in den Dienst des aktiven Lebens, der Arbeitsmacht des Homo faber tritt. Mit dem Leitspruch der »Scientia et Potentiae […] coincidunt« (Bacon 1990: 63), der oft vereinfacht als »Wissen ist Macht« wiedergegeben wird, konnte sich eine neue, von der antiken und mittelalterlichen Rechtfertigungsformen grundlegend unterschiedliche Form der Legitimation der Wissenschaft durchsetzen. Das »Baconische Programm« zielt darauf ab »das Wissen auf Herrschaft über die Natur abzustellen« (Jonas 1989: 25). Ganz zu Recht haben Kastenhofer und Schmidt in ihrem Aufsatz mit dem anspielungsreichen Titel »Technoscientia est Potentia?« (Kastenhofer und Schmidt 2011) darauf hingewiesen, dass die gegenwärtigen Technowissenschaften in Francis Bacon ihre eigentlichen Vorläufer besitzen:

> »With a wider historical scope, the association of science with power is not so new. The philosopher, scientist and statesman Francis Bacon stated already in 1620 that ›Scientia et potentia humana in idem coincidunt‹ […]. He thereby established a programme of science as both, a quest for true facts about nature and a gain of control of nature; in line with current efforts to envision science and technology as two sides of the same (technoscience) coin.« (Kastenhofer und Schmidt 2011: 134)

Das technische Herstellungswissen, das in der Antike und im Mittelalter noch abgewertet worden war, wurde nun zu dem Wissen mit der höchsten Dignität. Damit findet ein Prozess des Wandels des Wissensverständnisses einen Abschluss, der in der Antike mit dem Ausbruch aus dem mythischen Denken begonnen hatte und es kommt zu einer Entfesselung der prometheischen Potenzen des Menschen.

2.1.2
Die Entfesselung des Prometheus: Vom Mythos zur Technoscience

Kennzeichnend für das mythische Denken ist die Deutung der Welt und der Existenz des Menschen unter Verwendung biologischer Paradigmata. Das eigene wie auch das außermenschliche Leben mit seinem Wechsel von Zeugung, Wachstum und Tod ist die Grundlage von »biomorphen Modellvorstellungen« (Topitsch 1958: 9). Den Nukleus der Weltbilder der mythischen Kulturen stellt dabei die ackerbäuerliche Auseinandersetzung mit der Erde und den domestizierten Pflanzen dar (Eliade 1978: 47 f.). Die Abfolge von Saat, Wachstum, Ernte und Absterben im jahreszeitlichen Zyklus sowie die Eigenproduktivität der Pflanzen, mit denen der Mensch durch seine Arbeit kooperiert, erzeugte ein Verständnis von Arbeit und Natur, welches sich von der neuzeitlichen Konzeption, die von der handwerklichen oder industriellen Transformation des anorganischen Stoffes geprägt ist, grundlegend unterscheidet. Die dabei oft dargestellte Fahrt des Sonnenheros in die im Westen gelegene ozeanische Unterwelt basiert neben solarmythologischen Vorstellungen auf diesem Paradigma (vgl. Kap. A 1.1). Sie spiegelt den Kreislauf des Samens wider, der mit der gebärenden Mutter Erde interagiert und in sie hinabsteigt. Auch die Arbeit der Ackerbauern war in diese mythisch gedeutete Welt integriert, diente der Unterstützung der kreativen Kräfte des lebendigen Arbeitsgegenstandes und wurde als Kooperation mit dieser subjektivierten, vergöttlichten und verzauberten Natur verstanden.

Gegen diesen geschlossenen Kosmos rebellierte bereits auf seine (spatial begrenzte) Weise der antike Mensch. In Griechenland vollzog sich nämlich der Aufbruch vom kosmozentrischen Weltbild des Mythos zum anthropo- und technozentrischen Weltverständnis der abendländischen Ratio im Kontext der griechischen Aufklärung. Dieser Wandel des Weltbildes und der damit verbundene Wandel des Verständnisses und der Bewertung der Arbeit ist im Zusammenhang mit Fortschritten in den gewerblichen Techniken zu sehen (Löbl 2003: 4 f.). Mit dieser neuen Form der Arbeit etabliert sich auch der Begriff der »technē« als Bezeichnung für eine neue technozentrischen Epistemologie. Die sich neu entwickelnden Berufe wurden in der Regel als »technai« (Handwerk, Kunst, Kunstfertigkeit, Wissenschaft) bezeichnet (ebd.: 7). Sie waren mit einer auf praktische Umsetzung ausgerichteten Form der Erkenntnis und des Wissens verbunden: »Das Herstellungswissen (techne) ist also [...] eine bestimmte mit wahrer Überlegung verbundene Disposition des Herstellens (poiesis).« (Aristoteles 2006: 1140a). Bezogen auf das klassische Griechenland ist eine Aufwertung dieses technisch geleiteten Arbeitens und eine Freisetzung und Bejahung der prometheischen Potenziale des Menschen festzustellen. Diese hatte dabei auch weiterreichende Auswirkungen auf andere Lebensbereiche und führte zu einer »Technisierung der Lebenswelt« (Ritter 1998: 941). Seine Widerspiegelung fand dieser Prozess in dem Wandel der Darstellungen der mythischen Gestalt des Prometheus, der sich vom frevelhaften Räuber des Feuers bei Hesiod (Hesiodus 1999: V 45 f.) zum gefeierten Heros der Technik bei Aischylos wandelt, der die »Leiden der Erdwesen« (Aischylos 1986: 32) überwand, indem er »jede irdische Kunst (techne)« erfand (ebd.). Diese Gestalt markiert den Übergang vom agrarischen Mythos der ewigen Wiederkehr zum neuen utopischen technowissenschaftlichen Fortschrittsmythos des Okzidents: »Technoscience [...] is an techno-utopia relying on the mythical figure of the unbounded Prometheus.« (Bensaude-Vincent 2009: 9)

Die Besonderheit der okzidentalen Rationalität liegt somit insbesondere darin begründet, dass bereits in der Antike ein Prozess der Ablösung von den im mythischen Denken dominierenden »biomorphen Modellen« (Topitsch 1972: 127) der Weltdeutung durch eine »technomorphe Leitvorstellung« (ebd.: 176) einsetzte. Nicht mehr die interaktive Arbeit des Ackerbauers mit der lebendigen Natur, sondern die Tätigkeit des Handwerkers, der aus dem passiven Werkstoff (gr. »hyle«, lat. »materia«) durch seine Aktivität eine Form (gr. »eidos« bzw. »morphe«, lat. »forma«) verleiht, wird zum Paradigma der metaphysischen Interpretation der Wirklichkeit. Es kommt zur Trennung zwischen einer Welt des Geistes und der Subjekte und einer materiellen Welt der verobjektivierten Physis (Natur) (Aristoteles 1967). Dieses »Techne-Modell« (Kullmann 1988: 258, 288 f.), welches insbesondere dem aristotelischen Denken zugrunde liegt und das mythisch-agrarische »Bios-Modell« ablöst, begründete ein spezifisch okzidentales Naturverständnis. Dieses war auch die Grundlage für ein die westliche Zivilisation kennzeichnendes gesellschaftliches Naturverhältnis, in dem zunehmend die Natur zum Objekt der artifiziell-technischen Umgestaltung wurde.

Allerdings erfolgte bei den antiken Philosophen auch eine tendenzielle Abwertung des technischen Könnens. Aristoteles unterscheidet »zwischen den Tätigkeiten, die den Charakter des Freien bzw. Unfreien besitzen« und benennt die Ausübung jener technai als »banausisch« (Aristoteles 2007: 1337b 6f.), die den freien Menschen an der Entwicklung seiner Tugenden hindern, »denn sie berauben den Geist der Muße und machen ihn gemein«. (Ebd.)

Damit verbunden ist die insbesondere in der Nikomachischen Ethik ausgeführte Unterscheidung zwischen Handeln (praxis) einerseits und Arbeiten/Herstellen (poiesis) andererseits – damit zugleich eine Differenzierung der Tätigkeits- und Wissensformen. Während die technē nur auf das Herstellen bezogen sei, und einem externen Zweck diene, sei die phronēsis (Klugheit) eine »mit Überlegung verbundene wahre Disposition des Handelns« (Aristoteles 2006: 1140b), und dieses Handeln finde seine Erfüllung in sich selbst. Noch höher sei das sich selbst genügende Denken angesiedelt, das auf Wissenschaft (episteme), philosophische Weisheit (sophia) und Vernunft (nous) ausgerichtet ist (ebd.: 1140b, 1141a).

Von diesem antiken, von Aristoteles geprägten Wissenschaftsverständnis verabschiedet sich Bacon nun. Die Säulen des Herakles symbolisieren für ihn das scheinbar antiquierte Wissenschaftsverständnis Aristoteles' und Platons. Mit dem von Bacon verkündeten technoszientistischen Wissenschaftsbegriff sollen diese philosophischen Begrenzungen und Bindungen überwunden werden. Eine hierzu entsprechende Deutung der Symbolik der Säulen des Herakles findet sich bereits in der frühen Schrift *Die Weisheit der Alten* (Bacon 1990c; zuerst 1609), in der Bacon die Gestalten der antiken Mythologie im Sinne seiner technologischen Heilslehre interpretiert. Wie dargelegt, waren in der Antike die begrenzenden Säulen des Herakles als Schwelle in das Reich des Todes und als Mahnung vor hybriden nautischen Grenzüberschreitungen gedeutet sowie als ein Sinnbild für die Limitiertheit der prometheischen Potenzen des Menschen angesehen worden (Kap. A 1.1, Jochum 2017: 59 ff.). Bei Bacon wird nun in konträrer Weise an die antiken Mythen angeknüpft und Herakles als Befreier des gefesselten Prometheus und damit als Heros dargestellt, welcher die Emanzipation der technischen und wissenschaftlichen Potenziale einleitet (ebd.: 62). In seiner Interpretation des Mythos deutet Bacon die Fesselung des Prometheus als Bindung der Menschen an die »Säule der Notwendigkeiten« (ebd.: 68) und der Unterschätzung der eigenen Möglichkeiten, von der sie erst durch das Wirken der herakleischen Kräfte befreit werden können. Er verbindet in Anlehnung an antike Mythen diese Befreiung mit der oben dargestellten Westfahrt des Herakles in seinem Sonnenbecher: »Es wird jedoch berichtet, dass seine Strafe schließlich ein Ende nahm, als Herkules, der in einem Kelch, den der Sonnengott ihm geschenkt hatte, über den Ozean segelte, zum Kaukasus gelangte, den Adler mit seinen Pfeilen erschoß und Prometheus befreite.« (Bacon 1990c: 62) Damit wurde Bacon zur Wahl des Motivs der Säulen des Herakles im *Novum Organum* möglicherweise nicht allein durch das Navigationshandbuch von Céspedes, sondern auch durch die Auseinandersetzung mit dem antiken Herakles-Prometheus-Mythos motiviert, wie Merchant vermutet: »The image invokes Hercules's voyage to free Prometheus and, with him, liberate mankind to pursue knowledge of the arts and sciences.« (Merchant 2008: 747) Die antike Fahrt des mythischen Helden im Sonnenbecher wird hierdurch bei Bacon in die Ausfahrt des Schiffes der Wissenschaften transformiert und zum Sinnbild der Emanzipation der technoszientistischen Potenziale des Menschen.

Von nun an gibt dem »endgültig entfesselte(n) Prometheus, die Wissenschaft nie gekannte Kräfte« (Jonas 2020:9) und der antike Heros wird zum Paradigma für das, was man »das Baconische Programm nennen könne, nämlich das Wissen auf Herrschaft über die Natur abzustellen« (Jonas 1989: 25).

2.1.3
Vom Hispanium Imperium zum Human Empire –
Bacon und die Utopie »Nova Atlantis«

Diese Vision einer Mehrung der technoszientistischen Macht des Menschen über die Natur wurde von Francis Bacon in seiner ein Jahr nach seinem Tode erschienenen utopischen Schrift *Nova Atlantis* (1627) konkretisiert. Dabei knüpft Bacon mit seinem Neu-Atlantis an Platons Erzählung von dem jenseits der Säulen gelegenen Atlantis wie auch an Thomas Morus Insel-Utopia an, verschiebt jedoch deren Bedeutung vom sozialen und politischen Bereich auf die Ebene der wissenschaftlich geleiteten Naturbeherrschung. Riskante Aus- und Durchfahrt durch die herakleischen Säulen im *Novum Organum* und utopisches Ziel sind dabei im Zusammenhang zu sehen. Es geht um die »Entdeckungsreise übers offene Meer, deren Risiko durch gute Ausrüstung («Novum Organum») kalkulierbar sein soll«, wie Krohn (ders., 1987: 158) behauptet. Es gehe dabei sogar um eine neue Metapher, aus der eine »Rahmenhandlung von Neu-Atlantis« gebildet werde (ebd.: 158). Im Neuen Atlantis werden die neuen Techniken utopisch entworfen, welche die praktische Emanzipation aus der Macht der Natur aufzeigen. Bloch bemerkt daher zurecht, dass das »›Nova Atlantis‹ in jedem Betracht hinter den Säulen des Herkules liegen will, das ist: über die Einbindung durch gegebene Natur hinaus« (Bloch 1959: 765). Bacons Utopie zielt also auf eine grundlegende technisch-industrielle Transformation der Natur als Bedingung für die Schaffung eines künstlichen Paradieses ab: »So ist ›Nova Atlantis‹ nicht bloß die erste technisch-reflektierte Utopie [...]. Bacons Schrift ist auch in der Folge die einzige Utopie klassischen Rangs, welche den technischen Produktivkräften des besseren Lebens entscheidenden Rang gibt.« (Bloch 1959: 765)

Im Zentrum der Utopie des neuen Atlantis steht ein Tempel, den ein König Salamona gegründet habe (Bacon 1959: 71 f.). Die Betrachtung der Natur in dem »Technologietempel in Neu-Atlantis« (Krohn 1999: 24) unterscheidet sich grundlegend von der antiken Naturphilosophie und der mittelalterlichen religiösen Verehrung der göttlichen Schöpfung. Bacon konzipiert seinem *Novum Organum* entsprechend ein Forschungsprogramm, das auf der systematischen Sammlung von Wissen und der empirischen Erkundung der Natur basiert. So werden mit Schiffen die »Händler des Lichts« (Merchants of Light) ausgesendet, um Wissen zu sammeln. Diese Schilderung der ausfahrenden und mit Wissen heimkehrenden Schiffe erinnert an die Forschungspraxis der iberischen Seefahrer und die Bündelung des gesamten Wissens durch die Casa de Contratación in Sevilla. Auch die 1600 gegründete Britische Ostindien-Kompanie (Governors and Company of merchants of London trading to the East-Indies) dürfte Bacon inspiriert haben.

Bei Bacon verbindet sich so innerweltlich gewendeter theologisch-philosophischer Wissensdurst mit praxisorientiertem Wissensdrang. Das »Haus Salomon« stellt dabei eine Mischung aus Technischer Universität,

Forschungslabor und Produktionsstätte dar. So wird von unterirdischen Höhlen berichtet, die »zum Gerinnen, Verhärten, Abkühlen und Konservieren von Körpern [sowie] [...] der künstlichen Herstellung natürlicher Mineralien sowie bei der Erzeugung neuer künstlicher Metalle vermittels der Verbindung von Rohstoffen, die wir dort präparieren und jahrelang in die Erde legen« genutzt werden (Bacon 1959: 89). Die Natur wird nicht betrachtet, sondern experimentell erkundet und beherrscht, wie auch Bloch hervorhebt: »Bacons Abzielung auf ein ›regnum hominis‹ [...] war als Naturbeherrschung gedacht, nicht als Naturverklärung. [...] Das Register der verwirklichten, besonders der unverwirklichten Pläne gebe auch nützliche Winke zu Erfindungsideen, die bisher ›jenseits der Säulen des Herkules‹ lagen: doch nur das Schiff wirklicher Experimentierkunst werde die goldenen Gärten der Hesperiden erreichen.« (Bloch 1959a: 759 ff.). Auch die Welt des Lebens wird zum Objekt des wissenschaftlichen Forscherdrangs.[28] Das »Nova Atlantis [...] als das utopische Laboratorium« (Bloch 1959a: 763) nimmt visionär die zu Bacons Zeit noch kaum absehbaren wissenschaftlich-technischen Erfolge und das technoszientistische Forschungsprogramm der industriegesellschaftlichen Moderne vorweg. Das Ziel dieser Forschung ist nicht mehr reines Wissen, sondern Wissenschaft dient der Expansion der Macht über die Natur.

In Céspedes »Regimiento de Navegation« war der Bezug zur imperialen Expansion in der Bildunterschrift »– Hispanum imperium clausit utroque polo« klar erkennbar. Diese imperiale Programmatik findet sich wie gezeigt bei Bacon wieder. Und auch bei der Entwicklung der Utopie des Neuen Atlantis fungiert dementsprechend das spanische Imperium als Vorbild. Das Ziel der nach dem Vorbild der Casa de Contratación entworfenen wissenschaftlichen Gesellschaft des »Hauses Salomon« macht Bacon klar deutlich: »Der Zweck unserer Gründung ist es, die Ursachen und Bewegungen sowie die verborgenen Kräfte in der Natur zu ergrün-

---

28 So heißt es in *Nova Atlantis*: »Wir haben auch Parkanlagen und Gehege, in denen wir alle möglichen vierfüßigen Tiere und Vögel halten. Wir halten sie nicht nur, um sie anzuschauen oder weil sie selten sind, sondern auch, um sie zu sezieren und anatomisch zu untersuchen, damit wir dadurch soweit wie möglich eine Aufklärung über den menschlichen Körper erhalten [...]. Wir finden Mittel, um verschiedene Tierarten zu kreuzen und zu paaren, die neue Arten erzeugen und nicht unfruchtbar sind.« (Bacon 1959: 92)

den und die Grenzen der menschlichen Macht soweit wie möglich zu erweitern.« (Bacon 1959: 89)

Die Ausfahrt des Schiffes der Wissenschaft über die Grenzen der alten Welt in das Neue Atlantis hinüber, soll zu einer Expansion der Grenzen des Machtbereichs des Menschen führen. In den englischen und lateinischen Ausgaben wird dabei der »imperialistische« Gehalt dieser Programmatik noch deutlicher. In der lateinischen Edition heißt es: Durch das Eindringen in die innerste Natur (interiorum in natura) dehnt der Mensch die Grenzen des »imperii humani« aus (Bacon 1661: 58). Und in der englischen Ausgabe ist explizit von einem »enlarging of the bounds of Human Empire« (Bacon 1969: 398) die Rede.[29]

Es ist zu vermuten, »that Bacon might have had the Spanish empire in mind when he wrote his New Atlantis« (Esguerra 2006: 19). Das Projekt der Erweiterung des Hispanum Imperium wurde durch die Vision der Expansion des Human Empire abgelöst. In diesem Sinne verwendet auch Williams unter explizitem Bezug auf Bacon in *The Triumph of Human Empire* (Williams 2013) diesen Terminus: »I am borrowing the term human empire from Francis Bacon, who [...] imagined the discovery of a new Atlantis. This [...] island was not an empire in the usual sense of territorial control. Instead, Bacon described it as the center of a vast, general expansion of human knowledge and power.« (Ebd.: ix)

Bacon konnte dabei mit seinem Rekurs auf die Säulen und die imperiale Symbolik an eine angelsächsische Tradition der Verwendung der Säulen anknüpfen. Insbesondere Königin Elisabeth I. (1533–1603) hatte den Weltherrschaftsspruch der Habsburger infrage gestellt und nach dem Sieg über die spanische Armada zunehmend einen eigenen globalen Machtanspruch formuliert (Yates 1975a: 51). Demensprechend wurden in Darstellungen von Elisabeth I. auch die Säulen des Herakles adaptiert. Auf einem bekannten Stich ist die Königin zwischen den beiden Säulen plat-

---

29 Auch Bacons Rede vom »menschliche[n] Königreich des Wissens (human kingdom of knowledge)« (Bacon 1984: 47) verweist auf die herrschaftliche Komponente seiner Konzeption. Die Formulierung des Begriffs eines »Regnum Humanum« findet sich auch im *Novum Organum* (Bacon 1990), das den Titel *Aphorismi de Interpretatione Naturae et Regno Homini* trägt, was im Deutschen mit »Aphorismen über die Interpretation der Natur und die Herrschaft des Menschen« wiedergegeben wird (Bacon 1990: 81; Bacon 1990a: 279).

ziert und hält den Erdglobus und das Zepter als Sinnbilder der globalen Herrschaft in Händen (Jochum 2017: 335). Die im Hintergrund brennenden Schiffe verweisen auf den Untergang der spanischen Armada und damit den Sieg über die Spanier und den Papst. Zum Ausdruck gebracht werden soll, dass infolge dieses Triumphes »transfers to her the imperial destiny at which the two columns hint.« (Yates 1975a: 58) In der Folgezeit sollte auch tatsächlich die Vorherrschaft der iberischen Mächte auf den Weltmeeren und damit die führende Rolle im Prozess der europäischen Expansion schwinden und es gleichsam zu einer translato imperii, einer Übertragung der imperialen Macht, kommen, infolge der das sogenannte British Empire zunehmend eine Dominanz über die Meere und Welten jenseits der Säulen gewinnen konnte.

Gerade im Kontext dieses gesteigerten englischen Machtanspruches, den nicht nur Elisabeth, sondern auch ihr Nachfolger Jakob I. erhob, stehen die Schriften Bacons. Die Übernahme der imperialen Symbolik der Säulen des Herakles ist damit nicht als eine Übertragung eines verbreiteten Motivs in einen völlig anderen, politikfreien Zusammenhang zu deuten. Vielmehr ist seine Verkündung eines technowissenschaftlichen Imperiums in der Inselutopie *Nova Atlantis* auch als Programm zur Ausweitung der Macht der britischen Insel zu interpretieren. Und schließlich ist seine Utopie auch als Entwurf für die Kolonisierung der nordamerikanischen Gebiete zu interpretieren (s. u.) und damit ein besonderer Fall. Die Technikutopie von Bacon, der 1618 vom englischen König Jakob I. zum Lordkanzler ernannt wurde, atmet unverkennbar den Geist der imperial-kapitalistischen Expansion Englands und sollte den weiteren, durch den technowissenschaftlichen Fortschritt vorangetriebenen Aufstieg des British Empires befördern. Aber nicht nur in England, sondern auch in anderen Ländern und – wie noch näher diskutiert wird – insbesondere in den USA wurde Bacon einflussreich und trug zur Verbreitung eines technoszientistischen Forschungsideals bei. Mit der durch Bacon ausgerufenen Zielsetzung eines »enlarging of the bounds of Human Empire« findet das expansive okzidentale gesellschaftliche Naturverhältnis der industriegesellschaftlichen Expansionsgesellschaft schließlich seine programmatische Begründung.

Die Verwendung der Plus-Ultra-Devise bei Karl V. kann man, wie dargelegt, als Sinnbild der Kolonialität bzw. Imperialität der ersten Moderne interpretieren, in der sich die okzidentale Herrschaft über die außereuropäische Welt konstituiert. Mit Bacons expansivem Human Empire wird nun dieses Programm in der zweiten Phase des Okzidentalismus zum Programm der technoszientistischen »Kolonisierung von Natur« ausgeweitet.

2.2
Die Dialektik der Technoszientistischen Kolonialität

Bacon steht am Beginn der industriegesellschaftlichen Moderne und hat in vielerlei Hinsicht die Emanzipation des Menschen aus der Macht einer häufig als grausam empfundenen Natur mit vorbereitet. Doch war der Triumph des Human Empire auch mit Schattenseiten und Nebenfolgen verbunden. Bacon vollzog, wie gezeigt, unter Bezug auf die Plus-Ultra-Symbolik eine Übertragung des mit der frühneuzeitlichen Expansion verbundenen kolonialen Projekts der Moderne auf die Erforschung und Beherrschung der Natur und formulierte damit das Projekt einer Expansion der technoszientistischen Macht des Menschen über die Natur schlechthin. Hierdurch erfuhr nun auch die negative Dialektik der Moderne eine Steigerung. Die Autoren der »Gruppe Modernität/Kolonialität« haben die Folgen der Kolonisierung der außereuropäischen Welt als die »darker side of Western modernity« (Mignolo 2011) beschrieben und pointieren damit die insbesondere seit der zweiten Hälfte des 20. Jahrhunderts lauter werdende Kritik an eurozentristischer Geschichtsschreibung. Man kann nun davon sprechen, dass mit dem Übergang zum technischen Humanismus Bacons und seiner Forderung nach einem »enlarging of the bounds of Human Empire« (Bacon 1862: 398) und damit der ausgeweiteten »Kolonisierung von Natur« (Fischer-Kowalski u. a. 1997)[30] auch weitere dunkle Seiten der Moderne zu thematisieren sind.

---

30 Mit dieser Begrifflichkeit wird auf Konzepte des »Instituts für Soziale Ökologie« Bezug genommen, in denen mit dem Begriff der »Kolonisierung von Natur« (Fischer-Kowalski u. a. 1997) vor allem der »Übergang von rein metabolisch wirksamen Wirtschaftsweisen in Jäger und Sammlergesellschaften hin zur Anwendung von Kolonisierungsstrategien – wie etwa die Landwirtschaft in Agrargesellschaften« (ebd.: 161) beschrieben wird. Die Kolonisierung von Natur zielt darauf ab, deren Prozesse so zu beeinflussen, dass sie dauerhaft eine vom humanen Gestalter intendierte Leistung erbringen: »Kolonisierende Eingriffe verwandeln

Die Schattenseiten des Bacon-Projekts werden heute insbesondere an der ökologischen Krise deutlich. Die von Bacon formulierte Utopie eines infiniten wissenschaftlich-technischen Fortschritts wird aktuell angesichts der Einsicht in die Gefährdung der Nachhaltigkeit dieses Entwicklungspfades fragwürdig. Bereits Horkheimer und Adorno haben in ihrer *Dialektik der Aufklärung* dargelegt, dass Bacons Utopie der Naturbeherrschung von einer tiefen Ambivalenz und einer potenziell destruktiven Dialektik geprägt sei, die zur tellurischen Herrschaft über die Natur. Das technoszientistische Wissen sei letztlich Herrschaftswissen:

> »[Es] hat Bacon die Gesinnung der Wissenschaft, die auf ihn folgte, gut getroffen. Die glückliche Ehe zwischen dem menschlichen Verstand und der Natur der Dinge, die er im Sinne hat, ist patriarchal: der Verstand, der den Aberglauben besiegt, soll über die entzauberte Natur gebieten. Das Wissen, das Macht ist, kennt keine Schranken, weder in der Versklavung der Kreatur noch in der Willfährigkeit gegen die Herren der Welt.« (Horkheimer/Adorno (2001 [1969]: 11)

Vor dem Hintergrund der ökologischen Krise und damit der Gefährdung der Reproduktionsfähigkeit der lebendigen Natur würden auch laut Bacon die Beschränkungen einer technoszientistischen Epistemologie erkennbar, welche die »Geschichte der freien und ungebundenen Natur« als unwesentlich ansehe und nur eine »Geschichte der gebundenen und bezwungenen Natur (naturae constrictae et vexatae)« (Bacon 1990a: 5) als rational und nützlich betrachte.

Angesichts dieser Schattenseiten haben viele Autoren infolge darauf verwiesen, dass die Naturerkenntnis bei Bacon mit der Bezwingung einer als feindlich angesehenen Natur verbunden war. In Anknüpfung an die kritische Theorie hat auch Gernot Böhme angesichts der immer deutlicher sich abzeichnenden negativen sozial-ökologischen Nebenfolgen vor

---

natürliche Systeme in gesellschaftliche Kolonien.« (Ebd.: 129) Mit der Übertragung des Begriffs der Kolonisierung der Natur auf die Gesamtheit der modernen, technoszientistischen Naturbeherrschung erfolgt in dieser Arbeit eine Bedeutungsausweitung (vgl. hierzu auch Jochum 2016).

mehr als 20 Jahren eine grundlegende Krise des Bacon-Projekts diagnostiziert. Demnach sei »die bisherige Lebenszeit der neuzeitlichen Wissenschaft als die Epoche Bacons zu bezeichnen«, schreibt er, die durch »die Grundüberzeugung, dass wissenschaftlicher und technischer Fortschritt zugleich humaner Fortschritt sei«, gekennzeichnet gewesen sei (ebd.: 9). Heute sei das Programm zwar verwirklicht, es hätten aber zugleich auch die damit verbundenen Verheißungen an Bedeutung verloren: »Am Ende des Baconschen Zeitalters ist das Baconsche Programm erfüllt. Seine Hoffnungen haben sich aber nicht erfüllt.« (Böhme 1993: 31) Ähnlich argumentiert Jonas, demzufolge die »apokalyptische Situation«, in der wir heute angesichts einer »Überdimensionierung der naturwissenschaftlich-technisch-industriellen Zivilisation« leben würden, auf das zurückgehe, was man »das Baconische Programm nennen könne, nämlich das Wissen auf Herrschaft über die Natur abzustellen« (Jonas 1989: 25).

Aufgrund der sich in den letzten Jahren noch vertiefenden sozial-ökologischen Krisen ist folglich eine kritische Reflexion des Bacon-Projekts heute dringend notwendig. In Fortführung der postkolonialen Reflexion und Kritik des eurozentrischen Projekts der Verwestlichung der Welt erscheint es daher sinnvoll, nachstehend auch eine postkoloniale Reflexion des gesellschaftlichen Naturverhältnisses der modernen Expansionsgesellschaft vorzunehmen und die Schattenseiten der hiermit verknüpften »technoszientistische Kolonialität« zu thematisieren.

Mit der Verknüpfung der Begrifflichkeit »Technosciences« und »Kolonialität« wird hier auf die Ähnlichkeiten und Verbindungen zwischen der Kolonisierung der außereuropäischen Welt und der technowissenschaftlichen Aneignung der Natur in der Moderne verwiesen. Auch viele der aktuellen Entwicklungen der Technowissenschaften können aus dieser Perspektive als neue Stufe des Projekts der Ausweitung der okzidentalen Herrschaft über die äußere wie innere Natur interpretiert werden. Zugleich ist damit aber die Annahme verbunden, dass nicht nur die koloniale Dominanz des Westens derzeit fragwürdig wird. Auch das Bacon'sche Projekt der Kolonisierung der Natur und eines »enlarging of the bounds of Human Empire« (Bacon 1862: 398) stößt derzeit an Grenzen, insoweit zunehmend die ökologischen »planetary boundaries« (Rockström u. a. 2009a, b) dieses Expansionsprojekts erkennbar werden.

Es zeigen sich somit, ähnlich wie bei der Konquista Amerikas, zunehmend Schattenseiten und Nebenfolgen der technoszientistischen Kolonialität, die es heute zu reflektieren und bewältigen gilt. Die Aneignung Amerikas war aus Sicht der erobernden Europäer ein heroischer Akt der Selbstentfaltung und Emanzipation von alten Bindungen. Aus der Perspektive der indigenen Urbevölkerung jedoch stellte dies einen Akt der gewaltsamen Zerstörung des Eigenen dar. Ebenso weist das neuzeitliche Projekt der »Conquest of Nature« (Forbes 1968) eine tiefe Zweideutigkeit auf, welche den problematischen Konsequenzen der europäischen Expansion durchaus vergleichbar ist. So wie die Entdeckung Amerikas zugleich mit einer großen Verdeckung (Zea 1989a) und Zerstörung der indigenen Kulturen prähispanischer Zeiten verbunden war, so hatte in ähnlicher Weise das Projekt der technoszientistischen Entdeckung der Natur gleichzeitig eine große Verdeckung und Zerstörung der Natur zur Folge.

Die Autoren der »Gruppe Modernität/Kolonialität« argumentieren darum, dass für die Reflexion der Kolonialität der Moderne eine Hinterfragung der mit der Kolonisierung der außereuropäischen Welt verknüpften Epistemologien und eine darauf gründende »epistemische Dekolonialisierung (descolonización epistemológica)« (Quijano 1992: 447) sowie ein »epistemischer Ungehorsam« (Mignolo 2012a) notwendig seien. Nun kann man hier hinzufügen, dass auch die Kolonisierung der Natur in der Moderne mit einer »technoszientistische Epistemologie« verbunden war und ist. Die Durchsetzung dieser Epistemologie, die stark durch den experimentellen Empirismus Bacons geprägt wurde, diente nicht nur der Ausweitung der Herrschaft über die äußere Natur, sondern war zugleich mit einer Unterdrückung und Abwertung der inneren, sinnlichen Natur des Menschen verbunden. Diese Epistemologie gilt es aus einer dekolonialen Perspektive heraus kritisch zu reflektieren.

2.3
Die technoszientistische Epistemologie

Bacons Einfluss auf die Herausbildung des neuzeitlichen Naturverhältnisses bestand neben der Wirkmächtigkeit seiner Utopie der ausgeweiteten Naturbeherrschung insbesondere in der Einforderung einer neuen experimentellen Epistemologie. Er gilt damit als Ahnvater der empirischen Naturwissenschaften. Seine empiristische Programmatik und die damit verbundene wissenschaftlich-technische Utopie sollten die modernen Naturwissenschaften grundlegend prägen. Von Bacon wird die neuzeitliche Wissenschaft als kooperatives Netzwerk entworfen, das durch empirische Forschung zu einem Zuwachs an Wissen über die Natur beiträgt. Daher ist es heute angesichts der Krise des gesellschaftlichen Naturverhältnisses auch notwendig, die von ihm begründete Naturerfahrung kritisch zu reflektieren. Bacons Forderung nach einer empirischen Wissenschaft geht mit einer Kritik der subjektiven, sinnlichen Erfahrung des Menschen einher. Deren Ersetzung durch systematische Experimente soll eine objektive Naturerkenntnis ermöglichen:

»Es ist gewiß, dass die Sinne täuschen (sensus fallunt) […]. [Es] gibt es vieles, was den Sinnen, selbst wenn sie völlig gesund und nicht beschädigt sind, entgeht […]. Um das zu vermeiden, habe ich mit vieler und getreulicher Mühe auf allen Seiten Hilfe für die Sinne gesucht, und herbeigeholt […]. Das versuche ich durch Experimente […] Denn die Feinheit der Experimente ist weit größer als die der Sinne.« (Bacon 1990a: 47)

Bacon bezieht daher die experimentelle Erfahrung in stärkerem Maße als die ältere metaphysische, rein theoretische Wissenschaft in sein Wissenschaftsverständnis mit ein. Zugleich wird deutlich, dass mit Bacon durch die Fokussierung auf die experimentelle Erfahrung eine Ausgrenzung einer Vielzahl von alternativen subjektiven und sinnlichen Erfahrungsformen geschieht, die zuvor noch als legitime Inspirationsquelle galten: »Bacon's argumentation is clearly anti-sensualistic. […]. Only the experiment can, according to Bacon, provide the answer.« (Schmidt 2011: 116) Seine technoszientistische Epistemologie gründet daher auf der Fesselung und Ausgrenzung der menschlichen Sinnlichkeit im Akt der experimentellen Erkenntnis. Mit dieser Epistemologie und dem damit verbundenen Naturverständnis trug Bacon wesentlich zur Konstituierung der neuzeitlichen Naturwissenschaften als objektivistischer Wissenschaft bei. Durch diesen Prozess der Reinigung und Rationalisierung der Sinnlichkeit wird nicht nur die humane Erfahrung, sondern auch die Natur entsubjektiviert. Was durch den Menschen messbar ist, kann neu verortet werden und erhält durch ihn seine Bedeutung. Es verliert dementsprechend seine eigene, die bisher im Mythos angesiedelt war. Die Natur wird entkernt und in Abhängigkeit vom menschlichen Geist gebracht. Schließlich wird auch die Projektion der Subjektivität in die Welt als Idolatrie verworfen:

»Es ist unglaublich [...]. was für einen Haufen von Fiktionen und Idolen die Reduktion der Prozesse der Natur auf die Ähnlichkeit zu menschlichen Handlungen in die Naturphilosophie gebracht hat; ich meine die Vorstellung, dass die Natur wie ein Mensch handelt.« (Bacon 2006: 303)

Bacon bedient sich hier einer zentralen Argumentationsfigur, durch welche sich bis heute die okzidentale Vernunft von der mythischen (Un-)Wahrheit der Anderen abgrenzt. Adorno und Horkheimer schreiben in der *Dialektik der Aufklärung*: »Als Grund des Mythos hat sie (die Aufklärung) seit je den Anthropomorphismus, die Projektion von Subjektivem auf die Natur aufgefasst. Das Übernatürliche, Geister und Dämonen, seien Spiegelbilder der Menschen, die von Natürlichem sich schrecken lassen.« (Horkheimer und Adorno 2001: 12) Dies gilt gerade auch für Bacon, der die Projektion des wahrnehmenden und handelnden menschlichen Subjekts in die äußere Natur als einen grundlegenden Fehler benennt. Weder Mensch noch Natur erhalten einen Wert an sich, vielmehr ist es die rationale Messbarkeit und Abbildung. Die mythische Subjektivierung der Natur schlägt darum in Bacons technoszientistischer Aufklärung in die totale Verobjektivierung der außermenschlichen Welt um. Die dialektische Ambivalenz von Bacons Reklamierung einer empirisch-experimentellen Fundierung des Wissens ist somit, dass sie das Spektrum der als rational erachteten Formen der Welterfahrung auf die technoszientistisch-experimentelle Naturerkenntnis begrenzt und andere Formen der Naturerfahrung ausgrenzt. Bacon diskreditiert damit implizites Wissen, lebensweltliches Wissen, sinnliche Erfahrung und subjektives Wissen als illegitime Formen der Wissensproduktion. Die Entzauberung der Welt, Weber zufolge Kern der modernen okzidentalen Rationalität, hat in dieser Fesselung der Sinnlichkeit eine wesentliche Grundlage. Hierzu korrespondiert nun auch die Fesselung der äußeren Natur im Akt der Erkenntnis, die sich hinter der Vermessung und rationalen Erfahrung der Welt verbirgt. Um die Welt sozusagen zu entzaubern, wird von Bacon ein Zugang zur Wirklichkeit propagiert, durch den die Natur nicht als aktives Subjekt, sondern als kontrolliertes Objekt durch Experimente wahrgenommen wird. Denn gemäß Bacon gibt die Natur nicht freiwillig ihre Geheimnisse preis. Der Vorstoß in das Plus Ultra der in der Natur verborgenen Wahrheiten ist nur möglich, wenn die Natur mittels der Techniken des Experiments zur Preisgabe ihrer bisher verborgenen Wahrheiten gedrängt wird. Beherrschung und Wahrheit benötigten sich also. Bacon macht das wie folgt deutlich:

»Im Hinblick auf den Stoff meine ich, dass ich nicht bloß eine Geschichte der freien und ungebundenen Natur (naturae liberae ac solutae) – wenn sie ihrem eigenen Lauf überlassen ist und ihr Werk vollbringt –, [...]. darlege, sondern weit mehr noch eine Geschichte der gebundenen und bezwungenen Natur (naturae constrictae et vexatae), d.h., wenn sie durch die Kunst und die Tätigkeit des Menschen aus ihrem Zustand gedrängt, gepresst und geformt wird. Deshalb beschreibe ich alle Experimente der mechanischen Künste [...]. Denn die Natur der Dinge offenbart sich mehr, wenn sie von der Kunst bedrängt wird, als wenn sie sich selbst frei überlassen bleibt.« (Bacon 1990a: 55 f.)

Bacon entwirft insofern freiherzig nach dem Vorbild der artefaktischen Produktion in den Handwerksbetrieben eine artifizielle Produktion von Naturerkenntnis. Seine Epistemologie antizipiert die später sogenannte technoszientistische *Fabrikation von Erkenntnis* (Knorr-Cetina 1991) in den Laboren. Mit Bacon vollzog sich somit eine entscheidende Wende im okzidentalen Erfahrungsbegriff, der zur Fruchtbarkeit der abendländischen Wissenschaften, zugleich aber, infolge der Kritik der menschlichen Sinnesorgane, auch zu einer Verkümmerung und Verengung der Welterfahrung führte. Die menschliche Erfahrung wird auf eine klare geistige Kategorisierung, d.h. die Wissenschaft reduziert. Die technoszientistische Fabrikation der Natur stand somit von Beginn an im Zentrum des Bacon-Projekts und hat hierdurch die modernen Wissenschaften und die industrielle Praxis der Moderne grundlegend geprägt: »An epistemology of technoscience is, indeed, very old – it is an epistemology put forward by Bacon.« (Schmidt 2011: 106)

Wie auch Merchant in ihrem einflussreichen Werk *Der Tod der Natur* (1987) argumentiert, liegt der Bacon'schen Programmatik ein herrschaftliches und patriarchales Naturverständnis zugrunde. Merchant gibt Bacon wie nachstehend wieder: »[Es] zeigt sich die durch Kunst – mechanische Hilfsmittel – gereizte und gefangene Natur (Natura arte irritata et vexata) offenbarer, als wenn sie sich frei überlassen bleibt.« (Bacon 1826 Lib. II, 3, Übersetzung nach Merchant 1987: 179) Ihr zufolge wird hier sogar eine Analogie zwischen der experimentellen Methode und den inquisitorischen Praktiken bei der Ausforschung der Hexen, bzw. der zunehmenden Kontrolle des weiblichen Körpers, erkennbar. Merchant führt aus:

> »Die Vernehmung von Zeugen vor Gericht vergleicht Bacon mit der Inquisition der Natur; ja, er scheut nicht die Analogie zur Folterkammer […]. Die Natur muss durch die ›Mechanik‹ ›bezwungen‹ und ›bearbeitet‹ werden. […]. So wie der Schoß der Frau sich symbolisch der Zange geöffnet hat, so hegt der Schoß der Natur Geheimnisse, die man ihm zum Besten der Menschen durch Technik entreißen kann.« (Merchant 1987: 179)

Das Experiment, das als wissenschaftliche Methode der Naturerkenntnis hier verankert wird, verweist so implizit auf das Geschlechterverhältnis. Die Unterwerfung der Natur ist von der Unterdrückung des weiblichen Geschlechts nicht zu trennen. Und damit berührt der Gedankengang heutige Fragestellungen zum Verhältnis und der Konstruktion der Geschlechter und der Ideologiekritik. Sowohl die Beherrschung der Natur und damit des Lebens als auch jene der Frau scheinen aus dem Ansatz des menschlichen imperialen Geistes zu kommen, welcher mit Bacon artikuliert wird. Nun hat sich um diese Deutung des Bacon'schen Projekts der empirischen Naturerfahrung als eine gewaltsame, mit Zwang verbundene und implizit frauenfeindliche Programmatik in den letzten Jahren eine heftige Kontroverse entfacht. Die Verteidiger Bacons unterstellen Merchant eine prinzipielle Missdeutung der Aussagen und Intentionen Bacons (Pesic 1999; Vickers 2008). Dem Streit zugrunde liegt jedoch letztlich die bis heute nicht aufgearbeitete Problematik der gewaltsamen und kolonialen Ursprünge und Konsequenzen der wissenschaftlichen Revolution und des darauf beruhenden modernen Projekts der technischen Umgestaltung der Natur:

> »A deep divide exists between Bacons' supporters and detractors. The deeper roots of this divide lie in perceptions of the Scientific Revolution as a grand narrative of progress and hope versus one of decline and disaster. How one views that Scientific Revolution itself is a marker of how one might assess the import of Bacon's contributions. Whether the control of nature leads to human wealth and well-being for the few or to social and ecological decline for them many depends on the underlying assumption of the narratives told by various scholars.« (Merchant 2008: 148)

Welchen Ausgang diese Kontoverse nehmen wird, ist derzeit noch offen. Zum einen mehren sich angesichts der ökologischen Krise Zweifel an dem Bacon'schen Projekt und der damit verbundenen Epistemologie. Zum anderen kann man aktuell geradezu von einer Radikalisierung der technoszientistischen Vernunft im aktuellen »Zeitalter[s] der Technosciences« sprechen. (Weber 2003) Die Natur verschwindet letztlich in der technoszientistischen Epistemologie als eigenständige, von der Technik unabhängige Entität. Man kann dies als eine neue Stufe der technoszientistischen Kolonialität interpretieren und es erscheint notwendig, eine de- und postkoloniale Kritik der technoszientistischen Vernunft vorzunehmen, indem die von der »Gruppe Modernität/Kolonialität« vorgenommenen Überlegungen zu Kolonialität auf die Problematik der Naturbeherrschung übertragen werden.

Bacons Ziel war es, Naturerkenntnis von allen anthropomorphen Trübungen zu reinigen, indem er an die Stelle der Wahrnehmung der ungebundenen Natur die Untersuchung der gefesselten Natur im Labor setzt. Aus dekolonialer Perspektive ist dieser Überhöhung der technoszientistischen Rationalität entgegenzuhalten, dass die Naturwahrnehmung hierdurch nicht etwa klarer und »objektiver« wurde, sondern lediglich eine technomorph gedeutete Natur erzeugt wurde. Die wissenschaftssoziologische Kritik muss auch diese Verzerrung hinterfragen und dem eine Pluralität der Perspektiven entgegenstellen, welche wiederum jene vormodernen und außereuropäischen Wahrnehmungsformen und Epistemologien zulässt, die durch das Bacon'sche Reinigungsprogramm ausgegrenzt wurden. Insbesondere gilt es, die Künstlichkeitsfiktion der Technosciences der Gegenwart zu hinterfragen, die der artifiziell vermittelten Naturerfahrung eine höhere Dignität zusprechen und jeden Rekurs auf Natürlichkeit für illegitim, irrational und essentialistisch erklären will. Der »kulturalistische Fehlschluss der Technowissenschaften« (Weber 2003: 220), der davon ausgeht, dass aufgrund der kulturell-technischen Vermittlung des Natürlichen die Annahme einer Eigensinnigkeit von Natur zu negieren sei, ist offensichtlich. Der wissenschaftliche Sinn und die rationale Bacon'sche Erklärung stellen ein absolutes Paradigma auf, dessen umfassender Anspruch nicht stärker oder minder berechtigt ist als der einer anderen Naturerklärung. Natur spricht für sich, sie braucht den Menschen nicht. Welche alternativen Epistemologien dem entgegenzusetzen sind, wird später anhand der Möglichkeiten zur Beendigung und Begrenzung jenes Projekts dargelegt, das Bacon in Gang gesetzt hat: Den Triumph des Human Empire in der technoszientistischen Moderne, die zu einer industriegesellschaftlichen Moderne wurde.

2.4
Der Triumph des Human Empire in der industriegesellschaftlichen Moderne

Bacons Vision von einem Plus Ultra der Wissenschaft und Technik und seine Utopie *Nova Atlantis* sollten in England und schließlich in der gesamten westlichen Welt eine starke Wirkmächtigkeit gewinnen. Die neuzeitlichen Wissenschaften konstituierten sich als kooperatives, anwendungsorientiertes Unternehmen im Geiste der Utopie Bacons (Krohn 1987: 181). Insbesondere von den Mitgliedern der Royal Society wurde Bacon als Ahnvater und Prophet verehrt. Der Einfluss der Royal

Society auf die Herausbildung des neuzeitlichen, anwendungsorientierten Wissenschaftsverständnisses kann kaum überschätzt werden. Sie sollte wesentlich zur Durchsetzung eines technoszientistischen Wissenschaftsverständnisses beitragen.

Das Bacon-Projekt fand bezeichnenderweise in der Schrift *Plus Ultra – or the Progress and advancement of knowledge since the days of Aristotle* (Glanvill 1668) von Joseph Glanvill, einem Mitglied der Royal Society, ihre erste Apologie. Der Titel macht deutlich, dass die Plus-Ultra-Devise deutlich mit der Idee des wissenschaftlich-technischen Fortschritts assoziiert wird. Glanvill bezieht sich dabei auf Bacon und dessen Ideal einer anwendungsorientierten Wissenschaft: »As my Lord Bacon observed well, Philosophy, as well as Faith, must be shown by its works.« (Glanvill 1668: 8) Zu den »great Advantages to these later Ages« (ebd.: 10), zu denen die Society beigetragen habe, zählt er Fortschritte in Chemie, Anatomie und Mathematik sowie die Weiterentwicklung oder gar Erfindung von Mikroskop, Thermometer, Barometer und Luftpumpe. (ebd.: 10) Hier ist anzumerken, dass die Luftpumpe zur Entwicklung der ersten Dampfmaschinen beitrug. Die im 18. Jahrhunderts beginnende industrielle Revolution mit dem Übergang zum fossilen Zeitalter wäre damit ohne das Wirken der Royal Society und die Verbreitung des Bacon'schen Projekts und seiner Utopie nicht möglich gewesen. Die wissenschaftliche Revolution sollte schließlich zur späteren industriellen Revolution führen. Auch wenn zweifelsohne politische und insbesondere ökonomische Veränderungen ebenfalls zur Entstehung der Industriegesellschaft beitrugen, so kann doch konstatiert werden, dass ohne die Durchsetzung des neuen anwendungsorientierten Wissenschaftsverständnisses die Dynamik der modernen Gesellschaft nicht möglich gewesen wäre. Die Entwicklung der Produktivkräfte wie auch der (Natur-)Wissenschaften können u. a. auch als Erfolg und Verwirklichung der Bacon'schen Programmatik gedeutet werden.

Der Aufstieg der wissenschaftlich-technischen Moderne und des mechanistischen Weltbildes gingen mit dem Aufstieg des Kapitalismus einher. Wie dargelegt, kann die industriegesellschaftliche Moderne primär als Verwirklichung des Human Empires Bacons gedeutet werden kann. Zu ergänzen ist, dass der Triumph dieses Imperiums im Rahmen der Expansion des kapitalistischen Weltsystems erfolgte und insofern, wie nachfolgend ausgeführt, die Prozesse der Expansion des »Empire of capital« (Wood 2003) und der Ausdehnung der Grenzen des Human Empire miteinander verschmolzen. Dabei müssen in der Analyse dessen unweigerlich weltsystemanalytische, weltökologische und technikgeschichtliche Perspektiven miteinander verbunden werden.

Zuerst sollte man auf das Bedingungsverhältnis des Bacon'schen Imperativs und des Kapitalismus achten. Sicher gilt, das technoszientistische Human Empire expandierte innerhalb kapitalistischen Weltsystems und die Expansion des »Empire of capital« wird zugleich durch die technoszientistischen Innovationen vorangetrieben. Diese Innovationen sind eine wesentliche Grundlage für die verschiedene Kondratjew-Zyklen und die damit verknüpften langen Wellen des Weltsystems. In weltökologischer Hinsicht sind diese Wellen darüber hinaus mit neuen Formen der Landnahme und Ausbeutung von Natur und der Abschöpfung eines ökologischen Surplus verbunden – und damit auch mit nicht intendierten ökologischen Nebenfolgen, die, wie heute zunehmend deutlich wird, einer weiteren Expansion des Human Empire entgegenstehen. Insbesondere der Aufstieg von England und sodann den USA zu hegemonialen Mächten innerhalb des Weltsystem kann in Beziehung gesetzt werden zu Kondratjew-Zyklen. Die erste lange Welle von 1787 bis 1842 wurde durch die Erfindung der Dampfmaschine ausgelöst und kann als Beginn des »The Triumph of Human Empire« (Williams 2013) und der industriellen Revolution angesehen werden. Insbesondere die 1780er-Jahre waren »das goldene Jahrzehnt britischen industriellen Wachstums« (Wallerstein 2004: 121). Infolge der herausragenden Bedeutung der Kohle als energetischer Grundlage für die Nutzung der Dampfmaschine kann hier auch den Beginn der Dominanz von »Fossil Capital« (Malm 2016) angesetzt werden – und aufgrund der hiermit verbundenen CO_2-Emissionen wird auch der Beginn des sogenannten Anthropozäns auf diese Schwellenzeit datiert (Crutzen 2002). Großbritannien gewann in den folgenden Jahren die Oberhand in Produktion, Handel und Finanzwesen und errang eine hegemoniale Stellung im kapitalistischen Weltsystem (Wallerstein 1986). Dabei war die industrielle Revolution auch mit zentrale Rekonfigurationen in weltsystemarer und weltökologischer Hinsicht verknüpft. Die

Textilmanufakturen des frühen Manchester-Kapitalismus waren auf den Import von Baumwolle aus den überseeischen Plantagen und damit auf Sklavenarbeit angewiesen (Beckert 2015: 109 ff.).

Es wird so deutlich, dass »die kolonialen Plantagen auf dem amerikanischen Kontinent, erhalten von der Arbeitskraft afrikanischer Sklavinnen, als protoindustrielle Fabriken fungierten und jenen in Manchester oder Liverpool mit sogenannter ›freier‹ europäischer Arbeitskraft vorausgingen.« (Boatcă 2009: 63) Infolge der ökonomischen Expansion der Weltwirtschaft im 18. Jahrhundert kam es schließlich zu einem »bedeutsamen Inkorporierungsschub« (Wallerstein 2004: 181): Neben Indien wurden das Osmanische Reich, das Russische Reich und Westafrika in die Arbeitsteilung des kapitalistischen Weltsystems eingegliedert, bis »an der Wende vom 19. zum 20. Jahrhundert schließlich der gesamte Globus in die kapitalistische Weltwirtschaft einbezogen« (ebd.: 184) worden war.

Der zweite lange Kondratjew-Zyklus von 1843 bis 1894 war vor allem durch die Entwicklung der Eisenbahn und Dampfschifffahrt, aber auch durch den Ausbau des Bergbauwesens, die Stahlindustrie und die Erfindung der Telegrafie gekennzeichnet. Damit war eine noch zunehmende Bedeutung der »billigen« fossilen Energie der Kohle verbunden. Neben England gewinnen auch Frankreich und Deutschland und sodann insbesondere die USA, die ab ca. 1870 zum neuen Hegemonen im Weltsystem aufsteigen, eine wachsende Bedeutung Diese hegemoniale Stellung im Weltsystem wird in den nachfolgenden Kondratjew-Zyklen gefestigt und ist mit weiteren technischen Innovationen verbunden.

Vor allem in der dritten langen Welle der Weltkonjunktur von 1895 bis etwa Ende der 1930er-Jahre, die insbesondere durch die Elektrifizierung, den Verbrennungsmotor und das beginnende Zeitalter des Automobils sowie von Erfindungen im Bereich der Chemie gekennzeichnet war, nahmen die USA eine führende Rolle ein. Dieser Aufstieg der USA zum Hegemonen im Weltsystem kann durchaus zum Programm der Expansion des Human Empire in Beziehung gebracht werden – denn es waren gerade die USA, in denen das Bacon-Projekt wirkmächtig wurde. Wenn hier bei der Darstellung der Expansion der Grenzen des Human Empire und der damit verbundenen Ausweitung der technoszientistischen Macht über die Natur auf England und sodann die USA fokussiert wird, so sollte

Die Utopie der Expansion des Human Empire

dies nicht einfach dahingehend verstanden werden, dass hier eine absolute Dominanz bestimmter Nationen im Prozess der neuzeitlichen Naturbeherrschung unterstellt wird. Ebenso wenig wurden die mit den verschiedenen technologischen Innovationen verbundenen langen Wellen sowie die damit verknüpften ökonomischen Zyklen nur durch eine Nation bestimmt. In Verbindung mit der ökonomischen Führerschaft schien sich zeitweise ein nahezu globales British Empire zu konstituieren und sodann ein American Empire am Entstehen zu sein – England und die USA nahmen hegemoniale Stellungen ein. Aber sie konnten keine Imperien errichten. Wie bereits im Falle des Imperiums von Karl V. gelang es auch ihnen nicht, die entstehenden Weltökonomien einer einzigen imperialen Macht unterzuordnen.

Das impliziert auch, dass das Human Empire nicht von einer bestimmten Nation und ihrer jeweiligen technoszientistischen Kultur dominiert worden ist. In Analogie zu Wallersteins These von verschiedenen hegemonialen Mächten im Weltsystem kann man zwar durchaus davon sprechen, dass England die erste dominierende hegemoniale Macht innerhalb des Human Empire war, sodann aber von den USA abgelöst wurde. Daneben waren aber auch Nationen wie Deutschland und Frankreich an der Verwirklichung des Bacon-Projekts der Expansion des Human Empire beteiligt. Es zeigen sich hier Ähnlichkeiten zur neuen Stufe der europäischen Expansion im sogenannten Zeitalter des Imperialismus. Dieser brachte zwar die verschiedenen Mächte Europas in Konkurrenz zueinander, aber zugleich einen okzidentalitistischen Konsens über die Legitimität der Kolonisierung. Die außereuropäische Welt zu unterwerfen war ein gemeinsames abendländisches Projekt. In analoger Weise kann auch hinsichtlich verschiedenen technologischen Kondratjew-Zyklen festgehalten werden, dass es dabei eine technologische Führerschaft bestimmter Nationen oder Regionen gab, aber insgesamt das okzidentalistische und anthropozentrische Projekt des »enlarging of the bounds of Human Empire« (Bacon 1862: 398) – trotz der kriegerischen Konkurrenz zwischen den westlichen Mächten – ein kooperatives, transnationales Projekt war. Und dies war ganz im Sinn des »Herold Bacon« als dem Verkünder des »erbarmungslosen Fortschritts« (Horkheimer und Adorno 2001: 9 f., 48). Bacon schreibt von sich selbst:

»Ich bin [...] einer von denen, über die Homer sagt: Herolde, seid mir gegrüßt, ihr Boten des Zeus und der Menschen [...]. Ich habe [...] keine Trompete, die die Menschen dazu aufruft und anstachelt, einander mit gegenseitigen Widersprüchen in Stücke zu hauen oder miteinander zu streiten und zu kämpfen; sondern eher, miteinander Frieden zu schließen und sich mit vereinten Kräften gegen die Natur [...] zu wenden, ihre Burgen und Festungen zu stürmen und die Grenzen des menschlichen Reichs zu erweitern (fines imperii humani proferant), soweit es der allmächtige Gott in seiner Güte zulassen mag.« (Bacon 2006: 216).

Das technoszientistische Projekt Bacons war damit zweifelsohne mit einer pazifistischen, die okzidentalen Völker verbindenden Vision verbunden, doch dienten Vereinigung und Versöhnung zugleich dazu, die Macht über die Natur auszuweiten. Man kann sogar davon sprechen, dass das anthropozentrische Projekt der Kolonisierung der außermenschlichen Natur ein kooperatives Projekt der eurozentrischen Kolonisierung der außereuropäischen Welt war. Die europäischen bzw. westlichen Mächte standen dabei zwar teilweise in kriegerischer Konkurrenz zueinander, waren aber doch vereint. Innerhalb dieses Projekts gelang es den USA, eine hegemoniale, dominante Rolle zu gewinnen – und dies erstaunt nicht, da insbesondere dort die Bacon'sche Utopie besonders einflussreich war.

2.5
Das Bacon-Projekt und US-Amerika

Bacon hatte in seiner *Instauratio Magna* und in *Nova Atlantis* in Analogie zur Entdeckung der neuen amerikanischen Welt eine imaginäre neue Welt der unbegrenzten technisch-wissenschaftlichen Möglichkeiten entworfen. Dabei sollte die transatlantische Utopie auf die reale Aneignung des amerikanischen Kontinents zurückwirken. Sein Entwurf ist damit als ein wesentlicher Beitrag zum Prozess der Erfindung Amerikas anzusehen. Insbesondere in Nordamerika verband sich die Bacons technische Eschatologie mit anderen religiös-utopischen Traditionen. Hieraus entstand, wie im Folgenden aufgezeigt wird, die für die USA kennzeichnende religiös aufgeladenen Technologiebegeisterung und ein technoszientistischer Entgrenzungsmythos.

Bacon war in den Prozess der angelsächsischen Kolonisierung der Neuen Welt von Beginn an eingebunden. An der Konstituierung der *Virginia Company of London*, welche 1607 die erste Siedlung Jamestown gründete und damit die englische Landnahme begann, war er beteiligt (Craven 1957: 18). In dem Essay *Of plantation* setzte er sich explizit mit Fragen der Gründung von Kolonien auseinander (Bacon 1818: 131–135). In seine Amtszeit als Lordkanzler (1618–1621) fällt die Ausfahrt der Mayflower (1620) – bezeichnenderweise das gleiche Jahr, in dem auch das *Novum Organum* mit dem berühmten Titelbild erscheint. Es wird vermutet, dass Bacon mit seiner Utopie *Nova Atlantis* auch ein Programm der Kolonisierung und Entwicklung der neuen Kolonien Englands entwickeln wollte (Jowitt 2002: 131). Er hatte seine Utopie in den transozeanischen Raum projiziert und zugleich den amerikanischen Kontinent als ehemaliges Groß-Atlantis dargestellt, dessen gegenwärtigen indigenen Bewohner allerdings durch »Roheit und Ignoranz« gekennzeichnet seien (Bacon 1959: 70). Mit der Gegenüberstellung von barbarischem Großatlantis und utopischem Neuatlantis konnte Amerika zum prädestinierten Ort der technoszientistischen Utopie werden. Von der Fähigkeit der europäischen Zivilisation zur technoszientistischen Aneignung der Natur leitet Bacon zugleich eine Superiorität des scheinbar gottgleichen okzidentalen Menschen über die inferioren Ureinwohner Amerikas ab:

»Man erwäge doch auch einmal den großen Unterschied zwischen der Lebensweise der Menschen in einem sehr kultivierten Teil von Europa und der in einer sehr wilden und barbarischen Gegend Neu-Indiens. Man wird diesen Unterschied so groß finden, dass man mit Recht sagt: ›Der Mensch ist dem Menschen ein Gott‹ […]. Und diese Verschiedenheit bewirken nicht der Himmel, nicht die Körper, sondern die Künste.« (Bacon 1990a: Aph. 129).

Mit dem Entwicklungsstand der Künste wurde so eine neue Form der »koloniale[n] Differenz« (Mignolo 2000: ix) begründet und damit die koloniale Landnahme legitimiert. Die Schriften Bacons gewannen dementsprechend in den englischen Kolonien einen starken Einfluss, wie auch bei den Gründervätern der USA erkennbar wird. Thomas Jefferson würdigte ihn mit folgenden Worten: »Bacon, Locke and Newton [...]. I consider them as the three greatest men that have ever lived, without any exception, and as having laid the foundation of those superstructures which have been raised in the Physical & Moral sciences.« (Jefferson 1984: 1236) Auch Benjamin Franklin bewunderte Francis Bacon und wurde in seinen Vorstellungen von der amerikanischen Zukunft von dem englischen Denker inspiriert, wie Weinberger hervorhebt (Weinberger 2005: 255). Franklin regte die Konstituierung einer amerikanischen Gelehrtengesellschaft an, die nach dem Vorbild von Bacons imaginärem »Haus Salomon« wie auch der Londoner Royal Society konzipiert wurde. Das Wissenschaftsideal in Amerika ist bis heute stark vom Bacon'schen Empirismus und Pragmatismus geprägt (Miliopoulos 2007: 160).

Zwar wäre es verkürzt, die US-amerikanische Gesellschaft als Realisierung der Utopie *Nova Atlantis* zu interpretieren. Viele andere kulturelle Einflussfaktoren und auch Einwanderergruppen flossen hier zusammen. Dennoch ist festzuhalten, dass die Bacon'sche Vision vor allem in den USA als gleichsam heilsgeschichtliches Projekt verwirklicht wurde und dieses Land sich »seiner eschatologischen Bedeutung, seiner universellen Mission und der Bedeutung des technisch-wissenschaftlichen Fortschritts als Zeichen der göttlichen Gnade sicher ist.« (Cacciari 1998: 90) Die Erfindung Amerikas als Land der unbegrenzten Möglichkeiten und einer innerweltlichen technoszientistischen Erlösung des Menschen sollte die Vorstellung vom amerikanischen Westen zunehmend prägen. Es bildete sich so ein spezifisch US-amerikanischer »Myth of the West« (Bruce 1990, Schulte Nordholt 1995) heraus, der an zentrale Momente des in der frühen Neuzeit herausgebildeten Plus-Ultra-Expansionsimperativ anknüpfte. Der Glaube an eine heilsgeschichtliche Mission Amerikas sowie die Pflicht zu der Verwandlung von Wildnis in Zivilisation verbanden sich mit Bacons technoszientistischen Fortschrittsprojekt. Dabei trug eine spezifische »frontiers experience« (Turner 1962: 205) in den USA zu einer Radikalisierung des Expansionsimperativs bei.

Die neue Welt wurde von den englischen Siedlern so im Sinne christlich-eschatologischen Gedankenguts gedeutet (Jochum 2017: 375 f.).

Puritanische Erlösungshoffnungen verbanden sich dabei mit der oben skizzierten Vorstellung von einer translato imperii, d. h. der Idee der Westwanderung der Imperien. Die Idee einer Übertragung der imperialen Macht auf den nordamerikanischen Kontinent fand schließlich in der Formel *Westward the course of empire takes its way* (Berkeley zit. nach Bernbaum 1918: 96f.) des englischen Philosophen und Bischof George Berkeley (1685–1755) ihren signifikanten Ausdruck. Hierdurch wurde in der Tat der nordamerikanische Westen mit einer heilsgeschichtlichen Bedeutung aufgeladen und fand im Slogan »Go West« seine prägnante Order im Umfeld der Manifest Destiny (Fuller 2004; s. u.). Die Idee der Westwanderung des Imperiums etablierte sich nicht zuletzt nach der Unabhängigkeit als zentraler Bestandteil des US-amerikanischen Selbstmythologisierung und erfüllte später auch legitimatorische Funktionen für imperiale Bestrebungen (Huhnholz 2012). Damit wurde zugleich die Landnahme der amerikanischen Welt durch die kolonisierenden Weißen und damit die Eroberung der Wildnis und die Vernichtung der scheinbar wilden Ureinwohner legitimiert. Das Vordringen nach Westen konnte so als Erfüllung eines göttlichen Auftrags gedeutet werden.

Bedeutsam für die Legitimierung der gewaltsamen Landnahme des amerikanischen Westens war der englische Philosoph John Locke (1632–1704), der in seinen Schriften unter Bezug auf Amerika seinen Arbeits- und Eigentumsbegriff entwickelte. Als Gegenbild zum Kulturzustand fungierten die »Einöden Amerikas« (Locke 1992: 223) und die »Völker Amerikas«, welche den »fruchtbaren Boden […] nicht durch Arbeit veredeln« würden (ebd.: 225). Daher »war anfangs […] die ganze Welt ein Amerika« (ebd.: 230). Die Umwandlung dieses wilden Amerikas durch Arbeit sei nun das Recht und die Pflicht des Menschen. Denn die ursprünglich von Gott den Menschen als Gemeineigentum gegebene Wildnis werde durch die Arbeit des Einzelnen an der Natur in Privateigentum überführt:

»Obwohl die Erde und alle niederen Lebewesen allen Menschen gemeinsam gehören, so hat doch jeder Mensch ein Eigentum an seiner eigenen Person. Auf diese hat niemand ein Recht als nur er allein. Die Arbeit seines Körpers [labour of his body] und das Werk seiner Hände [work of his hands] sind, so könnten wir sagen, im eigentlichen Sinn sein Eigentum.« (Locke 1992: 216; Locke 1952: 17)

Mit dieser Argumentation rechtfertigte Locke sowohl das Privateigentum als auch die Unterwerfung der Natur. Locke lieferte zugleich eine Apologie der Landnahme der amerikanischen Wildnis durch die angelsächsischen Siedler. Darüber hinaus trugen die Ausführungen John Lockes auch zur Herausbildung des modernen Verständnisses von Arbeit bei (Jochum 2010: 107). Die Herausbildung des neuen Verständnisses von Arbeit zeigt eine eigentumsbildende Aneignung der Natur und die koloniale Aneignung der außereuropäischen Welt. Beide, Arbeit und Unterwerfung, waren hier eng miteinander verbunden (Tully 1993: 162). Selbst die Versklavung der Indianer wurde mit Bezug auf Lockes Theorien legitimiert (Patel/Moore 2018: 254). Die Konstitution des »freien« okzidentalen Subjekts und die Versklavung und Ausrottung des »Anderen« seien untrennbar miteinander verbunden: »Das ist das Umfeld, in dem das moderne liberales Subjekt entstand: der koloniale Grenzraum« (ebd.).

Turner beschreibt darum die durch die Siedler vorangetriebene permanente Expansion der Grenze nach Westen in seinem einflussreichen Werk *Frontier in American History* (1962) mit folgenden Worten:

> »Die amerikanische soziale Entwicklung hat an der Grenze [frontier] fortlaufend neu begonnen. Diese dauernde Wiedergeburt, dieser fließende Zustand amerikanischen Lebens, diese Ausbreitung westwärts [expansion westward] mit ihren neuen Gelegenheiten, ihre fortwährende Berührung mit der Einfachheit primitiver Gesellschaft liefern die den amerikanischen Charakter beherrschenden Kräfte.« (Turner 1947: 12; englische Ergänzungen aus Turner 1962: 3)

Durch die Landnahmeerfahrung konstituierte sich demnach eine spezifische »frontiers experience« (Turner 1962: 205). Hierdurch sei eine spezifisch US-amerikanische Identität entstanden, welche sich von dem an starre, unverrückbare Grenzen gewöhnten alteuropäischen Denken grundlegend unterscheidet:

»Bei diesem Vordringen bildet die Grenze den äußeren Rand der Ausdehnungswelle, den Punkt, wo Wildnis [savagery] und Zivilisation [civilization] aufeinanderstoßen [...]. Die amerikanische Grenze [frontier] unterscheidet sich klar von der europäischen Grenze – einer befestigten Grenzlinie [boundary], die durch dichte Bevölkerungen läuft. Das Bedeutsame an der amerikanischen Grenze ist, dass sie am diesseitigen Rande des freien Landes [free land] liegt.« (Ebd.)

Diese Ausdehnung der vordersten Front der okzidentalen Zivilisation nach Westen durch Aneignung der Wildnis und Vernichtung der Urbevölkerung kann als besondere, US-amerikanische Form des kolonialen Plus-Ultra-Projekts der modernen Expansionsgesellschaft verstanden werden, das sich nach der Überschreitung der alten limitierenden Non Plus Ultra und der darauf folgenden der »europäischen Land- und Seenahme der Neuen Welt« (Schmitt 1950: 60) und der kolonialen Erschließung des »Great Frontier« (Prescott Webb 1951) bzw. des »Großen Grenzlands« (Moore 2020: 135) herausgebildet hatte. Dieser für die Herausbildung der okzidentalen Identität konstitutive Übergang zu einem Plus-Ultra-Denken, das jeder Grenze als Aufforderung zur Horizonterweiterung und Aneignung von Neuland versteht, wurde in den Vereinigten Staaten auf neuer Stufe reproduziert und im »Frontier-Mythos« radikalisiert (Waechter 1998). Dem entspricht auch das Selbstverständnis der Siedler, welche ihren Vorstoß in die westlichen Gebiete als Erschließung neuer unbekannter Meere beschrieben: »They became, to use their phrases, ›the men of the Western waters,‹ the heirs of the ›Western world‹.« (Turner 1962: 206) Die Amerikanischen »Frontiersmen« (Turner 1962: 206) sahen sich gleichsam als Nachfolger jener Seefahrer, welche das Tabu des Non Plus Ultra durchbrachen und in die westlichen Meere und Länder ausfuhren.

Die dunkle Seite dieses Fortschrittsprojekts macht Cacciari unter explizitem Bezug auf Turners Ausführungen zum Vorrücken der Frontiersmen deutlich: »Die amerikanischen Ackerbauern [...] sind selbst Seeleute: ›Diesseits der Alleghanygebirge walzen sich jährlich Wellen auf Wellen neuer Ackerbauern und besetzen neue Stellen‹«. Und weiter mit Cacciari: »Diese Formulierung enthüllt [...] eine Gewalttätigkeit [...], [welcher der] rechtmäßige Erbe jener europäischen Kultur ist, die ›Plus Oultre‹ auf ihre Unternehmungen schrieb.« (Cacciari 1995: 64)

Diese Frontier-Mentalität der US-amerikanischen Kultur, die im 20. Jahrhundert zum Sinnbild des freien Westens avancierte, wandelte sich auch nicht, nachdem eine neue ozeanische Grenze der westlichen Welt an der Pazifikküste erreicht worden war. Denn diese wurde dabei nicht mehr im limitierenden Sinne gedeutet wie einst die Säulen des Herakles als exemplarische Grenzmarken der alten westlichen Welt. Vielmehr hatte der Begriff des Westens durch die paradigmatische Entgrenzung des atlantischen Ozeans eine grundlegend neue Bedeutung erhalten. Infolgedessen wurde US-Amerika als das Land der unbegrenzten Möglichkeiten erfunden.

Diese Vorstellungen bündelten sich im 19. Jahrhundert schließlich in der Idee des sogenannten »Manifest Destiny« US-Amerikas, in dem die Expansion als offenkundiges Schicksal des amerikanischen Volkes etabliert wurde: »Manifest Destiny reflects the belief of many Anglo-Americans in the historical inevitability of their expansion troughout North America.« (Stacy 2003: 487)

Als eine der bekanntesten Darstellung der Idee der »Manifest Destiny« gilt die Darstellung »American Progress« von John Gast (vgl. Abb. 8; Stacy 2003: 486). Gast porträtiert hier Amerika als blonde, weiße Frau, welche die amerikanische Zivilisation und Technik mit Siedlern, Eisenbahnen und Telegrafen nach Westen führt. Im dem dunkel gehaltenen Westrand werden Büffel und Indianer vertrieben. Hier wird die enge Verbindung zwischen der klassischen Kolonialität, d. h. der eurozentrischen Landnahme der außereuropäischen Welt, mit einer in der Tradition der Bacon'schen Utopie stehenden technoszientistischen Kolonialität, d. h. der anthropozentrischen Landnahme der außermenschlichen Natur, klar erkennbar.

Man kann also die Ideologie der »Manifest Destiny« als US-amerikanische Variante der okzidentalistischen Begründung der kolonialen Herrschaft des Westens über die außereuropäische Welt unter Rekurs auf den »Zivilisationsauftrag« (Boatcă 2009: 242) interpretieren. Gegenüber der ersten Welle des Okzidentalismus vollzog sich jedoch hierbei eine Verschiebung weg von der Idee einer räumlichen Differenzierung zwischen Christen und zu missionierenden Barbaren hin zu einer zeitlichen Unterscheidung zwischen der modernen europäischen Zivilisation und der unzivilisierten Kolonialwelt (ebd.). Die technoszientistischen Fortschritts- und Rationalitätsmythen der kapitalistischen Moderne etablierten sich als zentrale Elemente der Legitimierung kolonialer Herrschaft: »Die hegemoniale mentale Landkarte des Systems wurde daher entlang kategorialer Unterscheidungen organisiert, die für den neuen ideologischen Grundsatz der kapitalistischen Weltwirtschaft relevant waren – den ›Fortschritt‹.« (Boatcă 2009: 242) Rassische und ethnische Differenzierung waren dabei neben der Unterscheidung zwischen Primitiven und Modernen weiterhin von Bedeutung, wurden nun aber explizit in den Fortschrittsdiskurs eingebunden. Die Konstruktion kolonialer Differenz war daher häufig mit der Unterstellung eines technologischen Gefälles und damit auch der Abwertung anderer Arbeitskulturen und Naturverhältnisse verbunden.

Abb. 8: Das Gemälde »American Progress« (John Gast ca. 1872) illustriert in allergorischer Weise die Idee der »Manifest Destiny«, d. h. der Bestimmung der USA zur Expansion insbesondere nach Westen.[31]

---

31 Quelle: John Gast: American Progress. Ölgemälde, 1872. https://commons.wikimedia.org/wiki/File:American_Progress_(1872)_by_John_Gast; Zugriff: 10.10.2021.

In dieser zweiten Welle des Okzidentalismus verband sich somit das Projekt der naturwissenschaftlich-technischen Kolonisierung von Natur eng mit der Eroberung der außereuropäischen Welt. Die Ego-, Logo-, Anthro- und Technozentrik der okzidentalen Rationalität wurde zur Grundlage für die eurozentrische Unterwerfung der Welt. Insbesondere der im 19. Jahrhundert sich herausbildende wissenschaftlich-technologische Vorsprung des Westens wurde als eindeutige zivilisatorische Überlegenheit gedeutet. Die gleiche Rolle spielte dieser technoszientistisch-zivilisatorische Okzidentalismus insbesondere, wie gezeigt, bei der US-amerikanischen Landnahme des Westens. Die Konsequenzen dieses Sieges der fortschreitenden westlichen Zivilisation über die scheinbare Wildnis waren für die indianische Urbevölkerung verheerend. Durch die Waffen der Siedler und der Militärs, die teilweise gezielt verbreiteten Krankheiten, den Alkohol, die Vernichtung der Nahrungsgrundlagen und anderes mehr wurde die Urbevölkerung weitgehend vernichtet. Lebten zu Beginn der Invasion der Europäer in Nordamerika ca. acht Millionen Menschen, so waren es am Ende der Landnahme noch 350.000 Ureinwohner (Deschner 1995: 50). Das eschatologische Gedankengut, der Frontier-Mythos, die Bacon'sche technische Utopie und die Idee des »Manifest Destiny« wurden in den USA so zu zentralen Leitbildern des Okzidentalismus. Sie trugen zur Herausbildung eines Sendungsbewusstseins der US-Amerikaner als Speerspitze der fortschrittlichen Kultur des Westens bei.

Anknüpfend an diese Leitbilder und Entwicklungen vollzog sich seit etwa 1870 in den USA, wie Hughes in *American Genesis* (1989) argumentiert, infolge eines Technisierungsschubs, eine zweite »Erfindung Amerikas« (Hughes 1991). Sie bestimmt bis heute häufig die Vorstellung von US-Amerika. Hughes beschreibt diesen Prozess mit folgenden Worten: »In den hundert Jahren nach 1870 haben die Amerikaner die moderne technologische Nation hervorgebracht: das war die Erschaffung Amerikas.« (Ebd.: 123) Hughes lässt seine Darstellung der Erfindung Amerikas als Ort der technischen Zivilisation also 1870 beginnen und bei der Entwicklung der Atombombe in Los Alamos zu Ende des zweiten Weltkrieges enden. In der Folgezeit seien auch die Stimmen der Gegenkultur lauter geworden und der technologische Enthusiasmus gedämpft worden (Hughes 1991: 444f.). Dies deckt sich mit Wallersteins Datierung des von den USA dominierten Hegemoniezyklus und der 1968 beginnenden Phase des hegemonialen Niedergangs. Allerdings wurde bereits im zweiten Weltkrieg der Keim für diese technoszientistische Entwicklung gelegt, die in den letzten Jahren zu einer weiteren technologischen Neuerfindung Amerikas beitrug. Die im Kontext des Kampfes gegen Nazideutschland entwickelten kybernetischen Wissenschaften und die damit eng verbundenen Informationstechnologien gewannen eine wachsende Bedeutung und beeinflussten die Genese der modernen Technosciences in erheblichem Maße. Entgegen der Darstellung von Hughes und Wallerstein ist damit die Zeit nach dem zweiten Weltkrieg nicht als Beginn des Schwindens der hegemonialen Stellung der USA anzusehen. Vielmehr wurde in den nun beginnenden Kondratjew-Zyklen, in denen zunächst das Erdöl eine dominierende Rolle gewinnt, sowie in Anschluss daran die digitale Technologie, die hegemoniale Dominanz der USA verstärkt. In diesem Sinne schreibt Zündorf (2009):

»Wir haben deutliche Hinweise dafür gefunden, dass Erdöl zwar nicht für die Aufstiegsphase des US-Hegemonialzyklus, die bereits mit dem dritten, auf Elektrifizierung, Schwerindustrie und Chemie basierenden Kondratjew-Zyklus einher ging, relevant war, wohl aber für die hegemoniale Kriegs- und Reifephase. Die Verfügung über bedeutende Ölvorkommen und die Überlegenheit bei der Massenproduktion motorisierter Waffensysteme haben den Vereinigten Staaten und ihren Alliierten vor allem im Zweiten Weltkrieg zum Sieg verholfen und die weltweite Durchsetzung ihres politökonomischen Regimes [...] begünstigt« (Zündorf 2009: 122).

Von einer technologischen Führung der USA kann dann auch »im neuen, fünften Kondratjew-Zyklus gesprochen werden, dessen Basis erstmals nicht Energie, sondern Information ist« (ebd. 122). Auch in ideologischer Hinsicht wird dabei weiterhin an das technszientistische Plus Ultra und expansive Projekt angeknüpft. Die Möglichkeiten der kybernetisch-digitalen Maschinen und des hierdurch geschaffenen Cyberspace werden von vielen Protagonisten der neuen Technologien als revolutionäre Horizonterweiterung und in Analogie zur Entdeckung der Neuen Welt und der

Landnahme des amerikanischen Westens interpretiert. Es erfolgte eine Übertragung des amerikanische Frontier-Mythos auf den Cyberspace (Ludlow 1996). In dem Manifest *Cyberspace and the American Dream: A Magna Carta for the Knowledge Age* (Dyson u. a. 1994) wurde das Vorantreiben einer »new electronic frontier of knowledge« (ebd.) explizit in die Tradition der Landnahme im 19. Jahrhundert gestellt: »As America continued to explore new frontiers – from the Northwest Territory to the Oklahoma land-rush – it consistently returned to this fundamental principle of rights, reaffirming, time after time, that power resides with the people.« (Ebd.) Das Manifest war eindeutig vom Geist des Anbruchs einer neuen Epoche des amerikanischen Traums durchdrungen: »Next, of course, must come the […] creation of a new civilization, founded in the eternal truths of the American Idea. […] We will indeed renew the American Dream and enhance the promise of American life.« (Ebd.)

Die gegenwärtigen Entwicklungen lassen folgerichtig erkennen, dass die »Geschichte des euro-amerikanischen Plus-Ultra« (Sloterdijk 2010: 9) weiter fortgeschrieben wird und sich weiterhin »keine Anzeichen für einen wirklichen Epochenbruch« (ebd.) erkennen lassen. Auch wenn aktuell die globale politische Vormachtstellung US-Amerikas ins Wanken gerät und sich ökonomisch eine Verschiebung nach China abzeichnet, so besitzen doch die USA weiterhin eine zentrale Stellung im Weltsystem.

Zudem ist gerade in ideologischer Hinsicht weiterhin eine Macht des Frontier-Mythos im Sinne eines Glaubens an eine Überschreitung von weiteren Grenzen im Zeichen eines neuen Plus Ultra und eines infiniten Fortschritts und Wachstums festzustellen. Die Mythen der Verwestlichung und des Fortschritts, die in der zweiten Welle des Okzidentalismus insbesondere in den USA wirkmächtig wurden, werden nun global auf neuer Stufe reproduziert und vor allem auch in der sogenannten außereuropäischen Welt übernommen und radikalisiert. Insbesondere im asiatischen Raum kann das festgestellt werden.

2.6
Die Frage der ökologischen Grenzen der Expansionsgesellschaft

Moore zufolge sind aus weltökologischer Perspektive die verschiedenen langen Wellen der Weltsystemexpansion auch mit der zunehmenden Ausbeutung von unbezahlter Arbeit von Mensch und Natur in neuen Ressourcengrenzgebieten verknüpft: »Die Aneignung von Land und Arbeit in den Grenzgebieten war die unabdingbare Voraussetzung für die großen Wellen der Kapitalakkumulation seit den Zeiten der niederländischen Hegemonialmacht im siebzehnten Jahrhundert bis zum Aufstieg des Neoliberalismus in den 1970er- und 1980er-Jahren.« (Moore 2020: 466) Damit waren stets auch nichtintendierte sozial-ökologische Nebenfolgen assoziiert.

Insbesondere der aufgezeigte Triumph des Human Empire in der Zeit der Hegemonie von England und den USA war nicht nur mit bestimmten (auch technisch geprägten) Kondratjew-Zyklen verbunden, sondern auch mit einem zunehmenden Umweltverbrauch und insbesondere einer wachsenden Bedeutung und Vernutzung fossiler Energien. Damit war ein tiefgreifender Einfluss der Menschen auf die biologischen, geologischen und atmosphärischen Prozesse des Planeten verknüpft, weshalb heute von dem sogenannten Anthropozän als neuer geologischer Epoche gesprochen wird.

Crutzen schlägt vor, den Beginn des Anthropozäns auf das Ende des 18. Jahrhunderts zu datieren, etwa zu dem Zeitpunkt, als die industrielle Revolution begann. Er weist darauf hin, dass dieser Zeitpunkt mit der Erfindung der Dampfmaschine durch James Watt im Jahr 1784 zusammenfallen würde. Diese Datierung deckt sich mit dem Beginn des ersten Kondratjew-Zyklus. Die hiermit verbundene verstärkte Nutzung der Kohle wurde im zweiten Kondratjew-Zyklus noch gesteigert, in dem weiterhin für Dampfmaschinen, aber auch zur Stahlgewinnung erhebliche Mengen an Kohle benötigt wurden. Auch im dritten Kondratjew-Zyklus, in dem neben Erfindungen im Bereich der Chemie insbesondere die Elektrotechnik eine treibende Basisinnovation war, setzte sich dieser Trend fort. Zwar konnte zur Gewinnung von Energie nun auch Wasserkraft und damit eine erneuerbare Energie genutzt werden. Mit der Inbetriebnahme des ersten Kohlekraftwerks durch Edison zur Versorgung des »Networks of power«

(Hughes 1989) begann aber zugleich der Aufstieg dieser fossilen Kraftwerke zur bis heute weltweit dominanten Quelle der Energieversorgung.

Die daran anschließende vierte lange Kondratjew-Welle wurde von der Petrochemie sowie dem Wachstum der Automobilindustrie geprägt. In diesem Zeitalter des Fordismus führt die wachsende Bedeutung von Erdöl zu einer weiteren Zunahme der CO_2-Emissionen. Der um 1950 beginnende fünfte Kondratjew-Zyklus war sodann mit einer wachsenden Bedeutung der Informationstechnik verbunden. Er kann mit dem beginnenden Übergang von der klassischen Industriegesellschaft zur sogenannten Dienstleistungsgesellschaft assoziiert werden. Entgegen mancher Hoffnung auf eine Dematerialisierung von Produktion und Konsum kam es aber keineswegs zu einer Abkehr von den hohen Ressourcen und Energieverbräuchen der klassischen Industriegesellschaft; die CO_2 Emissionen stiegen weiter an. Von den Autoren der Schrift *The Great Acceleration* (Steffen et. al. 2016: o.S.) wird in diesem Zeitraum sogar der eigentliche Beginn des Anthropozäns angesetzt, da nun eine »große Beschleunigung« Fahrt aufnimmt (vgl. auch Steffen u. a. 2015; Steffen u. a. 2004):

»Generell sind die Indikatoren des Erdsystems im postindustriellen Zeitalter weiter angestiegen […]. Die Beschleunigung in den Indikatoren des Erdsystems ist nach 1950 deutlich festzustellen. Erst ab der zweiten Hälfte des 20. Jahrhunderts zeichnen sich grundlegende Veränderungen im Zustand und in der Funktionsweise des Erdsystems ab, die über die Variabilitätsgrenzen des Holozäns hinausgehen und auf menschliche Aktivitäten zurückzuführen sind.«

Als besonders signifikantes Datum nennen die Autoren den 16. Juli 1945, an dem die erste Atombombe in der Wüste von New Mexiko gezündet wurde. Aus erdsystemwissenschaftlicher Sicht war damit der Beginn einer verstärkten atomaren Verseuchung des Planeten verbunden. Aus weltsystemischer Perspektive scheint es aber sinnvoll, die große Beschleunigung auch geopolitisch zu kontextualisieren. 1945 setzten sich, wie dargelegt, die USA als Hegemon im Weltsystem durch. Im von Truman ausgerufenen Zeitalter der Entwicklung wird zumindest in der westlichen Welt die US-amerikanische Lebensweise paradigmatisch. Der expansive Kapitalismus und die damit verbundene Wachstumsideologie setzten sich weltweit durch.[32]

In den nachfolgenden Jahrzehnten gab es keine entscheidenden Unterbrechungen und die Beschleunigung nahm immer weiter zu. Weder die Veröffentlichung der Berichts *Grenzen des Wachstums* (Meadows u. a. 1972) noch die Ölpreiskrise und ebenso wenig die Formulierung des Leitbildes der nachhaltigen Entwicklung durch die Brundtland-Kommission bzw. seine Verbreitung in der Folge der Umweltkonferenz in Rio 1992 trug zu einer grundlegenden Trendwende bei. Die in *The Great Acceleration* (2015) präsentierten Beschleunigungsdiagramme illustrieren eindrucksvoll, dass steigendes Wirtschaftswachstum und zunehmender Güterwohlstand mit einer Beschleunigung des Ressourcenverbrauchs und der Umweltbelastungen verbunden waren und sind.

Bezogen auf zwölf Erdsystem-Indikatoren, die wesentliche Merkmale der Struktur und Funktionsweise des Systems aufzeigen (u. a. Zusammensetzung der Atmosphäre, Ozonschicht der Stratosphäre, Klimasystem, Wasser- und Stickstoffkreisläufe, marine Ökosysteme, Landsysteme, tropische Wälder und Beeinträchtigung der terrestrischen Biosphäre), wird eine Beschleunigung der anthropogen verursachten Veränderungen und Belastungen erkennbar. Diagramme, die sich meist von 1750 bis 2010 erstrecken, machen deutlich, dass vom ersten bis zum letzten Zyklus die anthropogenen Belastungen des Erdsystems zunehmen und sich sukzessive beschleunigen, wie u. a. an der zunehmenden Konzentration von CO_2 in der Atmosphäre deutlich wird.

Auch der vermeintliche Beginn eines sechsten Kondratjew-Zyklus und damit einer neuen, langen Welle der Weltwirtschaft, die von Nefiodow (1996) mit dem Gesundheitssektor als dem wichtigsten Motor für die wirtschaftliche und gesellschaftliche Entwicklung assoziiert wurde, und von anderen insbesondere mit den neuen Entwicklungen im Bereich der Informationstechnologien verbunden wird, führte zu keiner Verlangsamung, Unterbrechung oder gar Trendwende. Die letzte Fortschreibung

---

32 In dem so genannten Ostblock war zwar ein anderes Ökonomiemodell dominierend, aber auch in den sozialistischen Staaten war letztlich eine Variante des Konsumismus verbreitet.

Die Frage der ökologischen Grenzen der Expansionsgesellschaft

der Studie *The Great Acceleration* kommt zu dem Ergebnis einer »Ausweitung der Großen Beschleunigung bis 2010« (Steffen u. a. 2015, 2016). Auch ist der Ressourcenverbrauch im letzten Jahrzehnt weiterhin angestiegen. Im Bereich des Transports zeigt sich, dass sich – vor allem gemessen an der Anzahl an Kraftfahrzeugen – jenes »explosive Wachstum, das seit 1950 zu verzeichnen ist, weiterhin fortsetzen« wird (Steffen u. a. 2016: o. S.). Es erstaunt daher nicht, dass auch bei den Erdsystem-Indikatoren weiterhin ein Anstieg zu verzeichnen ist.

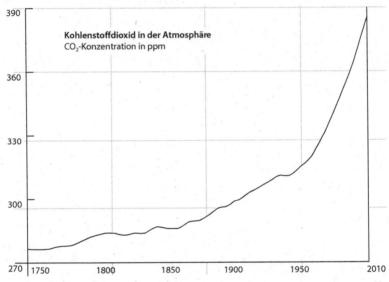

Abb. 9: Beschleunigung der Abgabe von CO_2 in die Atmosphäre seit 1750[33]

Der Anstieg der Kohlendioxidkonzentration entspricht nahezu dem Anstieg des BIP und »lässt noch keine signifikante Entkopplung der Emissionen vom Energieverbrauch oder vom Wirtschaftswachstum erkennen« (ebd.). Die Menge der kultivierten Landschaften hat zugenommen, was hauptsächlich zulasten tropischer Wälder ging. Zunehmend geht Waldfläche verloren und auch dieser Trend hat sich im letzten Jahrzehnt fortgesetzt. Gleiches gilt für die Beeinträchtigung der Biodiversität (Steffen 2015, 2016). Die

---

33 Quelle: Steffen u.a. 2016: 26.

Die Utopie der Expansion des Human Empire

Bilanz für das nachfolgende Jahrzehnte wird, wie sich jetzt schon abzeichnet, auch nicht viel positiver ausfallen. Damit verbunden ist die Gefahr eines bedrohlichen Überschreitens und Durchbrechens von planetarischen Leitplanken, d. h. das Risiko »of crossing thresholds that will trigger non-linear, abrupt environmental change within continental- to planetary-scale systems.« (Rockström u. a. 2009: 32) Nicht nur bezüglich der im Zentrum der öffentlichen und politischen Aufmerksamkeit stehenden zunehmenden Erwärmung des Klimasystems ist das Erreichen kritischer Schwellenwerte erkennbar. Auch hinsichtlich des Stickstoff- und Phosphorkreislaufs wird ein Verlassen des sicheren Handlungsraums diagnostiziert und der Verlust an Biodiversität hat dramatische Züge angenommen. Als weitere problematische Bereiche benennen die Forscher die Landnutzungsänderungen, Wassernutzung, die Versauerung der Ozeane, den Eintrag von Phosphor in die Biosphäre und die Meere sowie die Aerosolbelastung und Verschmutzung durch Chemikalien (Rockström u. a. 2009).

All dies deutet auf eine grundlegende ökologische Krise der modernen globalisierten Expansionsgesellschaft hin. Durch den dem expansiven Kapitalismus inhärenten Zwang zu fortwährenden Landnahmen, zu Akkumulation und zur Marktexpansion sowie durch die technischen Innovationen der Kondratjew-Zyklen wird die Expansion des Weltsystems immer weiter vorangetrieben. Damit ist ein sich beschleunigender Verbrauch von Ressourcen und die Beeinträchtigung des Erdsystems durch anthropogene Belastungen verbunden. Die natürlichen Grundlagen für eine Aufrechterhaltung des Wohlstandsniveaus drohen untergraben zu werden. Ein Festhalten an der Produktions- und Lebensweise der Expansionsgesellschaft scheint nicht mehr auf Dauer möglich. Ein grundlegender Widerspruch zwischen expansivem Kapitalismus und der damit verbundenen Ideologie der infiniten Ausweitung des Human Empires wird angesichts der Realität der Existenz von ökologischen planetarischen Grenzen des Erdsystems erkennbar. Die ökonomische Logik der Reproduktion des Kapitals und die ökologische Logik der Reproduktion des Netzes des Lebens erweisen sich zunehmend als im Gegensatz zueinanderstehend. Eine weitere Expansion scheint damit nicht mehr möglich; aus ökologischen Gründen sind der Großen Expansion des Weltsystems und des Human Empires definitive, ultimative Grenzen aufgezeigt.

Die Frage der ökologischen Grenzen der Expansionsgesellschaft

Nun ließe sich dieser pessimistischen Diagnose entgegenhalten, dass damit das Innnovationspotenzial des Kapitalismus unterschätzt wird. Zumindest in den hegemonialen Nachhaltigkeitskonzepten werden eine wachstumsorientierte kapitalistische Marktgesellschaft und Nachhaltigkeit nicht als Widersprüche angesehen werden und eine Green economy mit einem Grünen Wachstum für möglich erachtet (vgl. Kap. A 2.3). In einer Studie der Allianz Global Investors (2021) wird vom Green Growth sogar eine »grüne Welle des Wachstums« erhofft, die den aktuellen sechsten Kondratjew bestimmen und vorantreiben werde:

»Der nächste Engpassfaktor, welcher den 6. Kondratjew antreibt, wird die Umgestaltung der Ökonomien auf nachhaltiges Wachstum sein. Spätestens mit dem Klimawandel ist deutlich geworden: Umwelt selbst ist ein knappes Gut und der Schlüsselfaktor für die Zukunft der Menschheit. Umwelttechnologie wird den Umgestaltungsprozess mittels Digitalisierung treiben. ›Smart‹ wird es zugehen.« (Allianz Global Investors 2021: 12)

Ein neu ausgerichtetes Wachstum soll somit die Probleme der bisherigen Expansions- und Wachstumsgesellschaft lösen und eine Versöhnung von Ökologie und Ökonomie ermöglichen:

»Dieses Wachstum wird anders sein als das bisherige. Gerade der Umstieg auf erneuerbare Energien zeigt: Wachstum wird weniger verbrauchend als vielmehr regenerierend […]. Mit Bezug auf unseren Planeten Erde verändert sich Wachstum vom parasitären zum symbiotischen. Die Basistechnologien für diesen Wandel (namentlich die künstliche Intelligenz als Treiber), wie sie Kondratjew einfordern würde, sind größtenteils bereits vorhanden. Es geht um ›Grünes Wachstum – Green Growth‹. Der nächste Kondratjew wird ein grüner sein, und er hat bereits begonnen.« (Ebd:.15)

Allerdings sind solche Botschaften vom Beginn einer Epoche eines grünen Wachstums nicht neu und sie werden bereits seit 30 Jahren propagiert. In den Beschlüssen der UN-Konferenz für Umwelt und Entwicklung in

Rio de Janeiro 1992 wurde nachhaltiges Wachstum als Ziel gesetzt und in Deutschland von Politik wie Wirtschaft postuliert, dass durch »Innovation die ›Grenzen des Wachstums‹ durch ›Wachstum der Grenzen‹ ersetzt« (Henkel 1996: 11) werden könnten. Die Ideen eines qualitativen Wachstumes, des Green Growth sowie der Internalisierung der ökologischen Kosten in die Marktlogik wurden den radikaleren wachstums- und marktkritischen Positionen entgegengesetzt. Seit der Konferenz Rio 20+ im Jahre 2012 setzte sich der neue Leitbegriff der Green Economy durch. Auch in den Beschlüssen der UNO 2015 zu den Sustainable Development Goals ist »Sustainable Growth« weiterhin ein zentrales Ziel (Vereinte Nationen 2015). In den letzten Jahren gewinnt auch die Idee eines Green New Deals besonders an Bedeutung. Die ökologische Krise könne damit, so die Hoffnung, durch eine Modernisierung bewältigt werden, die mit neuen Wachstumsmöglichkeiten und Arbeitsplätzen einhergeht und letztlich könne das Wohlstandsniveau der fossilen Moderne aufrechterhalten werden.

Bei näherer Betrachtung ist die Bilanz dieser technozentrischen und marktorientierten Konzepte, die eine Vereinbarkeit von kapitalistischer Wachstumsökonomie und Nachhaltigkeit versprechen, allerdings ernüchternd. Die mit dem Leitbild des Sustainable Growth (bzw. der später auch verwendeten Begrifflichkeit der Green Economy) verbundenen Versprechen und Hoffnungen auf ein ökologisch nachhaltiges Wachstum der Grenzen durch technische Innovationen wurden nicht erfüllt. Die verfolgten Strategien konnten zwar den Ressourcenverbrauch reduzieren, doch machen die kapitalistische Wachstumsdynamik und Rebound-Effekte die Einsparungen wieder zunichte (Santarius 2015). Der Anstieg des globalen Verbrauchs an Ressourcen und von kritischen Emissionen ist auch 30 Jahre nach dem Brundtland-Report ungebrochen, wie auch die oben dargelegten Trends zur großen Beschleunigung bis ins Jahr 2010 zeigen. Die geäußerten Hoffnungen auf einen zentralen Beitrag smarter Technologien zu einem grünen Wachstum sind folglich zumindest zu relativieren. Kritiker warnen vor einem »Ressourcenfluch 4.0«, da mit der Digitalisierung ein erneuter Anstieg globaler Materialströme und ein vermehrter Energieverbrauch einhergehe und die daraus folgende sogenannte »Dematerialisierung [als] uneinlösbares Versprechen der Industrie 4.0« (Pilgrim u. a. 2017: 38) zu gelten habe (auch Lange/Santarius 2018). Damit ist es mehr als fraglich, ob ein neuer »grüner« Kondratjew durch die Verbindung von Umwelttechniken mit smarten Technologien vorangetrieben werden kann. Falls eine entsprechende Entwicklung dennoch eingeleitet wird, ist eher zu erwarten, dass entsprechend bisherigen Kondratjew-Zyklen die ökologischen Probleme vertieft werden. Für diese pessimistische Diagnose spricht, dass die in den letzten Jahren bereits beobachtbare Zunahme von sogenannten neuen Landnahmen durch den Übergang zu einem grünen Wachstum sogar noch verstärkt wird und zu einem »Green Grabbing« führt, wie im nachfolgenden unter Fokussierung auf Lateinamerika dargelegt wird.

2.7
Neue und grüne Landnahmen

Wie oben beschrieben, konstituierte sich die moderne Expansionsgesellschaft in der frühen kolonialen Moderne mit der europäischen Expansion und insbesondere der »europäischen Land- und Seenahme der Neuen Welt« (Schmitt 1950: 60). Deren Plus-Ultra-Expansionslogik wird dabei nicht allein durch imperiale Bestrebungen vorangetrieben, sondern mit dem Übergang zum modernen kapitalistischen Weltsystem auch durch den ökonomisch bedingten Expansionszwang des Kapitals (vgl. Kap. A 1.4 ff.). Wie gezeigt, ging dieser Prozess in der technoszientistischen Moderne in die »Industrienahme des industriell-technischen Zeitalters« (Schmitt 1995: 583) bzw. die »industriell-kapitalistische Landnahme« (Lutz 1984: 61) über. Zwar schien nach dem Zweiten Weltkrieg mit den Schritten zur sogenannten Entkolonialisierung der klassische Imperialismus und Kolonialismus überwunden worden zu sein, doch formierten sich neue Ausbeutungsverhältnisse im Weltsystem zwischen den als entwickelt bezeichneten Staaten des Zentrums und der scheinbar unterentwickelten Peripherie. Beginnend in den letzten Jahrzehnten wurde allerdings zunehmend auch Kritik an den ökologischen Konsequenzen der Ausbeutung geübt und mit dem Leitbild der nachhaltigen Entwicklung eine sozial und ökologisch gerechtere Weltordnung eingefordert. Mit der sogenannten Globalisierung setzte jedoch eine neue Stufe der Rekonfiguration und

Expansion des modernen kapitalistischen Weltsystems ein und hiermit verbunden waren weltweit »neue Landnahmen« (Papacek 2009). Es lässt sich damit eine Neuformierung der eurozentrischen Kolonisierung der Welt im Zeichen eines »neue[n] Imperialismus« (Harvey 2003) und einer damit verbundenen »Akkumulation durch Enteignung« und einer »Einhegung der Commons« (Massimo De Angelis 2001) diagnostizieren.

Ein Beispiel für diesen neuen Kolonialismus ist das sogenannte »Land Grabbing« (Kress 2012, Pearce 2012) von Böden sowie die damit korrespondierende Zunahme von Ocean Grabbing (Bennett u. a. 2015; Jochum/Quinteros 2017). Auch die Mining-Frontier, die bereits in der frühen Neuzeit im Silberbergbau expandierte (s. o.), wird aktuell insbesondere in Lateinamerika erneut vorangetrieben. Viele Regierungen setzten dort im Zuge des Ressourcen-Booms des letzten Jahrzehnts entwicklungsstrategisch erneut auf die »extraktivistische Option« (Svampa 2015: 154) und damit insbesondere auf den Abbau von Kupfer, Gold, Lithium und anderen Metallen sowie die Förderung von Kohle und Erdöl. War bereits die gesamte Geschichte der Neuen Welt durch die »offenen Adern Lateinamerikas« (Galeano 1980) geprägt, so setzt sich dieser Prozess nun fort und es wird durch den ausgeweiteten Tagebergbau sogar eine neue Stufe der vollständigen »Enthäutung« eingeleitet. Länder wie Chile, Peru, Mexiko und Kolumbien vergaben und vergeben die Nutzungsrechte an den Ressourcen weitgehend an ausländische Investoren, die massiven Raubbau an der Natur betrieben bzw. betreiben und einen Großteil der Gewinne in die Zentralen in den Industriestaaten abführen (Roth 2015: 12 f.). Die globale Arbeitsteilung und die damit verknüpften Abhängigkeitsverhältnisse im Weltsystem, wie sie sich im 16. und 17. Jahrhundert herausgebildet hatten, bleiben erhalten, wie auch Roth betont: »Lateinamerika öffnet weiterhin seine Adern.« (Ebd.: 12 f.) Zunehmend kommt es dabei zu Auseinandersetzungen zwischen den Bergbaukonzernen und den lokalen, häufig indigen geprägten Gemeinden, die um die Nutzung von Landrechten und zumeist auch die gefährdeten Wasserressourcen kämpfen.

In den einige Jahre von linkspopulistischen Regierungen geführten Ländern wie Bolivien, Ecuador, Venezuela sowie teilweise in Argentinien und Brasilien konnte hingegen in stärkerem Maße die Souveränität über die Ressourcen bewahrt bzw. wiederlangt werden. Die Rohstoffeinahmen flossen in geringerem Maße an die Zentren im Weltsystem ab und es werden Entwicklungs- und Sozialprogramme finanziert, die zu einer Verringerung der Ungleichheit beitragen. Allerdings wird auch in diesem »Neo-Extraktivismus« (Gudynas 2011) bzw. »neue[n] Entwicklungsextraktivismus« (Svampa 2015) die politisch-ökonomische Weltordnung nicht prinzipiell hinterfragt, die »im Verlauf der Geschichte für Lateinamerika die Rolle des Exporteurs von Natur vorgesehen hat« (ebd.: 154). Insbesondere bei den Regierungen in Bolivien und Ecuador konnte dabei ein Widerspruch zwischen einer Rhetorik der Rückbesinnung auf ökologisch-indigenistisches Denken und der Förderung des Neoextraktivismus festgestellt werden (Gudynas 2011). So wird klar, dass auch diese Politik »die Installierung eines neokolonialen Modells befördert und bestätigt, dss auf der Aneignung und der Zerstörung der Naturressourcen beruht« (Svampa 2015: 3).

Die eigentliche Ursache für den Extraktivismus ist der hohe Bedarf der Industrieländer an billigen Rohstoffen. Immerhin wurden die Probleme des Extraktivismus in den letzten Jahren verstärkt diskutiert. Dennoch muss festgestellt werden, dass – erkennbar z. B. an der Rohstoffstrategie der deutschen Bundesregierung – gegenüber sozialen und ökologischen Belangen die Versorgungssicherheit prioritär ist: »Die sozialen und ökologischen Kosten des hohen deutschen Rohstoffverbrauchs fallen in den Förderregionen an, werden also externalisiert« (Lambert 2020: 25). Die in der frühen Neuzeit konstituierte Kolonialität der Moderne findet damit eine Fortsetzung, wie auch Lessenich betont: »[Es] ist die ›gute alte‹ Kolonialisierung von damals keineswegs von gestern, denn ihre Folgen sind immer noch zu spüren, sie prägen maßgeblich auch die Externalisierungsgesellschaft von heute.« (Lessenich 2017: 55) In gewisser Weise kann sogar davon gesprochen werden, dass die Kolonialität gegenwärtig ihre Radikalisierung erfährt, da nun die letzten, bisher noch nicht angeeigneten Völker und Naturressourcen auf ausbeuterische Weise in die globale Marktökonomie einverleibt werden. Ein zentraler Treiber für eine weitere Expansion des kapitalistischen Weltsystems und damit von neuen Landnahmen und damit verbundenen sozial-ökologische negativen Konsequenzen ist, wie im Folgenden dargelegt wird, gerade der im Namen einer scheinbar sozial und ökologisch gerechteren, nachhaltigen Entwicklung vorangetriebene Übergang zu einer Grünen Ökonomie. Denn die im Namen von Nachhaltigkeit propagierten Strategien einer verstärkten Nutzung nachwachsender Rohstoffe und erneuerbarer Energien erweisen sich zunehmend mit einem »Green Grabbing« verbunden, d.h. als »the appropriation of land and resources for environmental ends« (Fairhead 2012: 238) und entsprechen damit einer »umweltpolitisch legitimierten Landnahme« (Fatheuer 2015: 10). Der hier durchscheinende »grüne Kolonialismus« (Heuwieser 2015) unterscheidet sich nicht grundlegend von anderen Praktiken des »Land Grabbing«.

Insbesondere der in den letzten Jahren mit dem Ziel der Reduktion von CO_2-Emissionen in den Industriestaaten propagierte Ausstieg aus den fossilen Energien durch die verstärkte Nutzung von erneuerbaren Energien könnte neue Landnahmen im globalen Süden induzieren, welche die sozial-ökologische Krise vertiefen – zumindest dann, wenn dieser nur auf technischen Innovationen basiert damit nicht eine grundlegende Transformation des expansiven Kapitalismus und der Überwindung seines inhärenten Zwangs zur Landnahme einhergeht. Auch begleitet die Strategie, durch einen Übergang zur Elektromobilität dem Klimawandel entgegenzuwirken, ein erhöhter Verbrauch von Metallen und Mineralen. Von einem weltweiten Umstieg auf E-Autos wird z.B. ein Anstieg des Bedarfs an Lithium um 2900 Prozent und von Kobalt um 1900 Prozent als Konsequenz erwartet (AK Rohstoffe 2019). Dadurch wird eine häufig sozial- und ökologisch bedenkliche Form des Neoextraktivismus befördert (PowerShift 2021).

Nicht nur die klassischen westlichen Industrieländer tragen als Folge der Einleitung eines Green New Deals zur Etablierung neuer Extraktivismen bei. Gleiches gilt für China, das im Zusammenhang mit seiner Strategie eines Übergangs zu einer ökologischen Zivilisation u.a. in Peru eine »grüne Machtpolitik« (Kampagne-bergwerk-peru 2021) ausübt, um seine Versorgung mit Kupfer zu sichern. Als besonders problematisch erweist sich auch das mit den Leitbildern des Green Growth und der Bioökonomie verbundene Versprechen, dass die auf Nutzung fossiler Energien beruhenden hohen Verbrauchsniveaus an Energie beibehalten, aber negative ökologische Auswirkungen durch den Übergang zur Nutzung von erneuerbaren Energien vermieden werden können. Zwar können so CO_2-

Emissionen reduziert werden. Überwindet man jedoch die Fokussierung auf die Klimaproblematik und betrachtet die sozial-ökologische Krise durch den Einbezug z. B. des Verlustes an Biodiversität bzw. blickt man umfassender auf die sozialen Fragen, dann wird deutlich, dass Strategien der Energiesubstitution häufig mit neuen sozial-ökologischen Nebenfolgen insbesondere im globalen Süden einhergehen. Und Lateinamerika steht dabei in einer unrühmlichen Tradition. Damit soll keineswegs die Relevanz des Klimawandels und der Maßnahmen zu seiner Vermeidung geleugnet werden. Es wird jedoch dafür plädiert, die verschiedenen planetarischen Grenzen in ihrer Gesamtheit in die Betrachtung einzubeziehen und dabei ergänzend auch »societal boundaries« (Brand, Muraca, Pineault u. a. 2021) und damit »social-ecological boundary settings« zu berücksichtigen. Erst dann werden die mit Nachhaltigkeitsstrategien verbundenen Spannungsfelder und Konflikte besser erkennbar. So nehmen zum Beispiel die Konflikte um Großprojekte zur Gewinnung von erneuerbaren Energien aus Wind und Wasser zu. Exemplarisch hierfür sind die Auseinandersetzungen um das Wasserkraftwerk Agua Zarca in Honduras, die mit den Morden an den Umweltaktivisten Berta Cáceres und Nelson García ihren tragischen Höhepunkt fanden (Lateinamerika Nachrichten 2016/502). Als besonders fragwürdig anzusehen sind ebenso Versuche, den weiterhin hohen Energiebedarf durch eine vermehrte Produktion von Bioenergie zu befriedigen, denn die Landnutzung für die Produktion von Energie tritt in den Wettbewerb mit der Nutzung zur Produktion von Lebensmitteln und gefährdet die Biodiversität. Zum Beispiel werden artenreiche Ökosysteme wie auch traditionelle soziale Strukturen für den Anbau von Ölpalmen zerstört, eine Problematik, die sich in Indonesien, Malaysia und auch Lateinamerika erkennen lässt: »In der Ausweitung der Palmölproduktion im Amazonasbecken […] und in Zentralamerika lassen sich jetzt schon neue Strategien der Landnahme beobachten. Palmöl ist vielseitig verwendbar, seine Expansion wird aber hauptsächlich mit Klimaargumenten vorangetrieben. Aus der Vertreibung von Bauern und Bäuerinnen und der Aneignung großer Landflächen durch Konzerne und Großgrundbesitzer wird eine globale Klimapolitik« (Fatheuer 2015: 10). Ähnliches lässt sich bezüglich des Versuchs feststellen, Bioenergie durch den vermehrten Anbau von Zuckerrohr oder Zuckerrüben zu gewinnen.

Infolge dieser Strategie wird die sogenannte »Sugar-Frontier« in Lateinamerika erneut, nun unter ökologischem Vorzeichen, vorangetrieben und dabei alte Abhängigkeitsverhältnisse reproduziert wie Boyer deutlich macht: »[Es] deuten die Berechnungen bezüglich des notwendigen Rohmaterials darauf hin, dass die Verschiebung vom traditionellen fossilen Rohstoffabbau hin zu einer Bioökonomie den enormen Bedarf an Ressourcen unverändert lässt [und] [...] Lateinamerika in der internationalen Arbeitsteilung weiterhin die Rohstoffe und Anbauflächen für die neue Bioökonomie bereitstellen soll.« (Boyer 2019: 185) Tittor konstatiert sogar eine Tendenz zur Herausbildung einer »Extractive Bioeconomy« (2021). Das von ihm angeführte Beispiel der Ausweitung des Sojaanbaus in Argentinien mit dem Ziel der Produktion von Biotreibstoffen zeigt, dass von den dortigen politischen und ökonomischen Akteuren sogar Bezug auf Diskurse zu Bioökonomie und Nachhaltigkeit genommen wird. Letztlich werden damit aber nur unökologische Formen des Sojaanbaus neu legitimiert. Boyer macht klar:

»The same people and institutions that have supported soybean expansion over the last few decades also advocate bioeconomy. Environmental issues are mentioned, but GMO-seed, biotechnological processes and no-till farming are presented as key strategies with which to increase sustainability and reduce environmental impact. There are no measures to reduce pesticide use or monocultural commodity cropping. Argentina's bioeconomy is clearly a growth strategy; nature conservation and sustainability do not play central roles in this policy.« (Ebd.: 224)

Ebenso erfolgt im Süden Chiles eine teils mit Zielen ökologischer Nachhaltigkeit legitimierte »peripher-extraktivistische Landnahme« (Graf/Schmalz/Sittel 2019: 183) der Wälder von La Auracania. Auch neuere, scheinbar nicht koloniale, umwelt- und sozialverträglichere Strategien der Ressourcennutzung erweisen sich als problematisch. So gehen z.B. die infolge der UN-Klimaverhandlungen entwickelten Instrumente zur Reduzierung der Abholzung der Wälder und ihrer Bewahrung als Kohlenstoffspeicher – die sogenannten REDD+ Projekte – häufig mit einer

»neue[n] grüne[n] Landnahme« (Lateinamerika Nachrichten 2015: 18) einher und ähnliches gilt für Kompensationszahlungen für den Verlust der Biodiversität durch Bergbauprojekte oder Staudämme (Boyer 2019: 179). Es können derartige »›grüne‹ Strategien im besten Fall als alternative Extraktivismen bezeichnet werden [...], nicht aber als Alternativen zum Extraktivismus« (ebd.: 186). Die Frage, inwieweit die vielbeschworene Bioökonomie als »Neuer Raubbau oder Wirtschaftsform der Zukunft« (Grefe 2016) anzusehen ist, scheint angesichts der skizzierten Probleme gerade hinsichtlich der Auswirkungen für den Süden eher im ersteren Sinne zu beantworten zu sein, da hierdurch grüne Landnahmen vorangetrieben werden.

Der Herausgeber des Bandes *Bioeconomy and Global Inequalities* (Backhouse u. a. 2021) sind auf der Grundlage mehrerer Fallstudien der Frage nachgegangen, inwieweit globale sozial-ökologische Ungleichheiten zwischen Zentren und peripheren Ländern, die sich seit der Kolonialzeit herausgebildet haben, durch die Bioökonomie eher vertieft oder aber abgebaut werden. Sie kommen zu dem ernüchternden Ergebnis, »that the bioeconomy, in its current form, is likely to reinforce or even produce new socio-ecological inequalities.« (Ebd.: 16). Mit den grünen Landnahmen, die mit den Konzepten einer grünen Ökonomie und der Bioökonomie einhergehen, wiederholt sich letztlich ein vertrautes Muster, das bereits aus früheren Expansionswellen des kapitalistischen Weltsystems bekannt ist. Auf sozial-ökologische Krisen, die aus der Erschöpfung der Grenzgebiete resultieren, wird in der Expansionsgesellschaft mit der Erschließung neuer Ressourcengrenzgebiete und der extraktivistischen Aneignung der dort verfügbaren billigen Arbeit reagiert. Dadurch werden letztlich neue soziale und ökologische Probleme erzeugt. Damit bestätigt die These der vorliegenden Publikation den zugrunde liegenden Gedankengang, der von Grenzen der modernen Expansionsgesellschaft handelt. Die Hoffnungen auf ein grünes Wachstum und einen grünen Kondratjew erweisen sich als fragwürdig. Trotz der sozial-ökologischen Nebenfolgen der Strategien der Green Economy und der Bioökonomie wird allerdings von den dominierenden politischen und ökonomischen Akteuren weiterhin an diesen Konzepten festgehalten und die skizzierten Schattenseiten werden ausgeblendet.

Zu einer Wende in der Wahrnehmung hat allerdings 2021 bei zumindest einigen Akteuren ein unerwartetes Ereignis geführt, das eindrucksvoll die Gefahren des mit vielen Landnahmeprozessen verbundenen Problems des Biodiversitätsverlustes verdeutlicht hat: die Coronakrise. Sie entsteht auch als eine Folge des zunehmenden Verlusts an Artenvielfalt und einer Verdrängung der Lebensräume von Tieren, die wiederum durch die intensivierte kapitalistische Landnahme der belebten Natur beschleunigt wird. Wissenschaftler warnen vor einer beginnenden »Pandemic Era« (WWF 2020: 4) und machen dabei deutlich, dass insbesondere Landnutzungsänderungen in tropischen Regionen Menschen, Vieh und Wildtiere näher zusammenbringen, und das Risiko des Übergreifens und der Ausbreitung von Zoonosen erhöhen (ebd.: 19). Zwar ist ein derartiger Zusammenhang bei Corona nicht direkt nachweisbar, aber insgesamt wird klar, dass Epidemien wie die Ausbreitung des Nipah-Virus u. a. durch die verstärkte Rodung von Land für die Acker- oder Viehzucht befördert wurden (ebd.). Es lässt sich damit die Zunahme von pandemischen Risiken als weitere Schattenseite von (auch grünen, bioökonomischen) Landnahmen identifizieren. Wie im Folgenden dargelegt wird, kann die Coronakrise als ein exemplarisches Menetekel für das Erreichen des Endes der Expansionsgesellschaft gedeutet werden, da sie auf die mit der gegenwärtigen Bioökonomie verbundenen Risiken verweist und so die durch diese sich potenziell vertiefende Biodiversitätskrise verdeutlicht.

Zum besseren Verständnis sollte man die aktuellen Prozesse in ihren langfristigen historischen Entwicklungsdynamiken konzeptualisieren. Es wird daher neben einer Analyse der Covid-19-Krise auch eine anthropologisch wie auch naturwissenschaftlich fundierte Reflexion der Stellung des Menschen im ökologischen Netz des Lebens und der im Laufe der Menschheitsgeschichte erfolgten Transformationen der bioökonomischen Aneignung der Arbeitskraft der lebendigen Natur zu leisten sein. Vor diesem historischen Hintergrund wird deutlich, dass gegenwärtig das bereits mit der Genese der Expansionsgesellschaft verschärfte Spannungsverhältnis zwischen der Reproduktionslogik der lebendigen Natur und der menschlichen Produktionsweise zu einer allgemeinen sozial-ökologischen Krise führt und auch die Coronapandemie dafür Ausdruck ist.

3
Am Ende der Expansionsgesellschaft? Pandemische Risiken und Grenzen der kolonialen Landnahme[34]

3.1
SARS-CoV-2 und die Zerstörung des Netzes des Lebens

Am Beginn der Coronakrise steht vermutlich die Übertragung des Virus von Fledermäusen auf den Menschen, auch wenn viele Details noch ungeklärt sind. Auf den ersten Blick scheint damit die SARS-CoV-2 Pandemie eine Naturkatastrophe zu sein, die von »außen« in die moderne technische Zivilisation einbricht und zugleich, so die Hoffnung, durch ein Mehr an technologischer Naturbeherrschung überwindbar ist. Ein genauerer Blick lässt erkennen, dass diese Erklärung zu einfach ist. Untersuchungen von Ökosystemwissenschaftlern machen deutlich, dass die Expansion von technisch-kulturell veränderten Zonen und die damit verbundene Reduktion von natürlichen Lebensräumen sowie der Artenvielfalt zu Verhaltensveränderungen bei Wildtieren beitragen. Durch den Abbau von Barrieren zwischen Menschen und Tieren wird das Risiko der Übertragung von Krankheiten wahrscheinlicher (Settele/Spangenberg 2020). Biodiversitätsforscher haben bereits seit Jahren darauf hingewiesen, dass durch die Zerstörung der Biodiversität und der Ökosysteme epidemische Risiken zunehmen. So hat der Weltbiodiversitätsrat in seinem *Global Assessment Report on Biodiversity and Ecosystem Services* (IPBES 2019) vor der Bedrohung der menschlichen Gesundheit durch Zunahme zoonotischer Krankheiten gewarnt. Dort heißt es deutlich:

---

[34] Das Kapitel baut auf Überlegungen auf, die bereits im Artikel *Am Ende der Expansionsgesellschaft* (Jochum 2020) ausgeführt wurden, hier aber aktualisiert und erweitert aufgenommen sind.

»Viele Ökosystemleistungen sind für die menschliche Gesundheit unerlässlich. Ihr Rückgang bedroht die Lebensqualität der Menschen auf der Erde. […] Zoonosen (von Tier zu Mensch und von Mensch zu Tier übertragbare Infektionskrankheiten) stellen eine erhebliche Bedrohung für die menschliche Gesundheit dar. […] Eine Reihe neuer Infektionskrankheiten bei Wildtieren, Haustieren, Pflanzen oder Menschen kann durch menschliche Aktivitäten wie Flächenverbrauch und Fragmentierung verschlimmert werden.« (Helmholtz-Zentrum 2019: 5)

Corona, wie auch viele weitere neue Pandemien, sind damit im Kontext der sich beschleunigenden Reduktion der Artenvielfalt und der damit verbundenen Gefährdung von »Arbeitsleistungen« der Natur zu sehen. Zwar bleiben die genauen Ursachen der Übertragung von Covid-19 noch unbekannt – für andere Pandemien wie etwa Ebola kann hingegen als gesichert angesehen werden, dass die Expansion des Menschen in bisher nicht genutzte Gebiete zur Verbreitung der Viren beigetragen hat.

Der Verlust der Biodiversität und die Zerstörung des Netzes des Lebens stellen somit eine fundamentale Bedrohung für die Zukunft der Menschheit und des Lebens insgesamt dar, deren Bedeutung mit dem Klimawandel vergleichbar ist. Daher sollte dem Bericht des IPBES, wonach menschliche Aktivitäten dazu führen, dass heute ca. 25 Prozent aller Tier- und Pflanzenarten vom Aussterben bedroht sind und die Extinktionsrate weiter zunimmt (Helmholtz-Zentrum 2019: 8), daher eine verstärkte Aufmerksamkeit zukommen. Dabei ist der Verlust der Biodiversität nicht allein aus einer biozentrischen Perspektive problematisch. Vielmehr sind, wie Sandra Díaz, eine Hauptautorin des Berichts, bei dessen Präsentation hervorhob, »die Biodiversität und die Naturgaben für den Menschen […] unser gemeinsames Erbe und das wichtigste Sicherheitsnetz für das Überleben der Menschheit« (Schumann 2019). Infolge des menschlichen Einflusses wird dieses Netz, wie Josef Settele, eine weiterer Co-Vorsitzender des IPBES ergänzte, jedoch zerstört: »Das essenzielle Netz des Lebens wird kleiner und franst immer mehr aus.« (Schumann 2019)

Hierdurch wird sich die Fähigkeit der Ökosysteme zur Erbringung sogenannter Ökosystemleistungen mittelfristig drastisch verschlechtern.

Settele machte in einem Interview deutlich, dass auch die Ausbreitung von SARS-CoV-2 im Kontext dieses Eingriffs des Menschen zu sehen ist: »Der Erhalt intakter Ökosysteme und ihrer typischen Biodiversität kann das Auftreten infektiöser Krankheiten generell reduzieren. Wir Menschen sind von funktionierenden, vielfältigen Ökosystemen abhängig. Mit der Zerstörung von Ökosystemen zerstören wir auch unsere Lebensgrundlage wie die Corona-Epidemie zeigt.« (Settele 2020a).

Auch der aktuelle WWF-Bericht *Covid 19: Urgent call to protect people and nature* (WWF 2020) zeigt auf, dass »new zoonotic diseases are emerging at an alarming rate. The COVID-19 health crisis reconfirms how people and nature are interlinked, and how our negative impact on the natural world increases the risk of future pandemics. [...] The key drivers for the emergence of zoonotic diseases are land-use change, expansion and the intensification of agriculture and animal production, and the consumption of high-risk wildlife.« (WWF 2020: 5). Eingefordert werden daher ein »New Deal for Nature and People« (WWF 2020: 6) und eine Neuausrichtung der Ökonomie. Im *Workshop Report on Biodiversity and Pandemics* (IPBES 2020) kommen die Autoren zu einem ähnlichen Schluss. Anstatt die Folgen von Pandemien zu bekämpfen, sei ein vorsorgender Pandemieschutz notwendig: »Escape from the Pandemic Era requires policy options that foster transformative towards preventing pandemics« (ebd.: 4). Gefordert wird u. a. Folgendes: »enabling transformative change to reduce the types of consumption, globalized agricultural expansion and trade that have led to pandemics.« (Ebd.: 5). Eine grundlegende Kritik der kapitalistischen Ökonomie und deren Expansions- und Wachstumsdynamik wird in diesen Dokumenten allerdings nicht vorgenommen.

Weitaus systemkritischer ist die Analyse des Evolutionsbiologen Wallace, der argumentiert, dass das »vermehrte Auftreten von Viren [...] in engem Zusammenhang mit der Nahrungsmittelproduktion und der Profitabilität der multinationalen Unternehmen« (Pabst/Wallace 2020: 38) steht. Seiner Argumentation zufolge bietet »die nach kapitalistischen Bedürfnissen organisierte Landwirtschaft, die an die Stelle der natürlichen Ökologie tritt, [...] genau die Mittel, durch die ein Krankheitserreger die gefährlichste und ansteckendste Erscheinungsform entwickeln kann« (Pabst/Wallace 2020: 39). Damit ist es nicht nur die besondere Stellung des Menschen im Netz des Lebens im Allgemeinen, die es angesichts der Coronakrise zu reflektieren gilt, vielmehr muss die Rolle des Kapitalismus eingehender mitbetrachtet werden.

Es stellt sich folglich die Frage nach den tieferen Ursachen für die Defizite der gegenwärtigen Ökonomie, insbesondere nach deren destruktiven ökologischen Konsequenzen. Eine historisch und soziologisch fundierte Erklärung liefert das World-Ecology-Konzept von Jason Moore, der u. a. in seiner Schrift *Kapitalismus im Lebensnetz* (Moore 2020) mit Fokussierung auf die Aneignung von Arbeit eine detaillierte Analyse der Verschränkung von kapitalistischer Ökonomie und natürlichen Prozessen vornimmt: »*Kapitalismus im Lebensnetz* hat zum Thema, wie das Mosaik der Verhältnisse, das wir Kapitalismus nennen, *durch* die Natur arbeitet und wie Natur *durch* den enger gefassten, Kapitalismus genannten Bereich arbeitet.« (Moore 2020: 8) Eine wesentliche Ursache für die Destruktivität des Kapitalismus ist demnach dessen spezifische Form der Aneignung und Ausbeutung der »billigen Arbeit« der Natur. Es basieren die »Beziehungen zwischen dem Kapitalismus und dem Netz des Lebens« auf einer ökonomischen Verwertungslogik, die »alle Arten von Arbeit auf den Plan ruft – menschliche und tierische, botanische und geologische – und diese Arbeit so gering wie möglich entlohnt« (Patel/Moore 2018: 30). Aufgrund des Zwangs zur Mehrwertproduktion ist das »Gesetz der Billigen Natur« verbunden mit dem »unentwegte[n], radikal expansive[n] und schonungslos innovative[n] Bemühen, die Arbeit/Energie der Biosphäre in Kapital [...] umzuwandeln« (Moore 2020: 28).

Im Folgenden wird auf diesen Ansatz und andere, oben skizzierte Konzepte zur kapitalistischen Landnahme zurückgegriffen, um die Biodiversitäts- und Coronakrise einzuordnen. Dabei wird auf den Wandel der bioökonomischen Kolonisierung der Natur fokussiert, um die Veränderung der Aneignung des Netzes des Lebens zu analysieren. Die Betrachtung der historischen Entwicklung wird deutlich machen, dass die Verschränkung von einer kapitalistisch organisierten Bioökonomie, die sich seit dem 16. Jahrhundert herausbildete, mit einem fossilen Kapitalismus und die dadurch indizierten Landnahmeprozesse ursächlich für die Biodiversitätskrise waren und sind.

3.2
Reproduktionsverhältnisse im Netz des Lebens

Basal für die Arbeitsprozesse im Netz des Lebens sind die Pflanzen, die als »Produzenten« am Beginn der »Wertschöpfungskette« des Lebens stehen: »Die grünen Pflanzen sind [...] die einzigen Wesen, die der allgemeinen Entropiezunahme auf der Erde durch Nutzung einer außerirdischen Energiequelle entgegenwirken und damit alles weitere Leben in Ökosystemen ermöglichen. Man nennt sie deshalb die Primärproduzenten im Ökosystem.« (Daumer/Schuster 1998: 89). Sie werden auch als Autotrophen, d. h. als Selbsternährende, bezeichnet (Penzlin 2015) und von den heterotrophen Organismen – d. h. Tieren, Pilzen und einige Bakterien – unterschieden, die in ihrer Ernährung von ersteren abhängen und daher als Konsumenten auf Kosten autotropher Produzenten leben. Es ergibt sich so eine »ökologische Pyramide« (ebd.: 223) aus »Produzenten«, die energiereiche Nahrung für Pflanzenfresser als »Primärkonsumenten« erzeugen, die wiederum den fleischfressenden Tieren als »Sekundärkonsumenten« zur Verfügung stehen. Es stehen dabei Produzenten, Konsumenten und Destruenten in Abhängigkeit zueinander und es sind ökosystemisch über ihre Ernährung verknüpft. Diese Verbundenheit ist die Grundlage des »Netz des Lebens«.

Im Laufe der Evolution bildeten sich komplexe Ökosysteme heraus, in denen die verschiedenen Arten spezifische ökologische Nischen besetzten. Sie sind in ihrem eigenen Überleben auf das Funktionieren des Gesamtsystems und ein bestimmtes Maß an Biodiversität in dem System angewiesen. Wie Settele in der Schrift *Biozönose: Das Netz des Lebens* deutlich macht, steht in diesen »Biozönosen«, d. h. den Lebensgemeinschaften von Pflanzen und Tieren in Ökosystemen, jede »Art [...] mit vielen anderen Arten in einem Beziehungsgeflecht, bzw. Nahrungsnetz« (Settele 2020b). Die Herausbildung komplexer Systemlogiken in Organismen und darauf aufbauend in Ökosystemen ist durchaus vergleichbar mit der Entwicklung von differenzierten arbeitsteiligen menschlichen Produktionssystemen und Gesellschaftsordnungen, weshalb hier in Analogie zur Begrifflichkeit der Produktionsverhältnisse von Reproduktionsverhältnissen im Netz des Lebens gesprochen werden soll. Dieses Netzwerk soll keineswegs romantisierend und harmonistisch verklärt werden, vielmehr basiert die Wechselwirkung zunächst auf dem Drang zum Überleben. Auf einer höheren Emergenzstufe bildet sich aber eine Ordnung heraus, in der das Überleben der einzelnen Arten vom Funktionieren des Gesamtzusammenhangs abhängig ist. Aktuell sind diese Netze durch die Zerstörung der Artenvielfalt gefährdet – und es ist der Mensch »auf der lokalen wie globalen Ebene der wesentliche Faktor, der die Interaktion von Arten und damit die Netze des Lebens gefährdet« (Settele 2020b). Mit dieser Entwicklung erreicht, wie im Folgenden argumentiert wird, aktuell ein Prozess der Rekonfiguration des Netzes des Lebens einen bedrohlichen Höhepunkt, dessen Ursprung mit den anthropopologischen Besonderheiten des Menschen verbunden ist. Aufgrund seiner spezifischen Fähigkeiten ist der Mensch durch eine besondere Weltoffenheit gekennzeichnet. Der Mensch kann sich hierdurch von seiner Festlegung auf ein ökologisches Habitat befreien und verschiedene Umwelten aneignen, weshalb auch von einer »biologisch-ökologische(n) Sonderstellung des Menschen« (Storch u.a. 2013: 529) gesprochen wird. Damit wird eine Expansion seines Bewegungs- und Handlungsspielraums ermöglicht, welche der Mensch im Laufe seiner Geschichte in produktiver Weise entfaltet hat. Hiermit waren aber auch immer negative, destruktive Nebenfolgen verbunden, da mit dem Ausbruch aus dem Käfig der Umweltgebundenheit auch ein ökologischer Bruch (Foster u.a. 2011) einherging. Dabei ist Foster zuzustimmen, dass erst mit der Durchsetzung der kapitalistischen Produktionsverhältnisse ein »allumfassender Bruch in der menschlichen Beziehung zur Natur« (ebd.: 20) erfolgte. Allerdings ist dieser Bruch in Ansätzen bereits in der Anthropogenese und der Etablierung eines Spannungsfeldes zwischen der Bio-Logik der belebten Natur und der spezifischen Form, der menschlichen (technisierten) Arbeit und ihrer Techno-Logik angelegt (s.u.). Die Analyse der Ursachen der sozial-ökologischen Krise erfordert eine Reflexion des ökologischen Bruchs und seiner Vertiefung im modernen kapitalistischen Weltsystem infolge eines Auseinanderdividierens der Öko-logik der belebten Natur im Netz des Lebens und der Akkumulations- und Expansionslogik der kapitalistischen Ökonomie.

3.3
Evolutionäre Grundbedingungen der Anthropogenese

Die Menschwerdung war vermutlich mit einem Übergang von der ursprünglichen Waldheimat in die »offene Welt« der baumloseren Savanne eng verknüpft. Die Ursachen für das Verlassen des »Baumparadieses« durch die Vorfahren des Menschen sind umstritten, zentral dürften aber Klimaveränderungen gewesen sein, die zu einem Schwund der Wälder und der Entstehung einer offenen Graslandschaft und damit einer drastischen Veränderung in der ökosystemaren Ordnung im Netz des Lebens führten. Die Vorfahren des Menschen wurden hierdurch dazu gezwungen, sich an die veränderten Bedingungen und vor allem das gewandelte Nahrungsangebot anzupassen. Der Übergang erfolgte in mehreren Schüben infolge der Zunahme von klimatischen Schwankungen zwischen den Eiszeiten und den wärmeren Zwischeneiszeiten (Neuweiler 2009: 141). Auf diesen permanenten »Stress« reagierten die frühen Hominiden mit einer Anpassung durch Unangepasstheit, d. h. durch eine in der Evolution bisher nicht gekannte Weltoffenheit und damit die Fähigkeit, sich in verschiedenen Biotope schnell einfügen zu können: »Aber der moderne Mensch verdankt seine Existenz nicht der Anpassung an ein spezifisches Biotop, sondern im Gegenteil der Selektion auf Variabilität« (Neuweiler 2009: 141). Der Mensch wurde hierdurch zum »erfolgreichsten Generalisten« (ebd.: 142), der sich an verschiedenste Räume und Klimazonen anpassen konnte.

Durch die »weltöffnende Kraft der Hände« (Popitz 1995: 69) wird der Mensch zum handelnden Wesen, das eine »Handlungsoffenheit« (Popitz 2000: 114) erlangt, in die Welt hinausgreift und hierdurch seinen ihm von Natur aus vorgegebenen »Umweltkreis« (Uexküll 1928: 70) verlässt. Damit löst er sich aus seiner festen Einbindung in das Netz des Lebens heraus. Werkzeuggebrauch ist zwar auch im Tierreich durchaus verbreitet, allerdings ist gezielte Werkzeugherstellung fast ausschließlich auf den Menschen beschränkt. Bei Menschenaffen und Vorformen des Menschen finden sich zwar der Gebrauch, aber keine systematische Bearbeitung von Steinen. Beim Menschen kommt es dahingegen auch zu einer Herstellung von Geräten, die der Herstellung anderer Werkzeuge dienen (Ullrich 1991: 217). Damit wurde eine Kettenreaktion der Herstellung von Produktionsmitteln in Gang gesetzt, die bis heute anhält. Die Voraussetzungen für die Werkzeugherstellung sind neben einer motorisch geschickten Hand auch ein abstrakteres Vorstellungsvermögen, sodass eine Koevolution von Handanatomie, Motorik und Gehirn plausibel erscheint.

Dem Menschen erschlossen seine spezifischen Fähigkeiten einen Grad an Handlungs- und Weltoffenheit, die über alle bisher in der Ordnung des Lebens verfügbaren Möglichkeiten und Freiheitsgrade hinausging. Die Unspezialisiertheit und Handlungsoffenheit der Hand in Verbindung mit der Offenheit des Geistes bedingen eine »geistig-kulturelle Sonderstellung des Menschen« (Storch u. a. 2013: 531), welche durch ein hohes Maß an Unbestimmtheit und Freiheit gekennzeichnet ist. Der Mensch kann sich hierdurch von seiner Festlegung auf ein ökologisches Habitat befreien und verschiedene Umwelten aneignen. Deshalb wird auch von einer »biologisch-ökologische[n] Sonderstellung des Menschen« (ebd.: 529) gesprochen, aus welcher eine klare Differenz zu anderen Lebewesen resultiert. Im Gegensatz zu diesen Spezies gründet die evolutionäre Spezialisierung des Menschen nicht auf der Herausbildung von Besonderheiten, die ihm eine Anpassung an ganz spezifische ökologische Nischen ermöglicht. Vielmehr ist die Evolution des Menschen durch einen »Trend der Entspezialisierung« (Seitelberger 1984: 174) gekennzeichnet, in dessen Folge genetische und leibliche Bindungen und Determination reduziert werden. Durch die so ermöglichte »universelle[n] adaptive[n] Spezialisierungsfähigkeit« (ebd.) kann der Mensch sich kognitiv und praktisch-arbeitend die Welt auf vielfältige Weise aneignen – die Spezies Mensch ist nicht mehr auf eine ökologische Umweltbindung festgelegt, sondern kann sich kulturell-technisch in vielen unterschiedlichen natürlichen Umwelten einrichten und diese umgestalten. Im Gegensatz zu anderen Lebewesen ist damit der Mensch nicht in einer bestimmten Position im Netz des Lebens »verknotet«, sondern kann sich unterschiedlich positionieren und das Netz auch rekonfigurieren. Und schließlich kann er durch seine besonderen Fähigkeiten und seine Fähigkeit zur Arbeit auch die Potenziale der anorganischen Natur jenseits des Netzes des Lebens aneignen.

3.4
Zur historischen Entwicklung: Kolonisierungsarbeit und Stoffwechsel mit der Natur

Die biologisch-ökologische Sonderstellung des Menschen und seine Fähigkeit zur Arbeit waren also damit verbunden, dass »der Mensch völlig aus den ökologischen Naturgesetzen herausgetreten« (Storch 2013: 529) ist, die für andere Lebewesen gültig sind. Während diese in der Regel eine spezifische ökologische Nische im Netz des Lebens besetzen und deren Bedingungen auch die räumliche und zahlenmäßige Expansion einer Spezies begrenzen, hat sich der Mensch aus diesen Bindungen emanzipiert und vom begrenzenden »Vernichtungsdruck seiner Umwelt zunehmend befreit« (Storch 2013: 530). Durch seine Werkzeuge und Waffen wuchs seine Macht rapide und er konnte damit neue Räume erschließen.

Bereits die frühen Jäger- und Sammlerkulturen entwickeln eine basale Form einer ursprünglichen Bioökonomie, indem sie gezielt in das Netz des Lebens eingriffen, um sich lebensnotwendige Ressourcen anzueignen. Entgegen der Verklärung einer ursprünglichen Einheit des Menschen mit der Natur machen archäologische Befunde deutlich, dass bereits das Wildbeutertum des Paläolithikums infolge des Zuwachses an Macht über die Natur früh seine Umgebung stark veränderte und vermutlich auch zur Ausrottung von Tieren beitrug. Aus ökologischer Perspektive kann man daher den Beginn des Anthropozäns bereits mit dem späten Pleistozän ansetzen (IPBS 2019a: 37). In diesem Zeitraum begannen im Zuge einer annähernd »global human expansion« (ebd.) die Menschen die meisten ressourcenreichen Landschaften der Erde zu kolonisieren und zu verändern – ohne freilich die Dynamik des Kapitalismus entfalten zu können respektive zu müssen. Die bereits früh einsetzende Landnahme des Planeten hatte aber auch tiefgreifende Auswirkungen auf die Umwelt. Neben Klimaänderungen und anderen natürlichen Faktoren trugen auch menschliche Handlungen zum Aussterben von Teilen der Megafauna bei. Das Verschwinden großer Pflanzenfresser und Raubtiere beeinflusste wiederum die Ökosystemstruktur dramatisch und damit beginnt der Mensch bereits das Netz des Lebens zu beeinflussen (ebd.).

Ein entscheidender Wandel im gesellschaftlichen Naturverhältnis vollzog sich mit dem Übergang vom Wildbeutertum des Paläolithikums zu den Technologien der Agrikultur des Neolithikums. Hier gewann eine neue Form von Arbeit an Bedeutung. Die Bauern wirken in neuer Weise auf die Naturprozesse, indem sie durch ihre Arbeit eine gezielte Selektion der natürlichen Produktivität der belebten Natur vornehmen: »Der Bauer bearbeitet die Natur so – und das ist die grundlegend neue Idee dieser Technologie –, dass die Natur für ihn arbeitet.« (Popitz 1989: 18) Wenn in der Literatur von einer »traditionellen Bioökonomie« (Pietzsch 2017: 2) die Rede ist, so wird implizit häufig an diese Form der landwirtschaftlichen Aneignung von belebter Natur als Basisparadigma gedacht. Die Bearbeitung der Felder und die Sorge für die Nutztiere können als permanenter Prozess der Einwirkungen auf das Netz des Lebens angesehen werden. Durch diesen wird der ursprünglichen ökologischen Ordnung teils gezielt entgegengewirkt, um die Produktivität der Ökosysteme durch die Förderung von »wertvollen« Nutzpflanzen und Nutztieren in eine für den Menschen günstigere Richtung zu lenken. Jene Lebewesen, die aus anthropozentrischer Perspektive dahingegen als nicht verwertbare oder gar als schädliche Unkräuter und Ungetiere klassifiziert sind, werden bekämpft und vom genutzten Land ferngehalten.

Anders als beim einfachen Stoffwechsel mit der Natur, wie er bei Jäger und Sammlerkulturen zu finden ist, und bei dem das natürliche System noch nicht gezielt modifiziert wird, stellt die nun erfolgende »Kolonisierung von Natur« durch »Kolonisierungsarbeit« (Fischer-Kowalski u. a. 1997: 161) einen Versuch dar, natürliche Prozesse so zu verändern, dass sie eine von den humanen Gestaltern intendierte Gestalt annehmen: »Kolonisierende Eingriffe verwandeln natürliche Systeme in gesellschaftliche Kolonien.« (Ebd.: 129) Durch die menschliche Kolonisierung wurde die »Arbeitskraft« der belebten Natur systematisch angeeignet und durch »Landnahme« als eingehegte und domestizierte Produktivkraft internalisiert. Es kommt hierdurch zu einer Differenzierung »zwischen Natur, die nicht kolonisiert wird, und Teilen der Natur, die kolonisierenden Eingriffen unterworfen sind« (ebd.: 162) und damit auch der Entstehung einer Natur, die »sich ohne Arbeit des Menschen nicht reproduzieren könnte« (ebd.).

Der Mensch wird zum sorgenden Pfleger und Hirten dieser humanisierten Natur – und zugleich beinhaltet diese Kolonisierungarbeit, dass permanent die den Zwecken des Menschen entgegenstehende Natur systematisch exkludiert und extingiert wird. Diese »inhumane« Natur wird aus dem Kreis der Sorge ausgeschlossen bzw. ihr Eindringen bekämpft – ein Prozess, der vom einfachen Jäten des Unkrauts und Bekämpfung von »Ungetieren« wie Wölfen bis zur heutigen Bekämpfung von scheinbar schädlichen Pflanzen und Tieren durch industriell erzeugte Pestizide reicht. Es kommt zur Abwertung bestimmter »Wertschöpfungsprozesse« der Ökosysteme. Der Kolonisierung der Natur und ihrer produktiven Fähigkeiten zugrunde liegt ein anthropozentrischer Wertbegriff, der zwischen wertvollem und unwertem Leben trennt.

Insgesamt betrachtet, war somit der Zweck der der Kolonisierungsarbeit und der Kolonisierung der Natur eine auf den Menschen ausgerichtete Umgestaltung der Natur, um ihre »Arbeitskraft« für menschlichen Bedürfnisse in Wert zu setzen und sie damit zu »humanisieren«. Bereits im Neolithikum führten diese Eingriffe zu einer Veränderung des Netzes des Lebens und dem damit verbundenen abiotischen Prozess. Die Umstellung auf Landwirtschaft hatte die Entstehung neuer Produktionslandschaften zur Folge, die insbesondere mit erheblichen Veränderungen der Landbedeckung durch einen Waldverlust verbunden war. Durch (Brand-)Rodung und Weideregime wurden Land für Ackerbau und Grasland für Tiere gewonnen (IPBES 2019a: 37).

Diese Veränderungen müssen aus einer ökosystemaren Perspektive zwar nicht zwingend als negativ angesehen werden. Sie stehen noch in einem direkten Zusammenhang mit den Lebensnetzen, doch verändern sie diese. So entstanden durch die Weidewirtschaft auch neue ökologische Systeme. Insgesamt betrachtet hatten die Einwirkungen allerdings bereits negative Auswirkungen auf die Biodiversität und waren u. a. bereits mit Prozessen der Bodenerosion verbunden, auch wenn diese nicht so tiefgreifend waren wie bei der industriellen Landwirtschaft der Gegenwart.

Mit dem Übergang zu Ackerbau und Viehzucht war auch die Entstehung neuer epidemischer Krankheiten verbunden. Die zunehmende Nähe zwischen Menschen und Tieren – darunter neben den domestizierten Tieren ebenso nicht gewollte Kulturfolger wie Ratten und Flöhe – trug zu einem erhöhten Risiko für Zoonosen bei. Zudem hatte das beengte und dauerhafte Zusammenleben der Menschen auch eine schnellere Verbreitung der Krankheiten zur Folge (Choonara 2020). Es erstaunt daher nicht, dass in jenen Regionen, in denen mit der Landwirtschaft die Herausbildung von frühen Stadtkulturen einherging (z. B. Mesopotamien, in der Region am Ganges wie auch in China), auch der Ursprung der ersten epidemischen Krankheiten wie Masern, Pocken und Pest zu finden ist. Der Ausbau der Handelswege wie auch Kriegszüge führten zu einer schnellen und weiträumigen Verbreitung. Die Beulenpest, die möglicherweise wie Corona ihren Ursprung in der Region Wuhan hat, wurde vermutlich nach der Entstehung des Kommunikationsnetzes durch Eurasien im Mongolenreich auf Nagetiere in der Steppe übertragen und verbreitete sich über die Seidenstraße auch nach Europa (ebd.).

Mit der europäischen Expansion war eine weitere Verbreitung dieser Krankheitserreger der Alten Welt verbunden – die frühe koloniale Globalisierung brachte auch eine Globalisierung der Krankheiten mit sich. Bekanntermaßen war neben der Grausamkeit der europäischen Kolonisatoren die Verbreitung von Krankheiten der Hauptgrund für die drastische Dezimierung der amerikanischen Ureinwohner: »Die Pocken, zusammen mit Mumps und Masern, verschmolzen mit dem brutalen Aufbau der Kolonialherrschaft.« (Ebd.) In Mexiko löschten die Epidemien 90 Prozent der Bevölkerung aus.

4
Exploitation, Extinktion und Rekonfiguration des Netzes des Lebens: fundamentale Aspekte der Expansionsgesellschaft

Eine neue Stufe des Zugriffes auf die anorganische Natur wie auch die reproduktive Arbeit der belebten Natur setzt mit dem Übergang zur Neuzeit ein. In Verbindung mit der europäischen kolonialen Expansion konstituiert sich, wie vorstehend dargelegt, die moderne »Expansionsgesellschaft«. Mit der Sprengung der als unüberschreitbar geltenden Grenzen der mittelalterlichen Welt und der Entdeckung neuer Welten war eine Ausweitung der imperialen Macht des Okzidents über Natur und Menschen verbunden.

Die lateinamerikanischen Autoren der Gruppe »Modernidad/Colonialidad« haben mit ihren Arbeiten deutlich gemacht, dass sich die zentralen Grundstrukturen der modernen kapitalistischen Gesellschaften in Verbindung mit der kolonialen Aneignung von Menschen und Natur der Neuen Welt herausgebildet haben. Zum einen wurde die »billige« Arbeit der außereuropäischen Völker in das Weltsystem eingegliedert, es konstituierte sich eine »Kolonialität der Macht«, die mit einer »rassialisierte[n] Arbeitsteilung« assoziiert war (Quijano 2016: 31). Zum anderen waren diese hierarchischen Strukturen mit einer spezifischen »Kolonialität der Natur (Colonialidad de la naturaleza)« verknüpft (Alimonda 2011:21). Das erfolgte insbesondere, weil sich exportorientierte Monokulturen und damit eine neue Stufe der Aneignung der »billigen Arbeit« der Natur etablierten (Alimonda 2011: 48).

Wie oben dargelegt war auch bereits die Aneignung der lebendigen Natur – einschließlich der Körper der zu bloßen »Arbeitstieren« degradierten Sklaven – bereits hochgradig kapitalistisch organisiert. Hier von einer »traditionellen« Bioökonomie zu sprechen wäre undifferenziert, da sich insbesondere die Plantagenwirtschaft von den traditionellen Bioökonomien der indigenen Gemeinschaften, die vorher das Land nutzen, wie auch der Bioökonomie der Feudalgesellschaft deutlich unterschied. In der aktuellen Diskussion über Bioökonomie wird in marxistisch inspirierten Ansätzen von einem Biokapitalismus gesprochen (Rajan 2009). Diese Konzepte sind zur Analyse der aktuellen wissensbasierten Bioökonomie durchaus hilfreich. Allerdings erscheint es dabei aber verkürzt, den Begriff des Biokapitalismus nur auf die gegenwärtigen Formen der Landnahme der belebten Natur zu beziehen. Es wird daher vorgeschlagen, von einem mit der europäischen Expansion im 16. Jahrhundert beginnenden Prozess der Herausbildung einer »kapitalistischen Bioökonomie« zu sprechen. Immer mehr Gebiete werden durch Landnahme zu Akkumulationszonen. Mit der kapitalistisch organisierten Sklaverei werden auch die »menschlichen Körper als Kapital und Biokapital erwarteter und realer Produktivität« (Zeuske 2019: 283) entdeckt. Mit der Ausweitung der Akkumulation des Kapitals verknüpft war das »Zernagen und [...] Assimilieren« von »vorkapitalistischen Produktionsweisen« (Luxemburg 1970: 343) und damit auch die Zerstörung von Ökonomien mit alternativen Naturverhältnissen.

Die koloniale und kapitalistische Expansion war so der Beginn einer neuen Stufe der Rekonfiguration des Netzes des Lebens durch den Menschen. Damit verbunden war nicht nur eine Ausbeutung der Arbeit der Natur, sondern es begann zugleich eine Reduktion und Veränderung der Biodiversität infolge der Verwandlung von weitgehend natürlichen Ökosystemen in Monokulturen, wie auch der IPBES deutlich macht:

> »European colonialism from 1500 to early 1800s fundamentally transformed pre-existing indigenous cultural landscapes, with deforestation for monocrop plantations and the spread of invasive alien species. Populations of fur animals, fishes and whales were overexploited for the new global market. Spread of global commerce mostly from Europe, together with the spread of the European naturalistic worldview, had a huge impact on local human-nature relations and hence on land use.« (IPBES 2019a: 38)

Dies war der Auftakt zur drastischen Zunahme der Aussterberate in der Moderne, weshalb die Expansionsgesellschaft sich zugleich als eine »Extinktionsgesellschaft« in Hinblick auf ihre Auswirkungen auf das Netz des Lebens konstituiert.

Am Beginn des 17. Jahrhunderts adaptierte, wie ausgeführt, der englische Wissenschaftler Francis Bacon die expansive und koloniale Plus-Ultra-Logik und formulierte in seiner Utopie *Nova Atlantis* das anthropozentrische Projekt eines »enlarging of the bounds of Human Empire« (Bacon 1862: 398) durch die fortschreitende technoszientistische Beherrschung und Bearbeitung der Natur. Diese Programmatik einer infiniten Expansion der Grenzen des Human Empire kann ideengeschichtlich als ein zentraler Ursprung der modernen Industriegesellschaft angesehen werden (Jochum 2017: 315 ff.).

Zum einen werden Potenziale der anorganischen Natur in neuer Weise angeeignet und auf der Grundlage des technoszientistischen Herrschaftswissen neue Möglichkeiten der Produktion erschlossen. Hinzu kommt mit der verstärkten Nutzung von fossilen Energien eine neue Form der Domestikation des Feuers. Zugleich erfährt der Prozess der Kolonisierung der belebten Natur mit der Industrialisierung der Landwirtschaft eine Intensivierung und die kapitalistische Bioökonomie wird gegenüber der vorindustriellen Bioökonomie dominant. Daher erweist sich die gängige Erzählung von der der historischen Entwicklung der Bioökonomie als zu vereinfacht. Pietzsch zufolge ist die »Bioökonomie nichts Neues« (Pietzsch 2017: 2), da über Jahrtausende die Menschheit ihren Bedarf an Energie und anderen zentralen Ressourcen aus nachwachsenden Rohstoffen und erneuerbaren Quellen gedeckt habe. Der entscheidende Einschnitt, der zu einer Ablösung der »ursprünglichen Bioökonomie« (ebd.: 2)[35] beigetragen habe, sei demnach die industrielle Revolution gewesen, die dazu geführt habe, dass fossile Energien im »fossilen Zeitalter« zu den wichtigsten Energiequellen wurden. Angesichts der mit den fossilen Energien verbundenen Probleme müssten nun – so Pietzsch – Wege eines Übergangs von »fossil basierten Ökonomien« hin zu nachhaltigen »biobasierten Ökonomien« erschlossen werden. Dabei würden die Bioöko-

---

35 Die folgenden Erläuterungen folgen Pietzsch (a. a. O.) hier.

nomien der Zukunft im Gegensatz zu den traditionellen Bioökonomien »wissensbasierte Bioökonomien« sein, in denen modernes naturwissenschaftliches Wissen und auf dieser Grundlage entwickelten Technologien eine zentrale Bedeutung besitzen, wie es zumindest die EU und dir OECD propagieren (ebd.).

Bei näherer Betrachtung wird aber eine komplexere Dynamik erkennbar. Denn es zeigt sich enge Verschränkung zwischen der kapitalistisch organisierten biobasierten Ökonomie, wie sie sich seit dem 16. Jahrhundert herausgebildet hat, mit der neuen fossilbasierten Ökonomie des industriellen Kapitalismus. Zwar ist die Entstehung der modernen kapitalistischen Industriegesellschaft eng mit der vermehrten Nutzung fossiler Energien verbunden, sodass man auch von einer wachsenden Dominanz von »fossil capital« (Malm 2016) sprechen kann. Dies bedeutet aber nicht, dass nachwachsende Ressourcen und ihre Aneignung keine Bedeutung mehr besitzen würden. Auch wurde der Übergang in das fossile Zeitalter der Industriegesellschaft teilweise durch die Dynamiken der frühkapitalistischen Expansionsgesellschaft vorangetrieben. Ein Grund für die verstärkte Nutzung der Kohle war eine Holzknappheit im 16. Jahrhundert, die sich im 17. Jahrhundert verschärfte. Ein Lösungsansatz dafür war die Nutzung des scheinbar, unendlichen »sylva subterranea, oder unterirdischen Wald der Steinkohlen« (Sieferle 1982: 11). Die Ursache für die Holzknappheit war neben dem Bevölkerungszuwachs der steigende Holzbedarf durch zunehmende Eisenverhüttung wie in einigen Regionen auch für den Schiffsbau. Dieser Bedarf an Holz für Schiffe ist wiederum auch im Kontext der europäischen Expansion mit der Konkurrenz der europäischen Mächte um den Zugang zu billiger Natur in der außereuropäischen Welt und der Intensivierung der kapitalistischen Bioökonomie in diesen Gebieten zu sehen.

Die moderne Expansionsdynamik setzte somit nicht erst mit der verstärkten Nutzung der fossilen Energien ein, sondern diese stabilisierten den expansiven Kapitalismus der frühen Expansionsgesellschaft, der ansonsten in eine Krise geraten wäre. Daraufhin allerdings, hier ist der These vom »fossil capital« zuzustimmen, beschleunigte die Expansionsgeschwindigkeit fortan. Mit dem Übergang zur Industriegesellschaft war zugleich eine Steigerung der Nachfrage nach »bioökonomischen« Produkten verbunden. So besaß im frühen Manchester-Kapitalismus der in den überseeischen Plantagen produzierte Zucker eine wichtige Rolle für die Ernährung der Arbeiter. In Textilfabriken wurde die Baumwolle verarbeitet, welche auf der Grundlage von Sklavenarbeit in den kapitalistisch organisierten Plantagen der Neuen Welt produziert worden war (Beckert 2015: 109 ff.). Auch führte das Bevölkerungswachstum zu einer verstärkten Nachfrage nach Lebensmitteln und es kam zu einer allmählichen Industrialisierung der Landwirtschaft.

Dabei gewinnt naturwissenschaftliches Wissen ab dem ausgehenden 19. Jahrhundert eine wachsende Bedeutung und führt u. a. zum vermehrten Einsatz von künstlichem Dünger und Pestiziden. Angeregt wurde diese Verwissenschaftlichung, wie oben dargelegt, von Bacons Projekt einer Expansion der Grenzen des Human Empire. Bereits hier kann man von einer auf Herrschaftswissen gründenden »wissensbasierten Bioökonomie« sprechen. Damit verbunden ist ab dem 20. Jahrhundert eine zunehmende Automatisierung der Landwirtschaft mit einer wachsenden Bedeutung von durch fossile Treibstoffe angetriebenen Maschinen. Die vermehrte Produktion von Biomasse geht dabei letztlich mit einem sich immer mehr erhöhenden Einsatz von fossilen Ressourcen einher, sodass die Energiebilanz insgesamt im Vergleich zu traditionellen Bioökonomien negativ ist. Bezogen auf die kapitalistische Industriegesellschaft kann man damit nicht von einer Ablösung einer ursprünglichen biobasierten Ökonomie durch eine fossil basierte Ökonomie sprechen, sondern sogar von einer Verschränkung von industriegesellschaftlicher Bioökonomie und fossiler Ökonomie.

Eine neue, ausgeweitete Stufe des Vordringens des Menschen in das Netz des Lebens begann. Fortan bildeten die imperiale Ausweitung der Herrschaft des Human Empire über die Natur und die durch den »unbezähmbaren Drang des Kapitals nach Expansion« (Luxemburg 1975: 476) vorangetriebene kapitalistische Landnahme eines »nicht-kapitalistischen Milieus« (Luxemburg 1975: 334) im »Empire of capital« eine untrennbare Einheit. Mit der Durchsetzung der kapitalistischen Produktionsverhältnisse war ein »allumfassender Bruch in der menschlichen Beziehung zur Natur« (Foster u. a. 2011: 20) verbunden. Dieser resultierte vor allem daraus, dass der Kapitalismus »keine absoluten Grenzen seines eigenen

Fortschreitens« (ebd.: 31) kennt und aufgrund seiner Akkumulationslogik zum permanenten Wachstum gezwungen ist. Es ist daher der sich nun vertiefende ökologische Bruch »das Produkt eines gesellschaftlichen Bruchs« (ebd.: 50). Hierdurch verursachte ökologische Krisen werden nicht bewältigt, sondern nur verlagert, was schließlich zu einem »globalen ökologischen Bruch« (ebd.: 331) führt.

Dies brachte auch die Verschränkung und Verstärkung der ökologischen Konsequenzen mit sich. Oben wurde bereits aufgezeigt, dass mit der Industrialisierung und der verstärkten Nutzung von fossilen Energien der Beginn des sogenannten Anthropozäns und eines Zuwachses des Verbrauchs an natürlichen Ressourcen angesetzt werden kann. Gleiches lässt sich für die kapitalistische, industriegesellschaftliche Bioökonomie sagen, die langfristig eine zunehmende Reduktion der Biodiversität im Netz des Lebens und damit auch eine Schädigung der Ökosysteme und der von ihnen erbrachten Dienstleistungen zur Folge hatte.

Bereits mit der europäischen Expansion und der kolonialen Landnahme der außereuropäischen Welt begann ein Prozess der Transformation indigener Kulturlandschaften in kapitalistisch organisierte, exportorientierte Monokulturplantagen bzw. ihre Nutzungsveränderung zur Holzgewinnung (IPBES 2019a: 39). Hiermit war ein Anstieg der Aussterberate von Tieren (vgl. Abb. 10) und auch Pflanzen verbunden. Mit dem Übergang zur Industriegesellschaft intensivierte sich diese Entwicklung.

Die Daten dieser sogenannten »Großen Beschleunigung« (Steffen u. a. 2015) machen deutlich, dass es von 1750 bis 2010 nicht nur zu einem wachsenden Schwund der tropischen Wälder und einer Zunahme der landwirtschaftlich genutzten Landfläche, sondern auch zu einem Rückgang der terrestrischen Artenvielfalt kam. Ursache hierfür war neben der verstärkten Urbanisierung und dem damit verbundenen Flächenverbrauch auch die gesteigerte Nachfrage nach Lebensmitteln. Die parallel zur Mechanisierung der Produktion einsetzende Industrialisierung und Modernisierung der Landwirtschaft ging neben einem erhöhten Pestizid- und Düngemittelverbrauch auch mit einer Tendenz zu einer Verbreitung von Monokulturen in Industrie-wie auch Entwicklungsländern einher. Man kann von einer neuen Stufe des Prozesses der »Kolonisierung der Natur« mit einer Intensivierung des Zugriffs auf ihre produktiven Potenzen sprechen. Durch die verschiedenen grünen Revolutionen wurde die Produktivität gesteigert. Damit verbunden war, wie der IPBES-Report deutlich macht, aber auch eine Beschleunigung der Extinktionsrate:

»The Industrial Revolution in Europe, and the growth of populations and cities that it enabled, accelerated impacts on biodiversity. […]. The Green Revolution after WWII (World War II; 2. Weltkrieg, d. A.) drove further agricultural intensification, causing a rapid decline of species of agricultural habitats and the spread of invasive species, and further increasing the proportion of net primary production taken by humanity. Extinction rates rose sharply in the 20th century« (IPBES 2019a: 39).

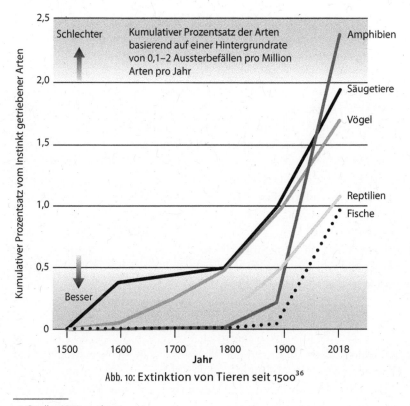

Abb. 10: Extinktion von Tieren seit 1500[36]

36 Quelle: IPBES 2019b: 26.

Exploitation, Extinktion und Rekonfiguration des Netzes des Lebens

In den letzten Jahren hat sich das Aussterberisiko für viele Arten noch weiter erhöht, wodurch die globale Funktionsfähigkeit der Ökosysteme stark gefährdet ist und deren Fähigkeit zur Erbringung von sogenannten Ökosystemleistungen beeinträchtigt wird. Der IPBES macht dabei interessanterweise deutlich, dass die »Verbesserung einiger Ökosystemleistungen mit der Verschlechterung anderer verbunden« (Helmholtz-Zentrum 2019: 5) ist. Eine nähere Betrachtung lässt dabei jedoch ein bemerkenswertes Spannungsverhältnis erkennen. Vor allem die verstärkte Inanspruchnahme der naturnahen »Dienstleistung« der Produktion von Energie und Biomasse trägt letztlich zu einer zunehmenden Beeinträchtigung der Fähigkeit der Ökosysteme zur Bereitstellung von weitergehenden und übergeordneten sogenannten ökologischen Dienstleistungen bei. Verbrennungsprozesse von Kohle und Holz beeinträchtigen die Luftqualität, Öl kann Wasser verschmutzen etc. Legt man den hier entwickelten Analyserahmen einer Tendenz und eines Zwangs zur zunehmenden Aneignung von »billiger« Arbeit der Natur in der kapitalistisch organisierten, auf Mehrwertproduktion abzielenden Ökonomie zugrunde, dann wird ein »Gegensatz zwischen der erweiterten Reproduktion von Kapital und der Reproduktion von Leben« (Moore 2020:92) erkennbar.

Die von Moore insbesondere bezüglich des Klimawandels formulierte These von einem »Übergang vom Mehrwert zum Negativwert« (Moore 2020: 466) lässt sich auch bezüglich der Beeinträchtigung der Ökosystemdienstleistungen formulieren. Dabei ist es vor allem die Intensivierung der hier als Kolonisierung der Natur beschriebenen Aneignung der Produktivität der belebten Natur durch eine kapitalistisch organisierte, industrielle Bioökonomie, die zu negativen Konsequenzen führt. So hat der Anstieg der Produktion von Nutzpflanzen und von Rohholz einem Rückgang von regulierenden Ökosystemleistungen, wie z.B. der Bestäubervielfalt zur Folge, was darauf hindeutet, dass »die Zuwächse materieller Ökosystemleistungen oft nicht nachhaltig sind« (Helmholtz-Zentrum 2019: 6). Demnach hat gerade »die intensive Landwirtschaft zu einem Anstieg der Nahrungsmittelproduktion auf Kosten des Rückgangs zahlreicher regulierender und kultureller Ökosystemleistungen geführt« (Helmholtz-Zentrum 2019: 7). Folgen sind auch jenseits der konkreten landwirtschaftlichen Nutzung zu verzeichnen: Mit der beschriebenen Expansion kommt es auch zu einer gesteigerten Bedrohung des Lebens durch Zoonosen. In seinem Gutachten verweist der IPBES auch auf die Gefahr der Zunahme von Zoonosen (Helmholtz-Zentrum 2019: 5). Zwar wird in der Öffentlichkeit weiterhin vor allem der Klimawandel diskutiert, dessen Bekämpfung auch im Zentrum der politischen Agenda steht, während der Problematik des Verlusts der Artenvielfalt von der Öffentlichkeit und den politischen Handlungsträgern noch nicht die gleiche Bedeutung zugeschrieben wird. Die Coronakrise hat aber teilweise zu einer Veränderung und Verschiebung der Risikowahrnehmung hin zum Problem der drastischen Abnahme der Biodiversität und der damit verbundenen Gefährdung der impliziten Arbeitsleistungen des ökologischen Netzes des Lebens für die Menschheit beigetragen. Im Nachfolgenden soll daher die Coronakrise bzw. insgesamt die Gefahr der Zunahme von Zoonosen Grundlage und Anlass sein für eine kritische Reflexion der bioökonomischen Landnahme des Netzes des Lebens im expansiven Kapitalismus der Expansionsgesellschaft.

4.1
Die expansive Landnahme des Netzes des Lebens und die Zunahme pandemischer Risiken

Die Einordnung der aktuellen Coronapandemie in den Gesamtprozess der Ausdehnung der Grenzen der modernen Expansionsgesellschaft erscheint nur auf den ersten Blick abwegig: Die Pandemie ging vermutlich zwar von einem chinesischen Markt für Tiere aus, die Ursprungsart waren Fledermäuse und von manchen wird die Übertragung des Virus vor allem auf scheinbar »barbarische« Essenpraktiken zurückgeführt. Allerdings wurden die Viren nicht direkt auf dem Markt von Fledermäusen auf den Menschen übertragen. Vielmehr wird von einer Evolution des Virus entlang einer Kette von Zwischenwirten ausgegangen. Es ist dabei zu vermuten, dass der unkontrollierte und illegale Wildtierhandel, der in den letzten Jahren zugenommen hat, ebenfalls eine Rolle spielt (Spangenberg 2020: 4). Das Zoonose-Risiko steigt zudem durch die Schädigung von Ökosystemen und das Vordringen des Menschen in bisher ungenutzte Gebiete und hängt daher mit der Zunahme der Landnahme von Natur zusammen. Spangenberg schreibt: »Das Problem liegt also nicht bei den

Fledermäusen und anderen Wildtieren, sondern in unserem Umgang mit der Natur: wenn wir die Tierwelt ›in die Enge‹ treiben und es dadurch zu verstärkten direkten Kontakten kommt, treten Übertragungen vermehrt auf.« (Spangenberg 2020: 4)

Die Zerstörung und Fragmentierung von natürlichen Habitaten durch den Menschen erhöht also das Risiko, dass aus Wildbeständen Krankheitserreger direkt überspringen oder auch durch weitere Tiere wie Zecken und auch Nutztiere auf Menschen übertragen werden. Die größten zoonotischen Bedrohungen entstehen dort, wo Naturflächen in Ackerland, Weiden und urbane Gebiete umgewandelt wurden. Diese geschah vor allem seit dem 16. Jahrhundert und zeigt heute seine ganze Tragweite.[37] Tollefson bilanziert:

> »As humans diminish biodiversity by cutting down forests and building more infrastructure, they're increasing the risk of pandemics of diseases such as Covid-19. [...] When some species are going extinct, those that tend to survive and thrive – rats and bats, for instance – are more likely to host potentially dangerous pathogens that can make the jump to humans.« (Tollefson 2020, 175).

Wenn auch die Ursachen der Entstehung neuer Epidemien im Detail noch unklar sind, so ist doch im Gesamten unbezweifelbar, dass die neuen Stufen der »kolonialen« und kapitalistischen Landnahmen der Natur die pandemischen Risiken erhöhen. Neben der direkten Veränderung der Beziehungen zu den Wildtieren spielt auch die Ausbreitung des industriellen Modells der Landwirtschaft, insbesondere in der Viehzucht, eine zentrale Rolle bei der Evolution und Verbreitung der Viren, wie Wallace deutlich macht: »Das Kapital erobert weltweit die letzten Urwälder und die letzten von Kleinbauern bewirtschafteten Flächen. Diese Investitionen treiben die Entwaldung und damit eine Entwicklung voran, die zur Entstehung neuer Krankheiten führt.« (Pabst/Wallace 2020: 38). Indem die Viel-

---

37 Als weitere Faktoren für die schnelle Verbreitung der Viren und damit die Entstehung globaler Pandemien gelten die ökonomische Globalisierung der letzten Jahrzehnte sowie der verstärkte Reiseverkehr.

falt des Lebens in den »kolonisierten« Landflächen vereinheitlicht wird, können zuvor eingeschlossene Krankheitserreger leicht auf domestizierte Tiere und menschliche Gemeinschaften überspringen. Dieser Prozess wird durch die Kapitalisierung und Industrialisierung der Landwirtschaft also forciert, weshalb es heute »keine kapitalfreien Krankheitserreger« (Pabst/Wallace 2020: 38) mehr gibt. Unsere Krankheiten kommen buchstäblich aus dem Kapitalismus. Die Ausdehnung der kapitalistisch organisierten sozio-technischen Netzwerke und deren Expansion in das Netz des Lebens gerät somit heute in die Krise, weil das »Kapital eine grenzenlose Expansion in einem begrenzten Netz des Lebens voraussetzt« (Patel/Moore 2018: 40). Man kann davon sprechen, dass die mit dem »expansive(n) Kapitalismus« verbundene kapitalistische Produktionsweise »im Zuge ihrer erfolgreichen Expansion zerstört […], was sie für ihre erweiterte Reproduktion benötigt« (Dörre 2019: 6), womit ein »Expansionsparadox kapitalistischer Landnahmen« (ebd.: 16) erkennbar wird. Die kapitalistische Expansionslogik kann nicht mehr aufrechterhalten werden, da natürliche Grenzen erreicht sind, die keine weitere Erschließung von »Grenzgebiete[n] der Aneignung« (Patel/Moore 2018: 139) mehr zulassen.

In Bezug auf Corona und die anderen neuen durch Zoonose entstandenen Krankheiten, die in den letzten Jahren zunehmen (siehe Abb. 11), kann man von einer zweifachen Krise des expansiven Prinzips der Landnahme sprechen: Zum einen erhöht das Vordringen in die wilde Natur und die Reduktion der Vielfalt der Arten die Wahrscheinlichkeit der Zoonosen, da Barrieren, welche die Übertragung verhindern, reduziert werden. Bestimmte Ökosystemleistungen des Netzes des Lebens und damit die unentgeltliche Arbeit der Natur können nicht mehr »geleistet« werden. Zum anderen wird innerhalb der kultivierten Zone die Wahrscheinlichkeit der Evolution und Verbreitung der Viren erhöht. Damit deutet sich eine Rekonfiguration des Grenzraums zwischen technischer Kultur und Natur an. Jedes weitere Vorrücken der Front des Human Empire erhöht die Chancen, dass auch »von außen« für Menschen bedrohliche Elemente der Natur eindringen. Die hybriden Räume und Grenzgebiete zwischen Natur und Kultur werden zu Risikozonen, in denen u. a. Zoonosen wahrscheinlicher werden. In der expansiven Moderne besaßen die Zentren des Weltsystems noch die Kontrolle über die peripheren Grenzräume. Durch das koloniale Grenzmanagement wurden Grenzen aber teilweise geöffnet, Vernetzungen ausgebaut und Interaktionen beschleunigt, um Mehrwert durch die Aneignung der billigen Arbeit von Natur und Menschen zu gewinnen. Zugleich wurden unerwünschte Menschen sowie die Nebenfolgen und Kosten der Aneignung aus der »Rechnungslegung« externalisiert und als Faktoren nicht weiter berücksichtigt. Dadurch werden die negativen Auswirkungen innerhalb der Kolonien nicht mehr erfahrbar. Der Sklave stirbt, der Fremde wird krank – nicht der Kapitaleigner. Aktuell wird jedoch erkennbar, dass gegenwärtig die als »Externalisierungsgesellschaft« aufgestellte Expansionsgesellschaft »zunehmend von ihren eigenen Effekten eingeholt und selbst mit ihren negativen Externalitäten konfrontiert [wird]« (Lessenich 2017: 116). Die Externalisierung der Nebenfolgen der Naturbeherrschung funktioniert nicht mehr, wie Covid-19 verdeutlicht, und das moderne expansive Grenz- und Landnahmeregime verliert seine Fähigkeit zur Kontrolle. Damit kann die Coronakrise – zusammen mit den bereits erkennbaren Folgen des Klimawandels – als Menetekel für das Ende der modernen Expansionsgesellschaft angesehen werden.

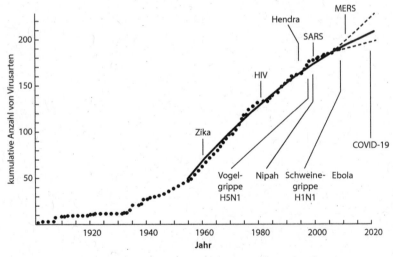

Abb. 11: **Neue epidemische Viruserkrankungen**[38]

---

38 WWF 2020: 11.

Auch die aktuellen Konzepte einer reformierten Ökonomie helfen dabei wenig. Die neue Bioökonomie und das damit teils verbundene Green Grabbing tragen nämlich mit zu einer Veränderung der ökologischen und ökonomischen Strukturen und der Verbreitung einer industriellen Landwirtschaft bei, welche das Risiko der Entstehung und Verbreitung von Pandemien erhöht. Die oben skizzierten grünen Landnahmen verdeutlichen dies. Fatheuer fasst die aktuellen Entwicklungen folgendermaßen zusammen:

»Das eingeläutete Ende des fossilen Zeitalters und Strategien zur Bekämpfung des Klimawandels stärken die Bedeutung von Biomasse. […] [Es] werden Strategien der Landnutzung neu definiert – wobei die Machtstrukturen die alten bleiben oder noch verstärkt werden. Großflächige Landwirtschaft und Monokulturen werden nun als Beitrag zu Bekämpfung des Klimawandels und Teil einer Green Economy neu legitimiert: Agrobusiness goes green. Zugang zu Land wird damit weiterhin und wahrscheinlich verstärkt zu einer Schlüsselfrage zukünftiger Entwicklung. Schon jetzt lassen sich neue Formen der Landnahme beobachten, die mit einem bioökonomischen Diskurs verwoben sind.« (Fatheuer 2018: 12)

Es sind zwar nicht die bioökonomischen Landnahmen allein, welche zu Entstehung von Zoonosen beigetragen haben, sie sind aber häufig ein wichtiger Faktor. Wie erwähnt, war z. B. der durch die Ausbreitung von Palmölplantagen mitverursachte entwaldungsinduzierte Stress bei Flughunden ein Faktor für die Nipah-Virus-Epidemie in der malaysischen Provinz Sabah (Malm 2020: 47). Ebenso ist die Ebola-Epidemie 2013 im Kontext der »Neoliberalisierung der westafrikanischen Wälder« und die veränderte Nutzung der Waldgebiete mit dem Ziel der Ausweitung der Palmölproduktion zu sehen (Wallace 2020: 85 ff.). Diese hatte Veränderungen von Verhaltensmustern und Verbreitungsgebiete von Flughunden herbeigeführt, die Träger des Ebola-Virus sind. Die Kontaktflächen zwischen Flederhunden, Menschen und Tieren wurden expansiv vergrößert (ebd.: 91). Wallace zufolge beseitigten »Entwaldung und intensive Landwirtschaft […] Hindernisse der traditionellen Agrarforstwirtschaft, die das Virus einst davon abhielt, ausreichend Übertragungen zu erreichen und zu einer Pandemie zu werden. Die Veränderung der Eigentumsstrukturen und der Produktion haben wesentlich zur Ebola-Pandemie in dieser Region beigetragen.« (Ebd.: 97). Zwar wurde die Ausweitung der Palmölproduktion in Guinea, woher der Virus stammt, nicht unmittelbar durch einen grünen, bioökonomischen Diskurs legitimiert und forciert. Sie steht aber im allgemeinen Kontext der neuen Landnahmen und dem damit verbundenen Übergang von traditioneller Agrarforstwirtschaft zur Weltmarktproduktion, wobei große Konzerne der Agrarindustrie an Bedeutung gewinnen (ebd.: 89). Von einigen Protagonisten der Green Economy wird dabei den großen Konzernen sogar eine positive Rolle zugeschrieben, da sie die Palmölproduktion effizienter und nachhaltiger organisieren könnten, was aus Sicht von Wallace allerdings mehr als fragwürdig sei. Er argumentiert:

»Die Agrarindustrie sei am besten in der Lage, Effizienzgewinne in der landwirtschaftlichen Produktion zu erreichen, um den Ressourcenverbrauch zu senken. Diese Annahme ist das zentrale Glaubensbekenntnis des grünen Kapitalismus. Aber sie [...] lässt die umfassenden Zerstörungen außer Acht, die die Monokulturen der Agrarindustrie hervorgebracht haben. Ihre Effizienzgewinne werden häufig mit Einbußen erkauft, darunter [...] Menschenrechte, Gesundheit [...] und Ökosystemdienstleistungen«. (Wallace 2020: 85, 125)

Die logische Konsequenz dieser Einbußen ist, wie gezeigt, auch die Erhöhung der Wahrscheinlichkeit der Entstehung von Zoonosen infolge der Ersetzung der traditionellen Agrarforstwirtschaft durch Monokulturen, denn »die neuen Landnahmen zerbrechen historisch gewachsene einheimische Agrar-Nahrungs-Komplexe«. (Ebd.: 138) Ähnliches ist insgesamt auch von anderen bioökonomischen Projekten zu erwarten – zumindest dann, wenn sie von den großen Konzernen der Agrarindustrie vorangetrieben werden und dem Ziel der weiteren Mehrwertproduktion dienen. Es lässt sich damit die Zunahme von pandemischen Risiken als weitere Nebenfolge von grünen, bioökonomischen Landnahmen erwarten.

4.2
Am Ende der Expansionsgesellschaft?

Generell wird ein grundlegendes Problem der neuen wissensbasierten Bioökonomie und der Green Economy insgesamt erkennbar. Das Programm einer Lösung der ökologischen Krisen qua Ersetzung der fossilen Energien durch erneuerbare Energien sowie des Ertrags an Biomasse durch weitere Expansion der ergrünten kapitalistischen Ökonomie ist schlechterdings unrealistisch und nicht zukunftsfähig, denn es erzeugt neue Risiken und sozial-ökologische Probleme.

Die Zunahme der pandemischen Risiken sind dabei ein weiteres, bisher nur wenig beachtetes Exempel für diese Expansionsparadoxien der Green Economy und des Green Growth. Wie oben deutlich wurde, sind noch viele weitere zu nennen. Der Umstieg auf Elektromobilität führt zu einem wachsenden Ressourcenbedarf mit negativen sozial-ökologischen Auswirkungen. Gleiches gilt teilweise für andere erneuerbare Energien wie Windenergie und den Aufbau der für die Nutzung notwendigen Infrastruktur. Vor allem eine auf industrieller Landwirtschaft beruhende Bioökonomie erzeugt viele neue Probleme, die aber häufig externalisiert und ausgeblendet werden. So wird durch die Monokulturen die Artenvielfalt verringert, wodurch, wie dargelegt, bestimmte Ökosystemdienstleistungen nicht mehr erbracht werden können. Die industrielle Landwirtschaft führt zugleich zu einer Steigerung des Eintrags von Stickstoff und Phosphor in Ökosysteme. Damit sind drei verschärfte Probleme benannt, die neben dem Klimawandel in dem Konzept der planetarischen Grenzen als besonders dringlich genannt werden (Rockström u. a. 2009a).

Dass diese Nebenfolgen der Strategien zur Bekämpfung des Klimawandels von den politischen und ökonomischen Akteuren nicht wahrgenommen werden, lässt ein grundsätzliches Defizit gegenwärtiger Risikodiskurse erkennen. Die ökologische Krise wird nur eindimensional und nicht umfassend als multiple sozial-ökologische Krise wahrgenommen. Fokussiert wird auf bestimmte Leitplanken und Zielwerte, wie das Zwei-Grad-Ziel für die globale Erwärmung. Ausgeblendet wird, welche Auswirkungen Maßnahmen auf andere Bereiche haben und dass möglicherweise das Erreichen anderer Zielwerte hierdurch erschwert wird. Die Möglichkeit des Entstehens von derartigen Risikokonflikten und Risikokonkurrenzen wird jedoch verdrängt. Es wird darauf vertraut, dass weiteres ökonomisches Wachstum technoszientistisch basierte Nachhaltigkeitsinnovationen und Investitionen in bestimmten Bereichen befördern könne. Die damit verbundenen Risiken der Genese neuer Nebenfolgen werden verleugnet. Leider wird deutlich, dass letztlich an dem Projekt der Expansion der Grenzen des Human Empire festgehalten wird. Dieses soll zwar ökologisch modernisiert, aber nicht prinzipiell infrage gestellt werden.

Als ein zentrales Problem anzusehen ist, dass an der Illusion festgehalten wird, eine technische Zivilisation, die durch den exzessiven Verbrauch von in Jahrmillionen gesammelten Energien erbaut wurde und auch jetzt noch auf ihm basiert, habe in ähnlicher Weise auch in Zukunft Bestand. Fossile Brennstoffe sind Energie aus früheren Fotosyntheseprozessen. Mit den zwischen 1950 und 2010 genutzten fossilen Brennstoffen wurden »50 bis 150 Mio. Jahren gespeicherten Sonnenscheins verbraucht« (Pietzsch 2017: 4). Wir nähern uns derzeit aber dem Maximum ihrer Ausbeutung. Zugleich sind auf ihren Verbrauch Luftverschmutzung, Smog, saurer Regen und Klimawandel zurückzuführen. Der Aufbau der technischen Zivilisation in den sogenannten entwickelten Ländern des Westens und die globale Expansion des Modells in den letzten Jahrzehnten gründete damit auf einer energetischen Sondersituation, an der nicht dauerhaft festgehalten werden kann. Die Bioökonomie verspricht zwar die Substituierbarkeit der fossilen Energien – dies würde aber, wie dargelegt, eine weitere extraktivistische koloniale Landnahme von Ressourcengrenzgebieten und von billiger Arbeit der menschlichen und außermenschlichen Natur bedingen. Die sozial-ökologische Krise würde vertieft. Moore prognostiziert:

»Der Menge neuer Arbeit, die der Kapitalismus [...] herauspressen kann, sind Grenzen gesetzt. Natur ist endlich. Das Kapital beruht auf der Annahme der Unendlichkeit. [...] Daher rührt die zentrale Rolle des ›Großen Grenzlands‹ in der Geschichte des Kapitalismus [...]. Das große Geheimnis [...] und die große Errungenschaft der kapitalistischen Zivilisation bestanden darin, die Rechnungen nicht zu bezahlen. Grenzgebiete machten dies möglich. Ihre Stilllegung bedeutet das Ende der billigen Natur – und damit das Ende des Freifahrtscheins für den Kapitalismus.« (Moore 2020: 239)

Und damit ist auch, wie hinzugefügt werden muss, das Ende der modernen Expansionsgesellschaft erreicht, deren Drang und Zwang zur infiniten Expansion nicht mehr aufrechterhalten werden kann und zu überwinden ist. Böhme hat schon vor 30 Jahren formuliert: »Am Ende des Bacon'schen Zeitalters ist das Bacon'sche Programm erfüllt. Seine Hoffnungen haben sich aber nicht erfüllt.« (Böhme 1993: 31). Diese Diagnose ist auch heute noch gültig und man kann daher behaupten, dass eine weitere Expansion der Grenzen des Bacon'schen Human Empire nicht mehr möglich ist. Es stellt sich daher die Frage nach der Gestalt einer Gesellschaft jenseits der Expansionsgesellschaft.

Zu einem (im Weiteren noch eingehender zu diskutierenden) Ausstieg aus der Expansionsgesellschaft angesichts ihres offenkundigen Unvermögens zur notwendigen Begrenzung könnten die verstärkte Wahrnehmung der gegenwärtigen Biodiversitätskrise und die damit verbundene Gefahr eines Zeitalters von Pandemien beitragen. In diesem Sinne wird in Bezug auf den SARS-CoV-2-Virus konstatiert:

»Wir Menschen sind von funktionierenden, vielfältigen Ökosystemen abhängig. Mit der Zerstörung von Ökosystemen zerstören wir auch unsere Lebensgrundlage wie die Corona-Epidemie zeigt. Darum müssen wir uns gemeinsam für einen transformativen Wandel unserer Gesellschaft zum Schutz unserer Lebensgrundlagen einsetzen. […] Es geht um nicht weniger als eine grundlegende, systemweite Reorganisation über technologische, wirtschaftliche und soziale Faktoren hinweg, einschließlich Paradigmen, Zielen und Werten.« (BMU 2020).

Von den Wissenschaftlern, welche die Diagnose einer »Pandemic Era« (IPBES 2020: 9) formulieren, wird dafür der »One Health approach […] as a guiding principle for pandemic prevention policy options« (IPBES 2020:42) empfohlen. In diesem Konzept werden »animal health, human health and environmental health landscapes« (ebd.: 41) in ihrer Verwobenheit betrachtet. In diesem Sinne heißt es auch im neuesten Global Biodiversity Outlook (Secretariat of the Convention on Biological Diversity 2020):

»The COVID-19 pandemic has further highlighted the importance of the relationship between people and nature. [...] It is clear that the loss and degradation of biodiversity undermines the web of life and increases the risk of disease spillover from wildlife to people. Responses to the current pandemic provide a unique opportunity for transformative change as a global community. Outbreaks of zoonotic diseases are increasing over time. The risk of future pandemics could be reduced through a more integrated, cross-sectoral and inclusive One Health approach that builds the health and resilience of people and the planet.« (Ebd.: 4).

Derartige integrierte Konzepte wie der One-Health-Ansatz scheinen zunächst geeignet, zur Entwicklung neuer Wertmaßstäbe und Handlungsstrategien beizutragen, welche anthropo-, bio- und ökozentrische Perspektiven verbinden. Wenn diese Handlungsstrategien allerdings den expansiven Kapitalismus und seinen Zwang zur expansiven Kapitalakkumulation nicht infrage stellen, ist anzuzweifeln, ob damit tatsächlich für One Health gesorgt werden und ein »Escape from the Pandemic Era« (IPBES 2020: 4) gelingen kann. Wie auch Wallace anmerkt, berücksichtigen Ansätze wie der der Steady-State-Economy einer auf optimalem Niveau verharrenden Wirtschaft bzw. des One Health »nicht die entscheidende Bedeutung der materiellen Enteignung und Entfremdung bei der Umgestaltung von Natur und Krankheitsgeschehen« (Wallace 2020: 147) und damit ebenfalls nicht die destruktiven sozial-ökologischen Folgen expansiver kapitalistischer Landnahme.

Aufgrund des »unbezähmbaren Drang[s] des Kapitals nach Expansion« (Luxemburg 1975: 476) gleicht das kapitalistische Weltsystem einem unreguliert und ungebremst immer weiter wuchernden Krebsgeschwür und Tumor im Netz des Lebens. Es droht, dieses einschließlich all seiner Bestandteile aufzuzehren, zu zerstören und seine Reproduktionsfähigkeit zu untergraben. Gleich einem Tumor befällt und okkupiert dieses im Zuge der Ausweitung der Akkumulation des Kapitals immer mehr Zonen und »Zellen« mit lebendigen Arbeitsvermögen im ökosystemischen Gesamtorganismus, unterwirft sie der Logik der Mehrwertproduktion und »entfremdet« sie damit ihrer produktiven Funktion im Gesamtzusammenhang des Netzes des Lebens. Erst wenn dieser dem Kapitalismus inhärente Expansions- und Wachstumszwang überwunden und damit das »Tumorwachstum« gestoppt wird, scheint eine Gesundung und Heilung möglich.

B

JENSEITS DER EXPANSIONSGESELLSCHAFT – AUF DEM WEG ZU NACHHALTIGEM LEBEN UND ARBEITEN IM NETZ DES LEBENS?

Es stellt sich folglich die Frage, wie die moderne Expansionsdynamik überwunden und eine Transformation hin zu alternativen Gesellschaftsformen jenseits der Expansionsgesellschaft eingeleitet werden kann. Die Einleitung einer derartigen, großen Transformation wird derzeit (noch) durch das Fortwirken der tiefer liegenden Fortschrittsmythen der Moderne und insbesondere den andauernden Plus-Ultra-Expansionsimperativ verhindert. Die Grundmatrix der Moderne, die im Zeichen des Plus Ultra konstituiert wurde, führte auf vielfältige Weise zur Institutionalisierung einer Logik der Expansion. Der Wachstumszwang der kapitalistischen Ökonomie und der Innovationsdrang der Technosciences sind auf Öffnung, Entgrenzung und Expansion ausgerichtet. Dieser moderne Entgrenzungsmythos, der in der Verkündung ausgedehnter Grenzen des Human Empire kulminierte, ist weiterhin untergründig wirksam und verhindert den Entwurf gesellschaftlicher Alternativen, die mit der expansiven Plus-Ultra-Logik der Moderne brechen. In diesem Sinne fragt Latour: »Wie sollten Moderne, deren ganzer Stolz und ganzes Ideal darin besteht, die Säulen des Herakles hinter sich zu lassen, ihren Geschmack, ihren Stolz, ihr Ideal und ihre Politik darin finden, sich Grenzen vorzugeben?« (Latour 2017: 333; Fn. 35)

Aktuell deutet sich jedoch mit der zunehmenden Akzeptanz ökologischer Expansionsgrenzen die Überschreitung einer Epochenschwelle an, die mit einer grundlegenden großen Transformation der okzidentalen Kultur einhergehen dürfte. Wie auch Latour in seinen Reflexionen zu den »planetary bounderies« argumentiert, geht damit das durch die Entdeckungsreisen eingeleitete Plus-Ultra-Projekt der Moderne seinem Ende entgegen und es beginnt der Übergang zu einer neuen Epoche. Er notiert:

> »Wenn die Menschen des modernen Typus definiert werden können als diejenigen, die sich immerzu von den Zwängen der Vergangenheit emanzipieren, die immerzu auf dem Weg sind, die unüberwindbaren Säulen des Herkules hinter sich zu lassen, dann haben die ERDVERBUNDENEN umgekehrt die Frage ihrer Grenzen zu lösen. Die MENSCHEN hatten die Devise ›Plus ultra‹, die ERDVERBUNDENEN haben keine andere Devise als ›Plus intra‹.« (Latour 2017: 488; Herv. i. O.)

Es soll später noch erörtert werden, wie die Formel Plus Intra interpretiert werden kann (vgl. Kap. B3). Latour assoziiert hiermit ein Rückbindung an Gaia und damit an die Erde als Biosphäre. Man kann dies auch als Plädoyer für einen Ausstieg aus Expansionsgesellschaft und eine Wiedereinbettung und Einbindung der Gesellschafft in das Netz des Lebens deuten. Es stellt sich so die Frage nach Visionen, Szenarien und der Utopie von einer Gesellschaft jenseits des Expansionsgesellschaft. Gewiss gibt es eine lange Tradition der Debatten um Alternativen zur expansiven Gesellschaft der Gegenwart. Bereits 1975 hat Dahrendorf in seiner Schrift *Die neue Freiheit* den Begriff der »Expansionsgesellschaft« (Dahrendorf 1975: 2) in kritischer Absicht verwendet und dieser die Vision einer »Meliorationsgesellschaft« gegenübergestellt. Damit meint er im Sinne einer qualitativen Verbesserung gesellschaftlichen Handelns »Melioration statt Expansion, gutes Haushalten statt Überfluß, menschliche Tätigkeit statt Arbeit«. (Ebd.: 16) Damit sind in seinem Entwurf bereits bestimmte qualitative Elemente des gegenwärtigen Postwachstumsdiskurses enthalten und es wird eine Kritik des Primats des Ökonomischen vorgenommen. Dahrendorf formuliert: »Während die zentralen Institutionen der Expansionsgesellschaft ökonomisch waren, sind die der Meliorationsgesellschaft politisch, das heißt öffentlich allgemein und offen« (ebd.: 132). Allerdings fehlt bei Dahrendorf eine Kritik der kapitalistischen Expansionslogik, die meines Erachtens nach als zentrale Triebkraft der destruktiven Dynamik der Expansionsgesellschaft gilt. Zudem vernachlässigt er eine profunde Analyse der ökologischen Problematik. Eine breitere Diskussion um Alternativen gibt es seit den 1980er-Jahren unter dem Einfluss der ökologischen Bewegungen und sodann mit der Formulierung des Leitbildes der nachhaltigen Entwicklung. Wege einer (sozial-ökologischen) Transformation hin zu einer nachhaltigeren Gesellschaft werden in den letzten Jahren breit und zunehmend diskutiert. Im Rahmen der vorliegenden Schrift können diese Diskussionen aber nicht im Detail dargestellt werden. Einen vereinfachten Überblick bietet die Verortung der an der Debatte um nachhaltige Entwicklung beteiligten Akteure und ihrer Utopien in einem Diskursfeld (vgl. Abb. 12), das durch eine Achse unterschiedlicher Natur- und Technikbilder mit den Gegenpolen »Technozentrismus« vs. »Ökozentrismus« und entlang einer Achse unterschiedlicher Entwicklungs- und

Wirtschaftsmodelle mit den Gegenpolen »weltmarktorientiertes Modernisierungsmodell« und »egalitäre Gemeinschaftsmodelle« aufgespannt wird (Brand/Jochum 2000: 190; Brand 2014: 58; Jochum 2020b: 31).

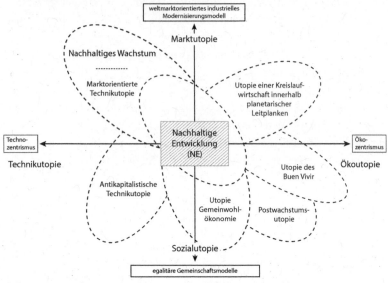

Abb. 12: Verortung der Utopien im Diskurs zu nachhaltiger Entwicklung[39]

Im Nachfolgenden wird auf einige dieser Konzepte und Utopien näher Bezug genommen, insbesondere dann, wenn in ihnen auch eine Vision einer Postexpansionsgesellschaft und Pfade dorthin skizziert werden. Die vorausgehende Analyse der Genese der Expansionsgesellschaft soll dabei auch eine kritische Perspektive zur Evaluation aktueller Transformationsszenarien bieten. Denn es erscheint fraglich, ob die Überwindung der Krisen der Expansionsgesellschaft möglich ist, wenn in Lösungskonzepten deren Basisprinzipien, wie insbesondere ihre Kolonialität und der expansive Kapitalismus, nicht überwunden, sondern letztlich reproduziert werden. Dies ist allerdings bei der Mehrzahl der aktuell diskutierten Strategien der Fall.

---

39 Quelle: Jochum 2020b: 31.

Wie bereits dargestellt, werden in den hegemonialen Nachhaltigkeitskonzepten eine wachstumsorientierte, weiterhin expansive kapitalistische Marktgesellschaft und Nachhaltigkeit irrtümlicherweise nicht als Widersprüche angesehen. Die Probleme des industriegesellschaftlichen Kapitalismus sollen durch Nachhaltigkeitsinnovationen gelöst werden und so wird »Nachhaltigkeit [...] der neue Geist des grünen Kapitalismus« (Neckel 2018: 17). Wie dargelegt, können diese Konzepte aber nicht zu einer Überwindung der ökologischen Krisen beitragen. Vielmehr gehen sie mit mehrfachen Nebenfolgen einher, welche die Krisen vertiefen. Auch Dörre bemerkt zurecht, dass es fraglich ist, »ob eine Nachhaltigkeitsrevolution gelingen kann, ohne den systemischen Zwang zu fortwährenden Landnahmen, zu Akkumulation und Marktexpansion anzutasten« (Dörre 1919: S. 28). Denn hinsichtlich der »technozentrischen und marktorientierten Konzepte«, die eine Vereinbarkeit von kapitalistischer Wachstumsökonomie und Nachhaltigkeit versprechen, ist die Bilanz ernüchternd. Die mit dem Leitbild des Sustainable Growth (bzw. der später auch verwendeten Begrifflichkeit der Green Economy) verbundenen Versprechen und Hoffnungen auf ein ökologisch nachhaltiges Wachstum bzw. Ausdehnung der Grenzen durch technische Innovationen werden nicht erfüllt.[40] Die verfolgten Strategien konnten zwar den Ressourcenverbrauch reduzieren, doch machen die kapitalistische Wachstumsdynamik und sogenannten Rebound-Effekte die Einsparungen wieder zunichte (Santarius 2015). Der Anstieg des globalen Verbrauchs an Ressourcen und von kritischen Emissionen setzt sich auch 30 Jahre nach dem Brundtland-Report ungebrochen fort.

Im Einzelnen gelingt die in den Industriestaaten teilweise vollzogene Reduktion von energie- und materieintensiver Produktion nämlich häufig nur durch die Externalisierung umweltintensiver Arbeitsplätze und Produktionsformen in Schwellen- und Entwicklungsländern (Lessenich 2016). Diese »imperiale Lebensweise« (Brand/Wissen 2017), die sich mit Expansion des Human Empire in den westlichen Industriestaaten etabliert hat, wird somit nicht überwunden, sondern nur modernisiert. Damit beginnt eine neue Stufe der Kolonialität der Moderne. Gleiches gilt für

---

40 Diese Negativbilanz erläutert das Kapitel 4.

Visionen eines Geoengineerings, die eine Bewältigung der ökologischen Krise und insbesondere der Herausforderung des Klimawandels durch eine umfassende technische Kontrolle und Manipulation von geo- und biochemischen Kreisläufen versprechen (Matzner 2015). Exemplarisch hierfür ist die Position von Paul Crutzen, der auch am Beginn der Debatte um das Anthropozän und der damit verbundenen These steht, dass der Mensch zu einer geologischen Kraft geworden ist, die in tiefgreifender und problematischer Weise auf die globalen biologischen und geophysikalischen Prozesse einwirkt (Crutzen/Stoermer 2000). Er trug mit seinen Überlegungen zur Beeinflussung des Klimas mittels der Schwefelemission in die Stratosphäre wesentlich zu Ausbreitung der Debatte um ein Geoengineering bei und postulierte die Notwendigkeit einer neuen Stufe ausgeweiteten Steuerung natürlicher Prozesse (siehe auch Crutzen 2008). Die Einsicht in die ökologische Krise führt damit bei Crutzen, ähnlich wie in den anderen derzeit vorherrschenden Konzepten, zu keiner kritischen Reflexion der modernen Utopie. Stattdessen setzen diese Autoren immer noch auf eine umfassende Beherrschung und Veränderung der Natur, was keine Transformationskonzepte einleitet, die eine grundlegende Veränderung der gesellschaftlichen Naturverhältnisse implizieren würden. Bereits Jonas hat aber bereits 1985 von der »Unheilsdrohung des Baconschen Ideals« (Jonas 1989: 251) gesprochen, das er ursächlich für die ökologische Krise ansah. Er wagt eindeutig eine »Kritik der Utopie«. Seine Kritik ist aber eine der »Technik im Extrem«, worauf er als Alternative eine »Ethik der Verantwortung formuliert, die heute nach mehreren Jahrhunderten postbaconscher, prometheischer Euphorie […], dem galoppierenden Vorwärts Zügel anlegen müsse« (Jonas 2020: 377). Mit einfachen Worten ausgedrückt bedeutet das, dass jeder Versuch zur Lösung der ökologischen Krise durch mehr technoszientistischen Fortschritt ein Irrweg ist. Hingegen bergen die Konzepte einer »Transformation hin zu einer Kreislaufwirtschaft« innerhalb planetarischer Leitplanken (wie das des WBGU 2011: 144) möglicherweise ein höheres Transformationspotenzial, insofern in ihnen die ökologischen Nachhaltigkeitsziele eine größere und unverhandelbare Bedeutung besitzen sowie weitreichendere gestaltende Eingriffe für notwendig erachtet werden. Aber hinsichtlich der Frage möglicher Grenzen des ökonomischen Wachstums bleiben diese

Konzepte eher unbestimmt. Eine tiefergehende Kritik der kapitalistischen Expansionslogik als zentrale Triebkraft der zunehmenden Umweltzerstörung findet sich in ihnen ebenso wenig. Angesichts der skizzierten Probleme des Konzepts des nachhaltigen Wachstums sind also insgesamt Zweifel angebracht, ob ein Übergang hin zu einer nachhaltigen Gesellschaft hierdurch erreicht werden kann.

Seit etwa 2006 werden darum in diesem Sinne im sozial-ökologischen Spektrum des Nachhaltigkeitsdiskurses verstärkt Stimmen laut, die das Wachstumsparadigma als prinzipiell unvereinbar mit dem Ziel der Nachhaltigkeit ansehen. In der Debatte um den Übergang in eine Postwachstumsgesellschaft wird das vorherrschende Wachstumsparadigma nicht nur einer ökologischen, sondern auch einer sozial-ökonomischen, kulturellen, feministischen Kritik unterzogen, der auch eine diese integrierende Kritik des Verhältnisses von globalem Norden und Süden zugehörig ist. Die Konzepte reichen von konservativen, werteorientierten Strategien bis hin zu kapitalismuskritischen Ansätzen (Schmelzer/Vetter 2019). Einige konservativ bzw. reformistisch ausgerichteten Konzepte weisen eine Nähe zu den Ansätzen einer Kreislaufwirtschaft auf, doch es fehlt ihnen eine explizit sozialutopische Komponente (z. B. Miegel 2010). Für die Mehrzahl der Ansätze gilt allerdings, dass sie die »Vision einer Postwachstumsgesellschaft als Utopie« (Muraca 2014: 14) enthalten, die mit einem klaren system- und sozialkritischen Impetus verbunden ist.

Als ein entscheidender Beitrag der Degrowth-Debatte kann zuletzt aber die Diskussion um die »Macht der Commons« (Helfrich/Bollier 2019) angesehen werden. Dabei entwirft De Angelis in der Schrift *Omnia Sunt Communia – On the Commons and the Transformation to Postcapitalism* die Utopie einer Gesellschaft, in der das Commoning der Kommodifizierungslogik der Marktutopie entgegengesetzt wird (De Angelis 2017: 35). Dies gilt auch für das Konzept der Gemeinwohlökonomie, das auf den Prinzipien der Kooperation und Solidarität statt auf Konkurrenz und Gewinnmaximierung aufbaut (Felber 2010). Die Transformation hin zu Nachhaltigkeit geht also in den verschiedenen Postwachstumskonzepten weitgehend mit einer Verwirklichung von Utopien einer gemeinschaftsorientierten und solidarischen Gesellschaft einher. Hinsichtlich der angestrebten Ökonomiemodelle werden durch eine Abkehr von der Steigerungslogik der Wachstumsgesellschaft und die Einforderung von suffizienteren Produktions- und Lebensformen Ziele gesetzt, die sehr wohl zu einer weitreichenden Reduktion des Ressourcenverbrauchs und damit der ökologischen Probleme der Expansionsgesellschaft beitragen könnten. Auch wird in vielen Konzepten eine global gerechtere Gesellschaft und damit eine Überwindung der mit der kolonialen Expansionsgesellschaft verbundenen Abhängigkeit- und Ausbeutungsverhältnisse zum Ziel.

Insofern ist mit diesen Utopien zwar im Gegensatz zu den hegemonialen Nachhaltigkeitskonzepten ein die Expansionsgesellschaft überwindender Impetus verbunden. Insgesamt ist jedoch davon auszugehen, dass vor allem die in der Postwachstumsdiskussion diskutierten Strategien und Visionen als ein entscheidender Beitrag zur Entwicklung einer Gesellschaft jenseits der Expansionsgesellschaft anzusehen sind. Allerdings gilt es zwischen den verschiedenen Varianten der Postwachstumsvisionen zu differenzieren. In vielen wird zwar die Wachstumsdynamik der modernen Gesellschaft diskutiert, dabei aber als Triebkraft vor allem die Konsumbedürfnisse des Individuums identifiziert. Demgegenüber hat die Analyse der Genese und Geschichte der Expansionsgesellschaft deutlich gemacht, dass seit dem 15. Jahrhundert die kapitalistische Akkumulationslogik und die ihr innewohnende Expansionsdynamik eine zentrale Triebkraft der Expansionsgesellschaft ist. Insofern können auch nur Postwachstumskonzepte, die letztlich Visionen von alternativen Wirtschaftsmodellen jenseits der kapitalistisch organisierten Ökonomie beinhalten, auch tatsächlich einen Beitrag zu Überwindung der Expansionsgesellschaft leisten. Die Matrix der Moderne und ihre Basisprinzipien haben sich mit der Umstellung von dem begrenzenden Non Plus Ultra zum expansiven Plus Ultra und der Entdeckung einer Neuen Welt herausgebildet. Die nun notwendige Transformation muss zweifelsohne mit einer Rekonfiguration dieser Prinzipien einhergehen. Dazu gehört vor allem auch eine Überwindung des mit der kapitalistischen Akkumulation im modernen Weltsystem verbundenen Expansionszwangs. Damit lässt sich eine Vision entwickeln, die über die Idee einer Postwachstumsgesellschaft hinausgeht. Hierbei handelt es sich um einen Durchbruch der ökonomischen Zyklen. Wallerstein zu Folge funktioniert die kapitalistische Weltwirtschaft nach einem zyklischen Muster. Dabei kann ein regelmäßiger Prozess der Expansion und Kontraktion (expansion and contraction) der Weltwirtschaft beobachtet werden (Wallerstein 2000: 269). Bei ihm wird jedoch nicht ausgeführt, ob die große Expansion des Weltsystems insgesamt auch dieser Logik unterliegt und damit jetzt am Ende der kapitalistischen Expansionsgesellschaft möglicherweise eine Phase der großen Kontraktion folgen könnte. Zwar mag es zu vereinfachend sein, eine derartige, quasi einem mythisch-zyklischen Zeitmodell folgende Logik für den gesamten historischen Prozess zu unterstellen. Es kann jedoch hilfreich sein, eine derartige Entwicklungslogik zumindest nicht auszuschließen, um damit dem Mythos des ewigen Fortschritts und der infiniten Entwicklung, welcher die Moderne bestimmte, eine kontrastierende Vorstellung entgegenzustellen. Daher wird die These aufgestellt, dass die *Expansionsgesellschaft in eine Kontraktionsgesellschaft* übergehen muss, um fortwirkende und neue sozial-ökologische Problem zu vermeiden, die mit einer weiteren Expansion verbunden wären. In diesem Sinne formuliert auch noch Jonas: »Kontraktion viel eher als Wachstum wird die Losung werden müssen.« (Jonas 2020: 281) Dabei muss eine Kontraktion keinen Verlust implizieren. Kontraktion kann mit einem positiven »Gesund-Schrumpfen« und einer Reduktion einhergehen, die durch eine »Transformation der expansiven in eine reduktive Moderne« (Sommer und Welzer 2014: 48) die Befreiung von Überflüssigem und von Elementen mit negativen Nebenfolgen erlaubt. Der Übergang zur Kontraktionsgesellschaft ermöglicht gerade die Konzentration auf (gesellschaftlich zu bestimmendes) Wesentliches, einen Prozess der Kondensierung und Komprimierung der positiven Elemente der gegenwärtigen Gesellschaft und ein gleichzeitiges Verwerfen ihrer Schattenseiten.

Ein derartiger Ausstieg aus der Expansionsgesellschaft und der Übergang in eine Kontraktionsgesellschaft machen ein fundamentale sozial-ökologische Transformation notwendig. Im Folgenden wird zunächst die Frage der Transformation unter Bezug auf Polanyis Werk *The Great Transformation* (Polanyi 2001/1944) erörtert. Seine Analyse von Prozessen der Entbettung der Ökonomie aus der Gesellschaft sowie von durch Gegenbewegungen forcierten Versuchen einer Wiedereinbettung lassen sich auf die Problematik des Übergangs beziehen. Dabei geht es heute vor dem Hintergrund einer umfassenden sozial-ökologischen Krise nicht zuletzt um eine ausgeweitete Form der Wiedereinbettung. Wie Felber in Anlehnung an Polanyi argumentiert, kann die »zweite große Transformation [...] verstanden werden als die Wiedereinbettung der Wirtschaft a) in die Ethik der menschlichen Gemeinschaften und Gesellschaften, b) in die Demokratie [...] sowie c) in den ökologischen Schoß des Planeten Erde.« (Felber; zit. nach Sommer und Welzer 2014: 195). Während Polanyi vor allem die innerhalb der Industriegesellschaften im 18. und 19. Jahrhundert entstehenden sozialen Probleme und Transformationsprozesse analysierte, geht es heute um eine umfassende sozial-ökologische Transformation. Wie deutlich wurde, kann dabei Kolonialität und Imperialität der modernen Expansionsgesellschaft sowohl in Hinblick auf das Verhältnis zur außereuropäischen Welt wie auch der außermenschlichen Natur als Kernproblem angesehen werden. Brand und Wissen (2017) argumentieren in ähnlicher Weise. Ihnen zufolge sind die imperialen Lebens- und Arbeitsweisen der Gegenwart als tragende Säulen der Ausbeutung von Menschen und Natur anzusehen.[41] Notwendig für die Vermeidung bzw. Überwindung der hieraus resultierenden sozial-ökologischen Krisen ist daher ein Übergang zu solidarischen Lebens- und Arbeitsweisen. Nachfolgend werden in Anlehnung hieran genau die Fragen nach dem Übergang zu solchen nachhaltigen Lebens- und Arbeitsweisen in Bezug auf zwei zentrale Ebenen diskutiert: a) der sozial-ökologischen Transformation der Arbeitsgesellschaft im Sinne nachhaltiger Arbeit und b) dem Übergang von der expansiven zur nachhaltigen Lebensführung.

---

41 Die »imperiale Lebensweise« (Brand/Wissen 2017) des Westens und die damit verbundene imperiale Arbeitsweise werden nicht überwunden, sondern nur modernisiert. Mit dem Begriff der »imperialen Arbeitsweise« dehnt Ulrich Brand die sozialen und ökologischen Konsequenzen der »imperialen Lebensweise« auf die Arbeitswelt aus. Reflexionen hierzu wurden 2017 in dem Vortrag *Wie kann die imperiale Lebens- und Arbeitsweise überwunden werden?* präsentiert (vgl. http://www.ev-akademie-tutzing.de/veranstaltung/gute-arbeit-ohne-wachstum; Zugriff: 10.10.2021). In einem spanischsprachigen Beitrag wurden von Brand/Wissen (2017) der »Modo de vida y trabajo imperial«, d. h die imperiale Lebens- und Arbeitsweise, diskutiert. Im Deutschen führten Brand und Wissen diese Überlegungen nicht weiter aus. Sie erscheinen aber sinnvoll, um den Nexus der Imperialität und Kolonialität von Arbeit und Leben zu betonen.

1
Die sozial-ökologische Transformation der Arbeitsgesellschaft[42]

In der Debatte um eine sozial-ökologische Transformation wird vielfach auf Karl Polanyi Bezug genommen. Sein Werk *The Great Transformation* (Polanyi 2001/1944) bildete u. a. einen titelgebenden Bezugspunkt für das vielbeachtete Gutachten *Welt im Wandel: Gesellschaftsvertrag für eine Große Transformation* des Wissenschaftlichen Beirats Globale Umweltveränderungen (WBGU 2011) der deutschen Bundesregierung. Bemerkenswert ist, dass in der im Anschluss an das WBGU-Gutachten sehr breit geführten Debatte um eine sozial-ökologische Transformation in Richtung einer nachhaltigen Gesellschaft die zentrale Argumentationsfigur Polanyis allerdings kaum expliziert wird. In Polanyis Analyse stehen Prozesse der Entbettung des kapitalistischen Marktes aus der Gesellschaft, dessen anschließende Wiedereinbettung sowie der jeweils damit verbundene Wandel der Natur- und Arbeitsbeziehungen im Zentrum (so auch Sachs 2013 und Göpel/Remig 2014). Dass Bewegungen der Wiedereinbettung aus Polanyis Perspektive eng mit einer Kritik der Kommodifizierung von Arbeit und Natur verbunden sind, entgeht auch neueren Veröffent-

---

42 In das nachfolgende Kapitel eingeflossen sind Überlegungen und Ausführungen zur Transformation der Arbeitsgesellschaft und nachhaltiger Arbeit aus Aufsätzen, die ich mit Koautorinnen aus der AG »Nachhaltige Arbeit« verfasst habe. Ich danke meinen Mitautorinnen, dass sie mir diesen Rückgriff erlaubt haben. Es handelt sich dabei insbesondere um die Veröffentlichungen *Nachhaltige Arbeit – die sozial-ökologische Transformation der Arbeitsgesellschaft befördern* (Barth, /Jochum/ Littig 2018); »Auf dem Weg zu nachhaltiger Arbeit? Zur Rolle von Arbeit in der Entwicklung nachhaltiger sozialer Innovationsprozesse« (Jochum/Barth, 2020); »Arbeit im Spannungsfeld von digitaler und sozial-ökologischer Transformation – Interferenzen, Synergien und Gegensätze« (Jochum/Matuschek 2019); »Nachhaltige Arbeit – Die sozial-ökologische Transformation der Arbeitsgesellschaft« (Jochum et. al. (2019).

lichungen (z. B. WBGU 2016). Hierdurch wird leider analytisches und letztlich »transformatives Potenzial« verschenkt. Denn Polanyis »Große Transformation« bietet, indem sie die expansive Logik der Kommodifizierung, d. h. des Zur-Ware-Machens von Arbeit und Natur grundsätzlich problematisiert, einen wichtigen Ansatzpunkt für die Analyse und Kritik der gegenwärtigen strukturellen Nicht-Nachhaltigkeit. Mit dem Theorem der Wiedereinbettung weist er zugleich Wege zu einer Überwindung der sozial-ökologischen Krise. Dafür müsste meines Erachtens aber das Konzept der Arbeit in den Mittelpunkt rücken. Bereits die Gedanken zur Entwicklung des menschlichen Manufakturierens haben deutlich gemacht, dass der Mensch außerhalb der Natur steht und sich über Arbeit seine Umwelt schafft. Wirtschaft und Mehrwert hängen also in erster Linie von der Arbeit ab, wie bereits Marx festgestellt hat. Ändern wir den Arbeitsbegriff und seine Abläufe, so ändern wir strukturell nach innen die Gesellschaft. Arbeit muss darum in allen ihren Formen konzeptionell in die Transformationskonzeption und -forschung integriert werden. Im Folgenden soll zunächst die Bedeutung der Theorie Polanyis in Hinblick auf Fragen von Arbeit und Natur skizziert werden und darauf aufbauend dargelegt, welche Schlüsse sich hieraus für eine Transformation der Arbeitsgesellschaft mit der Zielstellung nachhaltiger Arbeit ergeben.

In der sozial-ökologischen Transformationsdebatte erfüllt der Rückgriff auf Polanyis Terminus der »großen Transformation« einerseits die Funktion, für die Gegenwart einen mit der industriegesellschaftlichen Revolution vergleichbar tiefgreifenden gesellschaftlichen Umbruch im Sinne eines vielfältigen Strukturwandels zu erwarten. Zugleich wird auf die Notwendigkeit einer stabilisierenden sozialpolitischen Regulierung und Einbettung der Ökonomie beim Übergang zur kapitalistischen Industriegesellschaft verwiesen. Auch die anstehende gesellschaftliche Transformation zur Nachhaltigkeit müsse demnach von normativen und politischen Wandlungsprozessen flankiert werden (WBGU 2011). Kritisch wurde hierzu angemerkt, dass dieser Strukturwandel letztlich doch eher als inkrementeller, auf einen Übergang zur klimaverträglicheren Technologie fokussierter Wandel gedacht wird, im Zuge dessen die herrschenden Akteurskonstellationen, kulturellen Muster und Ziele sowie die ökonomischen Strukturen nicht ernstlich infrage gestellt werden (Brand 2016:

24). An diese Kritik anschließend und Polanyi folgend wird nachfolgend gezeigt, dass der gesellschaftliche Wandel in Richtung nachhaltiger Naturverhältnisse weitaus radikaler sein muss als mitunter angenommen. Denn letztlich macht Polanyis Werk die Herausbildung der kapitalistischen Ökonomie, welche Arbeit, Natur und Sozialbeziehungen zerstört, zum Thema und problematisiert diese. Um zu zeigen, wie mit Polanyi gesellschaftliche Transformation in Richtung Nachhaltigkeit zu denken und weshalb dabei insbesondere die Rolle der Arbeit zu betrachten ist, werden unter Zuhilfenahme des Begriffspaares »dis- und re-embedding« der Ökonomie die maßgeblichen sozial-ökologischen Transformationswellen der zurückliegenden Jahrzehnte diskutiert.

2
Die »Doppelbewegung« als sozial-ökologische Transformationen denken

Polanyi zeichnet in seiner Analyse bekanntermaßen die Herausbildung der modernen kapitalistischen Lohnarbeits- und Industriegesellschaft in Europa inklusive der beherrschten Kolonien als gesellschaftliche »Doppelbewegung« nach. In Anlehnung an ihn (2001/1944) und Burawoy (2015) lassen sich drei Wellen derartiger Prozesse des »dis- und re-embedding« identifizieren und die jeweiligen Auswirkungen von Kommodifizierungs-, De- und Re-Kommodifizierungsprozessen auf »Arbeit und Natur« analysieren.

Die Formulierungen dis- und re-embedding beziehen sich auf einige Ausführungen von Polanyi, in der von einer ursprünglichen »Einbettung« wirtschaftlicher Betätigungen in »Sozialbeziehungen« gesprochen wird: »Die neuere historische und anthropologische Forschung brachte die große Erkenntnis, daß die wirtschaftliche Tätigkeit des Menschen in der Regel in seine Sozialbeziehungen eingebettet ist« (Polanyi 1978 [1944]: 75), wozu es dann später heißt: »Die Wirtschaft ist (in entwickelten Marktgesellschaften) nicht mehr in die sozialen Beziehungen eingebettet, sondern die sozialen Beziehungen sind in das Wirtschaftssystem eingebettet« (ebd.: 88f.).[43] Systematisch betrachtet, erfolgt die Entbettung mit dem Prozess der Durchsetzung der Marktgesellschaft, d. h. der »Vermarktlichung« der drei »Substanzen« bzw. Produktionsfaktoren, welche den Charakter fiktiver Waren annahmen: Arbeit, Geld und Boden. Letzterer wird bei Polanyi als Synonym für Natur genutzt. Am Beginn der großen Transformation in der frühen Industriegesellschaft steht damit die Kommodifizierung von Arbeit und Natur und ihre Verwandlung in Waren. Diese Entwicklung

---

43 »Instead of economy being embedded in social relations, social relations are embedded in the economic system.« (Polanyi 2001/1944: 60)

geht zugleich mit einer grundlegenden Krisentendenz einher, da hierdurch die sozialen Beziehungen und die natürliche Umwelt zerstört würden. In aktueller Terminologie ausgedrückt werden also gleichsam die soziale und ökologische Nachhaltigkeit gefährdet. Er schreibt: »Machine production in a commercial society involves, in effect, no less a transformation than that of the natural and human substance of society into commodities. [...] The dislocation caused by such devices must disjoint man's relationships and threaten his natural habitat with annihilation.« (Polanyi 2001/1944: 44). Infolge dieser desaströsen Wirkungen der Märkte auf Arbeit und Natur komme es zu »countermovement [...] for the protection of society« (Polanyi 2001: 136), mit dem Ziel einer Beschränkung der Reichweite der Märkte, der »Dekommodifizierung« und der Wiedereinbettung der entbetteten Marktökonomie in die Gesellschaft. Die große Tranformation kann daher als ein »double movement« (ebd.: 138) beschrieben warden: »The one was the principle of economic liberalism, aiming at the establishment of a self-regulating market [...]; the other was the principle of social protection aiming at the conservation of man and nature« (ebd.). Dieser Prozess von Entbettung und Wiederbettung bzw. Kommodifizierung und Versuchen einer partiellen Dekommodifizierung hat sich in der Geschichte mehrmals wiederholt. Die »erste Welle der Vermarktlichung« kann vom Ende des 18. bis Anfang des 20. Jahrhunderts angesetzt werden und zeichnet sich durch die ursprüngliche »marketization« der noch feudal geprägten Gesellschaften Europas aus. Es sei die Komplexität und Dynamik der mit der industriellen Produktion veränderten Arbeitsorganisation und -zerlegung gewesen, die eine stetige Ausweitung der Märkte und damit »extension of the market mechanism to the elements of industry-labor, land, and money« (ebd.: 78) erzwungen habe, wodurch Polanyi folgend die bisher bestehenden Einbettungen systematisch zerrissen worden seien. Während zuvor gegolten habe: »labor forms part of life, land remains part of nature, life and nature form an articulate whole« (ebd.: 187), erfolgt nun eine Auflösung dieser Einheit und eine Einpassung der Teile. Die Folgen seien Armut, Verstädterung und Landflucht sowie die Gefahr der »Vernichtung« der europäischen Landwirtschaft durch Nahrungsmittelimporte gewesen. Die sich anschließende konfliktreiche, vielfach gebrochene und widersprüchliche »Gegenbewegung« hätten in den interventionistischen Arbeits-, Fabrik- und Sozialgesetzen sowie Bodengesetzen und Agrarzöllen des 19. Jahrhunderts bestanden, welche die Mobilisierung von Arbeit und Natur/Boden und also die Reichweite der Märkte hätten einschränken sollen (ebd.: 187 ff.).

Die »zweite Welle der Vermarktlichung« habe mit dem erneuten Vordringen des Marktes nach dem Ende des Ersten Weltkriegs eingesetzt und habe, so Burawoy (2015), 1973 mit der Ölkrise geendet. Die Vermarktlichung habe sich in Form eines weitgehend unregulierten globalen Marktes ausgeweitet, der die nationalen Ökonomien immer stärker in die Krise gerissen habe, was protektionistische Maßnahmen verschiedener Art (New Deal in den USA, Faschismus in Europa) nach sich gezogen habe (ebd.: 40). Im Zentrum von Polanyis Analyse stehen vor allem Bewegungen, welche repressive und antidemokratische Formen der Wiedereinbettung favorisieren – die große Transformation mündete letztlich in die »fascist catastrophe« (Polanyi 2001: 242). Die von Polanyi favorisierte Alternative einer Begrenzung des Markts durch einen christlichen und demokratischen Sozialismus wurde nicht verwirklicht.

Nach dem Ende des zweiten Weltkriegs haben die Bewegungen gegen die weitere Kommodifizierung von Arbeit allerdings durchaus schützende Wirkungen v. a. für einen bestimmten (männlich-weißen) Teil der Arbeitsklasse im globalen Norden entfaltet, z. B. in Form der fordistischen Arbeitsgesellschaft. Sozial-ökologisch betrachtet hat sich der Komplex von wohlfahrtsstaatlicher Absicherung, Massenproduktion und -konsum allerdings verheerend auf die äußere Natur ausgewirkt: Die »große Beschleunigung« des rasanten, fossil-getriebenen Wirtschaftswachstums und Naturverbrauchs setzte ein (Steffen u. a. 2015). Der Wohlstand der fordistischen Arbeitsgesellschaft basierte damit auf einer grundlegend nicht-nachhaltigen Produktions- und Konsumweise, geschlechtsspezifischer Arbeitsteilung sowie einer Vertiefung der Gegensätze zwischen den sogenannten Entwicklungs- und den Industrieländern, also auf einer zeitlichen und räumlichen Externalisierung der anfallenden Kosten des ungleich verteilten Wohlstands (Lessenich 2016, Brand/Wissen 2018).

Die »dritte Welle der Vermarktlichung nach Polanyi« von Arbeit und Natur habe Mitte der 1970er-Jahre mit Ölkrise und der neoliberalen Marktoffensive ihren Anfang genommen und zum »disembedding global«

(Altvater und Mahnkopf 1999: 96) geführt. Wie Burawoy argumentiert, sei diese »dritte Welle« insbesondere durch eine Intensivierung der Aneignung der Natur gekennzeichnet und angesichts der hierdurch erzeugten ökologischen Probleme werde zugleich der Schutz der Natur zu einem zentralen Ziel für Gegenbewegungen: »The commodification of nature is at the heart of capitalism's impending crisis. The countermovement in the third period will have to limit capitalism's tendency to destroy the foundations of human existence.« (Burawoy 2015: 39)

Wenn insgesamt betrachtet somit die große Transformation zunächst zu einer Kommodifizierung von Arbeit und Natur mit destruktiven sozialen und ökologischen Konsequenzen infolge der Entbettung der Ökonomie geführt hat, so ist aktuell zur Überwindung dieser Krisen eine Gegenbewegung und »große Gegentransformation« nötig, um eine Wiedereinbettung der Ökonomie in die Gesellschaft und das Netz des Lebens zu ermöglichen. Bezogen auf die Frage der sozial-ökologischen Transformation der Arbeitswelt impliziert dies, dass für eine Wiedereinbettung ein Übergang hin zu einer nachhaltigen Arbeit anzustreben ist. Dies bedeutet, dass zum einen die Fokussierung auf die Erwerbsarbeit überwunden und zum anderen nach Regulierungsformen jenseits von Markt und staatlicher Steuerung gesucht werden muss.

Aus der hier eingenommenen Perspektive können nur die Transformationskonzepte, welche die Dominanz der erwerbsförmigen, marktorientierten Arbeit problematisieren, für sich in Anspruch nehmen, eine »Große Transformation« im Sinne Polanyis anzustreben. Notwendig ist hierzu eine Erweiterung des Arbeitsbegriffs, wodurch es möglich wird, das Leitbild der nachhaltigen Arbeit ohne die Engführung auf die marktorientierte Erwerbsarbeit auszudeuten. Damit wird die vor allem von Frauen geleistete Care- und Versorgungsarbeit jenseits der Erwerbssphäre als gesellschaftlich notwendige Arbeit anerkannt. Bezogen auf Arbeit implizierte der Prozess der Kommodizierung sowohl die Ausweitung der Marktlogik auf immer weiter Tätigkeits- und Arbeitsbereiche als auch die Abwertung von allem, was (noch) nicht kommodifiziert ist, insbesondere die überwiegend von Frauen geleistete Sorgearbeit (Littig 2017). Eine Transition hin zu nachhaltiger Arbeit erfordert also eine mehrfache Stoßrichtung:

a) Nötig wird der Schutz von Arbeit und Arbeitskraft vor zunehmender Kommodifizierung, Überlastung und Prekarisierung. Gewerkschaftliche Konzepte der (Re-)Regulierung von Arbeit im Sinne von »Guter Arbeit« (IG Metall 2007) sind ein wichtiger Schritt in diese Richtung.
b) Ferner geht es um die zunehmende »commodification of nature« (Burawoy 2015: 39), die Burawoy zu Folge eine zentrale Ursache für die gegenwärtige ökologische Krise ist. Dieser Dienstbarmachung sind Strategien eines Schutzes der Natur vor der Vermarktlichung entgegenzusetzen. Aus dieser Perspektive sind Bemühungen um eine Ökologisierung der erwerbsförmig organisierten Arbeit hin zu ressourcenschonenden und umweltverträglichen Arbeitsplätzen für den Übergang in eine nachhaltige Arbeitsgesellschaft und damit die Herausbildung einer neuen »Ökologie der Arbeit« (Schröder/Urban 2018) essenziell. Das ist jedoch nur ein Baustein einer umfassenden sozial-ökologischen Transformation, welche das Verhältnis von marktförmiger Erwerbsarbeit und Leben grundlegend neu bestimmt.
c) Erforderlich hierfür ist die Aufwertung der noch nicht kommodifizierten Bereiche bzw. Schaffung neuer Zonen jenseits des Marktes. Notwendig ist die Entwicklung von Konzepten einer Entkommodifizierung, welche die Bedeutung der Erwerbsarbeit ohne Wohlstandsverlust zugunsten gesellschaftlich notwendiger Tätigkeiten, neuer Organisationsformen der Arbeit und einer suffizienten Ressourcennutzung reduziert.
d) Damit sind auch Implikationen hinsichtlich der Neuordnung der globalen Arbeitswelt und der damit verbundenen Ungleichheits- und Ausbeutungsverhältnisse verbunden. Ein Übergang zu nachhaltiger Arbeit erfordert die Durchsetzung von Umwelt- und Arbeitsstandards innerhalb globaler Wertschöpfungsketten. Darüber hinaus ist danach zu fragen, inwieweit gerade im globalen Süden bestimmte Formen nicht-vermarktlichter, subsistenz-orientierte Arbeitsformen aus sozial-ökologischer Perspektive möglicherweise positiv zu bewerten sind und geschützt bzw. gefördert werden müssen.

Die »Doppelbewegung« als sozial-ökologische Transformationen denken

Insgesamt kann man in Analogie zum Begriff der Energiewende davon sprechen, dass durch eine »Arbeitswende« eine sozial-ökologische Transformation der Arbeitsgesellschaft zu nachhaltiger Arbeit eingeleitet werden muss. Einige Aspekte dieser Arbeitswende sollen im Folgenden näher diskutiert werden.

3
Wider die Kommodifizierung von Arbeit. Perspektiven einer nachhaltigen Arbeit(sgesellschaft)

3.1
Das Leitbild der nachhaltigen Arbeit

Mit dem Bezug auf »nachhaltige Arbeit« wird zum einen an eine bereits länger geführte, aber erst in den letzten Jahren sich wieder ausweitende Debatte um den Zusammenhang von Ökologie und Arbeit (u. a. Brandl und Hildebrandt 2002; Diefenbacher 2016; Barth u. a. 2016) angeschlossen. Zum anderen wird auf die mit der UN-Agenda »Transforming Our World« beschlossenen »Sustainable Development Goals« sowie den UNDP-Bericht *Arbeit und menschliche Entwicklung* (UNDP 2015b) rekurriert. In diesem Bericht wird mit Referenz auf die UN-Ziele für nachhaltige Entwicklung und deren vielfältigen Bedeutung für die Arbeitswelt[44] ein Übergang hin zu nachhaltiger Arbeit eingefordert. Sie wird »definiert als Arbeit, die der menschlichen Entwicklung förderlich ist und gleichzeitig negative Außenwirkungen, die in verschiedenen geographischen und zeitlichen Zusammenhängen erlebt werden können, verringert oder ausschaltet.« »Sie sei nicht nur für die Erhaltung unseres Planeten entscheidend, sondern auch, um sicherzustellen, dass künftige Generationen weiterhin Arbeit haben.« (Ebd.: 45)

Dieses in den letzten Jahren auch in Deutschland breit rezipierte Leitbild (Barth u. a. 2016; Jochum et al 2019; Becke 2019) rückt nunmehr die Arbeitenden ins Zentrum der Betrachtung. Dies steht im Gegensatz zu der bisherigen Fokussierung der Nachhaltigkeitsdebatte auf individuelle

---

[44] Verwiesen wird insbesondere auf Ziel 8 »nachhaltiges Wirtschaftswachstum, produktive Vollbeschäftigung und menschenwürdige Arbeit für alle«; aber auch die Ziele 2, 3, 5 und 9 haben eine Relevanz für Arbeit (UNO 2015; UNDP 2015b: 20).

Konsummuster auf der einen respektive die Unternehmen auf der anderen Seite. Das geht über eine auf Erwerbsarbeit beschränkte Perspektive hinaus, auch Arbeit im Nichterwerbsbereich einbezogen (UNDP 2015b: 3). Bezugspunkt ist ein durch den »Capability Approach« (Sen 1982 [1979]) inspirierter umfassender Entwicklungsbegriff. Übergeordnetes Ziel ist die Erweiterung der Wahlmöglichkeiten von Menschen. In diesem Zusammenhang wird der Arbeit eine besondere Bedeutung zugeschrieben, da durch Arbeit menschliche Potenziale entwickelt werden.

Nicht-nachhaltige Arbeit ist dadurch gekennzeichnet, dass sie sowohl in der Gegenwart dem Ziel der guten, entwicklungsfördernden Arbeit widerspricht als auch zukünftige Arbeitsmöglichkeiten untergräbt. Nachhaltige Arbeit ermöglicht hingegen die gegenwärtige Entfaltung von Arbeitspotenzialen und minimiert zugleich die ökologischen Nebenfolgen dieser Aktivitäten, um die zukünftige Verwirklichung der menschlichen Potenziale zu gewährleisten. In einer entlang der Achsen Nachhaltigkeit und Entwicklung aufgebauten Matrix stellt sich doppelte Zielsetzung folgendermaßen dar:

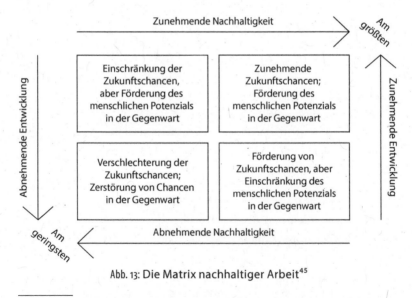

Abb. 13: Die Matrix nachhaltiger Arbeit[45]

---

45 Quelle: Eigene Darstellung nach UNDP (2015b: 17).

Das Leitbild der nachhaltigen Arbeit vereint so Entwicklungs- mit Umweltzielen. Es zielt auf eine sozial-ökologische Transformation der globalen Arbeitsgesellschaft, welche die natürlichen Grundlagen jetziger wie zukünftiger Arbeit bewahrt und die Entwicklung des Menschen durch Arbeit befördern soll. Zwei Ergänzungen sind dazu wichtig:
a) Aufzunehmen ist das Ziel der Nachhaltigkeit der »inneren Natur« des Menschen. Arbeit muss nämlich so gestaltet werden, dass auch die Wahrung der Reproduktionsfähigkeit der menschlichen Arbeits- und Lebenskraft gewährleistet ist (Barth/Jochum/Littig 2016b).
b) Auf der Grundlage eines postanthropozentrischen Arbeitsbegriffs kann auch das Ziel der Nachhaltigkeit der Arbeitskraft der lebendigen Natur und ihrer Reproduktionsfähigkeit aufgenommen werden.

Im Folgenden werden zentrale Felder der sozial-ökologischen Transformation zu nachhaltiger Arbeit aufgezeigt. Angeknüpft wird dabei an Vorarbeiten der Arbeitsgruppe »Nachhaltige Arbeit – Die sozial-ökologische Transformation der Arbeitsgesellschaft« beim Deutschen Komitee für Nachhaltigkeitsforschung – Future Earth (Jochum u. a. 2019). Die dort vorgenommene Exploration zentraler Forschungsfragen zu nachhaltiger Arbeit identifizierte zentrale Leitthemen einer Forschungsagenda zu nachhaltiger Arbeit:
1. Innovationen und Transformationen in der Erwerbsarbeitssphäre
2. Veränderungen im Verhältnis von bezahlten und unbezahlten Arbeiten
3. Globale Zusammenhänge der Arbeitsgesellschaft(en)
4. Digitalisierung von Arbeit und nachhaltige Arbeit
5. Governance der sozial-ökologischen Transformation (Jochum u. a. 2019: 10)

Wegen der Fokussierung auf eine Forschungsagenda wurde die Frage nach Transformationswegen in dem Bericht jedoch nicht explizit thematisiert. Die implizite Grundannahme ist allerdings, dass die identifizierten Felder eine besondere Relevanz für die Transformation zu nachhaltiger Arbeit haben und deshalb eine besondere Aufmerksamkeit erfahren sollten. Der

Ausgangspunkt liegt darin, dass »der Übergang zu nachhaltiger Arbeit als eine über technologische und ökonomische Innovationen weit hinausgehende, umfassende sozial-ökologische Transformation der Arbeitsgesellschaft zu konzipieren [ist]« (ebd.: 8). In den folgenden Ausführungen werden darum entlang der im Working-Paper identifizierten Leitthemen Potenziale für eine Transformation zu nachhaltiger Arbeit erstmalig diskutiert.

3.2
Innovationen und Transformationen in der Erwerbsarbeitssphäre

Fest steht, die Erwerbsarbeitssphäre prägt die moderne Arbeitsgesellschaft und ist damit ein wesentliches Transformationsfeld des Übergangs zu nachhaltiger Arbeit. In diesem Bereich wurden folgerichtig auch bereits Innovationen angestoßen, die allerdings weitgehend technischer Art sind. Als die Trägergruppe von Nachhaltigkeitsinnovationen werden dabei vor allem die Unternehmer und das Management adressiert. Diese Ebene und die Einforderung einer unternehmerischen Gesellschaftsverantwortung vor dem Hintergrund der Machtverhältnisse in den Unternehmen erscheint auch im Kontext der Überlegungen zur sozial-ökologischen Transformation als durchaus wichtig. Wie im Folgenden dargelegt wird, gerät mit dieser Perspektive allein aus dem Blickfeld, welchen Beitrag die Lohnabhängigen und ihre Organisationen für eine sozial und ökologische Umgestaltung der Erwerbsarbeit leisten können. Deren Einbindung ist darüber hinaus notwendig, um die Interessen der unmittelbar von ökologischen Konversionsprozessen Betroffenen frühzeitig zu berücksichtigen.

3.3
Erweiterte Subjektansprüche, nachhaltige Arbeit und konfliktäre Konversionen

Becke und Warsewa (2017) vertreten die These, dass im Zuge eines allgemeinen Normbildungsprozesses, d.h. der Verbreitung von ökologischen Nachhaltigkeitsanliegen in nahezu allen gesellschaftlichen Bereichen und

Milieus, die Beschäftigten im Sinne einer sogenannten »erweiterten Subjektivperspektive« auch ihre ökologischen Einstellungen und Bewertungskriterien in betriebliche Prozesse einbringen und sich so »Chancen für eine nachhaltigere und sozialverträglichere Gestaltung von Arbeit eröffnen« (ebd.: 20). Damit ist keineswegs vorausgesetzt, dass die Beschäftigten mehrheitlich ökologische Positionen vertreten, aber sie haben die Möglichkeiten, dies zu tun. Und diese seien wohl tendenziell auch insofern stärker, weil Unternehmen zunehmend gefordert seien, auf gesellschaftliche Anforderungen und diejenigen der Beschäftigten einzugehen (ebd.). Zu berücksichtigen ist allerdings, dass die Machtpotenziale sowohl innerhalb als auch außerhalb der Unternehmen noch immer sehr asymmetrisch verteilt sind (Jochum u. a. 2019). Die sogenannte Subjektivierung von Arbeit kann also nur daher dann einen Beitrag zu nachhaltiger Arbeit im Sinne einer sozial ökologischen Transformation leisten, wenn die Entscheidungsspielräume der Beschäftigten ungleich größer werden. Damit wird die Frage nach einer weitergehenden Beteiligung der Werktätigen und ihrer Organisationen auch für die Durchsetzung arbeitsökologischer Innovationen relevant.

Diese Beteiligung ist insbesondere auch dann notwendig, wenn Arbeitnehmer Betroffene von ökologisch begründeten Transformationsprozessen sind. Dies verdeutlichen die aktuellen Auseinandersetzungen um den Übergang von fossilen Energien zu erneuerbaren Energien, indem man aus der Kohle aussteigt bzw. in der Autoindustrie, infolge der Konversion vom Verbrennungsmotor zu anderen Antriebsformen (insbesondere Elektromobilität), zu nachhaltigeren Mobilitätssystemen übergeht. Gerade in diesen Bereichen scheint die integrative Leitbildfunktion von »nachhaltiger Arbeit« bedeutsam zu sein, insofern die Transformationsprozesse mit einem Verlust von Arbeitsplätzen bzw. zumindest mit einer (partiellen) Entwertung bisheriger Qualifikationen einhergehen (werden).

In diesen Konfliktfeldern kann nun das Leitbild der »nachhaltigen Arbeit« aufgrund seiner doppelten Zielsetzung, sowohl die ökologische Transformation voranzutreiben als auch menschenwürdige, gute, entwicklungsförderliche Arbeit zu erhalten bzw. zu schaffen, eine Orientierung geben. Wie in dem UNDP-Bericht explizit deutlich gemacht wird, kann es im Zuge von Konversions- respektive Transformationsprozessen zu Interessengegensätzen kommen. Es werden daher »Maßnahmen zur

Bewältigung von Zielkonflikten« (UNDP 2015b: 209) erforderlich. Dies beinhaltet, dass die Interessen der bisher in diesen Bereichen Beschäftigten durchaus wichtig sind. Arbeitsökologische Innovationen dürfen also nicht über die Köpfe der Beschäftigten hinweg stattfinden. Vielmehr muss der Übergang zu ökologisch nachhaltiger Arbeit unter Berücksichtigung des Ziels der Sozialverträglichkeit und der Wahrung der menschlichen Entwicklungsmöglichkeiten erfolgen. Die verschiedenen Formen der gewerkschaftlichen Interessenorganisation und der Partizipation der Beschäftigten in der Arbeitswelt müssten darum eher eine Stärkung erfahren. Es ist im Grunde – so Becker u. a. (2019) bezogen auf den Wandel in der automobilen Zulieferindustrie angesichts des Übergangs zu Elektromobilität – eine »beteiligungsorientierte Industriepolitik zur Bearbeitung sozial-ökologischer Transformationskonflikte« (ebd.: 254) notwendig. Diesbezüglich ist vorstellbar, dass das Leitbild der nachhaltigen Arbeit zu einem konfliktvermittelnden, integrativen sozial-ökologischen Transformationsprozess beitragen kann. Allerdings wäre es, folgt man der Argumentation Polanyis, verkürzt, sich nur auf Veränderungen im Bereich der vermarktlichten Erwerbsarbeit zu konzentrieren. Erforderlich ist auch die Aufwertung der noch nicht kommodifizierten Bereiche bzw. die Schaffung neuer Zonen jenseits des Marktes. Notwendig ist schließlich die Entwicklung von Konzepten einer Entkommodifizierung, welche die Bedeutung der Erwerbsarbeit ohne Wohlstandsverlust zugunsten gesellschaftlich notwendiger Tätigkeiten reduziert. Dazu gehören auch neue Organisationsformen der Arbeit und eine suffiziente Ressourcennutzung.

3.4
Die Neubestimmung des Verhältnisses von bezahlten und unbezahlten Arbeiten

Im Gegensatz zu einer Engführung von Arbeitstätigkeiten auf Erwerbsarbeit, wie sie in der Debatte um ökologische Arbeitsplätze und Green Jobs teilweise auftaucht, zielt das Leitbild der nachhaltigen Arbeit auf die Nachhaltigkeit aller (re)produktiven Tätigkeiten ab. In diesem Sinne wird in dem erwähnten UNDP-Bericht darauf verwiesen, dass »aus der Perspektive der menschlichen Entwicklung [...] der Begriff der Arbeit mehr als Arbeitsplätze oder Beschäftigungsverhältnisse« umfasst und auch »Arbeit im Haushalt und im Bereich Betreuung und Pflege, Freiwilligenarbeit und ehrenamtliches Engagement sowie kreative Tätigkeiten« (UNDP 2015b: 3) einbezieht. Daran anknüpfend wird in der vorliegenden Publikation explizit ein ausgeweiteter Arbeitsbegriff zugrunde gelegt, der nicht nur die marktorientierte Erwerbsarbeit, sondern neben den genannten Tätigkeiten auch ebenso Versorgungs-, Für- und Vorsorgearbeit sowie Eigenarbeit einbezieht. Ein solchermaßen erweiterter Arbeitsbegriff schließt ein, dass diese Tätigkeiten nicht additiv betrachtet werden können, sondern ihre Wechselwirkungen – z. B. die Sicherstellung der Reproduktion der Ware Arbeitskraft durch Versorgung, Für- und Eigensorge – in ihren Veränderungsdynamiken zu berücksichtigen sind. Dabei müssen auch mit der Trennung zwischen formeller und informeller bzw. vermarktlichter und nicht marktförmiger Arbeit häufig verbundene Hierarchisierungen problematisiert werden. Die Neubestimmung des Verhältnisses von bezahlten und unbezahlten Arbeiten stellt, so wird im Folgenden dargelegt, ein zentrales Feld sozialer Innovationen für eine Transformation hin zu Nachhaltigkeit dar.

Die industriegesellschaftliche Fokussierung auf Erwerbsarbeit wurde, aufbauend auf Debatten in der Frauen- und Geschlechterforschung, im Zusammenhang mit Nachhaltigkeit bereits früh problematisiert: Um die Jahrtausendwende befasste sich das Projekt »Arbeit und Ökologie« (HBS 2000) systematisch mit dieser Thematik, indem die Kombination verschiedener Tätigkeiten mit unterschiedlichen Gestaltungsprinzipien und Anforderungen untersucht wurden und mit dem Konzept der »Mischarbeit« auch Arbeiten jenseits der Erwerbsarbeit in die Analyse von Arbeit einbezogen wurden (Brandl und Hildebrandt 2002).

Das Konzept, das als Referenz angesehen wird, wenn es um die Ausbuchstabierung eines alternativen, erweiterten Arbeitsbegriffs geht, kombiniert verschiedene Tätigkeiten, aus denen sich Mischqualifikationen, -belastungen und -einkommen ergeben. Neben Erwerbsarbeit werden Gemeinwesenarbeit, in der für die Gesellschaft nützliche Dinge hergestellt und Leistungen unentgeltlich erbracht, der Selbstversorgung dienende Eigenarbeit sowie Versorgungsarbeit, d. h. Sorgearbeit insbesondere in der Familie, mitberücksichtigt. Mischarbeit ist demnach als ein analytisches und zugleich als nachhaltigkeitsorientiertes normatives Konzept anzusehen. In dem Projekt »Arbeit und Ökologie« wurden dazu Leitlinien von ökologischer, ökonomischer und sozialer Nachhaltigkeit bestimmt und auch ein Übergang zu einer »nachhaltige[n] Arbeit [...] die eine nachhaltige Lebensführung ermöglicht« gefordert (HBS 2000: 33).

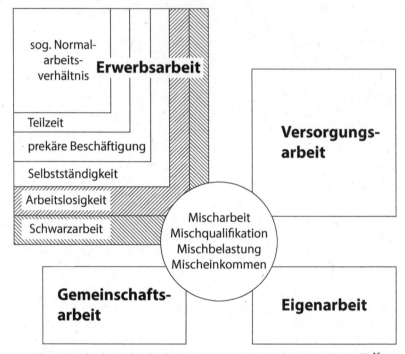

Abb. 14: Mischarbeit als Idealtypus eines erweiterten Arbeitsbegriffs[46]

Zur Umsetzung von nachhaltiger Arbeit und Mischarbeit als ihrem Leitkonzept wurden ferner spezifische politische Maßnahmen wie eine sozialökologische Steuerreform und insbesondere eine generelle (Erwerbs-)Arbeitszeitverkürzung (auf 25–30 Stunden pro Woche), durch die eine Umverteilung von Arbeit erreicht werden soll, für nötig erachtet. Diese sogenannte Mischarbeit wurde konzeptionell allerdings nur in akademi-

---

46 Quelle: Brandl und Hildebrandt 2002: 105.

schen Kreisen diskutiert. Insgesamt wurden die Zusammenhänge zwischen Nachhaltigkeit und Arbeit um die Jahrtausendwende allerdings nur vereinzelt thematisiert. In den letzten Jahren hat jedoch insbesondere im sogenannten Postwachstumsdiskurs das Interesse an Konzepten einer Neuverteilung der Arbeit zugenommen. Begründet ist dies vor allem darin, dass eine Entkoppelung von Wirtschaftswachstum und Ressourcen- und Energieverbrauch bislang nicht gelungen und technische Lösungen zur Behebung der ökologischen Krisenphänomene unzureichend sind. Nun scheint das allerdings möglich. Als Konsequenz wird nun auch ein deutlich verringertes Wirtschaftswachstum, die generelle Verkürzung der Erwerbsarbeitszeit, eine Aufwertung von Nichterwerbsarbeit sowie eine Suffizienz-Orientierung des Konsums eingefordert (im Überblick Littig 2016; Schmelzer/Vetter 2019). Das Ziel ist der Übergang von der derzeit auf Wirtschaftswachstum und Erwerbsarbeit basierenden Arbeitsgesellschaft zu einer sozial-ökologischen Tätigkeitsgesellschaft (Seid/Zahrnt 2019). Diskutiert werden u. a. Modelle weitreichender sozialer Innovationen, die in der Regel auf einer Erwerbsarbeitszeitverkürzung, häufig aber auch auf der Flankierung durch ein garantiertes Grundeinkommen und einer Aufwertung des informellen, unbezahlten Tätigkeitssektors beruhen. Diese Forderungen basieren auf Befunden, wonach lange Arbeitszeiten in der Regel mit einem hohen ökologischen Fußabdruck aufgrund des mit der Produktion verbundenen Umweltverbrauchs einhergehen. Bezogen auf die OECD-Staaten wurde errechnet, dass das Limit für eine nachhaltige Erwerbsarbeitszeit bereits bei sechs Stunden erreicht sei (Frey 2019). Neben diesem sogenannten Skalen-Effekt werden auch sogenannte Kompositionseffekte angeführt. So tendieren Menschen mit langen Arbeitszeiten dazu, im eigenen Haushalt zeitsparendere Geräte und Technologien einzusetzen, die im Allgemeinen umweltintensiver sind (Liebig 2019: 214 f.). Diskutiert werden verschiedene Alternativkonzepte zur Vollzeit(erwerbs)arbeit. Niko Paech schlägt eine Aufteilung der Arbeitszeit vor, infolge der nur noch 20 Stunden den monetär entlohnten Tätigkeiten gewidmet werden. Die anderen 20 Stunden werden im entkommerzialisierten Bereich gearbeitet und sind durch subsistenzorientierte Tätigkeiten (Eigenproduktion, gemeinnützige Arbeit u. a. m.) sowie einen suffizienzorientierten Lebensstil bestimmt (Paech 2014: 151).

Diefenbacher u. a. halten ebenfalls die Minimierung der aktuellen Dominanz der Erwerbsarbeit und eine Aufwertung der informellen Arbeiten für notwendig (Diefenbacher u. a. 2016: 314). Zu Letzteren werden Aktivitäten in drei Bereichen gezählt: in der eher weiblich konnotierten Haushaltswirtschaft, in der Selbstversorgungswirtschaft (handwerkliche Tätigkeiten und Gartenarbeiten) sowie in der Selbsthilfeökonomie (z. B. Nachbarschaftshilfe) (ebd.: 299).

Damit liegen bereits einige Konzepte vor, welche eine Orientierung für soziale Innovation in Richtung Nachhaltigkeit durch eine Neubestimmung von Arbeit geben. Allerdings ist hinsichtlich mancher Konzepte im Postwachstumsdiskurs[47] kritisch anzumerken, dass teilweise eine romantisierende Verklärung der Tätigkeiten im informellen, unbezahlten Sektor auftaucht und eine Unterschätzung der über die Einkommenssicherung hinausgehenden Bedeutung der formellen, bezahlten Arbeit für Identitätsstiftung, die Entwicklung der individuellen Potenziale und die soziale Integration erfolgt. Dennoch ist eine Neubestimmung des Verhältnisses von bezahlter und unbezahlter Arbeit ein zentrales Feld der Transformation in Richtung Nachhaltigkeit. Allerdings sollte man unbedingt die Barrieren und mögliche problematischen Nebenfolgen der Verschiebung mit in die Betrachtung einbeziehen. Hierzu wird im Folgenden a) auf die These einer ökologisch positiven Wirkung einer Arbeitszeitreduktion eingegangen und sodann b) die Arbeit im informellen Bereich näher betrachtet.

a) Die These von ökologisch positiven Effekten einer Reduktion der Erwerbsarbeit kann sicherlich relativiert werden. Eine im Rahmen des Verbundprojekts »Arbeit und Ökologie« in der Volkswagen AG durchgeführte Studie mit dem Ziel, durch die Verkürzung und Flexibilisierung der Arbeitszeit zu einer Arbeitsplatzsicherung zu gelangen, zeigte Effekte auf Zeitwohlstand, Lebensführung und sozial-ökologisches Engagement. Sie kommt zu einem ernüchternden Schluss: »Die Annahme, dass durch die mit der Arbeitszeitverkürzung gewonnenen Zeitpotentiale quasi ›von selbst‹

---

47 Dies gilt nicht für alle Ansätze im sehr heterogenen Postwachstumsdiskurs (siehe im Überblick Schmelzer/Vetter 2019), sondern vor allem für die wertkonservativ ausgerichteten Konzepte.

ein Reflexionsprozess in Gang gesetzt würde, an dessen Ende eine Umstellung der Lebensführung nach sozial-ökologischen Gesichtspunkten erfolgen könnte, wird [...] nicht belegt. [...] Die Hypothesen über positive Wechselwirkungen zwischen neuen Arbeitszeitmustern und nachhaltiger Lebensführung haben sich nicht bestätigt«. (Hildebrandt 1999: 35)

Eine wesentliche Ursache hierfür sieht Hildebrandt darin, dass die Subjekte ihre eigenen Interessen kaum einbringen konnten und die Flexibilisierung und Verkürzung der Arbeitszeit eher nach den Vorgaben der Interessen des Unternehmens erfolgte (ebd.: 36). Auch haben sich die Erwartungen, dass mehr verfügbare Zeit zu einem wachsenden ökologischen Engagement führen könnte, nicht erfüllt. Die Ursache war dabei auch die spezifische Infrastruktur der Autostadt Wolfsburg und das dort dominierende konsumistische Wohlstands- und Lebensführungsmodell (ebd.: 37). Diese Befunde aus dem Jahre 1999 widerlegen zwar nicht die Möglichkeit eines durch Arbeitszeitverkürzungen herbeigeführten Wandels der Lebensführung hin zu Nachhaltigkeit, relativieren aber doch die Annahme eines automatischen Zusammenhangs.

In den nachfolgenden Jahren hatte das Thema der Arbeitszeitverkürzung in Deutschland zumindest von Gewerkschaftsseite her keine herausragende Bedeutung mehr, sodass entsprechende Studien in anderen Kontexten nicht durchgeführt wurden. In den letzten Jahren wurde allerdings verstärkt neben Forderungen nach höherer Entlohnung auch die Möglichkeit einer flexibleren Arbeitszeitgestaltung eingefordert. In einigen Tarifverträgen der IG Metall und bei ver.di sind Wahlmodelle, die den Beschäftigten die individuelle Option zwischen Entgelterhöhung oder zusätzlichen freien Tagen ermöglichen, festgeschrieben. Dabei wählten überraschend viele Beschäftigten die Option eines mehr an freier Zeit (Liebig 2019: 225).

Die ökologischen Effekte dieses Gewinns an freier Zeit sind allerdings von ihrer individuellen Nutzung abhängig. Wird sie zu einer Reduktion der Wochenarbeitszeit genutzt, so sind diese eher positiv, während sie in geblockter Form auch zu einer Verlängerung der

Urlaubszeit dienen kann, was z. B. zu zusätzlichen Reisen führt, sodass die ökologische Bilanz negativ ist (ebd.: 225). Trotz dieser Einschränkung kommt Liebig zu dem Gesamtbefund, »dass eine Arbeitszeitverkürzung zwar kein sozial-ökologisches Allheilmittel darstellt. Doch sollte sie genauso wenig geringgeschätzt werden, denn sie kann durchaus für positive soziale und ökologische Ziele dienen.« (Ebd.) Er ergänzt allerdings, dass diese positiven Wirkungen auch von außerbetrieblichen Kontextbedingungen abhängig sind, wie z. B. von einer ökologischen Steuerreform, welche ökologische Verhaltensoptionen befördert. Auch spiele eine egalitäre Verteilung der Hausarbeit eine Rolle.

Die aktuell fortbestehende ungleiche Verteilung dieser Arbeiten zwischen den Geschlechtern aufgrund traditioneller Rollenzuschreibungen kann als weiteres mögliches Manko einer Verkürzung und Flexibilisierung der Arbeitszeit angesehen werden. Bereits heute ist für viele Frauen aufgrund der höheren Teilzeitquote eine in gewisser Weise den oben skizzierten Modellen entsprechende Arbeitsrealität kennzeichnend – allerdings verbunden mit Einkommens- und Rentenreduktion und einer permanenten Doppelbelastung. Männer folgen bezogen auf Arbeitszeit noch eher dem klassischen Vollzeitmodell (BA 2021). Eine Verkürzung der Arbeitszeit könnte daher zur Folge haben, dass Männer eher echte Frei-Zeit gewinnen, wohingegen für Frauen die Belastungen noch zunehmen. Auch wenn die Forderung nach einer Aufwertung der informellen, nichtvermarkteten Arbeit ursprünglich von der Frauen- und Geschlechterforschung erhoben wurde, so sind diese geschlechterpolitischen Erwägungen dennoch nicht in allen wachstumskritischen Ansätzen präsent. Deren Einbezug ist aber unabdingbar, um eine Vertiefung geschlechtsspezifisch ungleicher Arbeitsteilung infolge eine Neubestimmung des Verhältnisses von bezahlter und unbezahlter Arbeit zu vermeiden (Littig 2016).

Kritisch zu hinterfragen ist schließlich auch die von vielen Verfechtern einer Arbeitszeitreduktion angeführte Argumentation, wonach die durch technischen Fortschritt ermöglichte Produktivitätssteigerung eine Arbeitszeitverkürzung nicht nur machbar, sondern auch ökologisch wie sozial notwendig sei, um einen gesteigerten Umweltverbrauch und Arbeitslosigkeit zu vermeiden (z. B. Schor 2016: 136 f.). Denn man darf nicht vergessen, dass die Produktivitätssteigerungen in der Industriegesellschaft auch durch den Einsatz der sogenannten »technischen Sklaven« (Staudinger 1947) ermöglicht wurden, die nicht nur im privaten Haushalt die Arbeit vereinfachten, sondern auch die Erwerbsarbeit revolutionierten – und dies weiterhin tun. Der Gedanke Staudingers geht davon aus, dass lebendige Arbeit von Menschen und biotische Energie durch von fossilen Energieträgern angetriebene Maschinerie ergänzt und ersetzt wird. Die Folge sei eine erhebliche und anhaltende Steigerung des Ressourcenverbrauchs. Ein erneuter Anstieg globaler Materialströme und ein vermehrter Energieverbrauch dürften nun auch die Folge der durch Digitalisierung ermöglichten Automatisierung und Produktivitätszuwächse sein. Die Protagonisten der Industrie 4.0 hoffen zwar, dass die gegenwärtige digitale Revolution zu einer smarteren, nachhaltigen Produktion führen wird. Kritiker warnen allerdings vor einem »Ressourcenfluch 4.0« (Pilgrim u. a. 2017), da die »Dematerialisierung [als] uneinlösbares Versprechen der Industrie 4.0« (ebd.: 38) anzusehen sei (vgl. auch Matuschek und Jochum 2019). Für einen Übergang zu einer postfossilen Gesellschaft scheint die Rückkehr menschlicher Arbeitskraft in die Arbeitsprozesse angezeigt – zumindest, wenn sich die bioökonomischen Hoffnungen auf eine einfache Ersetzbarkeit des hohen Verbrauchs an fossiler Energie und nichterneuerbaren Ressourcen durch erneuerbare Energien und nachwachsende Rohstoffe als Illusion erweisen bzw. wenn diese mit Prozessen einer grünen Landnahme einhergehen. Diese wiederum führten zu neuen sozial-ökologischen Krisen (ebd., siehe Kapitel A 2.7). Gleichzeitig ist klar, dass eine Rückkehr zu körperlich belastender Arbeit, die durch Technisierung minimiert werden konnte, ebenfalls Nachhaltigkeitsziele verfehlen würde. Damit scheint die Frage der Skalierung technisierter Arbeitsabläufe zentral zu sein und bedarf gesellschaftlicher Verständigung. Erst wenn wir strukturell die Grenzen unserer Produktion verändern, diese also neu definieren, kann der expansive Impuls der Marktwirtschaft beherrscht und u. U. auch positiv eingesetzt werden.

Im Gegensatz zu einer letztlich nicht nachhaltigen kapitalistischen und technoszientistischen Bioökonomie müsste darum eine ökologisch verträgliche Bioökonomie auf ganz andere Lebens- und Arbeitsmodelle setzen. Die inhärente expansive Tendenz des okzidentalen politischen und ökonomischen Systems, das Welt und Mensch bedroht, kann durch eine reformierte Form der Arbeit verändert werden. Ein nachhaltiges ökologisches Konzept der menschlichen Produktion ersetzt damit ein System, das an seine Grenzen gelangt ist. Backhouse u. a. (2021) mahnen in diesem Zusammenhang:

>»[T]he real existing bioeconomy is currently strengthening powerful actors and mainstream practices in the forest and agricultural sector and, therefore, can contribute to deepening relations of exploitation, marginalization and dispossession as well as extractive and unequal trade relations. Against this background, we see a strong need to develop a transformative vision of the bioeconomy. One starting point could be the discussion about the meaning of bioeconomy as coined by Georgescu-Roegen as a radical degrowth perspective. Furthermore, we suggest conducting more research into existing alternative knowledge and practices.« (Ebd.: 16)

Anzustreben für eine derartige alternative, transformative Bioökonomie sind Ökonomien und damit verbundene Arbeitspraktiken, welche eine echte Integration und Widereinbettung in das Netz des Lebens ermöglichen. Bezogen auf Land- und Forstwirtschaft würde ein Übergang von einer kapitalistisch organisierten, auf Monokulturen basierenden Bioökonomie zu einer nachhaltigen Bioökonomie, die z. B. dem Leitbild einer Agrarökologie folgt, sicher zu einem Zuwachs an Arbeit und einem erhöhten Bedarf an menschlicher Arbeit führen. Zu hinterfragen ist vor dem Hintergrund der aktuellen sozial-ökologischen Krise die verbreitete These von einer naturgesetzlichen Abfolge eines Übergangs von einer Agrargesellschaft in vermeintlich höherwertige Industrie- respektive Dienstleistungsgesellschaften. Der Austausch einer traditionellen Bioökonomie und einer von fossilen Energien dominierten Industriegesellschaft bis hin zu einer Dienstleistungsgesellschaft gerät in das Blickfeld, wenn man einen derart strukturellen und qualitativen Wandel will. Möglicherweise ist es gerade im globalen Süden eher notwendig, die traditionelle subsistenzorientierte Agrarwirtschaft zu fördern bzw. deren Zerstörung durch neue Landnahmen entgegenzuwirken. Die urtümliche Landwirtschaft hat sich sowieso schwerlich in die modernistisch ausgerichteten Kondratjew-Zyklen eingefügt. Stets blieb ihr ein lebensverhafteter Grund, denn sie war per se – im Gegensatz zu den Gesellschaften – nicht expansiv ausgerichtet. Auch im globalen Norden erscheint es darum langfristig möglich, dass eine ökologische, weniger maschinenintensive Landwirtschaft wieder an Bedeutung gewinnt und zu einem entsprechenden Bedarf an Arbeitskräften führt.

Darüber hinaus ist zu fragen, ob nicht gerade infolge der zunehmenden ökologischen Krisen sogar neue Arbeit entsteht, um die Katastrophen zu verhindern (z. B. Dammbau) bzw. die Folgen der Katastrophen (z. B. Wiederaufbau und Verlagerung von durch Überschwemmung zerstörten Städten) zu bewältigen. Ob diese Arbeiten dann im Rahmen formeller Erwerbsarbeit oder im informellen Bereich erfolgen, ist natürlich offen. Insgesamt kann aber davon ausgegangen werden, dass das Arbeitsvolumen in bestimmten Bereichen zunehmen wird – was aber natürlich nicht impliziert, dass nicht Reduktionen der Arbeit in jenen Bereichen möglich sind, in denen der gesellschaftliche Nutzen der Güter höchst fragwürdig ist (z. B. Rüstung).

b) Verkürzt ist auch die simplifizierende Verklärung der informellen Arbeit und die Problematisierung der formellen Arbeit, wie sie z. B. in dem skizzierten Konzept von Diefenbacher u. a. (2016) erkennbar wird. Insbesondere ein Blick in den globalen Süden, aber auch die Berücksichtigung der Arbeitsrealität im Norden, lässt eine differenzierte Betrachtung notwendig erscheinen. Bereits für die letzten Jahrzehnte wird eine »Transformation der Arbeit in die Informalität« (Mahnkopf 2003: 65) festgestellt – mit für die Arbeitenden zumeist negativen Folgen und mit zumindest offenen ökologischen Auswirkungen. In den sogenannten Entwicklungsländern sind mehr Menschen informell als formell beschäftigt und ein hoher Anteil hiervon lebt in extremer Armut (UNDP 2015b: 75).

In der arbeitssoziologischen Diskussion wird unter dem Begriff der informellen Arbeit nicht nur die private, eher der Eigenversorgung dienende Arbeit diskutiert, sondern es ist die heterogene Gesamtheit der »atypischen« Arbeiten, die von dem »Idealtypus« der in den Industrieländern mit dem Normalarbeitsverhältnis assoziierten, formellen Arbeit abweichen. Formelle Arbeit ist Lohnarbeit in dauerhaften, unbefristeten Beschäftigungsverhältnissen bei privaten Unternehmen oder im öffentlichen Bereich, in der die Tätigkeit den Vereinbarungen im Kontrakt entspricht und die sozialversicherungspflichtig organisiert ist – und sie kann durch Statistiken erfasst werden. Sie ist in weitergehende soziale Sicherungsprogramme eingebunden, es gelten Arbeitsschutzgesetze und Grundlage ist in der Regel eine formelle Qualifikation und eine relativ gute Bezahlung. Informelle Arbeit ist zumeist im negativen Sinne hiervon abweichend eher ungeregelt, unterbezahlt, ungeschützt und unorganisiert und häufig temporär – und weist damit Ähnlichkeiten zu prekärer Arbeit auf (Mayer-Ahuja 2013: 5 f.). Viele Formen informeller Arbeit sind dabei durchaus Teil der kapitalistischen Marktökonomie und dienen dem Gelderwerb, die dort Tätigen sind aber nur in einer prekären, subordinierten Form einbezogen. Von der ILO und der UNDP wird dementsprechend die Setzung von »Arbeitsnormen zur Eindämmung der informellen Wirtschaft« als eine »neuer Meilenstein« gesehen, der zu »menschenwürdigen Arbeitsplätzen« führen könne (UNDP 2015b: 183).

Insbesondere die feministische Kritik hat allerdings zurecht darauf hingewiesen, dass Normalarbeitsverhältnis und formelle Lohnarbeit immer schon primär spezifisch für die männliche Bevölkerung war (Mahnkopf 2003: 60 f.) und zudem nur für eine spezifische

Phase der kapitalistischen Entwicklung in einigen Ländern prägend genannt werden kann. Argumentiert wurde zudem, dass das Spannungsfeld formelle Lohnarbeit und informelle Arbeitsformen und die häufig damit verbundenen Entgegensetzung von produktiver und nur reproduktiver Arbeit auch Widerspiegelung eines Ausbeutungsverhältnisses ist: Durch die Entwertung der Letzteren könne diese gesellschaftlich und auch für den Kapitalismus notwendige Arbeit billig angeeignet werden – der kapitalistischen Verwertung verfügbar gemacht werde diese Arbeit, indem sie aus informellen, aber subsistenzsichernden autonomen und autarken traditionellen Kontexten herausgelöst werde (Patel und Moore 2018). Die im Postwachstumsdiskurs erhobene Forderung nach einer Reform der Arbeit kann durchaus auch als Versuch angesehen werden, dieser Abwertung des informellen Bereichs entgegenzuwirken. Mit der Fokussierung auf Haushaltswirtschaft, Selbstversorgungswirtschaft und Selbsthilfeökonomie wird jedoch insbesondere unter einer globalen Perspektive die problematische Realität von informeller Arbeit nur unzureichend erfasst. Es geht um mehr. Diese prekären Bereiche der Arbeit müssen aber berücksichtigt werden, wenn auch durch eine Neubestimmung des Verhältnisses von formeller und informeller Arbeit insgesamt eine nachhaltige Arbeit befördert werden soll, die dem Anspruch einer guten, entwicklungsfördernden, lebensfähigen Beschäftigung gerecht wird. Dies führt zu einem weiteren zentralen Feld der Transformation: zu nachhaltiger Arbeit.

3.5
Die globalen Zusammenhänge der Arbeitsgesellschaft

Mit dem Leitbild der nachhaltigen Arbeit im Netz des Lebens rücken die globalen Zusammenhänge der Arbeitsgesellschaft ins Zentrum der Betrachtung. Um dem Postulat der intragenerationellen Gerechtigkeit zu entsprechen, müssen sozial und ökologisch nachteilige Folgen von Arbeit in den sogenannten Industrieländern auf die Arbeit in Entwicklungsländern vermieden und die prekären (indecent) Arbeitsbedingungen im sogenannten globalen Süden verbessert werden. Bemühungen um die Durchsetzung internationaler Sozial-, Umwelt- und Menschenrechtsstandards entlang globaler Lieferketten und faire Handels- und Arbeitsordnungen erhalten in diesem Zusammenhang zentrale Bedeutung.

Dabei wäre eine Reduktion der Perspektive auf die Betrachtung globaler Lieferketten verkürzt. Diese sind auch als Resultat von historisch gewachsenen (Abhängigkeits-)Strukturen zu analysieren. Globale Lieferketten stehen in einem spannungsreichen Verhältnis zu nationalen und regionalen Ökonomien. Auf der Grundlage des oben skizzierten ausgeweiteten Arbeitsbegriffs ist die formelle Erwerbarbeit nur als ein Teil von Arbeit zu betrachten. Denn insbesondere im globalen Süden ist, wie gezeigt, für den Lebensunterhalt vieler Menschen die informelle Arbeit von besonderer Bedeutung. Das Verhältnis dieser Bereiche zueinander hat sich in den letzten Jahrzehnten im Zuge der Globalisierung in Richtung einer zunehmenden Bedeutung der in globale Wirtschaftszusammenhänge eingebetteten weltmarktorientierten Erwerbsarbeit für einige wenige privilegierte Gruppen und einer gleichzeitigen Zunahme informeller, schlecht bezahlter Arbeit für große Teile der Bevölkerung verschoben, wodurch die soziale Ungleichheit zunahm. Die Fokussierung auf die Gestaltung globaler Lieferketten vernachlässigt häufig tendenziell diese ambivalenten Effekte der Einbindung in globale Märkte und der Unterordnung unter das westlich-moderne Entwicklungs- und Wirtschaftsmodell. Diese führt teilweise zur Zerstörung traditioneller lokaler bzw. nationaler Ökonomien, Arbeitsverhältnisse und Arbeitsformen. Sozial und ökologisch ist dies aber zumeist negativ zu bewerten. Folgt man Polanyi, ist deshalb eher eine Entkommodifizierung im Sinne der Einbettung der wirtschaftlichen Tätigkeiten in das soziale Leben anzustreben. Man sollte daher auch danach fragen, inwieweit gerade im globalen Süden bestimmte Formen nicht vermarktlichter, subsistenzorientierter Arbeitsformen aus sozial-ökologischer Perspektive möglicherweise positiv zu bewerten sind und gefördert werden müssen. Es können Arbeits-, Lebens und Ökonomiemodelle aus dem Süden auch ein Vorbild für den Wandel der Arbeit im Norden werden. Im Einzelnen fällt dabei das Konzept des »Buen Vivir (Gutes Leben)« (Acosta 2015) auf, das aktuell in Lateinamerika als Alternative zu westlichen Lebensmodellen diskutiert wird (siehe näheres hierzu in Kap. A 5.3).

4
Digitalisierung von Arbeit und nachhaltige Arbeit

Nach der spätestens mit den achtziger Jahren des letzten Jahrhunderts einsetzenden verstärkten Informatisierung von Arbeit ist seit gut einem Jahrzehnt verstärkt von Industrie 4.0, der Digitalisierung der Arbeitswelt und aktuell von der innovativen Bedeutung der künstlichen Intelligenz die Rede. In den Zentren des globalen Kapitalismus verändert dies Arbeit ebenso wie in den eher peripher eingebundenen Ländern des globalen Südens. Nicht selten ruft es bei jenen ohne global verwertbare Qualifikationen Verunsicherung hervor.

4.1
Zur Bedeutung der Digitalisierung für den sozial-ökologischen Wandel der Arbeitsgesellschaft

Neben der ökologischen Herausforderung ist die sogenannte Digitalisierung inklusive der künstlichen Intelligenz aktuell als die zentrale Triebkraft für den Wandel der Arbeitswelt anzusehen. Inwiefern die Digitalisierung zu einer smarteren, ressourcensparenden Produktion führen kann oder aber mit einem »Ressourcenfluch 4.0« (Pilgrim u. a. 2017) verbunden ist und zu einem Anstieg globaler Materialströme sowie einem vermehrten Energieverbrauch beiträgt, ist weitgehend ungeklärt. Ungewiss ist auch, in welcher Weise sich prognostizierte Folgen der Digitalisierung wie der Abbau von Arbeitsplätzen bzw. die Veränderung der Arbeitswelt (Matuschek 2016) zu den Nachhaltigkeitszielen verhalten. Kommt es zu einer Zunahme »unwürdiger« Arbeit, die im Widerspruch zum Leitbild der nachhaltigen Arbeit steht, oder werden neue, partizipative Arbeitsformen ermöglicht? Schließlich bringen Datifizierung und Algorithmisierung auch neue Formen von Arbeit und Produktion hervor, welche in der Lage zu sein scheinen, Produkte und Dienstleistungen jenseits traditioneller betrieblicher und marktlicher Formen bereit zu stellen und möglicherweise eine nachhaltigere Ökonomie zu befördern (z. B. Sharing Economy etc.). Eine Diskussion über den Zusammenhang zwischen Digitalisierung und Nachhaltigkeit hat aber erst begonnen (u. a. Lange/Santarius 2018; WBGU 2019; Jochum/Matuschek 2019).

4.2
Befördert die Digitalisierung alternative Arbeitsformen?

Neben den aufgeführten Risiken birgt die Digitalisierung also auch Potenziale im Hinblick auf den Übergang hin zu einer nachhaltigen Arbeitsgesellschaft, denn möglicherweise befördert sie auch alternative Arbeitsformen. Digitalisierung kann zweifach zu diesem Wandel beitragen: a) Die Substitution von menschlicher Arbeit durch digital-kybernetische Technologien setzt – bei grundständiger Absicherung – Arbeitskraft u. U. für Aufgaben in anderen Bereichen frei, und b) kann Digitalisierung zu einer Reorganisation von Arbeit und Konsum beitragen. Beide Szenarien sollten kurz skizziert werden.

a) Vor dem Hintergrund einer Substitution von Arbeitskraft wird von vielen auf die Notwendigkeit eines garantierten Grundeinkommens verwiesen, um soziale Konflikte zu entschärfen. Anhänger der Post-Work-Bewegung identifizieren noch weitergehende Emanzipationspotenziale, da sich der alte Traum von der Befreiung aus dem Reich der Notwendigkeit der mühevollen Erwerbsarbeit durch Automatisierung und Grundeinkommen zu erfüllen scheint (Srnicek & Williams 2016: 194 ff.). Im Postwachstumsdiskurs werden schließlich Arbeitsplatzabbau und Grundeinkommen als Voraussetzungen dafür angesehen, die tendenziell weniger ressourcenintensiven Arbeits- und Ökonomieformen jenseits des Erwerbsarbeit zu befördern (Diefenbacher u. a. 2016).

Der Übergang zu einer weniger erwerbsarbeitsorientierten Tätigkeitsgesellschaft ist also ein zentraler Bestandteil der sozial-ökologischen Arbeitswende. Vor dem Hintergrund der skizzierten, durchaus disparaten sozial-ökologischen Auswirkungen der Digitalisierung (s. o.) auf die Arbeitswelt verbietet sich allerdings eine vorschnelle Übernahme und Akzeptanz der disruptiven Szenarien einer weitgehenden Automatisierung und der Transition in eine Post-Work-Society. Kurzum: Der Ersatz der menschlichen Arbeit durch digital optimierte Produktionsweisen löst das gesamtgesellschaftliche und ökologische Problem nicht. Verlangt dieser Übergang die Ersetzung von menschlicher Erwerbsarbeit durch die ressourcenintensivere Arbeit der Roboter und wird durch eine globalisierte und nur wachstumsorientierte Industrie dominiert, besteht die Gefahr, dass die sozial-ökologische Bilanz insgesamt negativ ausfallen wird (Lange/Santarius 2018). Arbeit und Produktion, die nicht im Netz des Lebens angesiedelt sind, verlieren schnell nicht nur ihren Gebrauchswert, sondern auch ihre Legitimation. Maschinen produzieren, konsumieren aber nicht, geschweige denn kreieren sie etwas. Also geht es darum, die Arbeit in den Dienst und in das Zentrum des Lebens zu stellen.

b) Dass in Zukunft durchaus eine Zunahme von Arbeit im Raum stehen könnte, wurde oben bereits dargelegt. Notwendig sind daher neue integrative Modelle der Neubestimmung des Verhältnisses von Erwerbsarbeit und anderer Tätigkeitsbereiche. Von vielen wird ein derartiger Wandel über die Ausweitung der »Sharing Economy« erhofft. In dieser stehe, so die Erwartung, nicht mehr das Besitzen, sondern das Teilen im Zentrum, die Trennung zwischen Erwerbsarbeit und anderen Tätigkeitsbereichen erodiere und neue Mischungsverhältnisse von formeller und informeller Ökonomie würden ermöglicht (kritisch: Theurl u. a. 2015). Sicher gilt, dass die »Ökonomie des Teilens« zwar nicht von der Digitalisierung abhängig ist. Jedoch haben digitale Plattformen wesentlich zum Boom der Sharing Economy beigetragen. Hierdurch wurde in den letzten Jahren bereits ein Wandel der Arbeitswelt befördert, der die Grenzen zwischen Konsum und Produktion erodieren ließ und neue sogenannte Prosumentennetzwerke (*Pro*duzent und Kon*sument* fallen hierbei in Eins) und Formen des kollaborativen Konsums hervorbrachte. So mancher erhofft sich davon eine allmähliche Überwindung der kapitalistischen Arbeitsgesellschaft und propagiert eine durch die intelligente Nutzung der neuen Technologien ermöglichte Genese eines neuen Wirtschaftssystems, das durch »collaborative Commons« geprägt sei. (Rifkin 2014) Ermöglicht würde hierdurch ein sozial und ökologisch verträgliches »nachhaltiges Füllhorn« (ebd.: 397) in einer »Überflusswirtschaft«. In der Ökonomie des Teilens scheinen die kybernetischen Technologien zu einer nachhaltigkeitsförderlichen Steuerung von Produktion und Konsum beizutragen.

Angesichts der Erfahrungen der letzten Jahre müssen diese Hoffnungen allerdings relativiert werden. Die Übernahme der Idee der »Sharing Economy« durch erwerbsorientierte Unternehmen des Plattformkapitalismus ließ Arbeitsstandards und Arbeitsqualität häufig erodieren. Anbieter wie etwa Uber agieren offiziell als Vermittler und nicht als Arbeitgeber, wodurch die Risiken auf scheinbar selbstständige Arbeitnehmer verlagert werden (Theurl u. a. 2015). Faktisch bestehen aber kapitalistische Abhängigkeitsverhältnisse fort. Auch sind langfristig ökologisch negative Rebound-Effekte nicht auszuschließen, da für die Konsumenten die Konsumchancen vervielfältigt werden (Loske 2019). Loske identifiziert daher politischen Gestaltungs- und Regulierungsbedarf, wenn man die positiven Effekte der »Sharing Economy« befördern will: »Sharing kann […] einen Beitrag zur nachhaltigen Entwicklung leisten, wenn es gelingt, die Tendenz zur gemeinschaftlichen Nutzung von Gütern und Diensten überwiegend im sozial-ökologischen Modus zu halten. Das passiert aber nicht von selbst, sondern braucht politischen Willen.« (Ebd.: 70). Damit stellt sich die Frage nach der sogenannten Governance der sozial-ökologischen Transformation der Arbeitsgesellschaft.

4.3
Die Governance der sozial-ökologischen Transformation

Der Governance des Erwerbssystems kommt eine bedeutsame Rolle bei dessen Umgestaltung im Sinne der Leitvorstellungen der nachhaltigen Arbeit zu. Es ist eine zentrale Voraussetzung dafür, dass sich gesellschaftliche Wertvorstellungen, Institutionen und Praktiken im Bereich der

Arbeitswelt in zunehmendem Maße an den Erfordernissen sozial-ökologischer Transformation und nachhaltiger Gestaltung orientieren. Notwendig ist die gezielte Umgestaltung derjenigen institutionellen Arrangements, welche die gesellschaftliche Funktion und Organisation von Arbeit maßgeblich bestimmen. Vor diesem Hintergrund sind die Strukturen und Funktionen der Governance des Erwerbssystems daraufhin zu befragen, ob und in welchem Umfang sie selbst geeignet sind, zu dem erforderlichen Strukturwandel des Erwerbssystems beizutragen. Erforderlich werden möglicherweise auch alternative, gemeinschaftsorientierte Formen der Organisation von Arbeit und der Aneignung von natürlichen Ressourcen. Dies erscheint gerade im Kontrast zu den hegemonialen Nachhaltigkeitskonzepten der von der Green Economy popagierten Strategien notwendig. In diesen wird häufig eine Privatisierung und Vermarktlichung natürlicher Ressourcen als Weg zur Erreichung von Nachhaltigkeit propagiert. Mit dieser Argumentation werden teilweise sogar traditionelle Formen der Ressourcennutzung abgeschafft, wie z. B. beim Fischfang deutlich wird. Ich werde im Folgenden exemplarisch am Beispiel der chilenischen Fischerei darlegen, dass nicht eine Vermarktlichung und Kommodifizierung der natürlichen Ressourcen, sondern eher eine gemeinschaftsbasierte Nutzung zu nachhaltiger Arbeit beitragen kann.

4.4
Nachhaltigkeit durch Kommodifizierung oder durch gemeinschaftliche Nutzung? – Das Beispiel der Fischerei

Die maritimen Fischbestände sind global in einem besorgniserregenden Zustand. Insbesondere die industrielle Fischerei trägt zu einer nicht nachhaltigen Übernutzung der Ozeane bei. Um den Raubbau an den maritimen Ressourcen zu verhindern, wurde in den letzten Jahren auf Instrumente einer Inwertsetzung der Natur und der Privatisierung von Nutzungsrechten gesetzt. Allerdings haben diese Maßnahmen, wie in dieser Schrift am Beispiel Chiles gezeigt wird, häufig eine Verdrängung der traditionellen Kleinfischer zur Folge. Die auf ökonomische Ziele fokussierte Idee eines »sustainable use« der Fischbestände legitimiert so häufig mit dem Land Grabbing vergleichbare Praktiken eines Ocean Grabbings.

(De Schutter 2012; Jochum/Leonor Quinteros-Ochoa 2017). Das zentrale Argument ist, dass ein Raubbau an den Ressourcen unvermeidlich sei, solange der Ozean eine offen zugängliche Ressource bleibe. Erst eine Privatisierung der Eigentumsrechte gebe den Anreiz für Unternehmen, die Fischbestände verantwortungsvoll und nachhaltig zu nutzen. Die Etablierung privater Nutzungsrechte eines »rights-based fishing systems« durch Mechanismen wie »individual transferable quotas« (ITQs) würde hierzu beitragen (TNI 2014: 11, 21). Durch die Privatisierung der Meere, marktorientierte Mechanismen und klaren Rahmenbedingungen für Großinvestitionen könne demnach eine nachhaltige Fischerei ermöglicht werden, welche auch den wachsenden Bedarf der Weltbevölkerung an maritimen Lebensmitteln befriedige.

Kritiker des »Global Ocean Grab« verweisen hingegen auf die Schattenseiten dieser Prozesse und die Widersprüche in der Argumentation. Demnach sei das Argument einer Ausweitung der industriellen Fischerei zur Sicherung der Ernährung der Weltbevölkerung irreführend, da es aktuell nicht um die Menge an Nahrungsmitteln, sondern um Fragen des Zugangs und der Verteilung gehe. Auch würden die humanen und sozialen Dimensionen der Fischerei ausgeblendet und vernachlässigt. Es wird also übersehen, dass ebenso durch gemeinschaftsbasierte Formen der Governance eine effektive Verwaltung der natürlichen Ressourcen zu erreichen ist (TNI 2014: 20). Die hegemonialen Strategien zur Erreichung von Nachhaltigkeit würden letztlich zu einer Verdrängung der Kleinfischer führen. Dem Ansatz der »rights-based fisheries«, der die Privatisierung der Fischerei legitimiert, setzen die Vertreter der Kleinfischer deshalb einen »human rights-based approach« entgegen, mit dem Fragen der Menschenwürde, der Ernährungssicherheit, des sozialen Zusammenhalts und der Entwicklung der humanen Kapazitäten ins Zentrum rücken (ebd.: 39). Angesichts dieser Befunde und Kontroversen stellt sich die Frage, inwiefern die Transformation hin zu einer nachhaltigen Fischerei tatsächlich durch eine marktorientierte Reform der Regulierung der Verwertung von Fischbeständen erreicht werden kann oder aber eine grundlegend andere Strategie verfolgt werden müsste. Im Folgenden wird diese Frage unter Bezug auf das Leitbild der nachhaltigen Arbeit am Beispiel der Governance der maritimen Ressourcen in Chile diskutiert.

Das chilenische Parlament verabschiedete 2013 ein neues Fischereigesetz, das sogenannte »Ley Longueira«, dessen offizielles Ziel der Übergang zu einer nachhaltigen Nutzung der Fischbestände war. Durch eine Privatisierung der Fischereirechte sollte in Verbindung mit einer Kontrolle der Fangquoten ein verantwortungsvoller Umgang mit den maritimen Ressourcen erreicht werden. Eine Evaluation unter Bezug auf das formulierte Leitbild der nachhaltigen Arbeit macht allerdings deutlich, dass das Gesetz in Hinblick auf seine sozialen Auswirkungen klar als nicht nachhaltig zu beurteilen ist. Vor allem für die chilenischen Kleinfischer waren der Erlass und die Implementierung des Gesetzes mit vielen Nachteilen verbunden. Durch die Reduktion ihrer Fanggebiete, die das Gesetz bewirkte, ist die Existenz von 100.000 traditionellen Fischerfamilien gefährdet (Blickpunkt Lateinamerika 2016). Zudem wird deutlich, dass auch nach der Umsetzung des Ley Longueira die Übernutzung der Fischbestände durch die industrielle Fischerei fortgesetzt wurde und die ökologische Krise sich noch vertieft hat (Oliva und Caviedes 2017: 33 f.) Die von Longo und Clausen am Beispiel der Nutzung der Fischbestände im Mittelmeerraum belegte These, dass die Nicht-Nachhaltigkeit weniger eine Konsequenz der Tragödie der Allmende, sondern vielmehr als eine Folge der »Tragedy of the Commodity« (2011) ist, bestätigt sich auch im Fall von Chile. Die Privatisierung der Nutzungsrechte für maritime Ressourcen führt nicht zu einer Beendigung der Übernutzung von Commons, sondern zu einer Verschärfung (Jochum/Quinteros 2017). Es stellt sich vor dem Hintergrund dieser Entwicklung demnach die Frage, ob nicht für die Transformation zu einer nachhaltigen Arbeit in der Fischerei ein grundlegend anderer Ansatz für die Governance der maritimen Ressourcen notwendig ist. Die Kontroverse verweist auf die Problematik der »Tragedy of the Commons« (Hardin 1968) zurück. Wie Hardin in seinem berühmten Artikel am Beispiel der Nutzung von Weideland argumentiert, liegt die »Tragik der Allmende« darin, dass frei verfügbare, aber begrenzte Ressourcen aufgrund des Eigennutzes der Einzelnen von Übernutzung bedroht sind: »Freedom in commons brings ruin to all« (ebd.: 1244). Notwendig für eine nachhaltige Nutzung sei daher eine klare Regulierung des Zugangs zu den Gemeingütern, die entweder durch strenge staatliche Kontrolle oder aber eine Privatisierung des

Landes erreicht werden könne. Neben der Nutzung von Allmendegütern wie Wiesen und Wald war es vor allem die Fischerei, auf die diese Logik immer wieder angewendet wurde.

Die Theorie ist vielfach kritisiert und widerlegt worden. Wie Berkes und Kislalioglu in *Community-based management and sustainable development* (1991) aufzeigen, gebe es allerdings keine den Menschen intrinsische Motivation zur Übernutzung von Gemeinschaftsressourcen. Es kann tatsächlich eine Vielzahl von Beispielen dafür angeführt werden, dass Gemeinschaften gerade im Bereich der Fischerei die Commons nachhaltig nutzen (ebd.: 568). Der gemeinschaftsbasierte Ansatz ist daher durchaus als ein effizienter Weg der Governance von Allmendegütern jenseits von Staat und Markt anzusehen (Ostrom 1990, 2011). Longo und Clausen gehen in ihren Untersuchungen zu den Ursachen des Misslingens der Nutzung von Commons in der Fischerei sogar noch einen Schritt weiter. Sie kommen zum Schluss, dass es häufig erst die Einführung von Marktmechanismen gewesen sei, die zur scheinbaren Tragödie der Allmende geführt habe. Die Autoren sprechen daher von einer »Tragedy of the Commodity« (Longo und Clausen 2011) als zentrale Ursache für die zunehmende Nicht-Nachhaltigkeit der Nutzung der maritimen Ressourcen. So habe im Mittelmeerraum erst die kapitalistische Kommodifizierung des jahrtausendelang ohne größere Probleme ausgeübten Thunfischfangs zu einer Übernutzung der Ressourcen beigetragen: »The collapse of this traditional fishery has been due, in no small part, to the processes of capitalist valorization, illustrating a tragedy of the commodity.« (Ebd.: 322). Nicht die Vermarktlichung sei demnach die Lösung für die vermeintliche Tragödie der Allmende, sondern nur durch die Befreiung von der Dominanz des Marktes ließen sich eine Überwindung der »Tragödie der Kommodifizierung« – so die hier gewählte freie Übersetzung – und ein Übergang zur Nachhaltigkeit erreichen (Longo u. a. 2015).

Eine Alternative stellen gemeinschaftsbasierte Formen der Governance dar, in denen Gemeinschaften natürliche Güter als Gemeingüter bewirtschaften. Gerade am Beispiel der Fischerei lässt sich aufzeigen, dass ein »community-based management« (Berkes und Kislalioglu 1991) den auf staatliche Kontrolle und Eigentum aufbauenden bzw. den auf Marktprinzipien basierenden Regulierungsformen häufig überlegen ist:

»Sustainable management is possible under not two but three general kinds of management regimes: private property, state property and communal property, and [...] examples of successful community-based resource management, such as that by groups of small-scale fishermen, are much more common than previously thought.« (Ebd.: 568)

In diesem Sinne macht auch bereits Ostrom in seiner Schrift *Governing the Commons* (1990) deutlich, dass die gemeinschaftliche Regulierung meist zu einer effektiveren Verwaltung der Naturressourcen beiträgt sowie mit besseren Arbeitsbedingungen und einem Erhalt des sozialen Zusammenhalts einhergeht (Ostrom 2011). Nun sind allerdings viele der untersuchten Beispiele eher kleinere, traditionelle Gemeinschaften mit einem hohen Grad der Interaktion und Kommunikation unter den Mitgliedern. Der Versuch einer Übertragung der Modelle einer gemeinschaftsbasierten Governance der Meere auf größere Gebiete und Gruppen wäre nicht umstandslos zu leisten und würde möglicherweise auf Probleme stoßen. Jedoch ergeben sich aus den neuen digitalen Technologien aktuell auch neue Möglichkeiten der Kommunikation und Interaktion, welche durchaus zur Unterstützung modernisierter Formen gemeinschaftsbasierter Steuerungsformen eingesetzt werden könnten; die Gefahr einer Uberisierung (s. o.) ist allerdings nicht leichterdings von der Hand zu wischen – vielmehr bedarf es einer gemeinwohlorientierten Grundlage, damit digitale Technologien entsprechend wirken. Hier wie dort gilt: Technikentwicklung und -einsatz sind in ihrer konkreten Ausprägung wie in gesellschaftlichen Nutzungsformen immer interessengeleitet (Matuschek 2016). In Weiterführung dieser Perspektive wird im Folgenden diskutiert, welchen Beitrag die digitalen Technologien zu dieser Governance leisten können.

4.5
Digitale Technologien und die Governance der Arbeitswelt

Die skizzierten ambivalenten Auswirkungen der Digitalisierung auf die Arbeitswelt verdeutlichen, dass es von der gesellschaftlichen Regulierung des Umgangs mit den digital-kybernetischen Steuerungstechnologien abhängt, ob diese zu positiven oder negativen sozial-ökologischen Effekten führen. Der unter dem Begriff Industrie 4.0 geführte technikdeterministische und marktorientierte Diskurs blendet diese Fragen eher aus und sieht in politischen Eingriffen in die Technikentwicklung allenfalls die Notwendigkeit, um im globalen Digitalisierungswettstreit führend zu sein (Matuschek 2016). Eine derart einseitige Digitalisierung befördert logischerweise eine digitale Transformation, welche dem Ziel einer sozialökologischen, nachhaltigen Arbeitsgesellschaft eher entgegensteht. Dem wäre darum aber die Vision einer Nutzung der kybernetischen Technologien für eine Neuerfindung des Politischen und Ökonomischen entgegenzustellen. Digitale Technologien können in der Tat, wenn ihre Nutzung gesellschaftlich gestaltet wird, einen emanzipatorischen Beitrag zur Transformierung bestehender Herrschaftsverhältnisse und zur demokratischen Governance des Übergangs in eine nachhaltigere und gerechtere Gesellschaft leisten. In Hinblick auf das Ziel der nachhaltigen Arbeit ist hierfür insbesondere auch eine Ausweitung der demokratischen Teilhabe im Bereich des Ökonomischen anzustreben, um eine stärkere Mitgestaltung der ökologischen und sozialen Qualität der Arbeit durch die Beschäftigten zu ermöglichen: »Reale Fortschritte bei der Demokratisierung der Wirtschaft werden (damit) zur Bedingung der Möglichkeit öko-sozialen Fortschritts, und Wirtschaftsdemokratie rückt ins strategische Zentrum.« (Urban 2018: 335). Die digital-kybernetischen Steuerungstechnologien könnten hierzu einen wesentlichen Beitrag leisten, wenn mit ihnen ein Übergang zu verstärkt partizipativen und nachhaltigen Arbeitsformen und eine digital gestützte Humanisierung der Arbeitswelt eingeleitet wird. So könnten bestehende organisatorische Probleme einer solidarischen, gemeinschaftsorientierten Ökonomie überwunden werden. Ostrom hat, wie dargelegt, in der Schrift *Governing the Commons* (Ostrom 1990) deutlich gemacht, dass gemeinschaftliche Regulierungsformen häufig zu einer effektiveren Verwaltung der Naturressourcen beitragen als staatliche und marktliche Regulierungsformen. Auch würden sie mit besseren Arbeitsbedingungen und dem Erhalt des sozialen Zusammenhalts einhergehen (ebd.). Fraglich bleibt aber, ob die fokussierten kleinen, traditionellen Gemeinschaften und Genossenschaften als Regulierungsformen in der aktuellen globalen Ökonomie zukunftsfähig sind. Jüngst wurden diese Ansätze weiterentwickelt sowie mit Selbstorganisationsmodellen aus der

Kybernetik und den Möglichkeiten der kybernetischen Technologien verknüpft. Zudem lässt sich ein »Aufstieg des plattformbasierten Genossenschaftswesens« (Scholz 2016: 72) bemerken. Eine Vielzahl von Projekten des Sharing, des Prosuming und der Open Source-Anwendungen zeigen, dass Ökonomie und Arbeitswelt demokratischer und gerechter gestaltet werden können und eine »sanfte Digitalisierung« so »Chancen für eine Wirtschaftsdemokratie« (Lange/Santarius 2018: 105 ff.) eröffnet. Trotz gegenteiliger Assimilierungen durch die profitorientierte Plattformökonomie erscheint dennoch ein Übergang »vom Plattformkapitalismus zum Plattformkooperativismus« (Reichel 2018: 78) möglich. Allerdings sollte nicht vernachlässigt werden, dass die Dominanz des Marktprinzips als zentrales Steuerungselement einer auf Wachstum und Gewinnmaximierung ausgerichteten globalen Ökonomie die sozial-ökologisch verträgliche und demokratisch-emanzipative Nutzung der neuen Technologien auch begrenzt. Notwendig erscheint daher die Einbettung in eine Demokratisierung der gesamten Ökonomie. In Analogie zum Begriff der Energiewende geht es um eine grundlegende »Steuerungswende« (Jochum/Schaupp 2019), z. B. durch die Förderung gemeinschaftsbasierter Governance-Methoden. Die digitalen Technologien jedenfalls eröffnen partizipativen Nutzungsweisen tendenziell den Weg und ließen sich auch gegen eine undemokratische und hierarchische Planwirtschaft in Anschlag bringen. Sie können zur Stärkung kollektiver Formen der Selbststeuerung der Arbeitnehmer und der Entwicklung neuer Produktions- und Konsumtionsmodelle dienen.

Die unter den Begriffen der Industrie 4.0 und Digitalisierung von Arbeit diskutierten Prozesse sind in diesem Zusammenhang im Wesentlichen als eine erneute kybernetische Revolution zu interpretieren (Schaupp 2017: 53). Ihr Einsatz in der Arbeitswelt führt zu einem grundlegenden Wandel der Arbeitssteuerung. Die epistemologische »Kybernetisierung des Menschen« (Hagner und Hörl 2008: 10) und die Weiterentwicklung der kybernetischen Technologien verbinden sich zu einer neuen Stufe der »Kybernetisierung von Arbeit« (Jochum 2013). Aktuell implizieren diese Entwicklungen, dass »Mensch, Maschinen und intelligente Systeme [...] in eine ›integrated digital-human workforce‹ transformiert [werden], in der sie zu beliebig einsetzbaren Bestandteilen eines hocheffizienten Produktionsprozesses werden, die ihre Kollaboration selbst steuern.« (Pfeiffer 2015: 32) In dieser Hinsicht droht so ein »digitaler Despotismus« (ebd.).

Technologischen Entwicklungen wohnt andererseits prinzipiell die Möglichkeit inne, den Übergang hin zu nachhaltigeren Arbeitsformen einzuleiten bzw. diesen zu unterstützen, sofern ihr Einsatz entsprechend ausgerichtet wird. Gemeint ist zum einen die Möglichkeit, Produktionsabläufe besser zu kontrollieren und so ökologisch optimierte Wertschöpfungsketten zu gestalten. Zugleich sind bei einer emanzipativen Aneignung der Potenziale durch die Beschäftigten auch neue Formen der stärker selbstbestimmten Arbeitssteuerung denkbar. Auch organisatorische Probleme, vor welchen aktuell noch Projekte einer solidarischen Ökonomie stehen, ließen sich so überwinden. Schließlich lassen sich auch über die Betriebe hinaus neue Formen des Austausches entwickeln, welche die aktuelle Dominanz des Marktes bei der Steuerung der Ökonomie verringern. An die Stelle der zunehmenden Verbindung von kybernetischen Technologien und Marktlogik, wie sie für den kybernetischen Kapitalismus der Gegenwart kennzeichnend ist, könnte letztendlich eine »Kybernetik der Befreiung« (Schaupp 2017: 60) treten. In Anlehnung an die Marxsche Idee der »Entwicklung der gesellschaftlichen Produktivkräfte der Arbeit« (MEW 1956 ff.: Bd. 25:260) die in Widerspruch mit den vorhandenen Produktionsverhältnissen geraten und in »eine Epoche sozialer Revolution ein[treten]« (MEW Bd. 13: 9) kann man davon sprechen, dass sich im Schoße des kybernetischen Kapitalismus (Tiqqun 2007) die kybernetisch-digitalen Steuerungskräfte so weit entwickelt haben, eine quasi revolutionäre Überwindung der bisherigen kapitalistischen Produktions- und Steuerungsverhältnisse technisch zu ermöglichen. Ihre emanzipative Nutzung ist zudem notwendig, um die gegenwärtigen tiefgreifenden sozial-ökologische Krisen und Widersprüche zu bewältigen (Jochum/Schaupp 2019).

Anregungen hierfür lassen sich bei einigen Vertretern der frühen Kybernetik finden. Bereits Norbert Wiener, der Begründer der Kybernetik, hatte auch vor den Gefahren der Kybernetik gewarnt und »von einem neuen Faschismus, der in der ›machine à gouverner‹ droht« (Wiener 1964: 195) gesprochen. Seine Kritik orientiert die Suche nach Lösungen. Die aktuelle Debatte um den mit der Industrie 4.0 möglicherweise einhergehenden Arbeitsplatzverlust wurde ebenfalls schon antizipiert und prognostiziert, dass langfristig »die moderne industrielle Revolution [...] das menschliche Gehirn [...] entwerten würde und dann habe [...] das durchschnittliche menschliche Wesen mit mittelmäßigen oder noch geringen Kenntnissen nichts zu verkaufen.« (Wiener 1963: 60). Auf die Frage, wie die damit einhergehenden sozialen Probleme gelöst werden können, gab er die Antwort, »dass wir eine Gesellschaft haben müssen, die auf menschliche Werte gegründet ist und nicht auf Kaufen und Verkaufen.« (Ebd.: 61) Ein Beispiel aus Chile kann einzelne Konkretisierungen skizzieren.

Der Managementkybernetiker Stafford Beer stellte sein Wissen und seine Technologien in den Dienst der Entwicklung gesellschaftlicher Alternativen und unterstützte die demokratisch gewählte chilenische Regierung unter Salvador Allende. Die sozialistische Volksfrontregierung beauftragte daraufhin Stafford Beer mit der Implementierung einer technischen Infrastruktur zur ökonomischen Planung, die das Bürokratieproblem der Sowjet-Ökonomie durch digitale Feedbackkreisläufe lösen und so zur Etablierung einer selbstorganisierten Planwirtschaft beitragen sollte. Zunächst wurde zu diesem Zweck eine Art Internet zur Produktionskoordination angestrebt.[48] Das System wurde zwar nur teilweise realisiert, begründet war das Scheitern aber nicht in der Unzulänglichkeit des Konzepts, sondern es lag an der Beendigung des Projekts durch den Militärputsch von Diktator Pinochet. Innerhalb dessen diktatorischen Systems wurde sodann das Projekt einer marktorientierten neoliberalen Kybernetik durchgesetzt. Die sogenannten Chicago Boys – d. h. an der Chicagoer Universität ausgebildete, von den Ideen der Ökonomen August von Hayek und Milton Friedmann beeinflusste chilenische Ökonomen – erprobten deren neoliberalen Strategien in Chile. Dieses »Experiment« machte die totalitären Züge der »schwarze[n] Utopie der Chicago Boys« (Müller-Plantenberg 2013) erkennbar.

---

48 Die verfügbaren Mittel reichten jedoch nur für einen einzigen IBM 360/50 Mainframe Computer aus, der im Wirtschaftsministerium in Santiago aufgestellt wurde. Dieser wurde mit 400 Fernschreibern in den lokalen Fabriken mit Produktionsdaten versorgt. Diese Daten wiederum wurden in Santiago prozessiert, sodass die jeweilige Produktion mit den volkswirtschaftlichen Bedürfnissen abgestimmt werden konnte, ohne einen dirigistischen Fünfjahresplan zu benötigen (Medina 2005).

Vor dem Hintergrund der aktuell erkennbar werdenden Grenzen der Effizienz des Marktprinzips und der dadurch hervorgerufenen sozial-ökologischen Krisen stellt sich schließlich die Frage, ob nicht Beers Vision heute wieder mehr Beachtung finden müsste. Sein Projekt einer emanzipatorischen Kybernetik ließe sich aktuell nicht nur aufgrund der Weiterentwicklung der kybernetischen Technologien realisieren, sondern könnte sogar notwendig sein, um neue Formen der Governance der Arbeit zu entwickeln. Mit diesen ließen sich die oben dargelegten Nachhaltigkeitsprobleme der Marktsteuerung und der Kommodifizierung von Arbeit überwinden – und dabei im Gegensatz zum Einsatz von Algorithmen etwa im digitalen Aktienhandel eben gemeinwohlorientierte Ziele anstreben; immerhin haben Technologien u. a. im Finanzwesen ihre hohe technische Effizienz offengelegt, wenn auch mit häufig desaströsen Folgen wie der Finanzkrise 2008.

Dass eine derartige postkapitalistische Form der gesellschaftlichen Organisation von Arbeit und Produktion hinreichende, massive Unterstützung findet, erscheint aktuell noch nicht realistisch. Das muss jedoch nicht so bleiben, wie Dörre zurecht betont:

»Wenn deutlich wird, dass marktkonforme und auch marktkorrigierende Strategien nicht ausreichen, um den Klimawandel zu stoppen [...], könnte auf der politischen Tagesordnung stehen, was gegenwärtig allenfalls von Minderheiten in [...] der politischen Linken diskutiert wird. Der Kapitalismus mit seinen systemischen Zwängen zu Akkumulation und Marktexpansion würde dann möglicherweise als das entscheidende Hemmnis erkannt, welches der Realisierung einer Nachhaltigkeitsrevolution im Wege steht. [...] Wer sie anstrebt, ist [...] gut beraten, sich die Möglichkeit einer Gesellschaft offen zu halten, die ohne Expansionszwang existieren kann. Projekte, die nötig sind, um eine solche Gesellschaft zu erreichen, müssen auf unterschiedlichen Ebenen ansetzen. Doch wie immer diese Projekte inhaltlich gefüllt werden – sie kommen nicht daran vorbei, über den ökologisch wie sozial zerstörerischen Wachstumsdrang hinaus den Zwang zu Marktexpansion und ›Besitzakkumulation‹ (Arendt) infrage zu stellen. Geschieht das nicht, bleibt die Nachhaltigkeitsrevolution wahrscheinlich eine Illusion.« (Dörre 2019: 28 f.)

Sollte eine derartige Neuorientierung vollzogen werden, dann dürfte dies einen Übergang zu einer nachhaltigen Gesellschaft mit der Herausbildung einer postkapitalistischen, gegebenenfalls öko-sozialistischen Gesellschaftsform beinhalten. Angesichts der globalen Herausforderungen umfasst ein Übergang zu einer solchermaßen ökologischen Sozialität Veränderungen der weltweiten ökonomischen Beziehungen und grundsätzlich die Überwindung der globalen kolonialen Abhängigkeiten. Luxemburg hat einst die Notwendigkeit einer Überwindung des kapitalistischen Wachstums auf ihre Weise dargelegt.[49] Die Krisenerfahrung, welche sie beschreibt, wird heutzutage auf andere Weise wieder verständlich und fordert zu Überlegungen zur substanziellen Lösung auf.

In Paraphrasierung von Luxemburg ließe sich gegenwärtig, im Jahr 2021, angesichts globaler sozial-ökologischer Krisen formulieren: Nachdem die Expansion des Kapitals fünf Jahrhunderte lang die Existenz und die Kultur und Natur aller nichtkapitalistischen Völker in Asien, Afrika, Amerika und Australien unaufhörlichen Konvulsionen und dem massenhaften Untergang preisgegeben hatte, stürzt sie jetzt die globalisierte okzidentalistische Kultur selbst in eine Serie von Katastrophen. Deren Ergebnis kann nur der Untergang der Kultur oder der Übergang zur ökosozialistischen Produktionsweise sein. Die vorgeschlagenen Veränderungen in der Governance der Arbeitsgesellschaft sind als ein wesentlicher Schritt dahin zu verstehen. Diese wäre commons-orientiert und weder merkantil noch staatlich organisiert. Vielmehr wären die Wirtschaftsprozesse demokratisiert, was insgesamt der Nachhaltigkeit des Lebens Vortrieb leisten würde.

---

49 Siehe Kapitel A 1.11

5
Von der expansiven zur nachhaltigen Lebensführung?[50]

Wie im vorausgehenden Kapitel deutlich wurde, ist die Transformation der Arbeitswelt zentral für die sozial-ökologische Transformation. Letztere wiederum verweist auf ein neues Konzept der Schaffung von Wert, also der Arbeit. Ergänzend sind aber der Bereich des Lebens und die dort verbreiteten Konsumpraktiken ebenfalls als entscheidend anzusehen. In den Diskussionen um eine sozial-ökologische Transformation zu einer sozial gerechten und ökologisch nachhaltigen Gesellschaft spielt daher das Konzept der Lebensstile (Rink 2002) eine prominente Rolle. Allerdings muss man auch die damit häufig verbundene Zuweisung einer besonderen Verantwortung an den Konsumenten und die Trennung zwischen scheinbar klar unterscheidbaren Sphären des Lebens bzw. der Arbeit problematisieren. Der Grund liegt darin, dass die Arbeit (insbesondere als Erwerbsarbeit) in ihrer gesellschaftlichen Kontextualisierung des individuellen Lebens nicht ausreichend reflektiert wird. Eine alternative und integrative Perspektive bietet das ursprünglich auf Max Weber zurückgehende Konzept der Lebensführung (Weber 1920) und die daran anschließenden Forschungen zur alltäglichen Lebensführung (Projektgruppe »Alltägliche Lebensführung« 1995; Jurczyk u. a. 2016). Zu den Vorzügen des Konzepts gehört der Blick auf das »Ganze des Lebens« und die Aufhebung der strikten Trennung zwischen Erwerbsarbeitswelt und privater Lebenswelt. Wie Littig argumentiert, kann das Konzept für die Nachhaltigkeitsforschung fruchtbar gemacht werden, da es ermöglicht, »Alltägliche Lebensführung als die alltagspraktische (nicht)nachhaltige Arbeit« (Littig 2020: 368) zu untersuchen. Hieran anknüpfend soll in den nachfolgenden Überlegun-

---

50 In das Kapitel sind Überlegungen eingeflossen, die bereits in dem Artikel *Auf dem Weg zur nachhaltigen Lebensführung?* (Jochum 2020a) ausgeführt wurden.

gen danach gefragt werden, inwieweit eine Transformation der Lebensführung zu Entwicklung nachhaltigerer Lebensweisen beitragen kann. Hierzu wird zunächst auf der Grundlage eines historischen Rückblicks deutlich gemacht, dass Fragen des Wandels des Verhältnisses zu Natur immer schon im Zentrum der Transformation von Lebensführungsformen standen. Dabei wird deutlich, dass mit dem Übergang zur Expansionsgesellschaft eine expansive, nicht nachhaltige Lebensführung zum Vorschein kam. Im daran anschließenden zeitdiagnostischen Teil werden vor diesem Hintergrund Möglichkeiten zur Herausbildung von nachhaltigeren Formen der Lebensführung diskutiert.

5.1
Antike Lebensführungskonzepte

Menschheitsgeschichtlich betrachtet, erfolgten Transformationen der Lebensführung vor allem in Verbindung mit Transformationen der gesellschaftlichen Naturverhältnisse, d. h. wenn durch rapide Umweltveränderungen Anpassungsleistungen notwendig und/oder durch eine Entwicklung der Produktivkräfte neue Umwelträume und Formen der Naturaneignung erschlossen wurden. So leitete die sogenannte neolithische Revolution den Übergang vom Jäger- und Sammlerdasein zur bäuerlichen Lebensführung ein. Im griechischen Raum ist – wie bei Sumerern, Hetitern, im Zweistromland, in Babylon oder Ägypten ebenfalls mehr oder weniger deutlich erkennbar – dann ca. 500 v. Chr. in Verbindung mit dem Übergang von der bäuerlich-kriegerisch zur städtisch-handwerklich geprägten Kultur eine Transformation der Lebensführung inklusive der dazugehörigen Ethik nachweisbar. Die abendländischen Lebensführungspraktiken sind wesentlich durch diese antiken Traditionen und die dort im Zentrum stehende Idee der »Sorge um sich selbst« geprägt (Foucault 1984: 7; Müller 2016: 26).

Eine Methodik der systematischen Rationalisierung und Technisierung der Lebensführung wurde insbesondere mit der sogenannten Diätetik, d. h. der »Lehre von der gesunden Lebensführung« (Schipperges 1983: 32) entwickelt. Mit diesem Begriff wurde die Gesamtheit der Maßnahmen beschrieben, die der Aufrechterhaltung der psychischen und physischen Gesundheit dienen. Im Zentrum der der hippokratischen Tradition entstammenden Diätetik stand das Ziel einer ausgewogenen Ernährung, d. h. jener Bereich, den wir heute noch mit dem Begriff der Diät verbinden. Jedoch ging die Rationalisierung des Lebens weit über Ernährungsfragen hinaus und umfasste die Gesamtheit der materiell-körperlichen Lebensführung und schließlich auch die sittliche Ordnung des Lebens. Foucault meint:

> »Es ist klar, dass die ›Diät‹ als Lebensregel, als Lebensweise, eine fundamentale Kategorie ist, in der die menschliche Lebensführung gedacht werden kann; sie charakterisiert die Weise, in der man seine Existenz führt.« (Foucault 1984: 131)

Sie habe zudem im Zentrum der Sorge um sich selbst gestanden:

> »Die Praktik der Diät als Lebenskunst [...] handelt [...] darum, wie man sich als ein Subjekt konstituiert, das um seinen Körper die rechte, notwendige und ausreichende Sorge trägt« (ebd.: 140).

Eine weitere einflussreiche Rationalisierung der Lebensführung wurde durch die antiken Philosophen eingeleitet. Hierbei ging es um eine Reflexion der Bedingungen für das »gute Leben«. Von Aristoteles wurde in seiner Ethik eine für das abendländische Denken zentrale Differenzierung vollzogen. Die niedrigste Form der Lebensführung sei demnach das auf bloßen sinnlichen Genuss ausgerichtete Leben (bios apolaustikos) der breiten Masse, höherstehend sei jedoch das politische Leben (bios politikos) und als edelste Form folge schließlich das dem philosophischen Wissen gewidmete Leben (bios theoretikos) (Aristoteles 1985: § 1095 b13). Zentral war dabei auch die Idee der »sōphrosýne« (σωφροσύνη), die mit Besonnenheit oder Mäßigung bzw. Tugend des rechten Maßes übersetzt werden kann. (Aristoteles 1985, Buch, 13: 117b). Im Kontext dieser Sorge um sich und zusammen mit dem Bemühen um das rechte Maß ist auch die antike anthropologische Deutung der Säulen des Herakles zu sehen. Es finden in diesen Reflexionen über den dem Menschen zugewiesenen Horizont des Handelns und des Wissens die Gefahren von Grenzüberschreitungen ihren exemplarischen Ausdruck. Dornseiff notiert dazu:

»Als Ursache für die Vorstellung, dass Herakles mit seinen Säulen die Grenzen für die menschliche Schifffahrt bezeichnet habe, [ist] die Denkweise des 5. Jahrhunderts (v. Chr.) anzusehen. Die Griechen dieser Zeit [...] reden von nichts in der Welt so viel wie von der Gefahr, in die den Menschen die Hybris bringt: der Mensch soll sich nicht überheben [...] und er soll auch nicht in das äußerste Weltmeer fahren wollen, wo nicht mehr der Bereich des Menschen ist.« (Dornseiff 1956: 174)

Diese Deutung der Säulen als Grenzsymbol ist auch als eine Art Gegenreaktion gegen den zu dieser Zeit ebenfalls aufkeimenden Geist prometheischer Grenzüberschreitungen zu interpretieren. Noch in römischer Zeit und im Mittelalter wurde an dieser anthropologischen Auslegung der Säulen als Mahnmale für eine reflexive Selbstbeschränkung festgehalten, wie an Dantes Interpretation erkennbar wird, der sie mit einem Non Plus Ultra assoziiert (vgl. Kap. A 1.1). Derlei Einhegung der eigenen Möglichkeiten scheint in der Expansionsgesellschaft abhanden gekommen zu sein, wenn nicht als Fehlleistung aufgefasst zu werden. Verloren gegangen ist dabei, von unmittelbarem individuellen Erfolg (seien es Personen, Institutionen oder Staaten) absehend eine überdauernde Einbettung in das Netz des Lebens zu bedenken und nicht alles zu tun, weil man es kann – koste es (Andere), was es wolle. Das nimmt in der entstehenden Expansionsgesellschaft selbst einen immer breiteren Raum ein – der Expansionsgedanke erobert die ihn tragende Gesellschaft immer mehr.

5.2
Der Wandel der Lebensführungsformen in der frühen Moderne

5.2.1
Die expansive Lebensführungsethik der Expansionsgesellschaft

Mit dem Übergang zur Expansionsgesellschaft und zum Plus Ultra kommt es also nicht nur zur Herausbildung einer expansiven Lebensführungsethik, sondern auch zu einer ausgeprägten Subjektivität und einer ihr dienlichen Lebensführung. Es entsteht eine neue Anthropologie, welche den Horizont des Menschen als offen ansieht und damit einer Setzung von Grenzen eine Absage erteilt. Dies bedeutet zum einen, dass der Mensch sowohl in sich, d. h. als ein sich selbst wahrnehmendes und zentrales Wesen, als auch in der Welt einen Möglichkeitshorizont wahrnimmt, der vorher ausgeblendet wurde. Entgrenzung und Hybris gehen Hand in Hand. Bereits der Ausbruch des antiken Odysseus aus dem Mythos konnte als »Urgeschichte der Subjektivität« (Horkheimer und Adorno 2001: 62) gedeutet werden. In gleicher Weise lässt sich auch die Umdeutung des Odysseusmotivs und der Plus-Ultra-Devise in der frühen Neuzeit als Urgeschichte moderner Subjektivität und Individualität deuten. Hier wird eine Anthropologie der Gebundenheit des Menschen durch eine neue Idee der Weltoffenheit des Menschen und eine neue expansive Subjektivität ersetzt und eine expansive Lebensführungsethik bildet sich heraus. Assmann zufolge findet in der neuzeitlichen Neudeutung der Odysseusgestalt der »Mythos der Moderne« (Assmann 1994) seinen signifikanten Ausdruck. Assmann legt ihr Augenmerk ebenfalls auf die Überschreitung der ozeanischen Grenzen. Diese könne dabei die Ablösung eines »weisheitliche[n] Selbstbegrenzungs-Wissen« einleiten und die Herausbildung eines »heroische[n] Selbstbehauptungs-Wissen befördern, das den Siegeszug von Technik und Wissenschaft ermöglicht hat.« (Ebd.: 115). Sie verweist dabei insbesondere auf die Bedeutung der Legitimierung der frühneuzeitlichen Neugier, die infolge des Übergangs vom Non Plus Ultra zum modernen Plus Ultra stattfinde. Bereits Dante hat Odysseus' Rolle in diesem Zusammenhang definiert (vgl. Kap. A 1.1). Assmann nennt dabei auch die Ambivalenzen der damit einhergehenden Öffnung, weil sich damit sowohl die Unrast des modernen Subjekts als auch der neuzeitliche »Drang zur Expansion, der den modernen mythischen Helden auszeichnet« (ebd.: 112 f.), verbindet. Die Neudeutung der Säulen des Herakles war damit mit einer neuen expansiven und intensiven Anthropologie verbunden, welche die Entgrenzung des gesamten Handlungshorizonts und ein neues Individuum miteinschloss. Wie die Menschen ihr Leben nun führten und Arbeit arrangierten entsprach ihrer geweiteten Erkenntnis. Hierdurch wird jene spezifisch expansive, weltöffnend okzidentale Subjektivität und Individualität begründet, deren Entfaltung einen zentralen Bestandteil des modernen Humanismus darstellt.

Diese Umkehr führt zu einer radikalen Abwertung der bisher gültigen Werte und deren Verfechter, wie auch Böhme deutlich macht: »Grenzüberschreitung löst nicht mehr [...] den Mechanismus der sich selbst strafenden Schuld aus; sondern sie ist Horizonterweiterung. [...] Umgekehrt sind es gerade die Verfolger der curiositas, die Grenzwächter des Nec Plus Ultra, die als Mächte der Finsternis und der Fortschrittshemmung erscheinen.« (Böhme 2001a: 125)

Mit der Überschreitung der herakleischen Schwellen wird somit nicht nur deshalb eine Epochenschwelle überschritten, weil der Raum geöffnet und das geschlossene antike ökumenische Weltbild durch das globale Weltbild abgelöst wird. Auch hinsichtlich der Subjektivität lässt sich spiegelbildlich gleiches konstatieren und von einer für die Herausbildung der modernen Subjektivität zentralen Transformation der kulturell dominierenden und als legitim erachteten Subjektform in der okzidentalen Kultur sprechen. In der antiken und mittelalterlichen Subjektkultur wurde die Fähigkeit zur Selbstbegrenzung und Einordnung in die traditionell vorgegebenen Bindungen als positiv bewertet. In der Neuzeit bildet sich dahingegen eine neue Subjektkultur heraus, die nach dem Vorbild der Seefahrer und Entdecker ein zur Selbststeuerung und zur Selbstentgrenzung befähigtes Individuum einfordert. Dieses segelt gleichsam über die selbst- und fremdgesetzten Grenzen der Säulen des Herakles hinaus und erschließt neue Potenziale in sich. (Siehe auch Sloterdijk 2010: 7)

In der Durchsetzung dieser expansiven, grenzüberschreitenden Lebensführungsethik und Subjektivität hat die Innovationsbereitschaft des okzidentalen Subjekts einen wesentlichen Ursprung. Kennzeichnenderweise hat Schumpeter den modernen Unternehmer mit der Plus-Ultra-Devise assoziiert: »Der typische Unternehmer frägt sich nicht, ob jede Anstrengung, der er sich unterzieht, auch einen ausreichenden ›Genußüberschuss‹ verspricht. [...] Er schafft rastlos, weil er nicht anders kann. [...] Unter unserem Bild vom Unternehmertypus steht das Motto: plus ultra.« (Schumpeter 1995: 137) Nicht zuletzt sollte man also die Herausbildung dieser expansiven Plus-Ultra-Subjektivität als weiteren, zentralen, bisher nicht beachteten Faktor für die Genese der bürgerlichen Lebensführung ansehen. Bekanntermaßen hat bereits Weber eine andere Erklärung geliefert: »Einer der konstitutiven Bestandteile des modernen kapitalistischen

Geistes, [...] die rationale Lebensführung auf Grundlage der Berufsidee, ist [...] geboren aus dem Geist der christlichen Askese.« (Weber 1920: 201). Es sei zwar in allen Religionen bei den Bürgerschichten eine »Tendenz zum praktischen Rationalismus der Lebensführung« mit dem Ziel »technischer oder ökonomischer Berechnung und Beherrschung von Natur und Menschen« (Weber 1989: 107) zu erkennen. Die besondere »Entwicklung der Heilsmethodik im Okzident« (Weber 1925:318) habe jedoch dazu beigetragen, dass allein »im Okzident als hygienisch-asketisches Mittel die Arbeit hervor[tritt]« (ebd.), wodurch eine »rational beherrschte Lebensführung« (ebd.) entwickelt werde, die auf »Weltbearbeitung« (Weber 1920:263) ausgerichtet sei. Man kann also in dieser Befreiung der humanen Arbeitspotenziale eine Wurzel für die Produktivität der Moderne sehen, zugleich aber ist hierin auch das destruktive Naturverhältnis der Moderne angelegt.

Inwieweit diese neue tätige Weltoffenheit des modernen Menschen seinen Ursprung allein in der protestantischen Ethik besitzt, kann hinterfragt werden. Auch die Transformation des Weltbezugs infolge der europäischen Expansion und des hiermit verbundenen Übergangs vom weltbegrenzenden Non Plus Ultra des Mittelalters zum weltöffnenden Plus Ultra der Neuzeit führte zu einem Wandel der Lebensführungsethik (siehe auch Jochum 2017). Der Übergang von der außerweltlichen Exploitation zur innerweltlichen Askese wurde damit nicht nur durch die Durchsetzung der protestantischen Ethik vorangetrieben. Bisher wurde mit Max Weber die Erschließung der Welt durch das äußere Geschäftetreiben erklärt, dem ein innerer Wandel zugrunde liege. Dieser gründe im protestantischen Gewissen. Der Gedanke des Plus Ultra jedoch, sicherlich auch ein gedankliches Konzept, ist vielmehr eine Ableitung aus der zuerst realen und äußerlich erfolgten Grenzüberschreitung. Ebenso entscheidend und vielleicht sogar zentral war also die Genese eines neuen expansiven, auf innerweltliche Aktivität gerichteten Weltverhältnisses des Subjekts infolge der Entdeckung einer neuen Welt. Letztere wirkt zurück und treibt zugleich an und dürfte auch legitimatorische Funktionen gehabt haben. Trotz dieser Ergänzung kann Webers These einer besonderen Wahlverwandtschaft zwischen dem protestantischen Christentum und dem Geist des Kapitalismus eine gewisse Gültigkeit zugesprochen werden, da der Selbstdisziplinierung dienende Elemente der neuen bürgerlichen Lebensführung innerhalb des Protestantismus in besonders exemplarischer Weise entfaltet wurden. Hierdurch wurde die kapitalistische Wachstumsdynamik stark befördert und damit eine Transformation eingeleitet, die »das Gehäuse für die neue Hörigkeit« (Schluchter 1988:502) schuf, in welchem sich der Mensch der Moderne wiederfand. Schluchter verweist hiermit auf jene Dialektik der modernen Lebensführung, die Weber in *Die protestantische Ethik und der Geist des Kapitalismus* mit folgenden Worten beschrieben hatte:

> »Indem die Askese aus den Mönchszellen heraus in das Berufsleben übertragen wurde […] half sie an ihrem Teile mit daran, jenen mächtigen Kosmos der modernen […] Wirtschaftsordnung [zu] erbauen, der heute den Lebensstil […] mit überwältigendem Zwange bestimmt und vielleicht bestimmen wird, bis der letzte Zentner fossilen Brennstoffs verglüht ist. Nur wie ›ein dünner Mantel, den man jederzeit abwerfen könnte‹, sollte […] die Sorge um die äußeren Güter um die Schultern seiner Heiligen liegen. Aber aus dem Mantel ließ das Verhängnis ein stahlhartes Gehäuse werden.« (Weber 1920: 204)

Weber schildert hier mit seiner Erwähnung des fossilen Brennstoffs und des stahlharten Gehäuses nicht nur eine ethische Transformation der Lebensführung, vielmehr verweist er auch auf die neuen energetischen technischen Rahmenbedingungen, unter welcher der Mensch der industriellen Moderne sein Leben führt. Man kann in gewisser Weise von der Beschreibung einer »fossilen-materialistischen Lebensführung« sprechen. Diese ist verbunden mit »fossilen Mentalitäten« (Büttner/Schmelzer 2021), d. h. von »bestimmte[n] steigerungsorientierte[n] oder externalisierende[n] Vorstellungswelten, [die] durch die Nutzung fossiler Energie befördert oder hervorgebracht wurden« (ebd.: 1). Diese Lebensgestaltung geht auch mit einem zunehmenden Konsum an Gütern und wachsenden Verbrauch an weiteren natürlichen Ressourcen einher, welcher von nun an ebenfalls für die expansive Lebensführung kennzeichnend wird. Der Steigerungsimperativ bedient Streben wie Belohnung zugleich. Die expansive Lebensführung begünstigte, dass der Mensch und seine Gesellschaft sich außerhalb der Natur konzipieren (siehe Kap. A 7.2 und 7.3) und an die Stelle der Natur Werkzeuge gesetzt wurden, mit denen schließlich die eigene Lebenswelt gestaltet werden konnte. So hat er bisher überlebt, indem er diese Welt und sich an die Situationen angepasst hat. Doch mittlerweile ist er an lebensbedrohliche Grenzen gestoßen, die sich im Verbrauch der fossilen Rohstoffe bündeln. (siehe Kapitel A 3.1) Mit seiner Erwähnung des zur Neigegehens der fossilen Brennstoffe im obigen Zitat nahm Weber also dabei geradezu prophetisch die gegenwärtige Nachhaltigkeitsproblematik der *fossilen Moderne*, der fossilen Mentalitäten und der expansiven Lebensführung vorweg.

Die von Weber beschriebene Transformation der bürgerlichen Lebensführung kann auch zu dem von Polanyi in seinen Überlegungen zur »Großen Transformation« (Polanyi 1944/1978) beschriebenen Prozess der Durchsetzung der Idee eines selbstregulierenden Marktsystems und der damit verbundenen »Transformation der natürlichen und menschlichen Substanz der Gesellschaft in Waren« (ebd.: 70) in Beziehung gesetzt und zu einer klaren Argumentationslinie vereint werden. Für Polanyi stand die Kommodifizierung von Arbeitskraft, Geld und äußerer Natur (insbesondere Land) im Zentrum der Analyse. Zu beachten ist, dass hiermit auch eine zunehmende Subordination der inneren Natur und damit der Lebendigkeit des Menschen unter die Kommodifizierungslogik verbunden war. Die methodische bürgerliche Lebensführung der fossilen Moderne diente nicht zuletzt dazu, die Arbeits- und Lebenskraft des Menschen in effizienter Weise in den Dienst der kapitalistischen Marktgesellschaft zu stellen, wie Polanyi umreißt:

> »Das Motiv des Lebensunterhalts muß durch das Motiv des Gewinns ersetzt werden. Alle Transaktionen werden in Geldtransaktionen verwandelt, und diese erfordern ihrerseits die Einführung eines Zahlungsmittels in sämtlichen Ausdrucksformen des produktiven Lebens.« (Ebd.)

Eine Folge dieser Kommodifizierung der Arbeitskraft und der Ausrichtung der Lebensführung auf diesen Zweck war eine zunehmende Entbettung des Lebens aus tradierten sozialen und natürlichen Zusammenhängen. Dieser Kommodifizierungslogik des selbstregulierenden Marktes wohnt Polanyi zu Folge die Tendenz inne, die »zwischenmenschlichen Beziehungen [zu] zerreißen und den natürlichen Lebensraum des Menschen mit Vernichtung [zu] bedrohen.« (Ebd.: 229) In Reaktion auf diese Gefahren würde jedoch eine »Gegenbewegung für den Schutz der Gesellschaft« (ebd. 182) entstehen, welche auf eine Wiedereinbettung des Marktes abzielt (vgl. die Einleitung zum vorliegenden Werk). Polanyi fokussierte in seiner historischen Analyse vor allem auf Gegenbewegungen gegen die sozial destruktiven Folgen der Kommodifizierung. Diesbezüglich ist zu ergänzen, dass auch früh schon Gegenbewegungen gegen die ökologischen Schattenseiten der bürgerlich-kapitalistischen Welt und der damit verbundenen Lebensführungsformen entstanden. Bereits die Romantik etwa kann als eine Alternativbewegung angesehen werden, die ihre Fortsetzung in der Lebensreformbewegung um 1900 fand, deren Ziel eine »[n]aturgemäße Lebensführung« (Barlösius 1997) war. Durch eine Aufwertung der Naturheilkunde, die Abkehr vom großstädtischen Leben, ein verändertes Körperbewusstsein, die Orientierung an asiatischen Lehren und insbesondere durch eine andere Ernährungsweise sollte eine grundlegende Transformation der Lebensführung ermöglicht werden. Exemplarisch ist dabei der Vegetarismus anzusehen, der eine zentrale Stellung innerhalb der Lebensreformbewegung einnahm (ebd.: 217). Eine revolutionäre Haltung, welche eine Überwindung der kapitalistisch-industriellen Moderne zum Ziel hatte, war damit hingegen selten verknüpft – wobei allerdings mit gemeinschaftsorientierten Projekten der Reform der Lebensführung, wie z. B. der Kommune auf dem Schweizer Monte Verità, durchaus auch das Ziel der Überwindung der bürgerlichen Gesellschaftsordnung verbunden war. (Bollmann 2017) Ähnliche Bewegungen sind auch aktuell zunehmend sichtbar – vom Veganismus bis hin zur Abkehr vom Besitz eines Automobils. Wie zuvor sind jedoch nicht immer gesellschaftliche transformative Qualitäten zu erkennen.

5.2.2
Von der fordistischen zur postfordistischen Lebensführung

Der Einfluss der Lebensreformbewegung ebbte in der Folgezeit und insbesondere mit den 1930er-Jahren wieder ab. Mit der Verbreitung des fordistischen Produktions- und Konsummodells trat die fossile Moderne in eine neue Stufe ein, in der nicht mehr Kohle, sondern Erdöl die zentrale energetische Triebkraft einer »fossilistisch-kapitalistischen Produktions- und Lebensweise« (Brand 2009: 3) war. Fords »Tin Lizzy« wurde sowohl zum Symbol für ein neues Produktionsmodell wie auch für die erschwingliche individualisierte Automobilität. In den westlichen Industriestaaten verbreitete sich so ein auf regulierter Erwerbsarbeit und Massenkonsum beruhendes Modell einer »fordistischen Lebensführung« (Götz 2007: 85) – die Voraussetzungen und die Nebenfolgen dieser Lebensführung wurden ausgeblendet und ihre negativen Folgen ausgelagert. »In der Externalisierungsgesellschaft besteht Macht in der Chance, die Kosten der eigenen Lebensführung auf andere abzuwälzen.« (Lessenich 2017: 62).

Bereits Ende der 1960er-Jahre äußerte allerdings die sogenannte 68er-Bewegung Kritik an diesem Lebensführungsmodell und auch bestimmte Elemente der Lebensreformbewegung kehrten mit dem Aufkommen eines neuen ökologischen Bewusstseins in den Alternativbewegungen wieder. Mit der Diagnose von möglichen »Grenzen des Wachstums« (Meadows 1972) schien Webers Prophezeiung, dass die bürgerliche Lebensführung dann auf ihre Grenzen stoßen würde, wenn der letzte Zentner fossilen Brennstoffs verglüht sei (bzw. das letzte Barrel Öl verbrannt), eine Aktualität zu erhalten. In den letzten Jahren wird zunehmend erkennbar, dass die fossile Moderne auch auf Grund der Risiken des anthropogen verursachten Klimawandels nicht zukunftsfähig ist. Infolge dieses neuen Bewusstseins von der Nicht-Nachhaltigkeit der bisherigen Produktions- und Konsummuster wurde die Forderung nach einer mit der industriellen Revolution vergleichbaren »Großen Transformation« (WBGU 2011) hin zu einer nachhaltigeren Gesellschaft laut. Auch die UNO forderte in ihrer Deklaration »Transforming Our World« (UNO 2015) u. a. die Herausbildung von »nachhaltigen Konsum- und Produktionsmuster[n]« (ebd.: 24) sowie eine »Lebensweise in Harmonie mit der Natur« (ebd.: § 12.8) und damit eine Transformation hin zu einer nachhaltigeren Lebensführung ein. Als mögliche Protagonisten einer derartig nicht expansiven, nachhaltigen Lebensführung können auf den ersten Blick insbesondere die Angehörigen der seit 2000 in der Konsumforschung mit dem Begriff der sogenannten LOHAS (»Lifestyles of Health and Sustainability«) beschriebenen Konsumentengruppe angesehen werden (Ray/Anderson 2000). Sie besitzen, so die Hoffnung, als eine »Öko-Avantgarde« (Wenzel/Kirig/

Rausch 2008: 38) Vorbildcharakter für andere Bevölkerungsschichten. Auch die Untersuchung *Umweltbewusstsein in Deutschland 2012* (Rückert-John/Bormann/John 2013) kommt hinsichtlich der »Potenziale für nachhaltige Lebensführung in milieuspezifischer Perspektive« (ebd.: 64 ff.) zu ähnlichen Ergebnissen und identifiziert insbesondere in den Milieus der »Liberal Gehobenene[n]« und der »Reflexiven« eine besondere Affinität für eine gesundheits- und nachhaltigkeitsorientierte Lebensführung, die sich u. a. in einer Bereitschaft für den Einkauf von biologischen Lebensmitteln äußert (ebd.: 73 ff.). Vor allem das gehobene, moderne Bürgertum scheint so zum Vorreiter für eine Transformation der Lebensführung hin zu Nachhaltigkeit zu werden. Die sozialstrukturell relativ klare Verortbarkeit weckt allerdings zugleich Zweifel hinsichtlich der realen ökologischen Effekte der veränderten Lebensführung und der zugrundeliegenden Motivationen. Insgesamt betrachtet, ist die ökologische Gesamtbilanz aufgrund der Wohnverhältnisse und des Reiseverhaltens keineswegs viel besser als bei anderen Milieus (Rückert-John/Bormann/John 2013: 74, 78). Es lässt sich konstatieren, dass das hohe Ausstattungsniveau, über das diese Gruppen verfügen, zwar einige Praktiken des nachhaltigen Konsums erleichtert, zugleich jedoch aufgrund des erhöhten Verbrauchs eine substanziell nachhaltige Lebensführung mitunter behindert. Eine bewusst nachhaltigkeitsorientierte Lebensführung geht somit hinsichtlich des tatsächlichen Ressourcenumsatzes und der damit verbundenen ökologischen und sozialen Auswirkungen keineswegs zwingend mit mehr Nachhaltigkeit einher.

Darüber hinaus lässt sich aus soziologischer Perspektive fragen, inwiefern neben moralischen Motiven auch gänzlich andere sozialstrukturelle Gründe zur Erklärung der Nachhaltigkeitsaffinität der oberen Mittelsicht heranzuziehen sind. Ist sie möglicherweise nur ein zentrales Element der »distinktive[n] Lebensführung« (Koppetsch 2019: 106), welche das »postindustrielle Bürgertum« (ebd.: 122) in den letzten Jahren herausbildete? In diesem Sinne vermutet Neckel, dass »das ökologische Prinzip der Nachhaltigkeit [...] mit den Maximen einer Lebensführung [korrespondiert,] von der sich die heutigen Mittelschichten auch die Lösung ihrer typischen Statusprobleme versprechen. Der Hang zur Nachhaltigkeit in der gesellschaftlichen Mitte beruht demnach nicht allein auf ethischen Präferenzen, sondern ebenso auf Distinktionen« (ebd.: 66). Folgt man der Argumentation von Neckel, so wird das transformative Potenzial der neuen ökologisch orientierten nachhaltigen Lebensführungsmuster fragwürdig, weil sie mit einer elitären Abgrenzung von anderen Milieus verbunden und damit nicht verallgemeinerungsfähig sind.

Allerdings ist eine Erklärung der Unterschiede von Lebensführungsmodellen allein als Ausdruck von Statusarbeit als zu unterkomplex anzusehen, weil die durch Modernisierungsprozesse vorangetriebenen Transformationsdynamiken der Lebensführung, die ebenfalls relevant sind, unberücksichtigt bleiben. Die von Neckel konstatierte »Wahlverwandtschaft zwischen der Lebensführung der Mittelschichten und den Prinzipien ökologischer Nachhaltigkeit« (Neckel 2018: 64) ist nicht primär und allein als Konsequenz einer »Statusarbeit« mit dem Ziel der »ökologischen Distinktion« zu erklären. Vielmehr kann, ähnlich wie bei den von Weber in der »Protestantischen Ethik« (1920) untersuchten »›Wahlverwandtschaften‹ zwischen gewissen Formen des religiösen Glaubens und der Berufsethik« (ebd.: 83), vermutet werden, dass die Nachhaltigkeitsethik zu einer Form der Selbstsorge führt, die den Anforderungen der entgrenzten, subjektivierten Arbeitswelt entspricht (Jochum 2020: 353 f.). Eine bewusste, gesunde Ernährung, sorgsamer Umgang mit sich selbst und die Kontrolle des eigenen Begehrens ist nicht nur für eine nachhaltige Lebensführung relevant, sondern entspricht auch den Selbstdisziplinierungsansprüchen des flexiblen postfordistischen Kapitalismus. Letztlich erfolgt so aber eine kapitalistische Aneignung der ökologischen Kritik und es wird auch auf der Ebene der Lebensführung deutlich, dass die Idee der »Nachhaltigkeit [...] der neue Geist des grünen Kapitalismus [ist]« (Neckel 2018: 17).

Die Transformation der Lebensführung in Richtung Nachhaltigkeit impliziert somit keinen grundlegenden Bruch mit der aus der reformatorisch-protestantischen Ethik hervorgegangenen methodischen Lebensführung des fossilistischen Kapitalismus. Vielmehr wird diese, ähnlich wie bei der Lebensreformbewegung des frühen 20. Jahrhunderts, nur erneut reformiert. Sie mag zwar mit einer Reduktion des Verbrauchs an fossilen Brennstoffen einhergehen, ist aber weiterhin kompatibel mit dem Kapitalismus und führt nicht zu einer Überwindung seiner ökologisch zerstörerischen Steigerungs- und Wachstumslogik. Damit wäre die Frage, ob durch die Nachhaltigkeitsavantgarde eine grundlegende Transformation der Lebensführung und darüber hinaus auch eine gesamtgesellschaftliche sozial-ökologische Transformation vorangetrieben werden kann, zu verneinen. Die Herausbildung von nachhaltigkeitsorientierten Lebensführungsformen, die an die spezifischen Lebens- und Arbeitsbedingungen der modernistischen Milieus angepasst sind, würde in der Konsequenz nur die »nachhaltige Nicht-Nachhaltigkeit« (Blühdorn u. a. 2019) der Gesamtgesellschaft legitimieren und verfestigen. Dies gilt umso mehr, als die Lebensführungspraktiken der nachhaltigkeitsaffinen Gruppen durch spezifische Widersprüche und Spannungsfelder gekennzeichnet sind. Die modernen, flexiblen Milieus sind durch Ausbildung und Arbeit stärker international vernetzt, was die Herausbildung eines kosmopolitischen Bewusstseins befördert. Dieses kann auch zur Grundlage für die Solidarität mit Menschen anderer Weltregionen und damit der Genese eines Ethos der »Weltsorge« werden und sie sind daher auch eher bereit für einen fairen, nachhaltigen Konsum. Die »kosmopolitische Lebensführung« geht aber zugleich mit einer intensivierten (Flug-)Mobilität sowohl im Berufsbereich wie auch im Privaten einher (Rückert-John/Bormann/John 2013: 74, 78). Diese Widersprüchlichkeit lässt sich auch beim Wohnverhalten konstatieren. Zwar sind Anhänger des an Nachhaltigkeit orientierten Milieus prinzipiell offen für alternative Wohnformen. Die bereits genannte Studie *Umweltbewusst in Deutschland 2012* kommt allerdings bezüglich der sogenannten »Reflexiven« zum Ergebnis, dass diese in großräumigen Eigentumswohnungen oder eigenen Häusern wohnen, obwohl sie sich der ökologischen Problematik dieser Wohnform bewusst sind (Rückert-John/Bormann/John 2013: 78).

5.3 Nachhaltige Lebensführung jenseits des grünen Kapitalismus

Allerdings ist eine zu pessimistische, negative Bewertung der aktuellen Entwicklungen auch nicht angebracht. Zum einen macht eine differenzierte Betrachtung der Gruppen mit einer Offenheit für eine sozial-ökologische Lebensführung deutlich, dass diese nicht nur in modernistischen

Milieus der oberen Mittelschicht verortet werden kann (Eversberg 2018). Zugleich kann nicht für alle Milieus mit Potenzialen für nachhaltige Lebensführung eine individualistische Verengung der Nachhaltigkeitsproblematik und eine Ausblendung von sozialen und gesellschaftlichen Fragen konstatiert werden.

In der Studie *Umweltbewusstsein in Deutschland 2016* (BMUB 2017) heißt es bezüglich der »kritisch-kreativen Milieus«: »Sie [fordern], dass wir Wege finden müssen, wie wir wachstumsunabhängig weiter ein gutes Leben gewährleisten können. Außerdem hat für sie das Thema soziale Gerechtigkeit einen hohen Stellenwert. […] Dies verbinden sie, durchaus auch selbstkritisch, mit der Forderung nach einer neuen, nachhaltigeren Lebens- und Wirtschaftsweise.« (Ebd.: 77) Indem von diesen Milieus die Nachhaltigkeitstransformation nicht auf einen Wandel des eigenen Verhaltens reduziert wird, sondern auch die gesellschaftlichen Strukturen hinterfragt werden, verliert die These, wonach Nachhaltigkeit letztlich zum neuen Geist eines grünen Kapitalismus werde, an Überzeugungskraft. Nachhaltigkeit an sich ist sinnvoll. Doch sie muss am Grund unseres Verhältnisses zur Natur und zur Arbeit ansetzen. Das kritisch-kreative Milieu scheint immerhin für eine weiter gehende Veränderung der Gesellschaft und des eigenen Lebens offen zu sein. Daher scheint die Einschätzung, dass dessen Angehörige »in ihren Einstellungen die Vorreiter der sozial-ökologischen Transformation« (ebd.: 77) seien, durchaus zutreffend zu sein. Auch gegenüber gemeinschaftlichen Formen des Wohnens und der Produktnutzung sind sie zumindest aufgeschlossen (ebd.). Wie Grundmann und Görgen argumentieren, kann eine »gemeinschaftlich-nachhaltige Lebensführung« (2020) eine Reduzierung des Konsums und des Ressourcenverbrauchs ermöglichen. Um deren Herausbildung zu unterstützen, sind allerdings geeignete sozio-materielle Arrangements und Infrastrukturen erforderlich, wie sie in der obigen Auseinandersetzung mit der Kybernetik und der Digitalisierung angerissen wurden. Darüber hinaus wären die Rahmenbedingungen von Arbeit und Leben so zu gestalten, dass sie auch eine gemeinschaftlichere Lebensführung ermöglichen. Die Konsumpraktiken der LOHAS waren noch eher durch eine Individuumsorientierung der Lebensführung gekennzeichnet. Damit verknüpft war auch der Glaube, dass der nachhaltige Konsum des Individuums einen Übergang zu einem nachhaltigen Kapitalismus mit grünem Wachstum befördern könne. Es ist allerdings fraglich, ob eine Ökologisierung der Warenwelt und des Konsums allein ausreichend ist, um eine Transformation hin zu Nachhaltigkeit voranzutreiben. Wie oben ausgeführt wurde, war die von Polanyi in *The Great Transformation* beschriebene zunehmende Entbettung des Marktes aus der Gesellschaft und die damit verbundene »Transformation der natürlichen und menschlichen Substanz der Gesellschaft in Waren« (Polanyi 1978: 70) auch verknüpft mit einer Entbettung der Lebensführung aus sozialen und ökologischen Zusammenhängen. Für einen Übergang zu einer nachhaltigen Lebensführung wäre eine hierzu konträre Gegenbewegung notwendig, die gerade auf eine »Wiedereinbettung der Lebensführung« in gemeinschaftliche und ökologische Beziehungen abzielt. Aktuelle Entwicklungen deuten darauf hin, dass derartige Gegenbewegungen im Entstehen sind. So gewinnen in den letzten Jahren Konzepte einer Postwachstumsgesellschaft an Bedeutung, in denen eine Transition hin zu einer solidarischen, gemeinschaftsorientierten Ökonomie für notwendig erachtet wird (Schmelzer/Vetter 2019). Damit verbunden ist auch ein wachsendes Bewusstsein dafür, dass eine nachhaltige Lebensführung mit einer Wachstums- und Expansionsgesellschaft, welche die ökologischen Grundlagen weiter aufzehrt und von dem Subjekt eine immer weitergehende individualisierte Selbstoptimierung und Selbststeigerung abverlangt, nicht kompatibel ist. Angestrebt wird gleichsam eine »sozial-ökologische Transformation der Lebensführung«, welche nicht nur eine Veränderung des Kaufverhaltens, sondern eine Transformation der Gesamtheit der Praktiken der alltäglichen Lebensführung mit einschließt. Voraussetzung hierfür ist auch eine Rekonfiguration der sozialen Beziehungen durch eine Überwindung der die modernen westlichen Gesellschaften kennzeichnenden Individuumszentrierung, um eine gemeinschaftlich-nachhaltige Lebensführung (Görgen/Grundmann 2020) zu befördern. Im Zentrum steht dabei die Neuorganisation von Arbeit, weil der Mensch sich darin konstituiert und erlebt. Arbeit ist ihm notwendig, um sein Lebensfeld zu gestalten. Diese aber muss so organisiert werden, dass ein Anschluss an die bestehende Geldwirtschaft und Tauschkultur möglich wird und dennoch die Grenzen der Natur nicht durchbrochen werden. Neue Arbeit schafft Lohn und zerstört das Netz des Lebens nicht. Sie führt zum sogenannten guten Leben und erfüllt damit neben den finanziellen Mitteln für die eigene Existenz auch die Voraussetzungen dafür, zentrale Funktionen von Arbeit – sei es Erwerbs-, Vor- und Fürsorge- oder auch Misch- und Eigenarbeit – zu gewährleisten: soziale Bezüge darin herzustellen, Sinn in der Arbeit zu finden, gemeinwohlorientiert zu agieren und Entwicklungschancen zu bewahren etc. Die dem Expansionsimperativ Plus Ultra folgende moderne expansive Subjektivität müsste durch eine neue, begrenzende Subjektorientierung und eine entsprechende Konzeption von Arbeit abgelöst werden. Antike Modelle einer sich am Ideal des rechten Maßes orientierenden und dem limitierenden Non Plus Ultra folgenden Vorstellung vom guten Leben gewännen so wieder an Relevanz. Das mit dem »Mythos der Moderne« (Assmann 1994) verbundene »heroische Selbstbehauptungs-Wissen« (ebd.: 115) würde durch ein »weisheitliche[s] Selbstbegrenzungs-Wissen« abgelöst werden.

Welche Auswirkungen die neuen sozialen Bewegungen »Fridays for Future« und »Extinction Rebellion« haben werden, ist derzeit noch offen. Erkennbar ist zumindest, dass von diesen Bewegungen Appelle an die Änderungen des persönlichen Verhaltens mit Forderungen nach weitergehenden gesellschaftlichen Transformationen verknüpft werden, wodurch eine (Re-)politisierung der ökologischen Problematik vollzogen wird. Möglicherweise wird der ethisch-transformatorische Impetus der jugendlichen Nachhaltigkeitsaktivisten vom Kapitalismus in einem »Green New Deal« adaptiert und eine nächste Wachstumsstufe eines grünen, bioökonomischen Kapitalismus vorantreiben, in dem an die Stelle der Ausbeutung der fossilen Energien nun ein forcierter Raubbau an der belebten Natur tritt. Vielleicht lernen die neuen sozial-ökologischen Bewegungen aber auch aus dem (partiellen) Scheitern der vorhergehenden Bewegungen und werden eine sozial-ökologische Transformation einleiten, für die eine »Wahlverwandtschaft« zwischen einer »gemeinschaftsorientierten nachhaltigen Lebensführung« und einem die Wachstums- und Expansionsdynamik der Moderne überwindenden »Geist des Postkapitalismus« konstatiert werden kann.

Bei dieser Suche nach Visionen einer gemeinschaftsorientierten nachhaltigen Lebensführung dürften auch außereuropäische Modelle, wie das lateinamerikanisch-indigene Konzept des »Buen Vivir (Guten Lebens)«, das im Sinne des »Buenos Convivires (Guten Zusammenlebens)« (Acosta/Brand 2018: 122), d.h. einer gemeinschaftlichen, solidarischen Lebensführung, konzipiert ist, eine Bedeutung finden. Auf dieses andine Modell vom guten Leben wird im nachfolgenden Kapital näher eingegangen.

C

VOM ZEITALTER DER EXPANSION ZUM ZEITALTER DER GÄA? – ZUSAMMENFASSENDE UND WEITERFÜHRENDE ÜBERLEGUNGEN[51]

---

[51] In das Kapitel sind Überlegungen aufgenommen die bereits in der Schrift *Plus Ultra* (Jochum 2017: 501ff) ausgeführt wurden.

Wie zu Beginn der vorliegenden Schrift deutlich wurde, begann in der frühen Neuzeit im Zeichen des Plus Ultra ein durch die Entgrenzung der Welt eingeleiteter umfassender Expansionsprozess. Neben der Ausfahrt des Kolumbus ist die Weltumsegelung Magellans (1519–22) als symbolträchtiger Anfang des neuen Zeitalters der Expansion und Globalisierung anzusehen. In der sich herausbildenden Expansionsgesellschaft erfolgte eine die Moderne konstituierende, vielfältige Transformation der Weltbilder, der Subjektivierungsformen, der kulturellen und ethischen Leitbilder, der Wirtschaft, des Wissenschaftsverständnisses und der politischen Ordnung. Mit dem Übergang vom Modus der Begrenzung zum Modus der Entgrenzung und Expansion begann die abendländische Welt, sich neu zu definieren. Dies sind die zentralen Ursprünge für die zunehmende Dominanz der okzidentalen Kultur über die außereuropäische Welt und die Natur in den letzten 500 Jahren. Zugleich wurde hier der Keim für die Destruktivität und die Nebenfolgen der Moderne gelegt, die heute zunehmend ins Bewusstsein rücken. Für eine große Transformation zu einer nachhaltigen globalen Sozialität jenseits der Expansionsgesellschaft ist dementsprechend eine alle genannten Ebenen einbeziehende Reflexion der Schattenseiten und eine Korrektur von Fehlentwicklungen vonnöten. Der Rückblick auf die mit dem Übergang vom Non Plus Ultra zum Plus Ultra verbundenen großen, die Moderne einleitenden Transformationen trägt dazu bei, die mit der aktuellen großen sozial-ökologischen Transformation verbundenen Herausforderungen besser zu verstehen und zu bewältigen. Im Folgenden wird abschließend diskutiert, welche Implikationen sich aus der vorliegenden historischen Analyse der Genese der Expansionsgesellschaft für die anstehenden Zukunftsaufgaben ergeben. Notwendig erscheint eine Abkehr vom Plus-Ultra-Expansionsimperativ der Moderne und die Setzung eines neuen, reflexiven Non Plus Ultra. Ziel ist eine »Metamorphose der Welt« (Beck 2017), die sowohl von neuen, integrativen als auch von(selbst)begrenzenden Maximen und Leitbildern geleitet wird. Das Zeitalter der Expansion und der Globalisierung muss durch ein neues Zeitalter der Globalität und der Wiedereinbettung des Menschen in das Netz des Lebens abgelöst werden, so die Quintessenz der vorstehenden Analyse.

1
Der Übergang in das Zeitalter der expansiven Globalisierung

Für den Übergang in das Zeitalter der expansiven Globalisierung, in dem sich die Expansionsgesellschaft konstituierte, lässt sich resümieren: Der Prozess der Globalisierung steht im engen Zusammenhang mit der zunehmenden Dominanz des Westens über die globale Welt und die Expansion der imperialen Macht der europäischen Staaten. Eingeleitet und vorbereitet wurde dieser Prozess durch eine »kosmographische Revolution« (Vogel 1995; vgl. Kap. A1), im Zuge derer die mittelalterliche Vorstellung einer partiellen Scheidung von Erdglobus und Wasserglobus durch die Konzeption einer »einfachen Erd-Wasser-Sphäre« (Vogel 1995: 7) bzw. eines einheitlichen »terraqueous globe« (Randles 2000: 64) ersetzt wurde. Waren die Menschheit und insbesondere die sogenannten Abendländer zuvor noch an den westlichen Rand der als Insel der Erde konzipierten Ökumene »verbannt«, so wurde nun der Raum geöffnet. Diese Vorstellung war eine Voraussetzung dafür, dass die Westfahrt des Kolumbus als durchführbar angesehen werden konnte. Der Erfolg seiner Reise und das überraschende Auftauchen des amerikanischen Kontinents ist ein konstituierendes Moment für die moderne Globalisierung.

Das neue Weltbild fand seine erste eindeutige Widerspiegelung in dem Erdglobus Walseemüllers (vgl. Abb. 2). Damit war eine neue Vorstellung vom Erdglobus als von Menschen besiedeltem bzw. besiedelbarem Raum verbunden. Es erfolgt eine Expansion der Ökumene nach Westen und über den ganzen Globus. Infolge dieser kosmografischen Expansion wird eine neue okzidentalische Perspektive in der Welt dominierend (Jochum 2017: 193). Der alte Weltkreis, wie er in den mittelalterlichen Ökumenekarten dargestellt wurde (vgl. Abb. 1) wird durch den Atlantik und die Neue Welt nach Westen hin ergänzt. Die einst unverrückbare Westgrenze des »Orbis Terrarum« wird nun in Richtung Westen ausgedehnt.

Während im Mittelalter der Orient die Region des Heils und der spirituellen Orientierung war, wird nun der atlantische Ozean mit einer innerweltlichen Heilshoffnung aufgeladen. Mit der prioren Zentrierung Europas geht eine Des-Orientierung und eine Okzidentalisierung der abendländischen Kultur einher. Sloterdijk verweist zu Recht darauf, dass die durch Kolumbus eingeleitete Lösung Europas vom asiatischen Orient das Gegenstück zum Prozess der Verwestlichung und dies die Richtung war, den der Prozess der Globalisierung in der ersten Moderne genommen habe: »Nur diese revolutionäre Entostung konnte den neu-indischen Doppelkontinent, der Amerika heißen sollte, zum Auftauchen bringen, und ihr allein ist es zuzuschreiben, dass seit einem halben Jahrtausend die Prozesse der Globalisierung ihrem kulturellem und topologischem Sinn nach auch immer ›Westung‹ und Verwestlichung bedeuten.« (Sloterdijk 1999: 833). Allerdings war sich Kolumbus weder bewusst, mit Amerika einen neuen Kontinent entdeckt zu haben, noch hatte er mit seiner Fahrt den globalen Raum erschlossen.

Will man den Beginn der Globalisierung benennen, dann erscheint es plausibel, diesen auf die Expedition Magellans zu datieren. Insbesondere die 1522 erfolgte Rückkehr von Sebastian del Canos »Victoria« ist als symbolträchtiger Moment im Prozess der Globalisierung anzusehen. Damit wurde nicht nur die kosmografische These von der einheitlichen globalen Erd-Wassersphäre bewiesen – zugleich stand die Expedition im Dienst von Karl V. und etablierte dessen globales Imperium. Realisiert werden konnte so der Zugriff auf die Schätze der sogenannten Gewürzinseln, was letztlich den Beginn der ökonomischen Globalisierung symbolisiert.

Mit der Entgrenzung der Alten Welt, der Eröffnung der Neuen Welt und dem damit verbundenen Übergang von der antiken Ökumene zum modernen Erd-Wasser-Globus war somit eine Expansion der imperialen und ökonomischen Macht des Westens über den Globus verbunden. Die mit der Devise des Plus Ultra versehenen Säulen des Herakles sind somit als Sinnbild der Begründung des globalen Zeitalters der Moderne anzusehen.

In diesem Kontext entwickelte sich der expansive Kapitalismus der Moderne, wie am Beispiel der Aktivitäten der oberdeutschen Handelshäuser der Welser und Fugger deutlich wurde. Mit der Konstituierung des modernen kapitalistischen Weltsystems kommt es zur großen Expansion (Wallerstein 1989) und aufgrund des »schrankenlosen Expansionsdrang des Kapitals« (Luxemburg 1921/1970: 478) erfasst die kapitalistische Landnahme sukzessive den gesamten Globus und unterwirft ihn der okzidentalen ökonomischen Rationalität und dem kapitalistischen Akkumulationszwang (vgl. Kap. A 1.4).

Die verschiedenen Stufen der imperialen und ökonomischen Expansion des Westens sind durch die sogenannten »langen Wellen des Okzidentalismus« (Boatcă 2009) lange Zeit beschrieben worden. Dies gilt auch für die Globalisierung der 2000er-Jahre, in der scheinbar der Westen gegenüber anderen aufsteigenden Mächten wie China an Bedeutung verlor. Dieser Übergang zu einer neuen Stufe der globalen Welt löst aber keineswegs den grundsätzlichen Gegensatz zwischen dem Okzident und den »Anderen« auf, sondern arrangiert diesen neu. Dies impliziert, dass der Eurozentrismus der kolonialen Moderne durch einen »Globalzentrismus« (Coronil 2009: 58) nur auf eine neue Stufe gehoben wird. Dabei wird aber die »fortwährende Dominanz des Westens« (ebd.) nicht hinterfragt. Vielmehr führt die »Auflösung des ›Westens‹ im Markt« (ebd.) gerade dazu, die Vielfalt der Kulturen unter eine universal gewordene ökonomische Kultur zu subsumieren. Dieser Prozess der zunehmenden globalen ökonomischen Dominanz des Westens war untrennbar mit der technsozientistischen Kolonisierung des Globus verbunden. In der frühen Neuzeit hatte Bacon mit der Forderung eines »enlarging of the bounds of Human Empire« (Bacon 1969: 398) die koloniale Logik der frühen Moderne auf das anthropozentrische Projekt der Kolonisierung der Natur ausgedehnt. Er propagierte damit eine technizistische und ausschließlich dem rationalen Verständnis der Naturwissenschaften verpflichtete Globalisierung, wie auf in dem Titelbild von Bacons Schrift *Sylvia Sylvarum* (Bacon 1651) erkennbar wird (siehe Abb. 15).

Es ist nun ein Globus zwischen den Säulen des Herakles platziert. Die Aufschrift »Mundus Intellectualis« macht deutlich, dass auch die Erweiterung des geistigen Horizonts antizipiert wird. Dieses Wissen steht aber zweifelsohne im Dienste der technowissenschaftlichen Eroberung der Natur. In der spanischen Propaganda war der zwischen die Säulen gesetzte Globus noch ein Sinnbild für die globale Ausdehnung des *Hispanum Imperium* und damit einer frühen imperial-politischen Globalisierung. Bei Bacon symbolisiert hingegen der Globus den Anspruch einer Unterwerfung des Planeten unter die Macht des Human Empire und hier kann man in gewisser Weise den geistesgeschichtlichen Ursprung des sogenannten Anthropozäns sehen.

Abb. 15: »Sylvia Sylvarum« von Francis Bacon (1651, zuerst 1627) mit dem zu entdeckenden »Mundus Intellectualis«[52]

---

[52] Quelle: Bacon, Francis: Sylvia Sylvarum. 1651. https://www.library.sydney.edu.au/collections/rare-books/online-exhibitions/medicine/BaconSylva1651tp.jpg; Zugriff: 10.09.2014. © University of Sydney Library 2022

Die Moderne ist seither durch einen Prozess der »globalization of technoscience« (Schäfer 2001: 301) im Sinne einer Ausbreitung der für die okzidentale Kultur kennzeichnenden technoszientistischen Epistemologie und damit verbundener Praktiken geprägt. Hierdurch bildete sich eine Technosphäre im echten Wortsinn heraus – die Erdkugel und die auf ihr entstandene Biosphäre wurden zunehmend durch die menschlich erzeugte Welt ergänzt und grundlegend umgestaltet. Die aktuelle Diskussion um das Anthropozän, d. h. die These des Beginns einer neuen erdgeschichtlichen Epoche infolge der tiefgreifenden Veränderung der Erde durch den menschlichen Einfluss, spiegelt dies wider. Die mit diesem Begriff verbundene Diagnose einer drastischen Reduktion der Artenvielfalt macht zugleich den gewaltsamen, destruktiven und kolonialen Charakter dieses Prozesses erkennbar. Bedroht ist die Arbeits- und Reproduktionsfähigkeit des Lebens insgesamt – von den einzelnen Lebewesen über komplexe Ökosysteme bis hin zu Gaia, d. h. dem gesamten System Erde als »autokybernetischer« Totalität. Die Forderung nach einer Beachtung von »planetary boundaries« und die mahnenden Stimmen der Ökosystemforschung verdeutlichen die Notwendigkeit einer Grenzsetzung bezüglich der Expansion der Welt der Technik. Notwendig erscheint ein Übergang zu einer neuen Epoche, in der Techno- und Biosphäre in einer postkolonialen, kooperativen Weise aufeinander bezogen sind. Damit würde ein Bruch mit jenen Globalisierungstendenzen vollzogen, die in den letzten Jahrhunderten u. a. zu (nicht intendiertern) ökologischen Nebenfolgen beitrugen. Der Beginn von globalen ökologischen Effekten der ökonomisch-technischen Globalisierung ist bereits mit der frühneuzeitlichen expansiven Globalisierung und deren Auswirkung auf die Biodiversität zu verzeichnen. Mit dem Übergang zur verstärkten Nutzung der Kohle mit dem 17. Jahrhundert begann der Anstieg der Kohlendioxidkonzentration, weshalb der Übergang in das sogenannte Anthropozän hier anzusetzen ist. Seither haben sich diese Prozesse immer mehr beschleunigt. Das Bewusstwerden dieses globalen ökologischen Einflusses des Menschen ist allerdings ebenfalls eine, wenn auch paradoxe Konsequenz des imperialen Expansionismus der Moderne. Die Plus-Ultra-Problematik wurde nämlich in den Vereinigten Staaten adaptiert und transformiert. Es entstand ein »Frontier-Mythos« und die damit verbundene Vorstellung einer

»Manifest Destiny« der USA als Recht und Pflicht zur Überschreitung aller Grenzen und der Ausdehnung des Siedlungs- und Herrschaftsraums nach Westen (vgl. Kap. A 2.5). Unter anderem die über die Grenzen des Erdglobus hinausgehende Eroberung des Alls wurden mit Rekurs auf diese Mythen legitimiert: »[T]he many uses of space technology will make our investment in space as big a bargain as that voyage of Columbus.« (Governeur Ronald Reagan 1970, zit. nach McCurdy 2011: 158). Es wurde so die Expansionsdynamik fortgesetzt, welche in der frühen Neuzeit zur Erschließung des Globus geführt hatte. Die Raumfahrtprojekte der 1960er-Jahre waren aber nicht nur der Beginn einer neuen Ausweitung des Herrschaftsbereichs des Menschen und damit eines neuen Plus Ultra – sie hatten zugleich die Konsequenz, dass die Verletzlichkeit und Einzigartigkeit des Planeten Erde bewusst wurden. Der amerikanische Astronaut Alfred Worden, der 1971 auf dem Mond landete, schilderte diese Erfahrung mit folgenden Worten: »Jetzt weiß ich, warum ich hier bin. [...] Nicht um den Mond aus größerer Nähe zu sehen, sondern um zurückzuschauen auf unser Heil, die Erde.« (zit. nach Schmid 2000: 400). Und der Raumfahrer Edgar Mitchell berichtete, dass die Erde »wie eine kleine Perle aus einem tiefen Meer empor[steigt]« (ebd.). Diese Darstellungen zeugen von »der Gründung einer affektiven Beziehung zum gesamten Planeten, die auf historisch neue Weise mit einer Erfahrung des Planeten als Heimat einhergeht« (ebd.). Dieser Blick zurück auf die Erde bringt eine entscheidende Wende im modernen Erdbewusstsein mit sich, das seit der frühneuzeitlichen Entgrenzung im Zeichen der Expansion stand. Die Bewahrung der Erde rückt nun stärker ins Zentrum der Bestrebungen. Im Kontext der NASA formulierte John Lovelock hinsichtlich seiner Untersuchungen und Reflexionen zu den Bedingungen von Leben die Vermutung, dass die Erde nur deshalb ein dauerhaft belebter Ort sei, weil sie ein sich selbst regulierendes kybernetisches System darstellt. Demnach wäre die Entdeckung eines Systems, dem es »durch den kybernetischen Prozess von Versuch und Irrtum« gelingt, seinen Zustand zu erhalten, dass »im Weltmaßstab arbeitet und [...] zum Ziel hat, optimale physikalische und chemische Bedingungen für das Leben zu schaffen und zu erhalten [...] ein überzeugender Beleg für Gaias Existenz.« (Lovelock 1991: 77) Dies begründete die Vorstellung von einem biokybernetischen Megaorganismus (Gaia), die die Botschaft einer notwendigen Begrenzung der Herrschafts- und Expansionsdynamik der Moderne implizierte. Die Vorstellung von einer Autokybernetik des Lebens führte bei ihm zur Mahnung vor »kybernetische[n] Katastrophen« (Lovelock 1979: 187) und zur Abkehr von der Anthropozentrik und der Kolonialität des modernen Naturverhältnisses: »Vom Standpunkt Gaias aus sind alle Versuche, eine unterworfene Biosphäre unter der Vorherrschaft des Menschen zu rechtfertigen, ebenso zum Scheitern verurteilt wie das ähnliche Konzept eines wohlwollenden Kolonialismus.« (Ebd.: 207) Mit der Verleihung des Namens der griechischen Erdgöttin Gaia für dieses System wurde zugleich eine tendenzielle Aufwertung vormoderner und mythischer Naturbilder vollzogen, auch wenn Lovelook seine Namenswahl in metaphorischer Hinsicht verstanden wissen will.

Einflussreich war ebenso die Arbeit von Holling zur *Resilience and Stabiliy of Ecological Systems* (1973). Das entwickelte Konzept der planetarischen Grenzen bzw. *Planetary Boundaries* (Rockström u. a. 2009a) steht in dieser Tradition. Diese Konzepte trugen zur Wiederbelebung bzw. Fortsetzung der Diskussion um Grenzen des Wachstums bei. Nicht nur bezüglich des Klimawandels, sondern auch in Hinblick auf die biologische Vielfalt und den Stickstoffeintrag sind demnach die biophysikalischen Grenzen bereits in gefährlicher Weise überschritten. Der neue ökosystematische Blick auf die Natur überwindet die Perspektive des Erd-Wasser Globus der Neuzeit als ein Objekt der imperialen Eroberung. Die Erde wird nun vielmehr als gefährdete Biosphäre wahrgenommen (vgl. Abb. 16).

Die inneren beiden grünen Ringe markieren den »sicheren Bereich«. Hinsichtlich der Biodiversität, des Stickstoffkreislaufs und des Klimawandels wird ein Überschreiten des Non Plus Ultra der kritischen Schwellenwerte sichtbar.

Damit deutet sich eine neue Wahrnehmung des Globus an, die – wenn auch auf neuer Stufe – eine Wiederkehr von limitierenden vormodernen Vorstellungen impliziert. Das mittelalterliche Zwei-Sphären-Modell, d. h. die Vorstellung von einer partiellen Trennung von Erdkugel und Wasserkugel, trug noch zu einer Begrenzung des Wirkungsraums des Menschen auf den *Orbis Terrarum*, den aus dem Wasser erscheinenden trockenen Teil der Erdsphäre, bei (vgl. Kap. A 1.1).

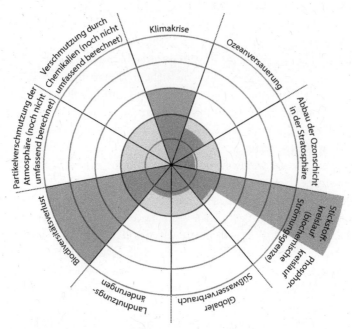

Abb. 16: Darstellung der »Ökologischen Belastungsgrenzen«.[53]

Der Ozean umrandete diesen Raum und die Säulen des Herakles waren die paradigmatischen Symbole für dessen Limitiertheit in der antiken Ökumene. Mit der Entgrenzung dieses Raums begann die Moderne als Projekt der Eroberung des Globus, d. h. der Ausweitung der okzidentalen Herrschaft über die außereuropäische Welt und die Natur. Heute werden wieder Grenzen erkennbar, die in ihrer Darstellungsweise wie auch ihrer Bedeutung erneut an die antik-mittelalterliche Umrandung der Ökumene erinnern (vgl. Abb. 16). Im Artikel *Planetary Boundaries* (Rockström u. a. 2009a) heißt es:

»We propose a new approach to global sustainability in which we define planetary boundaries within which we expect that humanity can operate safely. Transgressing one or more planetary boundaries

---

53 Quelle: Markus Miller nach Rockström u. a. (2009b): 472.

may be deleterious or even catastrophic due to the risk of crossing thresholds that will trigger non-linear, abrupt environmental change within continental- to planetary-scale systems.« (Ebd.: 32)

Hier werden Schwellen identifiziert, die zu überschreiten als ähnlich riskant angesehen wird wie einst die herakleische Schwelle. Das Gebot des Non Plus Ultra kehrt heute gleichsam in Form der ökologischen Schwellenwerte wieder, womit möglicherweise eine neue Epochenschwelle überschritten wird, die das Zeitalter der expansiven Moderne beendet. Allerdings nicht alle teilen diese Wahrnehmung und die daraus resultierende Botschaft einer Notwendigkeit der Beendigung des Expansionismus der Moderne. Die Bestrebungen der US-Regierung unter Trump, das »Earth Science Program« zu reduzieren, und der Ausstieg aus dem Pariser Klimaschutzabkommen verdeutlichen eher den Willen, unbeirrt das Plus-Ultra-Projekt fortzusetzen. Die von Donald Trump im Dezember 2017 verkündete NASA-Initiative »lead an innovative space exploration program to send American astronauts back to the moon, and eventually Mars«[54] kann in der Tradition der religiös-heilsgeschichtlichen Überhöhung des technisch-wissenschaftlichen Fortschritts in den Vereinigten Staaten verortet werden. Trump rekurrierte auf den »pioneering spirit« der amerikanischen Siedler und damit den alten Frontier-Mythos: »Today, the same spirit beckons us to begin new journeys of exploration and discovery, to lift our eyes all the way up to the heavens and ones again imagine the possibilities waiting in those big, beautiful stars if we dare to dream big.« (Ebd.) Zwar änderte sich mit der Abwahl von Trump die Raumfahrt- und Klimapolitik der US-Regierung wieder, doch durch Weltraumunternehmer wie Elon Musk, Richard Branson und Jeff Bezos werden jedoch die expansionistischen Visionen adaptiert und ökonomisiert vorangetrieben. Das All soll nun auch touristisch erschlossen werde (Schneider 2018). Eine besondere Stellung nimmt dabei Elon Musk ein, der öffentlichkeitswirksam eine Vereinbarkeit von Weltrettung und neuem Expansionismus verkündet. Er propagiert eine durch technische Innovationen ermöglichte

---

54 NBC News *President Donald Trump Signs Major NASA Initiative*, https://www.youtube.com/watch?v=kSXu4ysMc5M; Zugriff: 25.5.2018.

Steigerung der Verfügbarkeit von erneuerbaren Energien, wodurch die Klimakrise gelöst und zugleich eine neue transplanetarische Mobilität ermöglicht werden soll. Die Rettung der Menschheit und ein die Grenzen der Erde überschreitender Expansionismus werden nicht als Widerspruch, sondern als Einheit angesehen. Musk sagt: »Ich glaube, es gibt eine starke humanitäre Motivation, das Leben auf mehrere Planeten auszudehnen [...] um die Existenz der Menschheit zu retten, wenn etwas Katastrophales passieren sollte« (zit. nach McKenzie 2019: 42). Vor allem die Kolonisierung des Mars scheint für Musk daher unabdingbar notwendig zu sein.[55] Motive apokalyptischer gnostischer Weltflucht vereinen sich so mit dem modernen Heilsversprechen einer infiniten Ausdehnung des Human Empire.

Ebenso stehen die oben dargestellten Strategien eines Geoengineering, die Verheißungen der sogenannten wissensbasierten Bioökonomie (vgl. Kap. A 2.7) und auch die Hoffnungen auf eine Substituierbarkeit der fossilen Energien durch erneuerbare Energien in der Tradition des Bacon'schen Programms der Expansion der Macht über die Natur. Damit wird ein Wiederstreit zwischen Positionen erkennbar, welche eine weitere Expansion der menschlichen Herrschaft über den Globus und den Weltraum propagieren, die angesichts der Einsicht in planetarische Grenzen eine Integration der Anthroposphäre in die global-planetarische Biosphäre für notwendig erachten. Wie die Bestrebungen der Staatengemeinschaft um die Einhaltung des Klimaabkommens und auch Bewegungen wie »Fridays for Future« erkennen lassen, deutet sich jedoch an, dass allmählich der moderne Expansionismus für obsolet erachtet wird und ein Übergang in eine Epoche der reflexiven Selbstbegrenzung erfolgt. Damit steht eine erneute Überschreitung einer Epochenschwelle an, wie sie in ähnlicher Form bereits in der Antike erfolgt war, welche damit ganz grundlegend eine exemplarische Bedeutung für die Gegenwart hat.

---

55 https://www.spiegel.de/wissenschaft/weltall/elon-musk-spricht-bei-sxsw-ueber-mars-besiedlung-spacex-und-ai-a-1197585.html; Zugriff: 01.01.2022.

2
Von der Expansion zur Integration

Mit der Entgrenzung der Alten Welt, der Eröffnung der Neuen Welt und dem damit verbundenen Übergang von der antiken Ökumene zum modernen Erd-Wasser-Globus war eine Entgrenzung des Wohlstands des globalen Nordens eingeleitet. Das Elend weiter Teile der Welt im globalen Süden basiert bis heute in erheblichem Maße auf einer Ausbeutung der außereuropäischen Welt und der Natur. Vor dem Hintergrund der sozial-ökologischen Krise und des Ziels eines Übergangs zur Nachhaltigkeit stellt sich heute die Frage, wie diese Kolonialität bzw. Imperialität des westlichen Entwicklungsmodells überwunden bzw. transformiert werden kann.

Ein Rückblick auf die Geschichte des antik-mittelalterlichen Denkens ermöglicht auch ein besseres Verständnis der Entwicklungsdynamik des modernen, globalen Zeitalters und weist Wege eines Ausstiegs aus der Expansionsgesellschaft und des Übergangs zur nachhaltigen und integrativen Kontraktionsgesellschaft auf. Phasen der imperialen Expansion und der Etablierung hierarchischer, häufig rassisch begründeter Herrschaftsstrukturen lösten dort Epochen der – zumindest partiellen – Integration ab, die mit der Herausbildung kosmopolitisch-ökumenischer Lehren verbunden war. Diese Dynamik ließ sich bereits während des durch die Eroberungsfeldzüge Alexanders des Großen eingeleiteten Zeitalters des Hellenismus erkennen. Die »kosmopolitische Utopie« (Bloch 1959a: 571) der Stoa trug in dieser Epoche zur Vermittlung zwischen Orient und Okzident und der Integration der Menschen bei. Dieser Prozess wiederholte sich auch im römischen Reich, dessen Herrschaftsgebiet seit ca. dem 3. Jahrhundert v. Chr. sukzessive ausgeweitet worden war. Diese kriegerisch-imperialistische Phase der Expansion wurde Doyle zufolge nach dem Überschreiten der sogenannten augusteischen Schwelle bzw. des »Augustan Treshold« (Doyle 1986: 93) unter Kaiser Augustus von einer durch Konsolidierung und Befriedung im Inneren gekennzeichneten integrativen Phase abgelöst, der Pax Augusta bzw. langfristig der Pax Romana. Durch verschiedene Reformen gelang eine politische Integration des Imperiums: »Transnational forces support bureaucratic structure by integrating the political, social, economic, and cultural systems of the periphery and the metropole. [...] Thus the empire was politically integrates« (ebd.: 96). Münkler sieht in diesem Übergang ein Paradigma, das auf Imperien insgesamt übertragen werden kann: »Die augusteische Schwelle bezeichnet also ein Ensemble einschneidender Reformen, durch die ein Imperium seine Expansionsphase beendet und in die Phase der geordneten Dauer, des lange währenden Bestandes überführt wird.« (Münkler 2005: 115) Dem römischen Reich gelang es hierdurch, der Gefahr eines »imperial overstretch« (Kennedy 1987), also der imperialen Überdehnung durch die Überbeanspruchung der eigenen Kräfte und der verfügbaren Ressourcen, zu entgehen. Es zeigen sich hier, so die These der vorliegenden Ausarbeitung, Ähnlichkeiten zu den Herausforderungen, vor denen die gegenwärtige Gesellschaft steht. Eine Expansion geht oft mit einer internen Integration einher. Was äußerlich hinzukommt, wird geistig in neue Konzepte überführt. Ein Beispiel aus der Geschichte, nämlich das Römische Reich, kann das veranschaulichen.

Angesichts neuer Landnahmen und insbesondere der Versuche, die sozial-ökologische Krise durch weitere technoszientistische und grüne Landnahmen zu lösen, droht dem Human Empire der Expansionsgesellschaft auch die Gefahr der imperialen Überdehnung durch die riskante Überbeanspruchung der Produktivkräfte und der verfügbaren Umweltressourcen. Auch gegenwärtig ist es notwendig, von der Expansionsphase in eine Phase der Integration überzugehen. Um einem drohenden katastrophalen Zusammenbruch zu entgehen, erscheint eine »Transformation der expansiven in eine reduktive Moderne« (Sommer und Welzer 2014: 48) nötig, um somit den Übergang von der Expansionsgesellschaft in eine Postwachstums- bzw. eine Kontraktionsgesellschaft einzuleiten. Im Gegensatz dazu gelang es in der Antike noch, expansives Geschehen kulturell bzw. religiös zu vermitteln. In der antiken Welt ging nämlich mit der Integration, Befriedung und Limitierung auch die Verbreitung von »ökumenische[n] Religionen« (Voegelin 2004a: 178) einher. Es vollzogen sich Prozesse einer zunächst durch imperiale Expansion forcierten Auflösung traditioneller Lokalkulturen. Darauf folgte allerdings zunehmend die politische, kulturelle und religiöse Integration der Welt, die zur Herausbildung einer »Pax Oecumenica« (Toynbee 1979: 560) führte. In der Spätzeit des Römischen Reichs gewann insbesondere die egalitäre Religion des Christentums eine zentrale Bedeutung für diesen Prozess der »Ökumenisierung« (selbst wenn damit auch koloniale Züge einhergingen). Im Zuge dieser Entwicklung erhielt die Ökumene, d. h. der bekannte, von Menschen besiedelte Erdkreis (lat: orbis terrarum), einen weit über die geografische Ebene hinausgehenden Bedeutungsgehalt. Das Römische Reich nahm für sich in Anspruch, nahezu den gesamten ökumenischen Raum zu beherrschen und infolge der immer festeren Verbindung zwischen Staat und Kirche wurde die Ökumene auch religiös überhöht. Sie galt als der Raum des durch Christus vereinten Menschengeschlechts (vgl. Kap. A 1). Dabei hatten, wie gezeigt, die Säulen des Herakles auch eine paradigmatische Bedeutung für diesen imperialen und religiösen Sinngehalt der Ökumene. Sie waren nicht nur Ausdruck einer als Beschränkung wahrgenommenen Limitierung des humanen Möglichkeitshorizonts, mit ihnen konnte auch im positiven Sinne eine Abgrenzung zwischen der geordneten, als heilvoll angesehenen ökumenischen Welt und dem außerhalb der Umgrenzungen gelegenen inhumanen Chaos errichtet werden. Die äußerliche und innerliche Markierung der Grenze sind also notwendig, um sich als Gesellschaft nicht zu übernehmen.

Diese ökumenische Ordnung wurde mit der frühneuzeitlichen Entgrenzung der Welt um 1500 und dem Übergang zum Plus-Ultra-Projekt der Moderne durchbrochen. Es begann »Die Unterwerfung der Welt« (Reinhard 2016) und die okzidentale Kultur ging wieder in eine Phase der Expansion über. Die integrative Phase der ökumenischen Welt, welche in der Antike durch die Überschreitung der augusteischen Schwelle eingeleitet worden war, wurde somit durch das Überschreiten der herakleischen Schwelle und die Sprengung des ökumenischen Raums in der frühen Neuzeit wieder beendet. Das Zeitalter der Globalisierung löste das ökumenische Zeitalter ab. Dabei schloss das im Zeichen des Plus Ultra stehende imperiale Programm der Moderne nicht nur das Ziel der Eroberung der außereuropäischen Welt ein. Mit dem Übergang zur technoszientistischen Moderne erfuhr das Projekt der anthropozentrischen Kolonisierung der

Natur eine Ausweitung, wie insbesondere die Bacon'schen Programmatik der Expansion der Grenzen des Human Empire (Bacon 1862: 398) erkennbar macht. Parallel hierzu wurde die Plus-Ultra-Dynamik der Moderne mit dem Scheitern des Imperiums von Karl V. und der Durchsetzung des modernen Weltsystems gleichsam monetarisiert und mechanisiert und ging im »expansiven Kapitalismus« (Dörre 2019) in den kapitalistischen Wachstumszwang und eine Entgrenzung der Marktkräfte über. Es etablierte sich die »Industrienahme des industriell-technischen Zeitalters« (Schmitt 1995: 583) bzw. die »industriell-kapitalistische Landnahme« (Lutz 1984: 61) als Modus der imperialen Unterwerfung des Globus und der menschlichen Arbeitskräfte. Nicht länger Religion, sondern zunehmend und schließlich endgültig die Erwerbsarbeit wurde zum zentralen Integrationsmodus der industrialisierten Welt (Durkheim 1992 [1894]).

Die Ausbreitung des selbstregulierenden Systems der Märkte führte zu einer zunehmenden Entbettung der Ökonomie aus der Gesellschaft und einer »Transformation der natürlichen und menschlichen Substanz der Gesellschaft in Waren« (Polanyi 1978: 70). Die Globalisierungsdynamik des modernen Kapitalismus war fortan durch verschiedene Stufen der Landnahme von Natur und Subjektivitäten gekennzeichnet (Lutz 1984; Dörre 2009). Die, infolge der neoliberalen Globalisierung in den letzten Jahren weltweit forcierten Prozesse der Landnahmen und der damit verbundenen »Einhegung der Commons« (Massimo De Angelis 2001) stellen dabei die aktuelle Stufe des bereits im 16. Jahrhundert begonnenen kapitalistischen Expansionsprozesses dar. Ebenso können die neuen Formen der technoszientistischen Aneignung der Natur, die mit den neuen digital-kybernetischen Technologien verbunden sind, als weitere Stufe im Prozess der Ausdehnung des Human Empire interpretiert werden. Aktuell lässt sich so bezüglich der »kybernetischen Moderne« eine Radikalisierung der modernen Expansionsdynamik diagnostizieren (Jochum 2017: 397 ff.).

Zugleich gerät aber dieses okzidentale Expansionsprojekt in mehrfacher Hinsicht in die Krise. Zum einen trifft das Projekt einer Okzidentalisierung der Welt zunehmend auf Widerstände und es fordern auch die »Anderen« verstärkt ein Recht auf Selbstbestimmung und die Respektierung ihrer spezifischen kulturellen Werte ein. Zum anderen stößt das Projekt der Expansion der menschlichen Herrschaft über die Natur angesichts der sich abzeichnenden ökologischen Krise an seine Grenzen. Wenn die Geschichte der Moderne bisher als »Globalgeschichte der europäischen Expansion« (Reinhard 2016) beschrieben werden konnte, so erscheint daher heute ein »Übergang von der Expansivität zur Globalität« (ebd.: 1253) notwendig, der auch eine Abkehr von dem modernen Basisprinzip der Entgrenzung und den damit verbundenen Wachstumsmythen beinhaltet.

Ähnlich wie in der Antike im römischen Imperium stellt sich auch heute wieder die Frage, wie ein Übergang über eine neue augusteische Schwelle vollzogen werden kann. Damit soll an dieser Stelle keinesfalls ein Plädoyer für eine Rückkehr zur begrenzten, vormodernen Welt der antikmittelalterlichen Ökumene gehalten werden. Sehr wohl können aber aus der Geschichte des »Ökumenischen Zeitalter[s]« (Voegelin 2004a, 2004b) Lehren gezogen werden, wie eine expansive, imperiale Epoche der Welteroberung in eine pazifierende, integrierende Phase übergehen kann. Ob heute eine mit der Entwicklungsdynamik des Ökumenischen Zeitalters vergleichbare Transformation von einer expansiven Globalisierung zu einem integrativen »globalen Zeitalter« (Albrow 2007) bzw. einem »Age of Globality« (Dierksmeier u. a. 2011) gelingen wird, ist eine entscheidende Frage der Zukunft.

Inwieweit sich Ähnlichkeiten zwischen dem Wandel des antiken Verständnisses der Ökumene und der neuzeitlichen Wahrnehmung des Globus erkennen lassen, ist daher nachstehend aufzuarbeiten. Dabei wird allerdings davon ausgegangen, dass derzeit nicht mehr nur das Problem von Differenz und Einheit des Menschengeschlechts im Zentrum steht, wie einst in der antiken ökumenischen Welt. Vielmehr wird infolge der Ausweitung des imperialen Projekts des Okzidents auf das Ziel der Expansion des Human Empire auch die Frage der Beziehung zwischen Menschen und Natur relevant.

3
Vom Zeitalter der Globalisierung zum »age of globality«?

Infolge der europäischen Expansion wurden die Grenzen der bisherigen Partialökumenen durchbrochen und es verschmolzen »die verschiedenen Teile der irdischen Heimat des Menschen zu einer vereinten Ökumene« (Toynbee 1979: 449). Hiermit war aber keine der antiken Ökumenisierung entsprechende spirituell-religiöse Überhöhung des globalen Raums verbunden. Vielmehr setzte sich die äußere koloniale Praxis der Spanier in das Wissenschaftsuniversum Englands fort. Zwar wurden bereits sehr früh Debatten darüber geführt, welche Konsequenzen die Ökumeneerweiterung hatte. Positionen, welche von einer Einheit des Menschengeschlechts in der vereinten Ökumene – und damit einer Expansion des antiken Ökumenegedankens ausgingen – standen allerdings Ansichten entgegen, welche für eine hierarchische, rassisch-ethnisch differenzierte Weltgesellschaft plädierten (Jochum 2017: 267f.). Die Praxis der eurozentrischen und okzidentalistischen Globalisierung wurde durch diesen Widerspruch geprägt. Es blieb bis heute der Globus weitgehend ein Objekt der technisch-ökonomisch-politischen Eroberung.

Zu konstatieren ist, dass die geografisch-imperiale Globalisierung bisher noch nicht zu einer weitergehenden symbolischen Überhöhung des globalen Raums geführt hat, klammert man die technoszientistische Grundordnung der sie dominierenden Kräfte einmal aus, die in Produktion wie Konsum ubiquitär erscheint. Es stellt sich die Frage, ob ein derartiger Prozess der Herausbildung einer globalen »Welt-Ökumene« (Ley 2005) denkbar ist. Sloterdijk zufolge ist bezüglich der Globalisierung keine Wiederholung des antiken Prozesses der Kosmopolitisierung bzw. der religiösen Ökumenisierung zu erwarten: »Auf der letzten Kugel, dem Standort der Zweiten Ökumene, wird es keine Sphäre aller Sphären geben – weder eine informatische noch eine weltstaatliche, erst recht keine religiöse.« (Sloterdijk 1999: 994) Andere Autoren sind hier optimistischer und knüpfen dabei auch durchaus explizit an das antike Gedankengut an. So assoziiert Toulmin mit der »Kosmopolis [...] die unerkannten Aufgaben der Moderne« (Toulmin 1991) und Beck plädiert für den »kosmopolitische[n] Staat [...] [als] eine realistische Utopie« (2001).

Insbesondere die ökologische Krise und die damit verbundenen vielfältigen Gefährdungen des Planeten führen dabei zu einer neuen Sicht auf den Globus. Im Sinne Albrows deutet sich die Herausbildung eines neuen Globalitätsbewusstseins an, das sich grundlegend von der Vorstellung vom Erdglobus in der Moderne unterscheidet. Der Prozess okzidentaler Eroberungen stößt an seine Grenzen und hieraus resultiert eine Perspektivenwechsel: »[Es] wird in dem Augenblick, in dem die Moderne faktisch die gesamte Erdoberfläche durchdringt, ein Teil der mit ihr verbundenen Expansionsfaktoren gestoppt. Dieser Wendepunkt folgt aus der Begrenztheit des Globus und nicht aus einer Prozeßlogik.« (Albrow 2007 164) Es seien »die Eroberung der Natur und die territoriale Expansion [...] nun zu einem Stillstand gekommen«, behauptet er, weil angesichts des Klimawandels und des Aufbrauchens der Erdoberfläche »der Globus [...] gewissermaßen die Rechnung für die rücksichtslose Expansion der Moderne präsentiert« (ebd.: 166). Insofern ergibt sich eine veränderte Wahrnehmung des Globus: »Der Globus der Moderne war ein goldener Ball, eine imperiale Vision. Uns erscheint die Welt nun als gefährdeter Planet.« (Ebd.: 340) Albrow zufolge entstehe so ein »Globalismus«, der dadurch gekennzeichnet sei, dass »Menschen Verpflichtungen gegenüber der Welt als Gesamtheit eingehen« (ebd.: 141). Zu konstatieren sei die Genese von »Globalität« als einem »Wissen um globale Zusammenhänge« (ebd.: 220), das mit einem neuen Ethos verbunden sei (ebd.: 338).

Angesichts des sich abzeichnenden »Ende[s] der Globalisierung« (Löw/Sayman 2021) kann das Zeitalter der Globalität beginnen. Der Globus ist nicht mehr nur das Objekt der Eroberung durch den Westen – diese Bezeichnung verliert vielmehr ihre Bedeutung mit der Einsicht, dass es auf einer Kugel letztlich keinen fixierbaren Westen bzw. Osten gibt. Es entsteht nun allmählich ein neues Krisenbewusstsein des Globusses als gefährdeter Planet. Zusammen mit einer neuen Einheitserfahrung der Menschheit als Schicksalsgemeinschaft wird die auf Grund des dominanten Plus-Ultra-Frames exkludierte Wahrnehmung des Globus als begrenzter Raum bedeutsamer. Das expansive Zeitalter der Globalisierung wird daher heute möglicherweise durch das integrative »Age of Globality« (Dierksmeier u. a. 2011) abgelöst.

4
Vom Plus Ultra zum Re Intra?

Es lässt sich so aktuell eine den antiken Prozessen ähnliche Verlaufslogik erkennen, in der mit dem Ende der imperialen Expansion und der Überschreitung der augusteischen Schwelle eine Befriedung einsetzte und sich ein kosmopolitisch-religiöses Ökumeneverständnis herausgebildet hatte. Vorangetrieben wird die heutige Entwicklung aber durch eine paradigmatische Schwellenerfahrung: die Einsicht in die Existenz von »planetary boundaries« und die damit verbundene Setzung von »Earth system thresholds« (Rockström u. a. 2009a), d. h. von Schwellen der Belastbarkeit des Erdsystems. Durch die Wahrnehmung neuer, als Grenze erfahrbarer Schwellen wird nun der Übergang in eine neue Epoche eingeleitet. Dieser Wandel impliziert eine neue große Transformation, welche das Plus-Ultra-Zeitalters beendet.

In diesem Sinne argumentiert auch Latour. Ihm zufolge sind die »Modernen« von der Überzeugung geleitet worden, »daß ihr einziger Weg nach vorn führt, niemals zurück. Ihre Losung ist die des spanischen Reichs: Plus Ultra.« (Latour 2017: 333) Gegenwärtig beginnt also eine neue Ära, in der sich ein Bruch mit der Entgrenzungslogik der Moderne andeutet und eine Rückbindung an die Erde bzw. Gaia angezielt wird: »The direction is not forward, Plus Ultra, but inward, Plus intra, back home. […] We are forced to turn our gaze back to sub-lunar Gaia.« (Latour 2015: 145). Latour skizziert dabei verschiedene Wege eines »giving sense to their maxim ›Plus intra‹, to make those ›planetary boundaries‹, […] something inside which the Earthbound themselves decide to remain circumscribed.« (Latour 2013: 141). Folgt man Latour, so sei auch ein Wandel des Wissenschaftsverständnisses, des Verhältnisses zur Natur, der Vorstellungen von politischer Souveränität sowie des Geschichtsdenkens notwendig (ebd.: 132 ff.), mit dem ein neues Zeitalter der Entdeckungen eingeleitet werde. So wie die Entdeckung des Kolumbus zu einer unerwarteten Revolution des Weltbildes beigetragen habe, so werde sich nun erneut ein fundamentaler Wandel vollziehen, der zugleich zu einer Umkehr der Orientierungen führe, welche seit der frühneuzeitlichen Entgrenzung der Welt für die Moderne kennzeichnend gewesen seien:

»Auf die künftigen Umwälzungen des Bilds der Welt sind wir nicht besser vorbereitet als Europa im Jahr 1492. Umso mehr, als wir uns dieses Mal nicht auf eine räumliche Ausdehnung vorzubereiten haben […], auf jene gigantische Landnahme, die […] als europäische Expansion bezeichnet wurde. Heute geht es immer noch um Raum, um Erde, um Entdeckung, aber um die Entdeckung einer neuen, in ihrer Intensität und nicht mehr in ihrer Ausdehnung wahrgenommenen ERDE. Wir erleben nicht mehr verblüfft die Entdeckung einer uns überlassenen NEUEN WELT mit, vielmehr werden wir gezwungen, völlig neu zu erlernen, wie wir die ALTE zu bewohnen haben.« (Latour 2017: 487; Herv. i. O.)

Dies ist der Beginn einer neuen erdgeschichtlichen Epoche, die nicht mehr von der Erweiterung des Raums und der Ausfahrt, sondern von der Einsicht der Gebundenheit der Menschheit an die Erde geprägt ist. Mit seiner Beschreibung eines Übergangs vom Plus Ultra zum Plus intra skizziert Latour in gewisser Weise den Übergang von einer Expansionsphase zu einer Integrationsphase, vergleichbar dem Schritt über die augusteische Schwelle. Man kann das Motto Plus intra somit auch als Devise für ein umfassendes Integrationsprojekt deuten, das mit der Menschheit vor allem auch die Verbindung zwischen Menschen und irdischer Natur umfasst.

Angelehnt an die lateinamerikanische Diskussion um die sogenannte Entdeckung Amerikas ist damit abschließend der bisher dominierenden modernen Fortschritts- und Entdeckungsprogrammatik die »Idee der Wiederentdeckung (idea del redescubrimiento)« (Zea 1989: 9) entgegenzusetzen, welche unter anderem eine Rückbesinnung auf die altamerikanischen Kulturen beinhaltet. Die Phase des expansiven Plus Ultra der Moderne wäre durch die Setzung eines neuen globalen Non Plus Ultra zu beenden und durch eine Phase der Wiedereinbindung des Verdrängten abzulösen. Dies impliziert kein Plädoyer für eine restaurative Rückkehr zu vormodernen Weltbildern und Gesellschaftsstrukturen und eine regressive Integration in eine verklärte und romantisierte Natur. Die im Zeichen des Plus Ultra vollzogene Emanzipation der Moderne vom archaischen »Mythos von der ewigen Wiederkehr« (Eliade 1966) ist durchaus positiv zu bewerten. Eine konservative Restauration der vorglobalen Non Plus Ultra Welt der Vormodernen ist nicht anzustreben. Vielmehr gilt es nun, eine Re-Integration auf neuer Stufe zu vollziehen, welche die emanzipativen Prozesse der globalen Ausweitung des Raums und der neuzeitlichen Erschließung des humanen Möglichkeitshorizontes nicht zurücknimmt. Die okzidentale Sonderentwicklung und die damit verbundenen gesellschaftlich-technischen Fortschritte sind durchaus zu bejahen – aber sie müssen zurückgebunden werden an das umfassendere Ganze der ökologischen Systeme und auch der Vielfalt der menschlichen Kulturen. Nur so kann der Übergang von der Expansionsgesellschaft zu einer nachhaltigen Weltgesellschaft gelingen.

Die damit anstehende, vom reflexiven Non Plus Ultra, geleitete Transformation muss dabei weitaus mehr umfassen als nur die Reduktion der Nutzung fossiler Energien und den Einstieg in ein postcarbones Zeitalter. Denn auch die erste industriegesellschaftliche Transformation war nicht allein mit einer Veränderung der energetischen Basis verbunden. Das Projekt der Moderne konstituierte sich infolge der europäischen Expansion als koloniales Projekt, das mit der Annahme einer Superiorität der westlichen Zivilisation und einer humanistischen Erhöhung des Menschen einherging. Im 17. Jahrhundert wurde dieses Projekt erneut transformiert, was zur Herausbildung einer zunehmenden Dominanz des kapitalistischen Marktes und einer von nationalstaatlicher Ordnung geprägten technoszientistischen Moderne führte. All diese Prozesse gingen mit einer Ausgrenzung und Subordination anderer Prinzipien, Kulturen und Steuerungsformen einher. In der von der Devise Plus Ultra geleiteten Entgrenzung des Machtanspruchs der okzidentalistischen, anthropozentrischen, technoszientistischen, kapitalistisch und nationalstaatlich organisierten Moderne ist eine wesentliche Ursache für die aktuellen sozial-ökologischen Krisen zu sehen. Mit der anstehenden großen Transformation ist die Zielsetzung zu verbinden, diese Dominanzverhältnisse zu relativieren und einen Prozess der Vermittlung mit dem bisher subordinierten und ausgegrenzten »Anderen« einzuleiten.

Vom Plus Ultra zum Re Intra?

In der Antike war der Übergang von der expansiven imperialen Ökumenisierung zur integrativen Ökumene mit einer allmählichen Transformation der hierarchischen Beziehung zwischen den dominierenden Zentren und den beherrschten Peripherien zu einem eher egalitären Verhältnis verbunden. Zugleich erfolgten eine zunehmende Annäherung und Vermischung der Kulturen und die Herausbildung einer kosmopolitischen Mischkultur, wie sich sowohl hinsichtlich des Hellenismus wie auch im späten römischen Reich konstatieren lässt. Die »kosmopolitische Utopie« (Bloch 1959a: 571) der Stoa trug zur Verbreitung des Gedankens der Einheit der Menschheit bei. Die Genese des Christentums und seine Bedeutung für die Herausbildung eines ökumenischen Ethos gibt ebenfalls Anregungen dafür, welche Gestalt der aus Sicht Albrows mit Globalität verbundene »Ethos, der uns als Bewusstsein einer Bedrohung und einer Schicksalsgemeinschaft durchdringt« (Albrow 2007: 338), annehmen könnte.

Es stellt sich nun die Frage, inwieweit Parallelen zwischen den antiken Prozessen der Kosmopolitisierung und aktuellen Entwicklungsprozessen sichtbar werden. Gegenwärtig gewinnt die kosmopolitische Utopie wieder an Bedeutung (Toulmin 1991; Beck 2001). Eine Ähnlichkeit zu den in der Antike erfolgten Entwicklungen weisen auch die in den letzten beiden Jahrzehnten unter dem Begriff der »Hybridisierung« diskutierten Prozesse auf (Pieterse 1999: 178).

Insbesondere die Entgrenzung der alten Welt und die Entdeckung der Neuen Welt leiteten eine erste paradigmatische Hybridisierungserfahrung der Moderne ein. Diese ist allerdings keineswegs als herrschaftsfreie Verschmelzung der Kulturen zu interpretieren, sondern ging vielmehr mit der »Verdeckung des Anderen« einher und war das Ergebnis einer gewaltsamen Okkupation: »Die ›Hybridisierung‹ der Mittelamerikaner bedeutet in Wirklichkeit ihre Europäisierung, die Aufgabe und die Vernichtung ihrer ursprünglichen Kulturen. Die ›Hybridisierung‹ der Europäer hingegen bedeutet die Evolution der westlichen Kultur, indem sie andere Kulturen vereinnahmt. Der Westen ist ein Name für die Sieger der Geschichte.« (Coronil 2002: 191) Notwendig wird daher ein Prozess einer »alternativen, nicht hierarchischen Hybridisierung«.[56] Gerade auch jenem Europa, von dem vor 500 Jahren die Prozesse der geistigen und materiellen Konquista der Neuen Welt ausgegangen sind, kommt heute eine besondere Bedeutung und Verantwortung für eine derartige Neubestimmung der Beziehungen zu, um an die Stelle einer imperialen Hybridisierung ein egalitäres Miteinander zu setzen. Auf der Grundlage einer Neuerfindung Amerikas wird auch eine Neuerfindung des transatlantischen Raums denkbar. Für Europa impliziert dies insbesondere, das lange vernachlässigte Lateinamerika als Teil dieser Welt wieder zu entdecken und die Verbindungen in diese Regionen zu intensivieren. Dies gilt sowohl hinsichtlich des Ausbaus von wirtschaftlichen Beziehungen als auch für den kulturellen Austausch und die politischen Beziehungen. Die Bemühungen um den Abschluss eines Freihandelsabkommen zwischen der EU und der südamerikanischen Staatengruppe Mercosur deuten scheinbar in diese Richtung. Die Realität ist allerdings durch neue extraktivistische Landnahmen gekennzeichnet und ein neoliberales Freihandelsabkommen dürfte den Extraktivismus noch weiter verstärken. Im Gegensatz hierzu müssten neue Wirtschaftsbeziehungen durch das Bemühen um eine Überwindung jener »Kolonialität« verbunden sein, durch welche die Relationen zwischen Europa und Lateinamerika seit der sogenannten Entdeckung 1492 über die Herausbildung des atlantischen Dreieckshandels bis zu den Abhängigkeitsverhältnissen des 20. Jahrhunderts geprägt waren, und die auch die neoextraktivistischen Wirtschaftsbeziehungen der Gegenwart bestimmt (vgl. Kap A 1.4). Mit einer derartigen postkolonialen Neubestimmung der transatlantischen Beziehung zu verknüpfen wäre auch eine stärkere Berücksichtigung der indigenen Kulturen und damit eine Wiederentdeckung des Erbes des präkolumbianische Amerikas. Auf dieser Grundlage kann der transatlantische Schwellenraum als Region neuer Verbindungen zwischen Orient und Okzident erfunden werden. Dazu gilt es, sich von der okzidentalistischen Vorstellung zu befreien, dass Amerika nur als erweiterter Westen anzusehen sei, wie es die seit der Entdeckung Ame-

---

56 Anm. F. Pellmann: Ein Beispiel einer solchen dialogischen und alternativen Kultur ist das Phänomen des hybriden Tangos, welches einer der beiden Bearbeiter des Manuskripts Jochums bearbeitet hat. (Siehe hierzu: Pellmann 2021)

rikas verbreitete Vorstellung war. Im Gegensatz ist zu konstatieren, dass das Verständnis von Amerika als Westen und westlicher Sphäre nur eine von vielen möglichen »hemisphärische[n] Konstruktionen der Amerikas« (Birle u. a. 2006) ist. Sie ist geologisch und geometrisch keineswegs notwendig und angesichts der Kugelform der Erde fragwürdig. Die Begrifflichkeiten Osten und Westen bzw. Orient und Okzident haben an sich seit dem Übergang in die globale Welt letztlich an Sinngehalt verloren und bezeichnen im Grunde nur Himmelsrichtungen, nicht aber klar definierte Regionen. Anders als in der alten ökumenischen Welt gibt es auf einem Globus keine prädestinierte Mitte mehr, von der aus sich westliche und östliche Regionen bestimmen lassen, vielmehr ist jeder Ort je nach Tageszeit entweder Morgenland oder Abendland. Eine zur Erfindung Amerikas als neue westliche Welt alternative Konstruktion, die Amerika – von Asien aus betrachtet – als neuen Osten wahrnimmt, hätte daher ebenso eine Berechtigung. In diesem Sinne fordert Dussel ausgehend von der »Tatsache, daß Amerindia der Ferne Osten Asiens war« (Dussel 1993: 103), eine Neubestimmung des Verhältnisses zu den amerikanischen Ureinwohnern ein. Er plädiert für die Überwindung der durch Kolonialität geprägten Moderne und ihre Ablösung durch eine »Trans-Moderne« (Dussel 1993: 81), welche die »Behauptung der Würde und Identität der anderen Kulturen, des Anderen« entspräche. Sowohl einer Veränderung der Beziehungen zwischen Europa und (Latein-)Amerika wie auch ein Wandel des Verhältnisses zwischen okzidentaler Kultur und indigener, »fernöstlicher« Kultur auf dem amerikanischen Kontinent trüge zu einer Aufhebung der gegenwärtig bestehenden Gegensätze bei.

Die Neubestimmung des Verhältnisses zwischen Europa und den Anderen sollte dabei also nicht allein eine Veränderung der ökonomischen Beziehungen und einer Überwindung der imperialen Lebens- und Arbeitsweisen beinhalten. Um eine echte kulturelle Hybridisierung einzuleiten, ist es darüber hinaus notwendig zu erkennen, dass die »Kolonialität der Macht« mit weitergehenden Unterdrückungsverhältnissen verbunden war. Sie ging auch mit einer Kolonialität des Wissens und damit der zunehmenden Dominanz der okzidentalen Epistemologie und der Unterdrückung alternativer, nichteuropäischer Epistemologien und Weltbildern einher. Eingefordert wird daher eine »epistemologische

Dekolonisierung« (descolonización epistemológica) (Quijano 1992: 447), welche diesen verdrängten Vorstellungen wieder eine Legitimität zuerkennt. Die zunehmende Rezeption des Diskurses um die Pacha Mama und das Konzepts des Buen Vivir, welches auch mit der Idee der Solidarität zwischen Menschen und Natur verbunden ist, weist darauf hin, dass die alternativen Naturverhältnisse und -verständnisse der prähispanischen Kulturen hierbei eine wichtige orientierende Bedeutung besitzen. Durch die Respektierung und Einbeziehung der zur okzidentalen Rationalität alternativen Epistemologien und Praktiken der altamerikanischen Kulturen dürften eine ökologisch nachhaltigere Kultur und auch ein neuer Weltethos in ihrer Herausbildung begünstigt werden. Das genannte Leitbild des »Guten Lebens« geht z. B. auf das insbesondere im Andenraum verbreitete indigene Lebens- und Gemeinschaftsmodell des »Sumak Kawsay« (Quechua: Gutes Leben) Zurück. Im Gegensatz zur individuumszentrierten Vorstellung vom guten Leben im Abendland steht hier die Idee des »Buenos Convivires (Guten Zusammenlebens)« (Acosta/Brand 2018: 122) im Zentrum, welche auch eine harmonische, kooperative Beziehung zur Natur einschließt. Damit ist eine ökozentrische Orientierung verknüpft, die nicht nur auf wissenschaftliche Befunde, sondern auch auf mythische Weltbilder rekurriert, wie die Rückbesinnung auf die andine Erdgöttin Pacha Mama verdeutlicht. Das schlägt sich bereits in offiziellen Dokumenten nieder. Die neue Verfassung Ecuadors beginnt mit folgenden Worten: »In Anerkennung unserer jahrtausendealten [...] Wurzeln, feiern wir die Natur, die Mutter Erde (Pacha Mama; Anm. d. Verf.) [...] und beschließen [...] eine neue Form des Zusammenlebens der Bürger und Bürgerinnen in Vielfalt und Harmonie mit der Natur aufzubauen, um das Gute Leben, das Sumak Kawsay, zu erreichen.« (Asamblea Constituyente 2008: 1; zit. nach Acosta 2015: 16) In ähnlicher Weise wurde im bolivianischen *Ley Marco de la Madre Tierra y Desarrollo Integral para Vivir Bien* (Rahmengesetz für die Mutter Erde und die integrierte Entwicklung für ein gutes Leben) im ersten Artikel folgende Zielsetzung formuliert: »Das vorliegende Gesetz hat zum Ziel, eine Vision und das Fundament für eine integrierte Entwicklung in Harmonie und in Gleichgewicht mit der Mutter Erde zu erschaffen, um gut zu leben (vivir bien; Anm. d. Verf.), die Kontinuität und der Regenerationskapazität der Komponenten und der Systeme des Lebens von Mutter Erde zu garantieren und wiederzugewinnen und das lokale Wissen und das Wissen der Vorfahren zu stärken.« (Bolivia 2012: Art. 1; Übers. d. Verf.). Durch diesen Rekurs auf indigene Weltbilder wird ein Bruch mit der über fünfhundertjährigen kolonialen Dominanz der okzidentalen Kultur vollzogen. Die Relevanz des epistemologischen Umbruchs darf jedoch auch nicht überbewertet werden. Die neoextraktivistischen Praktiken der Regierungen von Ecuador und Bolivien stehen im Gegensatz zu diesen Ideen (Gudynas 2011). Allerdings nehmen die sozialen Bewegungen in den beiden Ländern in Landkonflikten durchaus auf diese Rechte Bezug und haben damit – anders als in Chile und Peru – eine stärkere Legitimation für ihre Aktivitäten bis hin zum Widerstand. Relativierend ist auch anzumerken, dass das Konzept »Buen Vivir« (Gutes Leben) keineswegs nur an indigene Lebensmodelle anknüpft. Vielmehr kann von einer »erfundenen Tradition« gesprochen werden, deren Genese auch durch eine Idealisierung der andinen Kultur durch Intellektuelle beeinflusst wurde (Recasens 2014: 64; Altmann 2013). Ebenso ist der Bezug auf eine ökologisch ausgedeutete Pacha Mama teilweise als eine eher strategisch motivierte Verbindung von indigenem Erbe und ökologischem Denken anzusehen. Sie wird von den genannten Regierungen auch vollzogen, um mithilfe von Diskursen des »pachamamismo« (Sánchez Parga 2011) eine nationale Identität zu konstruieren. Nichtsdestoweniger ist tatsächlich eine starke Nähe zwischen ökosystemischen Vorstellungen und dem subjektivierenden, biozentrischen indigenen Weltbild zu konstatieren. So wird eine Wiederkehr verdrängter präkolumbianischer Weltbilder erkennbar, die als Befreiung sowohl von der mit der Entdeckung und Eroberung Amerikas beginnenden eurozentrischen Kolonialität wie auch der technoszientistischen Kolonialität zu deuten ist. Die Entwicklung in Bolivien und Ecuador in den letzten Jahren macht dabei deutlich, dass zwischen Rhetorik und Praxis deutliche Unterschiede bestehen. Geprägt sind die Länder auch intern von einem Widerstreit zwischen okzidentalem Fortschrittsmodell und indigenistischen Gegenkonzepten. In Bolivien kam es allerdings nach der Wahl 2020 zu einer Rückbesinnung auf die Konzepte. In der Rede des neuen bolivianischen Vizepräsidenten David Choquehuanca zum Amtsantritt am 8. November 2020 heißt es:

»Mit der Erlaubnis unserer Götter, unserer älteren Brüder und unserer Pachamama, unserer Vorfahren, unserer Achachilas, mit Erlaubnis unserer Patujú, unseres Regenbogens und unseres heiligen Koka-Blatts [...] möchte ich einige Minuten lang unser Denken und Fühlen teilen. Es ist eine Pflicht, uns zu verständigen, eine Pflicht miteinander zu sprechen, es ist ein Prinzip des vivir bien (....). Wir befinden uns mitten im Prozess der Wiedergewinnung unseres Wissens, der Verhaltensregeln der Kultur des Lebens, der zivilisatorischen Regeln einer Gesellschaft, die in tiefer Verbindung mit dem Kosmos steht, mit der Welt und mit der Natur, mit dem individuellen und kollektiven Leben, um unser suma qamaña, unser suma akalle aufzubauen – was bedeutet, unsere Gemeinschaft und das Wohlergehen des Einzelnen oder der Gemeinschaft sicherzustellen« [57]

Mit Äußerungen wie diesen wird die Genese und Durchsetzung von postkolonialen, postokzidentalen und postanthropozentrischen Weltbildern und Naturvorstellungen und damit ein Bruch mit der Moderne sichtbar. In der Antike wurde mit dem Christentum aus einer marginalen religiösen Bewegung, die in der Peripherie des Reiches ihren Ursprung hatte, eine die Ökumene integrierende Religion. In ähnlicher Weise könnten heute der vorgeblich »periphere« Diskurs um Pacha Mama in Verbindung mit den Erkenntnissen der modernen Naturwissenschaften zur Autonomie der als autokybernetischen Gaia konzipierten Biosphäre und die Einsicht in die Notwendigkeit ihres Schutzes zur Grundlage einer neuen globalen Spiritualität und Ethik werden, welche die Integration der Menschheit in das globale Netz des Lebens zum Ziel haben.

---

[57] https://amerika21.de/dokument/245279/bolivien-david-choquehuanca-antrittsrede #footnote6_rg56f4e; Zugriff: 10.10.2021.

Vom Plus Ultra zum Re Intra?

5
Vom Anthropozän zum Zeitalter Gaias/ Pacha Mamas?

Angesichts der aktuellen ökosozialen Krisen stellt sich die Frage, ob man an die Stelle des Ziels der permanenten Ausdehnung des Human Empire nicht eine reflexive Selbstbegrenzung setzen müsste. Williams schreibt in diesem Sinne:

> »Since the time of Bacon, enlargement of human empire has routinely been thought of as historical progress: more power, more knowledge, more wealth, and even, possibly, more fulfilling and just ways of life. [...] We are still struggling to come to terms with these contradictory ways of understanding the triumph of human empire.« (Williams 2013: xi)

Hinzuzufügen ist, dass die Widersprüche des Human-Empire-Programms mittlerweile in mehrfacher Hinsicht ans Tageslicht treten. Es geht mit anderen Worten um das Problem des Übergangs von einer aufgrund ihrer Expansivität nicht-nachhaltigen Gesellschaft zu einer nachhaltigen (Welt-)Gesellschaft mit einem nicht-kolonialen und integrativen Naturverhältnis. Für eine derartige Transformation ist es aber insgesamt nicht ausreichend, so die hier vertretene Position, die technoszientistische Moderne nur zu reformieren und durch eine innovative Neuausrichtung der Technik zu modernisieren. Für eine echte Transformation zur Nachhaltigkeit erscheint eben eine grundlegende Reflexion und Revision des Naturverständnisses der Moderne notwendig. Es gilt, wieder verstärkt die Eigensinnigkeit der Natur anzuerkennen und anstelle des Festhaltens am modernen Naturverständnis, das von einer Identität zwischen Natur und technischen Artefakten ausging, wieder vermehrt die Differenz zwischen lebendiger Natur und Technik hervorzuheben und zu reflektieren.

Grundlage der Ausweitung der Herrschaft über die Natur war die Entzauberung, Mechanisierung und Entsubjektivierung der belebten Natur. Die Hybride der Industriegesellschaft wurden vor allem durch die so legitimierte Aneignung der toten wie lebendigen Natur erschaffen. Im Prozess der Hybridisierung von Natur und Gesellschaft war so das Natürliche stets auf hierarchische Weise subordiniert. Damit einher ging auch die Verkennung der Eigenlogik der lebendigen Natur und ihrer Differenz zum Technologischen. Diese Prozesse können als dunkle Seiten der Kolonialität der technoszientistischen Moderne problematisiert werden, die auch eine Ursache für die ökologischen Krisen und die Gefährdung des Netzes des Lebens ist. Wenn hier für den Einbezug außereuropäischer Weltbilder plädiert wird, dann nicht, indem in unwissenschaftlicher Weise eine romantisierende, esoterische Verklärung der Natur befürwortet wird. Vielmehr orientiert sich die Darstellung an den Debatten innerhalb de Ökosystemforschung, die eine Pluralisierung der akzeptierten Naturvorstellungen einfordern. So heißt es im IPBES-Bericht:

> »The definition of ›Nature‹ used in this assessment encompasses all the living components of the natural world. Within the context of western science, it includes biodiversity, ecosystems (both structure and functioning), evolution, the biosphere, humankind's shared evolutionary heritage, and biocultural diversity [...]. Within the context of other knowledge systems, such as those of Indigenous Peoples and Local Communities (IPLCs), Nature includes categories such as Mother Earth and systems of life, and it is often viewed as inextricably linked to humans, rather than as a separate entity [...]. IPBES's mandate includes bringing together evidence from diverse knowledge systems, including indigenous and local knowledge, and respecting diverse worldviews. [...] explores the diversity of worldviews and of ways in which Nature is conceptualised and outlines how they are changing.« (IPBES 2019a: 11)

Um diese Weltbilder einzubeziehen, erscheint es auch notwendig, wieder verstärkt die Eigensinnigkeit des Lebens anzuerkennen. Auf der Grundlage einer Kritik der technoszientistischen Vernunft ist ein Übergang hin zu einem postkolonialen, nachhaltigen Naturverhältnis zu vollziehen, das mit einer Neubestimmung des Verhältnisses zwischen Technosphäre und Biosphäre verknüpft ist. Der Rekurs auf nichtokzidentale Epistemologien mit alternativen, mehr subjektivierenden und interaktiven Naturverständnissen, kann für einen derartigen Wandel befruchtend sein. Die Öffnung für indigene Weltbilder, die im vorausgehenden Kapitel eingefordert wurde, sollte hierzu einen Beitrag leisten. Jenseits einer Rückkehr zu vormodernen mythischen Weltbildern lassen sich »hybride Epistemologien« konzipieren, in denen okzidentale Wissenschaft und nichtokzidentale Vernunft verbunden werden.

Dieser Perspektivenwechsel kann auch zur Grundlage einer postkolonialen Form der Hybridisierung zwischen Menschen und Natur werden. Während die Hybridisierung der industriegesellschaftlichen Moderne vor allem auf einer produktivistischen Aneignung der toten Natur basierte, wird nun das gesellschaftliche Naturverhältnis als Koproduktion und Kooperation zwischen Gesellschaft und Natur konzipiert. Auf globaler Ebene impliziert dies das Ziel der Vermittlung zwischen der Welt der Technik und der Welt des Lebens und damit einer »Wiedereinbettung« der »Technosphäre« (Erlach 2000: 36) in die Biosphäre. Die Moderne war geprägt durch einen Prozess der »globalization of technoscience« (Schäfer 2001: 301) im Sinne einer Ausbreitung der für die okzidentale Kultur kennzeichnenden technoszientistischen Epistemologie und der damit verbundenen Praktiken. Hierdurch bildete sich eine Technosphäre im echten Wortsinn heraus – die Erdkugel und die auf ihr entstandene Biosphäre wurden zunehmend durch die menschlich erzeugte Welt ergänzt und grundlegend umgestaltet. Die aktuelle Diskussion um das Anthropozän, d. h. die These des Beginns einer neuen erdgeschichtlichen Epoche infolge der tiefgreifenden Veränderung der Erde durch den menschlichen Einfluss, spiegelt dies wider. Die mit diesem Begriff ebenso verbundene Diagnose einer drastischen Reduktion der Artenvielfalt macht den gewaltsamen, destruktiven und kolonialen Charakter dieses Prozesses erkennbar.

Bedroht ist die Arbeits- und Reproduktionsfähigkeit des Lebens insgesamt – von den einzelnen Lebewesen über komplexe Ökosysteme bis hin zu Gaia, d. h. dem gesamten System Erde als »autokybernetischer«

Vom Anthropozän zum Zeitalter Gaias/Pacha Mamas?

Totalität.[58] Die Forderung nach einer Beachtung von planetary boundaries und anderen mahnenden Stimmen der Ökoystemforschung verdeutlicht die Notwendigkeit einer Setzung von Grenzen bezüglich der Expansion der Welt der Technik und des Übergangs zu einer neuen Epoche, in der Technosphäre und Biosphäre in einer postkolonialen, kooperativen Weise aufeinander bezogen sind. Angesichts der Einsicht in die Gefahren einer Zerstörung der irdischen Welt des Lebens deutet sich so eine Abkehr vom modernen Projekt der Erschließung neuer technischer Welten an und es wird ein »new way to live in the Old World« (Latour 2013: 143) gesucht. Damit ist auch eine grundlegende Neubestimmung des Verhältnisses zur Natur verknüpft. Wie Latour argumentiert, ist mit der Wahrnehmung von Gaia als kybernetischem Wesen die Vorstellung von der Erde als einem gleichsam zur Steuerung befähigtem »Subjekt«, dem eine gewisse Souveränität zugeschrieben werden kann, zu verbinden.[59] Dies impliziert zugleich, dass die Entgegensetzung zwischen dem Menschen als einem autonomen und souveränen Subjekt und der heteronomen, kontrollierten Natur aufzugeben ist. Auch die Vorstellung von einer ökologisch geläuterten Herrschaft des Menschen über die Erde erscheint deshalb als obsolet. Der Mensch muss sich auf eine neue Gewaltenteilung einstellen:

> »Es verstehen die ERDVERBUNDENEN, daß sie in Gegensatz zu dem, was die MENSCHEN unablässig glaubten – weder die Rolle

---

58 Die einflussreiche Gaia-Hypothese wurde auf der Grundlage kybernetischen Denkens formuliert. Demnach wäre die Entdeckung eines Systems, dem es »durch den kybernetischen Prozess von Versuch und Irrtum« gelingt, seinen Zustand zu erhalten, und das »im Weltmaßstab arbeitet und […]. zum Ziel hat, optimale physikalische und chemische Bedingungen für das Leben zu schaffen und zu erhalten […] ein überzeugender Beleg für Gaias Existenz.« (Lovelock 1991: 77) Die Vorstellung von einer Autokybernetik des Lebens führte bei Lovelock zur Mahnung vor »kybernetische[n] Katastrophen.« (Lovelock 1997: 187)

59 Latour schreibt: »What counts is that such a power has the ability to steer our action, and thus to provide it with limits, loops and constraints, which is, as you know, the etymology of the word ›cybernetic.‹ In that sense, Gaia is indeed a cybernetic sort of being even though, […], it is not a technical system, a space station. It is cybernetic in an old and frightening sense of the word: such a power exerts a sort of sovereignty.« (Latour 2013: 136; Latour 2017: 473)

eines Atlas noch die eines GÄRTNERS der ERDE jemals spielen werden, daß sie niemals die Funktion eines Chefingenieurs des RAUMSCHIFFS ERDE wahrnehmen können, ja noch nicht einmal die eines bescheidenen und getreuen WÄCHTERS des BLAUEN PLANETEN. Es ist einfach so: Sie haben nicht das alleinige Kommando. Eine andere Entität ging ihnen voraus, obwohl sie dessen Präsenz, Vortritt und Vorrang erst sehr spät wahrnehmen. Nichts anderes bedeutet die Formel Teilung der Macht. [...] Im Zeitalter des Anthropozäns leben heißt, eine seltsame und schwierige Machtbeschränkung zugunsten GAIAs hinnehmen.« (Latour 2017: 474 f.; Herv. i. O.)

Diese Überlegungen weiterführend, ist offensichtlich, dass die aktuell auch im Diskurs um das Anthropozän häufig verbreitete Vorstellung von einer neuen Epoche eines ökologisch reformierten Projekts der Naturbeherrschung zu hinterfragen ist. Die Ausrufung des Anthropozän als »Zeitalter des Menschen« (Ehlers 2008) ist zwar zweifelsohne verbunden mit einem Bemühen um die Einleitung eines grundlegenden Wandels der Beziehung zwischen Menschheit und Natur (Crutzen u. a. 2011). Wie Manemann in seiner Kritik des Anthropozäns (2014) argumentiert, werden allerdings Fragen der Grenzen des Wissens und der Macht im Diskurs häufig ausgeblendet: »Die Anthropozän-These unterstellt, dass der Mensch nicht nur die Erde verändert, sondern dass er auch verstanden hat, wie er sie verändert und nach welchen Gesetzmäßigkeiten sie überhaupt funktioniert.« (Manemann 2014: 36) Es schlägt die mit dem Begriff verbundene Einsicht in die tiefgreifenden, erdgeschichtlich bedeutsamen Auswirkungen der nicht intendierten Nebenfolgen industriegesellschaftlicher Transformation häufig in den Glauben an den Übergang in eine Epoche einer noch umfassenderen Kontrolle des Menschen über die Natur um. Damit geht die Botschaft einher, dass angesichts der nun erkennbar gewordenen grundlegenden Veränderung der Natur jegliche Idee der Wahrung einer unberührten Natur sich als romantisierend und obsolet erweise. So verkündet Schwägerl (2012), es käme dem Menschen die Aufgabe zu, »Züchter einer Welt zu werden« (ebd.: 101). Auf die Krise der Naturbeherrschung wird mit der Idee einer Ausweitung der technoszientistischen Naturbeherrschung reagiert (ebd.: 166). Der Verlust an Biodiversität, und damit die Zerstörung der »Errungenschaften« der biologischen Evolution infolge der »Defaunation in the Anthropocene« (Dirzol u. a. 2014) ist in seiner Dramatik nur vergleichbar mit sechs anderen großen Wellen des Aussterbens, wie etwa das Massensterben vor ca. 66 Millionen Jahren, hervorgerufen durch einen Meteoriteneinschlag (Ehlers 2008: 10). Die Rede von einem durch die katastrophalen Nebenfolgen des menschlichen Wirkens eingeleiteten neuen Erdzeitalter ist durchaus berechtigt. Angezweifelt wird aber, inwiefern die darüberhinausgehende Ausrufung einer »Menschenzeit« (Schwäger 2010), in der der Mensch auf neuer Stufe zum Gestalter der Erde wird, weiterführend ist. Es stellt sich die Frage, ob derzeit nicht eher der Übergang in ein »Postanthropozän« ins Auge zu fassen ist. Diese Forderung ist nicht als posthumanistischer Absage an die Menschheit zu verstehen, sehr wohl aber als Aufruf zur Überwindung des Anthropozentrismus der Moderne. Anzustreben ist eine Beendigung des Zeitalters des Menschen, das im Zeichen des Projekts der Expansion der Grenzen des Human Empire (Bacon 1862: 398) stand.

Mit der These eines Übergangs in ein Postanthropozän sind weitergehende Implikationen verbunden, da letztlich das Anthropozän untrennbar mit der Expansion der technozentrischen okzidentalen Kultur verknüpft ist. Zu Recht schreibt Sloterdijk: »In der Tat wäre die Rede von einem ›Eurozän‹ oder einem von Europäern initiierten ›Technozän‹ eher angebracht.« (Sloterdijk 2016: 10) Und in ähnlicher Weise formuliert Lessenich aufgrund der zentralen Rolle der okzidentalen Zivilisationen beim Verbrauch der fossilen Energien und den damit verbundenen Folgen: »Das Anthropozän war im Kern ein ›Okzidentozän‹, ein vom ›Westen‹ geprägtes Erdzeitalter.« (Lessenich 2017: 102) Angesichts der zentralen Rolle der kapitalistischen Ökonomie in diesem Expansionsprozess der technischen Zivilisation des Okzidents erscheint es auch legitim, den Begriff des »Capitalocene« (Moore 2016) zu verwenden bzw. vom »Kapitalozän [als] [...] kapitalistische[m] Erdzeitalter« (Altvater 2018: 236) zu sprechen. Dieses Zeitalter scheint aktuell seinem Ende entgegenzugehen, denn »in der Natur ist nichts grenzenlos und singulär und Weltherrscher-Fantasien haben sich stets blamiert. Überall tauchen Hindernisse der Expansion und Beschleunigung auf« (Altvater 2018: 236). Die anthropozentrische, kapitalistisch-technoszientistische Globalisierung stößt an

Grenzen. Aktuell vollzieht sich ein Übergang vom modernen Zeitalter des (expansiven) okzidentalen Menschen zum postanthropozentrischen Zeitalter der Globalität. Zumindest sollte dies eingeleitet werden. Der Erdglobus wird dabei nicht mehr als Raum der expansiven imperialen und kapitalistischen Landnahme wahrgenommen. Vielmehr wird angesichts der ökologischen Krise die Erdkugel als eine vom Netz des Lebens überzogene und zusammengehaltene Biosphäre gesehen. Leitend dafür erweist sich ein »Plus Ultra, das utopisches Bewusstsein lebt« (Bloch 1971: 132). Peter Singer hatte in *The expanding Circle* (1981) eine Expansion des Menschenrechtsgedankens auf Tiere vollzogen. Diese Expansion würde letztlich das gesamte Netz des Lebens einschließen müssen. Ein derartiges Plus Ultra der Verantwortung kann in der Kontraktionsgesellschaft die Grundlage für eine neue Ethik der Verantwortung für die Biosphäre sein, welche den die Expansionsgesellschaft prägenden Imperativ eines Plus Ultras der Expansion der Macht über den Globus ablöst.

Literatur

Acosta, Jose de (1984): De procuranda Indorum salute. Madrid: Consejo Superior de Investigaciones Científicas (zuerst 1557).

Acosta, Alberto (2009): Das »Buen Vivir«. Die Schaffung einer Utopie. In: Juridikum, 4/2009, S. 209–213.

Acosta, Alberto (2015): Buen Vivir. Vom Recht auf ein gutes Leben. München: oekom verlag.

Acosta, Alberto/Brand, Ulrich (2018): Radikale Alternativen. Warum man den Kapitalismus nur mit vereinten Kräften überwinden kann. München: oekom.

Aischylos (1986): Prometheus, gefesselt. Übertragen von Peter Handke. Frankfurt am Main: Suhrkamp.

AK Rohstoffe (2021): Argumente für eine Rohstoffwende (online: https://germanwatch.org/sites/default/files/Argumente_f%C3%BCr_eine_Rohstoffwende.pdf; Zugriff: 10.10.2021).

Albrow, Martin (2007): Das globale Zeitalter. Frankfurt am Main: Suhrkamp.

Alimonda, Hector (2011): La colonialidad de la naturaleza. Una aproximación a la Ecología política Latinoamericana. In: Alimonda, Hector (Hg.): La Naturaleza colonizada. Buenos Aires: CLACSO, S. 21–58.

Allianz Global Investors – Dr. Hans-Jörg Naumer (2021): #GreenGrowth: Die grüne Welle des Wachstums. Frankfurt am Main: Allianz.

Altmann, Philipp (2013): Die Indigenenbewegung in Ecuador. Diskurs und Dekolonialität, Bielefeld: Transcript.

Altvater, Elmar (2018): Beschleunigung und Expansion im Erdzeitalter des Kapitals. In: Dannemann, Rüdiger / Pickford, Henry W. / Schiller, Hans-Ernst (Hg.), Der aufrechte Gang im windschiefen Kapitalismus. Wiesbaden 2018, S. 227–241.

Apollodorus; Moser, Christian Gottlob (1828): Apollodor's Mythologische Bibliothek. Stuttgart, Wien: Metzler.

Aquin, Thomas von (1952): Summa theologica. Stände und Standespflichten. Bd. 24. Heidelberg: Kerle.

Arendt, Hannah (1960): Vita activa oder Vom tätigen Leben. München: Piper.

Aristoteles (1967): Physik. Berlin: Akademie-Verlag.

Aristoteles (1985): Nikomachische Ethik. Hamburg: Felix Meiner.

Aristoteles (1987): Vom Himmel. Von der Seele. Von der Dichtkunst. München: Dt. Taschenbuch Verlag.

Aristoteles: Nikomachische Ethik. Nach der Übersetzung von Eugen Rolfes bearbeitet von Günther Bien (1995). In: Aristoteles. Philosophische Schriften 3. Lizenzausgabe für die Wissenschaftliche Buchgesellschaft. Felix Meiner Verlag GmbH, Hamburg. Darmstadt: Wissenschaftliche Buchgesellschaft (Aristoteles. Philosophische Schriften in sechs Bänden. Band 3).

Aristoteles (2006): Die Nikomachische Ethik. Reinbek bei Hamburg: Rowohlt.

Arzans de Orsúa y Vela, Bartolomé (1965/1737): Historia de la Villa Imperial de Potosí (III tomos). Archivo y Biblioteca Nacionales de Bolivia.

Assmann, Aleida (1994): Odysseus und der Mythos der Moderne. Heroisches Selbstbehauptungs-Wissen und weisheitliches Selbstbegrenzungs-Wissen. In: Fuchs, Gotthard / Assmann, Aleida (Hg.), Lange Irrfahrt – grosse Heimkehr. Odysseus als Archetyp – zur Aktualität des Mythos. Frankfurt am Main: Knecht, S. 103–122.

Assmann, Aleida (2007a): Grenze und Horizont. Mythen des Transzendierens bei Emerson, Tennyson und Turner. In: Inka Mülder-Bach (Hg.), Räume der Romantik. Würzburg: Königshausen & Neumann, S. 65–81.

Assmann, Jan (1992): Frühe Formen politischer Mythomotorik. Fundierende, kontrapräsentische und revolutionäre Mythen. In: Harth, Dietrich/ Assmann, Jan (Hg.), Revolution und Mythos. Frankfurt am Main: Fischer Taschenbuch Verlag, S. 39–61.

Assmann, Jan (2001): Tod und Jenseits im Alten Ägypten. München: C. H. Beck.

Assmann, Jan (2007b): Das kulturelle Gedächtnis. Schrift, Erinnerung und politische Identität in frühen Hochkulturen. München: C. H. Beck.

BA (2021) Die Arbeitsmarktsituation von Frauen und Männern 2020; Bundesagentur für Arbeit, Berichte: Blickpunkt Arbeitsmarkt, Juli 2021. https://statistik.arbeitsagentur.de/DE/Statischer-Content/Statistiken/Themen-im-Fokus/Frauen-und-Maenner/generische-Publikationen/Frauen-Maenner-Arbeitsmarkt.html?__blob=publicationFile

Backhouse, Maria et al. (2021): Bioeconomy and Global Inequalities: Socio-Ecological Perspectives on Biomass Sourcing and Production. Palgrave Macmillan.

Bacon, Francis (1862): New Atlantis (zuerst 1627). In: The Works of Francis Bacon. Volume 5. London: Longman, S. 347–413.

Bacon, Francis (1959): Neu-Atlantis. Hg. v. Georg Gerber und F. A. Kogan-Bernstein. Berlin: Akad.-Verlag (Erstedition in Neulateinisch zuerst 1627).

Bacon, Francis (1984): Valerius Terminus. Von der Interpretation der Natur. Hg. v. Franz Träger. Würzburg: Königshausen & Neumann (Erstedition in Englisch zuerst 1603).

Bacon, Francis (1990a): Neues Organon. Band I. Lateinisch – deutsch. Hamburg: Meiner (Erstedition 1620).

Bacon, Francis (1990b): Neues Organon. Band II. Lateinisch – deutsch. Hamburg: Meiner (Erstedition 1620).

Bacon, Francis (1990c): Weisheit der Alten. Hg. v. Philipp Rippel. Frankfurt am Main: Fischer-Taschenbuch-Verlag (Erstedition in Englisch zuerst 1609).

Bacon, Francis (2006): Über die Würde und die Förderung der Wissenschaften. Freiburg, München: Haufe-Mediengruppe (Erstedition in Englisch zuerst 1605, in Latein 1624).

Barca, Stefania (2017): Labour and the Ecological Crisis: The Eco-Modernist Dilemma in Western Marxism(s) (1970s-2000s). In: *Geoforum*, 07.11.2017.

Barlösius, Eva (1997): Naturgemäße Lebensführung. Zur Geschichte der Lebensreform um die Jahrhundertwende. Frankfurt a. M., New York: Campus.

Barth, Thomas / Jochum, Georg / Littig, Beate (2016a) (Hg.): Reeen. Soziologische Beiträge zur Neubestimmung der gesellschaftlichen Naturverhältnisse. Frankfurt/New York: Campus.

Barth, Thomas / Jochum, Georg / Littig, Beate (2016): Nachhaltige Arbeit und gesellschaftliche Naturverhältnisse: Theoretische Zugänge und Forschungsperspektiven. In: Diess. (Hg.), Nachhaltige Arbeit. Soziologische Beiträge zur Neubestimmung der gesellschaftlichen Naturverhältnisse. Frankfurt: Campus, S. 311–352.

Barth, Thomas / Jochum, Georg / Littig, Beate (2016b): Nachhaltige Arbeit: Soziologische Beiträge zur Neubestimmung der gesellschaftlichen Naturverhältnisse. Frankfurt a. M, New York: Campus.

Barth, Thomas / Jochum, Georg / Littig, Beate (2018): Nachhaltige Arbeit – die sozial-ökologische Transformation der Arbeitsgesellschaft befördern. In: GAIA – Ecological Perspectives for Science and Society, H. 1, 2018, S. 127–130.

Barth, Thomas / Jochum, Georg (2020): Auf dem Weg zu nachhaltiger Arbeit? Zur Rolle von Arbeit in der Entwicklung nachhaltiger sozialer Innovationsprozesse. In: Franz, Hans-Werner / Beck, Gerald / Compagna, Diego / Dürr, Peter / Gehra, Wolfgang / Wegner, Martina (Hg.), Nachhaltig Leben und Wirtschaften. Management Sozialer Innovationen als Gestaltung gesellschaftlicher Transformation. Wiesbaden: Springer VS, S. 53–74.

Beck, Ulrich (2001): Der kosmopolitische Staat – Staatenbildung neu denken – eine realistische Utopie. In: Eurozine (online): http://www.eurozine.com/pdf/2001-12-05-beck-de.pdf; Zugriff: 21.4.2015).

Beck, Ulrich (2017): Die Metamorphose der Welt. Berlin: Suhrkamp Verlag.

Becke, Guido / Bleses, Peter / Schmidt, Sandra (2009): Nachhaltige Arbeitsqualität: eine Perspektive für die Gesundheitsförderung in der Wissensökonomie (artec-paper, 158). Bremen.

Becke, Guido / Warsewa, Günter: (2017): Erweiterte Subjektperspektive – neue Ansprüche an Arbeit und Nachhaltigkeit. AISStudien, 10 (1), S. 20–36.

Beckert, Sven (2015): King Cotton: eine Geschichte des globalen Kapitalismus. Bonn: Bundeszentrale für politische Bildung.

Benett, Nathan / Govan, Hugh / Satterfield, Terre (2015): Ocean grabbing. Marine Policy. Volume 57, July 2015, S. 61–68.

Berger, Peter / Luckmann, Thomas (1980): Die gesellschaftliche Konstruktion der Wirklichkeit – Eine Theorie der Wissenssoziologie. Berlin: S. Fischer.

Berkes, Fikret / Kislalioglu, Mina (1991): Community-based management and sustainable development. In: Durand, J. R ./ Lemoalle, J. / Weber, J. (Hg.): La Recherche Face a la Peche ArtisanaleEditions de l'ORSTOM. Paris: S. 567–574.

Bernbaum, Ernest (Hg.) (1918): English poets of the eighteenth century. New York u. a.: Scribner.

Birle, Peter / Braig, Marianne / Ottmar, Ette / Ingenschay, Dieter (Hg.) (2006): Hemisphärische Konstruktionen der Amerikas. Frankfurt a. M.: Vervuert.

Biesecker, Adelheid / Hofmeister, Sabine (2013): Zur Produktivität des »Reproduktiven«. Fürsorgliche Praxis als Element einer Ökonomie der Vorsorge. In: Feministische Studien 31 (2), S. 240–252.

Bloch, Ernst (1959a): Das Prinzip Hoffnung. In fünf Teilen; Kapitel 1–37. Frankfurt am Main: Suhrkamp.

Bloch, Ernst (1959b): Das Prinzip Hoffnung. In fünf Teilen; Kapitel 38–55. Frankfurt am Main: Suhrkamp.

Bloch, Ernst (1971): Tübinger Einleitung in die Philosophie I. Frankfurt am Main: Suhrkamp.

Blühdorn, Ingolfur / Butzlaff, Felix / Deflorian, Michael / Hausknost, Daniel / Mock, Mirijam (2019): Nachhaltige Nicht-Nachhaltigkeit. Warum die ökologische Transformation der Gesellschaft nicht stattfindet. Bielefeld: transcript.

Blumenberg, Hans (1965): Die kopernikanische Wende. Frankfurt am Main: Suhrkamp.

Blumenberg, Hans (1966): Die Legitimität der Neuzeit. Frankfurt am Main: Suhrkamp.

Blumenberg, Hans (1973): Der Prozeß der theoretischen Neugierde. Frankfurt am Main: Suhrkamp.

Blumenberg, Hans (1974): Säkularisierung und Selbstbehauptung. Erweiterte Neuausgabe. Frankfurt am Main: Suhrkamp.

Blumenberg, Hans (1975): Die Genesis der kopernikanischen Welt. Frankfurt am Main: Suhrkamp.

Blumenberg, Hans (1976): Aspekte der Epochenschwelle. Frankfurt am Main: Suhrkamp.

Blumenberg, Hans (1979): Schiffbruch mit Zuschauer. Paradigma einer Daseinsmetapher. Frankfurt am Main: Suhrkamp.

BMBF (2014): Forschungsagenda Green Economy. Bonn (online: https://www.fona.de/mediathek/pdf/Green_Economy_Agenda_bf.pdf; Zugriff. 10.10.2021)

BMU (2020): Weltweiter Naturschutz kann Risiko künftiger Seuchen verringern (online: Zugriff: 30.06.2020).

BMUB (2017): Umweltbewusstsein in Deutschland 2016. Berlin: Bundesministerium für Umwelt, Naturschutz, Bau und Reaktorsicherheit.

BMUB (2019): Umweltbewusstsein in Deutschland 2018. Berlin: Bundesministerium für Umwelt, Naturschutz, Bau und Reaktorsicherheit.

BMWi (Bundesministerium für Wirtschaft und Energie) (2015): Industrie 4.0 und Digitale Wirtschaft. Impulse für Wachstum, Beschäftigung und Innovation. Berlin.

Boatcă, Manuela (2009): Lange Wellen des Okzidentalismus. Ver-Fremden von Geschlecht, Rasse und Ethnizität im modernen Weltsystem. In: Dietze, Gabriele (Hg.), Kritik des Okzidentalismus. Bielefeld: transcript Verlag, S. 233–249.

Boatcă, Manuela/Costa, Sérgio (2010): Postkoloniale Soziologie: ein Programm. In: Reuter, Julia / Villa, Paula-Irene (Hg.), Postkoloniale Soziologie. Bielefeld: transcript Verlag, S. 69–90.

Boddenberg, Sophia (2018): Lithiumabbau in Chile – ökologisch und sozial schwierige Verhältnisse (online: https://www.deutschlandfunk.de/lithiumabbau-in-chile-oekologisch-und-sozial-schwierige.697.de.html?dram:article_id=415667; Zugriff: 10.10.2021).

Böhme, Gernot (1993): Am Ende des Baconschen Zeitalters. Studien zur Wissenschaftsentwicklung. Frankfurt am Main: Suhrkamp.

Böhme, Hartmut (1988): Natur und Subjekt. Frankfurt am Main: Suhrkamp.

Böhme, Hartmut (1996a): Die technische Form Gottes. Über die theologischen Implikationen von Cyberspace. In: Praktische Theologie 1996, Nr. 31, S. 257–260.

Böhme, Hartmut (1996b): Zur Theologie der Telepräsenz. In: Frithjof Hager (Hg.), Körper-Denken. Berlin: Reimer, S. 237–248.

Böhme, Hartmut (2001a): Der Affe und die Magie in der »Historia von D. Johann Fausten«. In: Werner Röcke (Hg.), Thomas Mann, Doktor Faustus. 1947–1997. Bern: P. Lang, S. 109–145.

Böhme, Hartmut (2001b): Im Zwischenreich: Von Monstren, Fabeltieren und Aliens. In: ZDF-Nachtstudio (Hg.), Mensch und Tier. Geschichte einer heiklen Beziehung, S. 233–258.

Bolivia (2012): Ley Marco de la Madre Tierra y Desarrollo Integral para Vivir Bien, 15 de octubre de 2012.

Bollmann, Stefan (2017): Monte Verità – der Traum vom alternativen Leben beginnt. München: DVA.

Boyer, Miriam (2019): Alternativen zum Extraktivismus oder alternative Extraktivismen? »Grüne« Strategien und der Streit um die Kontrolle natürlicher Ressourcen. In: Ramírez, Martin / Schmalz, Stefan (Hg.), Extraktivismus – Lateinamerika nach dem Ende des Rohstoffbooms. München: oekom, S. 177–192.

Brand, Karl-Werner (Hg.) (2006): Von der Agrarwende zur Konsumwende? Die Kettenperspektive – Ergebnisband 2. München: oekom.

Brand, Ulrich (2009): Die Multiple Krise. Dynamik und Zusammenhang der Krisendimensionen, Anforderungen an politische Institutionen und Chancen progressiver Politik. Policy Paper. Berlin: Heinrich-Böll-Stiftung.

Brand, Ulrich (2016): »Transformation« as a New Critical Orthodoxy: The Strategic Use of the Term »Transformation« Does Not Prevent Multiple Crises. In: *GAIA* 25 (1), S. 23–27.

Brand, Karl-Werner (Hg.) (2017): Die sozial-ökologische Transformation der Welt. Ein Handbuch. Frankfurt: Campus

Brand, Ulrich / Wissen, Markus (2018): The Limits to Capitalist Nature: Theorizing and Overcoming the Imperial Mode of Living (Transforming Capitalism). London and New York: Rowman & Littlefield.

Brand, Ulrich / Muraca, Barbara / Pineaul, Éric (2021): From planetary to societal boundaries: an argument for collectively defined self-limitation. Sustainability: Science, Practice and Policy2021, Bd. 17, Nr. 1, S. 265–292.

Brand, Ulrich / Georg, Christoph (2003): Postfordistische Naturverhältnisse: Konflikte um genetische Ressourcen und die Internationalisierung des Staates. Münster: Westfälisches Dampfboot.

Brand, Ulrich / Wissen, Markus (2017a): Imperiale Lebensweise: Zur Ausbeutung von Mensch und Natur in Zeiten des globalen Kapitalismus. München: oekom.

Brand, Ulrich / Wissen, Markus (2017b): Modo de vida y trabajo imperial.Dominación, crisis y continuidad de las relaciones societales con la Naturaleza. En Controversias y Concurrencias Latinoamericanas, Bd. 9, Nr. 15, S. 38–56, (online: http://ojs.sociologia-alas.org/index.php/CyC/issue/view/16.p).

Brendecke, Arndt (2009): Imperium und Empirie. Funktionen des Wissens in der spanischen Kolonialherrschaft. Köln: Böhlau.

Brandl, Sebastian / Hildebrandt, Eckart (2002): Zukunft der Arbeit und soziale Nachhaltigkeit. Zur Transformation der Arbeitsgesellschaft vor dem Hintergrund der Nachhaltigkeitsdebatte. Opladen: Leske + Budrich.

Brandon, Pepijn (2020): The Political Economy of Slavery in the Dutch Empire. Comparativ, 30 (5/6), 581–599 (online: https://doi.org/10.26014/j.comp.2020; Zugriff: 10.10.2021).

Braudel, Fernand (1986): Sozialgeschichte des 15.-18. Jahrhunderts. München: Kindler.

Brie, Michael (2015): Polanyi neu entdecken: das hellblaue Bändchen zu einem möglichen Dialog von Nancy Fraser und Karl Polanyi. Hamburg: VSA-Verlag.

Bruce, Chris (1990): Myth of the West. New York, Seattle: Rizzoli; Henry Art Gallery University of Washington.

Brzeski, Carsten / Burk, Inga (2015): Die Roboter kommen. Folgen der Automatisierung für den deutschen Arbeitsmarkt, ING-DiBA Economic Research(online: www.ing-diba.de/pdf/ueber-uns/presse/publikationen/ingdiba-economic-research-die-roboter-kommen.pdf; Zugriff: 10.10.2021).

Brzeski, Carsten / Fechner, Inga (2018): Die Roboter kommen (doch nicht?) Folgen der Automatisierung für den deutschen Arbeitsmarkt – eine Bestandsaufnahme. ING-DiBA Economic Research (online: https://www.ing-diba.de/binaries/content/assets/pdf/ueber-uns/presse/carsten-brzeskis-blog/2018/ing-diba-economic-analysis-roboter-2-0-final.pdf; Zugriff: 10.10.2021).

Bühl, Walter (1987): Grenzen der Autopoiesis. In: Kölner Zeitschrift für Soziologie und Sozialpsychologie Nr. 39, S. 225–254.

Büttner, Melissa / Schmelzer, Matthias (2021): Fossile Mentalitäten. Zur Geschichte der fossilen Durchdringung moderner Vorstellungswelten Working Paper Nr. 3, Mentalitäten im Fluss (flumen), Jena (online: http://www.flumen.uni-jena.de/wp-content/uploads/2021/06/Working-Paper-Nr.-3_Schmelzer-und-Buettner_Fossile-Mentalitaeten-Zur-Geschichte-der-fossilen-Durchdringung-moderner-Vorstellungswelten.pdf; Zugriff: 10.10.2021).

Bulmer-Thomas, Victor (Hg.) (2006): The Cambridge economic history of Latin America. Cambridge: Cambridge Univ. Press.

Bundeszentrale für politische Bildung (2016): Zum Entwicklungsverlauf des Anthropozäns: Die Große Beschleunigung (nline: https://www.bpb.de/gesellschaft/umwelt/anthropozaen/234831/entwicklungsverlauf-des-anthropozaens; Zugriff: 10.09.2021).

Burawoy, Michael (2015): Marxismus nach Polanyi. In: Brie, Michael (Hg.): Mit Realutopien den Kapitalismus transformieren? Hamburg: VSA-Verlag, S. 33–57.

Cacciari, Massimo (1995): Gewalt und Harmonie. Geo-Philosophie Europas. Unter Mitarbeit von Günther Memmert. München, Wien: Hanser.

Cacciari, Massimo (1998): Der Archipel Europa. Köln: DuMont.

Cañizares-Esguerra, Jorge (2006): Nature, empire, and nation. Explorations of the history of science in the Iberian world. Stanford, Calif: Stanford Univ. Press.

Choonara, Joseph (2019): COVID-19: Die Pandemie und die Logik des Kapitals. (online: https://www.marx21.de/covid-19-die-pandemie-und-die-logik-des-kapitals/;Zugriff: 30.06.2020).

Clain-Stefanelli, Elvira (1978): Münzen der Neuzeit. München: Battenberg.

Coronil, Fernando (2002): Jenseits des Okzidentalismus. Unterwegs zu nichtimperialen geohistorischen Kategorien. In: Conrad, Sebastian (Hg.), Jenseits des Eurozentrismus. Postkoloniale Perspektiven in den Geschichts- und Kulturwissenschaften. Frankfurt am Main u. a.: Campus-Verlag, S. 177–218.

Crutzen, Paul J. (2002): Geology of mankind. (PDF) In: Nature, 415, 2002, 23.

Crutzen, Paul J. (2008): An Example of GeoEngineering. Cooling Down Earth's Climateby Sulfur Emissions in the Stratosphere. In Arber, S. W. (Hg.): Predictability in Science Accuracy and Limitations. Vatican City: Pontifical Academy of Sciences.

Crutzen, Paul J. / Stroemer Eugene F. (2000): The Anthropocene. In: IGBP Global Change Newsletter, Nr. 41, Mai 2000, S. 17–18.

Dahrendorf, Ralf (1975): Die neue Freiheit Überleben und Gerechtigkeit in einer veränderten Welt. Frankfurt a. M.: Suhrkamp.

Dante Alighieri (1952): Dantes göttliche Komödie. Das hohe Lied von Sünde und Erlösung. Hg. v. Hermann A. Prietze. Heidelberg: Schneider.

Dante Alighieri (1966): La Divina Commedia. Inferno. Verona: Mondadori.

Dante, Alighieri (1974): Die Göttliche Komödie. Hg. v. Friedrich von Falkenhausen. Frankfurt am Main: Insel Verlag.

Dante, Alighieri (1997): Die divina commedia. Hg. v. Georg Peter Landmann. Würzburg: Königshausen & Neumann.

Dante, Alighieri (1994): Abhandlung über das Wasser und die Erde. Lateinisch – Deutsch. Hamburg: Meiner.

Dante, Alighieri (1998): Monarchia. Studienausgabe lat.-dt., hrsg. von R. Imbach und C. Flüeler. Stuttgart: Hausmann.

Daumer, Karl / Schuster, Manfred (1998): Stoffwechsel Ökologie und Umweltschutz. München: Bayerischer Schulbuchverlag.

Davies, Glyn (1994): A history of money. From ancient times to the present day. Cardiff: University of Wales Press.

De Angelis, Massimo (2001). The continuous character of capital's »enclosures«. The Commoner (2), 1–22 (online: http://www.commoner.org.uk/02deangelis.pdf: Zugriff: 10.10.2020).

De Angelis, Massimo (2017): Omnia Sunt Communia: On the Commons and the Transformation to Postcapitalism. London: Zed Books.

Delgado, Mariano (1996): Abschied vom erobernden Gott. Studien zur Geschichte und Gegenwart des Christentums in Lateinamerika. Immensee: Neue Zeitschrift für Missionswissenschaft.

Delgado, Mariano (2001): Hunger und Durst nach der Gerechtigkeit. Das Christentum des Bartolomé de Las Casas. Freiburg Schweiz: Kanisius Verlag.

Delgado, Mariano (2003): Der Traum von der Universalmonarchie – Zur Danielrezeption in den iberischen Kulturen nach 1492. In: Delgado, Mariano / Koch, Klaus / Marsch, Edgar / Dobzin, Hartmut (Hg.), Europa, Tausendjähriges Reich und Neue Welt. Stuttgart: Kohlhammer, S. 176–196.

Delgado, Mariano (2010): Synkretismus und Utopie in Lateinamerika. In: Zeitschrift für Missionswissenschaft und Religionswissenschaft 94 (2010), S. 18-30.

Denzer, Jörg (2005): Die Konquista der Augsburger Welser-Gesellschaft in Südamerika (1528-1556). München: C. H. Beck.

Deschner, Karlheinz (1995): Der Moloch. Eine kritische Geschichte der USA. München: Heyne.

De Schutter, Oliver (2012b): »Ocean-grabbing« as serious a threat as »land-grabbing« (online: http://www.srfood.org/en/ocean-grabbing-as-serious-a-threat-as-land-grabbing-un-food-expert; Zugriff: 19.07.2018).

Diefenbacher, Hans / Foltin, Oiver / Held, Benjamin / Rodenhäuser, Dorothee / Schweizer, Rike / Reichert, Volker (2016): Zwischen den Arbeitswelten: der Übergang in die Postwachstumsgesellschaft, Frankfurt am Main.

Diefenbacher, Hans / Held, Benjamin / Rodenhäuser, Dorothee (Hg.) (2017): Ende des Wachstums – Arbeit ohne Ende? Arbeiten in einer Postwachstumsgesellschaft. Marburg: Metropolis-Verlag.

Dierksmeier, Claus / Komakowitz, Ernst von / Spitzeck, Heiko / Pirson, Michael / Amann, Wolfgang (Hg.) (2011): Humanistic Ethics in the Age of Globality, London/New York: Palgrave.

Dietze, Gabriele / Brunner, Claudia / Wenzel, Edith (Hg.): Kritik des Okzidentalismus. Transdisziplinäre Beiträge zu (Neo-)Orientalismus und Geschlecht. Bielefeld: transcript.

Dimitris, Stevis / Rätzel, Nora / Uzzell, David (Hg.) 2018: Labour in the Web of Life, Globalizations Special Issue Globalizations 15 (4). (online: https://www.tandfonline.com/toc/rglo20/15/4?nav=tocList; Zugriff: 10.10.2019)

Dirzol, Rodolofo u. a. (2014): Defaunation in the Anthropocene. Science 25 Jul. 2014, Bd. 345, S. 401-406.

Dornseiff, Franz (1956): Antike und alter Orient; Interpretationen. Leipzig: Koehler & Amelang.

Dörre, Klaus (2019): Risiko Kapitalismus Landnahme, Zangenkrise, Nachhaltigkeitsrevolution. In: Dörre, Klaus / Rosa, Hartmut / Becker, Karina / Bose, Sophie / Seyd, Benjamin (Hg.), (2019): Große Transformation? Zur Zukunft moderner Gesellschaften. Wiesbaden: Springer VS, S. 3-33.

Dörre, Klaus / Rosa, Hartmut / Becker, Karina / Bose, Sophie / Seyd, Benjamin (Hg.) (2019): Große Transformation? Zur Zukunft moderner Gesellschaften, Wiesbaden: Springer VS.

Dörre, Klaus (2013): Finance Capitalism, Landnahme and Discriminating Precariousness – Relevance for a New Social Critique. In: Social Change Review 10(2), S. 125-151.

Doyle, Michel W. (1986): Empires. Ithaca und Londom: Cornell University Press.

Dudenverlag (2001): Herkunftswörterbuch. Etymologie der deutschen Sprache. Mannheim: Dudenverlag.

Dürkheim, Emile (1992): Über soziale Arbeitsteilung. Studie über die Organisation höherer Gesellschaften. Aus dem Französischen von Ludwig Schmidts. Mit einem Nachwort von Hans-Peter Müller und Michael Schmid. Mit einer Einleitung von Niklas Luhmann. Frankfurt a. M.: Suhrkamp. Im Original: De la division du travail social; 1893).

Dussel, Enrique (1993): Von der Erfindung Amerikas zur Entdeckung des Anderen. Ein Projekt der Transmoderne. Düsseldorf: Patmos-Verlag.

Dussel, Enrique (2012): Anti-Cartesianische Meditationen. Über den Ursprung des philosophischen Gegendiskurses der Moderne. In: Schelkshorn, Hans (Hg.), Die Moderne im interkulturellen Diskurs. Weilerswist: Velbrück Wissenschaft, S. 127–188.

Dussel, Enrique (2013): Der Gegendiskurs der Moderne. Kölner Vorlesungen. Wien: Turia + Kant.

Eder, Klaus (1988): Die Vergesellschaftung der Natur. Studien zur sozialen Evolution der praktischen Vernunft. Frankfurt a. M.: Suhrkamp.

Eisenstadt, Shmuel Noah (1987): Kulturen der Achsenzeit. Ihre Ursprünge und ihre Vielfalt. Frankfurt a. M.: Suhrkamp.

Ehlers, Eckart (2008): Das Anthropozän – die Erde im Zeitalter des Menschen. Darmstadt: Wissenschaftliche Buchgesellschaft.

Eliade, Mircea (1966): Kosmos und Geschichte. Der Mythos der ewigen Wiederkehr. Hg. v. Günther Spaltmann. Reinbek bei Hamburg: Rowohlt.

Eliade, Mircea (1978): Geschichte der religiösen Ideen. Band 1. Von der Steinzeit bis zu den Mysterien von Eleusis. Freiburg, Basel, Wien: Herder.

Erlach, Klaus (2000): Das Technotop. Die technologische Konstruktion der Wirklichkeit. Münster: LIT.

Eversberg, Dennis (2018): Grenzen der Komplexität. Überlegungen zu einer Ökologie flexibel-kapitalistischer Subjekte. Working Paper 1/2018. Jena: Kolleg Postwachstumsgesellschaften (online: www.kolleg-postwachstum.de/sozwgmedia/dokumente/Working-Paper/Wp+118+ Eversberg.pdf; Zugriff: 04.05.2019).

Fairhead, James / Leach, Melissa / Scoones Ian (2012): Green Grabbing: a new appropriation of nature? Journal of Peasant Studies, 39: 2, S. 237–261.

Fatheuer, Thomas (2015): Biomasse für die Green Economy. Thesen zum Handlungsfeld Bioökonomie im entwicklungspolitischen Kontext. FDCL-Arbeitspapier. Forschungsstelle Chile und Lateinamerika, Berlin (online: https://www.fdcl.org/wp-content/uploads/2016/03/Biomasse-Green-Economy_FDCL-2015.pdf; Zugriff: 10.10.2021).

Fatheuer, Thomas (2018): Kontroverse Bioökonomie – Thesen zum Handlungsfeld Bioökonomie im entwicklungspolitischen Kontext (online: https://www.fdcl.org/wp-content/uploads/2018/02/Kontroverse-Bio%C3 %B6konomie.pdf; Zugriff: 10.10.2021).

Felber, Christian (2010): Die Gemeinwohl-Ökonomie Das Wirtschaftsmodell der Zukunft. Wien: Deuticke.

Feuerstein, Thomas (2005): plus ultra. Zwischen Ekstase und Agonie. In: Binder, Stefan / Feuerstein, Thomas (Hg.), plus ultra. Jenseits der Moderne?/Beyond Modernity?, Frankfurt 2005, S. 139–166.

Fischer-Kowalski, Marina / Haberl, Helmut / Hüttler, Walter / Payer, Harald / Schandl, Heinz / Winiwarter, Verena / Zangerl-Weisz, Helga (Hg.) (1997): Gesellschaftlicher Stoffwechsel und Kolonisierung von Natur. Ein Versuch in sozialer Ökologie. Amsterdam: G+B Verl.

Forbes, Robert James (1968): The conquest of nature. Technology and its consequences. London: Pall Mall Press.

Foster, Joh Bellamy / Clark, Brett / York, Richard (2011): Der ökologische Bruch. Der Krieg des Kapitals gegen den Planeten. Laika.

Foster, John Bellamy (2016a): Marxism in the Anthropocene: Dialectical Rifts on the Left. In: International Critical Thought. 6. Jahrgang. Nr. 3. London. S. 393–421.

Foster, John Bellamy (2016b): In Defense of Ecological Marxism: John Bellamy Foster Responds to a Critic. Interview (online: https://climateandcapitalism.com/2016/06/06/in-defense-of-ecological-marxism-john-bellamy-foster-responds-to-a-critic;   Zugriff: 10.10.2021).

Foucault, Michel (1984): Der Gebrauch der Lüste. Frankfurt a. M.: Suhrkamp.

Frank, Andrew K. (1999): The Routledge Historical Atlas of the American South., New York/London. Routledge.

Frank, Manfred (1979): Die unendliche Fahrt. Ein Motiv und sein Text. Frankfurt am Main: Suhrkamp.

Fraser, Nancy (2013): A Triple Movement? Parsing the Politics of Crisis after Polanyi. In: New Left Review, Vol. 81 (May/June), S. 119–132.

Freiesleben, Hans-Christian (1978): Geschichte der Navigation. Wiesbaden: Steiner.

Frey, Carl Benedikt/Osborne, Michael (2013): The Future of Employment: How susceptible are jobs to computerisation? Oxford.

Frey, Carl Benedikt (2019): The Technology Trap: Capital, Labor, and Power in the Age of Automation. Princeton: Princeton University Press.

Fuller, Thomas (2004): »Go West, young man!« — An Elusive Slogan. Indiana Magazine of History, 100.3 | The History Cooperative (archive.org)

Gaastra, Femme S. (1988): Die Vereinigte Ostindische Compagnie der Niederlande – ein Abriß ihrer Geschichte. In: Schmitt, Eberhard / Schleich, Thomas / Beck, Thomas (Hg.): Kaufleute als Kolonialherren. Die Handelswelt der Niederländer vom Kap der Guten Hoffnung bis Nagasaki 1600–1800 (= Schriften der Universitätsbibliothek Bamberg. Bd. 6). Bamberg: Buchner.

Galeano, Eduardo (1980): Die offenen Adern Lateinamerikas. Die Geschichte eines Kontinents von der Entdeckung bis zur Gegenwart. Wuppertal: Hammer.

Gibson-Graham, Julie Katherine (2006): A Postcapitalist Politics. (Julie Graham; Katherine Gibson) University of Minnesota Press.

Giegold, Sven / Embshoff, Dagmar (ed.) (2008): Solidarische Ökonomie im globalisierten Kapitalismus. Hamburg: VSA-Verlag.

Gilroy, Paul (1993): The Black Atlantic: Modernity and Double Consciousness. Harvard University Press.

Glanvill, Jospeh / Spratt, Germaine (1668): Plus ultra: or, The progress and advancement of knowledge since the days of Aristotle. London: Printed for James Collins at the Kings-Head in Westminster-Hall.

Glöckner, Alexandra (2010): Die LOHAS im Kontext der Sinus-Milieus. In: Marketing Review St. Gallen 27 (5), S. 36–41.

Göpel, Maja / Remig, Moritz (2014): Mastermind of System Change. Karl Polanyi and the »Great Transformation« Vordenker Einer Nachhaltigen Gesellschaft. Karl Polanyi und die »Große Transformation«. In: GAIA – Ecological Perspectives for Science and Society, 23 (1), S. 70–72.

Görg, Christoph (2015). Inwertsetzung von Natur. In: Bauriedl, Sybille (Hg.), Wörterbuch Klimadebatte Bielefeld: transcript 109–116.

Goldstein, Jürgen (2002): Kontingenz und Möglichkeit. Über eine begriffsgeschichtliche Voraussetzung der frühen Neuzeit. In: Hogrebe, Wolfgang (Hg.), Grenzen und Grenzüberschreitungen. XIX. Deutscher Kongreß für Philosophie, 23. – 27. September 2002 in Bonn; Sektionsbeiträge. Bonn: Sinclair-Press, S. 659–669.

Gottschall, Karin / Voß, G. Günter (2003): Entgrenzung von Arbeit und Leben. Zum Wandel der Beziehung von Erwerbstätigkeit und Privatsphäre im Alltag (zuerst 2003). München, Mering: Rainer Hampp Verlag.

Götz, Irene (2007): Lokale und periphere Gemeinschaften als Rückzugsorte postfordistischer Lebensführung? In: Seifert, Manfred / Götz, Irene / Huber, Birgit (Hg.), Flexible Biografien? Horizonte und Brüche im Arbeitsleben der Gegenwart. Frankfurt a. M., New York: Campus, S. 21–30.

Graefe, Stefanie (2015): Subjektivierung, Erschöpfung, Autonomie: eine Analyseskizze. Ethik und Gesellschaft (2), S. 1–25.

Graf, Jakob / Schmalz, Stefan / Sittel, Johanna (2019): Grenzen kapitalistischen Wachstums: Sozial-ökologische Konflikte im Süden Chiles. In: Dörre. Klaus / Rosa, Harmut / Becker,

Karina / Bose, Sophie / Seyd, Benjamin (Hg.) (2019): Große Transformation? Zur Zukunft moderner Gesellschaften, Wiesbaden: Springer VS, S. 181–193.

Gregory, Terry / Salomons, Anna / Zierahn, Ulrich (2019): Racing With or Against the Machine? Evidence from Europe. Bonn.

Gründer, Horst (1998): Genozid oder Zwangsmodernisierung? – Der moderne Kolonialismus in universalgeschichtlicher Perspektive. In: Dabag, Mihran (Hg.), Genozid und Moderne. Opladen: Leske + Budrich, S. 135–151.

Gründer, Horst / Post, Franz-Joseph (2004): Christliche Heilsbotschaft und weltliche Macht. Studien zum Verhältnis von Mission und Kolonialismus. Münster: LIT.

Grundmann, Matthias / Görgen, Benjamin (2020): Gemeinschaftliche und nachhaltige Lebensführung. Theoretische und konzeptionelle Überlegungen. In: Jochum, Georg / Jurzcyk, Karin / Voß, G. Günter / Weihrich, Margit (Hg.), Transformationen alltäglicher Lebensführung. Konzeptionelle und zeitdiagnostische Fragen. Weinheim: Beltz Juventa, S. 380–393

Grunewald, Karsten / Bastian, Olaf. (2013) (Hg.): Ökosystemdienstleistungen. Wiesbaden: Springer-Verlag.

Gudynas, Eduardo (2011): Neo-Extraktivismus und Ausgleichsmechanismen in Südamerika. In: Kurswechsel (2011/3), S. 69–80.

Gudynas, Eduardo (2012): Buen Vivir. Das gute Leben jenseits von Entwicklung und Wachstum. Berlin: Rosa Luxemburg Stiftung.

Häberlein, Mark (2014). Augsburger Handelshäuser und die Neue Welt. Interessen und Initiativen im atlantischen Raum (16.–18. Jahrhundert). In: Philipp Gassert, Günter Kronenbitter, Stefan Paulus und Wolfgang E. J. Weber (Hg.), Augsburg und Amerika. Aneignungen und globale Verflechtungen in einer Stadt. S. 19–38.

Häberlein, Mark (2016): Aufbruch ins globale Zeitalter: Die Handelswelt der Fugger und Welser. Darmstadt: Theiss.

Hagner, Michael / Hörl, Erich (2008): Die Transformation des Humanen. Beiträge zur Kulturgeschichte der Kybernetik. Frankfurt am Main: Suhrkamp.

Hans-Böckler-Stiftung (HBS) (Hg.) (2000): Arbeit und Ökologie. Wege in eine nachhaltige Zukunft. Düsseldorf.

Haraway, Donna (2005): Ein Manifest für Cyborgs. Feminismus im Streit mit den Technowissenschaften. In: dies. (Hg.), Die Neuerfindung der Natur. Primaten, Cyborgs und Frauen. Frankfurt am Main, S. 33–72.

Hardin, Garrett (1968): The Tragedy of the Commons. In: Science. 162/1968. S. 1243–1248.

Harvey, David (2005): Der »neue« Imperialismus: Akkumulation durch Enteignung. Hamburg: VSA.

Held, David / McGrew, Anthony / Goldblatt, David / Perraton, Jonathan (1999): Global Transformations Politics, Economicsand Culture. Stanford University.

Held, Martin (2018): Metalle auf der Bühne der Menschheit: Von Ötzis Kupferbeil zum Smartphone im All Metals Age. München: oekom.

Helfrich, Silke / Bollier, David (2019): Frei, fair und lebendig – Die Macht der Commons. Bielefeld: transcript.

Helmholtz-Zentrum (Hg.) (2019): Das »Globale Assessment« des Weltbiodiversitätsrates IPBES (Auszüge aus dem Summary) (online: https://www.helmholtz.de/fileadmin/user_upload/IPBES-Factsheet.pdf; Zugriff: 30.06.2020).

Henkel, Hans O. (1996): Schritte zu einer nach -haltigen, umweltgerechten Entwicklung. Überlegungen und Beiträge aus der Wirtschaft. Köln: BDI.

Heß, Wolfgang / Klose, Dietrich (Hg.) (1986): Vom Taler zum Dollar. 1486–1986. München: Staatliche Münzsammlung.

Hessler, John W. / Van Duzer, Chet A. (Hg.) (2012): Seeing the world anew: the radical vision of Martin Waldseemüller's 1507 & 1516 world maps. Washington, D. C.: Library of Congress.

Heuwieser, Magdalena (2015): Grüner Kolonialismus in Honduras: Land Grabbing im Namen des Klimaschutzes und die Verteidigung der Commons. Wien: Promedia-Verlag.

Hierscher, Volker / Nock, Lukas / Kirchen-Peters, Sabine (2015): Technikeinsatz in der Altenpflege: Potenziale und Probleme in empirischer Perspektive. Baden-Baden.

Hildebrandt, Eckart (1999): Flexible Arbeit und nachhaltige Lebensführung, WZB Discussion Paper, Nr. P, S. 99–507.

Holling, Crawford Stanley (1973): Resilience and Stability of Ecological Systems. Annual Review of Ecology and Systematics, Bd. 4. S. 1–23.

Horkheimer, Max / Adorno, Theodor W. (2001): Dialektik der Aufklärung. Philosophische Fragmente (zuerst 1947, Zitat aus der Ausgabe 1969). Frankfurt am Main: Fischer Taschenbuch Verlag.

Hughes, Thomas Parke (1989): American genesis. A century of invention and technological enthusiasm, 1870–1970. New York: Viking.

Hughes, Thomas Parke (1991): Die Erfindung Amerikas. Der technologische Aufstieg der USA seit 1870. München: C. H. Beck.

Sebastian Huhnholz (2012): Imperiale oder Internationale Beziehungen? Imperiumszyklische Überlegungen zum jüngeren American-Empire-Diskurs. In: Münkler, Herfried / Hausteiner, Eva Marlene (Hg.): Die Legitimation von Imperien. Strategien und Motive im 19. und 20. Jahrhundert, Frankfurt am Main: Campus 2012, S. 195–231.

Humboldt, Alexander von (2009): Kritische Untersuchung zur historischen Entwicklung der geographischen Kenntnisse von der Neuen Welt und den Fortschritten der nautischen Astronomie im 15. und 16. Jahrhundert. Frankfurt am Main: Insel-Verlag (zuerst 1836).

IAB (2017): Wirtschaft 4.0: Digitalisierung verändert die betriebliche Personalpolitik. IAB-Kurzbericht 12/2017 (Warning, Anja/Weber, Enzo), http://doku.iab.de/kurzber/2017/kb1217.pdf; Zugriff: 10.10.2019)

IG Metall Projekt Gute Arbeit (Hg.) (2007): Handbuch »Gute Arbeit«: Handlungshilfen und Materialien für die betriebliche Praxis. Hamburg: VSA.

ILO (International Labour Organization (2015): Guidelines for a just transition towards environmentally sustainable economies and societies for all. Dannemann, Rüdiger / Pickfort, Henry W. / Schiller, Hans-Ernst (2018): Der aufrechte Gang im windschiefen Kapitalismus. Modelle kritischen Denkens. Wiesbaden: Springer.

IPBES (2019a): IPBES Global Assessment on Biodiversity and Ecosystem Services. Chapter 2.2. (online: https://ipbes.net/sites/default/files/ipbes_global_assessment_chapter_2_2_nature_unedited_31may.pdf;Zugriff: 30.06.2020).

IPBES (2019b): IPBES Global Assessment on Biodiversity and Ecosystem Services. Summary for Policymakers. IPBES Secretariat: Bonn. (onlinehttps://ipbes.net/sites/default/files/2020-02/ipbes_global_assessment_report_summary_for_policymakers_en.pdf;Zugriff: 02.07.2020).

IPBES (2020): Pandemics Report: Escaping the 'Era of Pandemics. (online: https://ipbes.net/pandemics; Zugriff: 10.10.2021).

Jefferson, Thomas (1984): Writings. New York: Literary Classics of the U. S. Jetzkowitz, Jens (2011): Ökosystemdienstleistungen in soziologischer Perspektive. In: Groß, Matthias (Hg.), Handbuch Umweltsoziologie. Wiesbaden: Springer, S. 303–324.

Jochum, Georg (2013): Kybernetisierung von Arbeit – Zur Neuformierung der Arbeitssteuerung. In: Arbeits- und Industriesoziologische Studien. Jahrgang 6, Heft 1, S. 25–48.

Jochum, Georg (2016): Kolonialität der Arbeit. Zum historischen Wandel der durch Arbeit vermittelten Naturverhältnisse. In: Barth, Thomas / Jochum, Georg / Littig, Beate (Hg.), Nachhaltige Arbeit. Frankfurt/New York: Campus Verlag, S. 125–149.

Jochum, Georg (2017): Plus Ultra oder die Erfindung der Moderne. Zur neuzeitlichen Entgrenzung der okzidentalen Welt. Bielefeld: transcript.

Jochum, Georg / Quinteros-Ochoa, Leonor (2017): Kontroversen um nachhaltiges Arbeiten – Das Beispiel der Fischerei in Chile. In: Arbeits- und Industriesoziologische Studien, Jahrgang 10, Heft 2, November 2017, S. 139–157.

Jochum, Georg (2017c): Transformaciones de la Colonialidad del Trabajo. In: Transformaciones del mundo del trabajo. Controversias y Concurrencias Latinoamericanas, Bd. 9, Nr. 15, S. 55–70 (online: http://ojs.sociologia-alas.org/index.php/CyC/issue/view/16; Zugriff: 10.09.2018).

Jochum, Georg (2018a): Wie werden wir arbeiten? Die sozio-öko-technologische Transformation der Arbeitsgesellschaft. In: Smartopia – Geht Digitalisierung auch nachhaltig?; Politische Ökologie Band 155, München, S. 90–95.

Jochum, Georg (2018b): Zur historischen Entwicklung des Verständnisses von Arbeit. In: Böhle, Fritz / Voß, G. Günther / Wachtler, Günther (Hg.), Handbuch Arbeitssoziologie, Band 1. Wiesbaden: Springer VS, S. 85–141.

Jochum, Georg (2020): Am Ende der Expansionsgesellschaft? Die Coronakrise als Menetekel für Grenzen der kolonialen Landnahme des Netzes des Lebens. In: Soziologie und Nachhaltigkeit, (Sonderausgabe »Sozial-ökologische Transformation in der Corona-Krise«), S. 21–34.

Jochum, Georg / Barth, Thomas / Brandl, Sebastian / Cardenas-Tomazic, Ana / Hofmeister, Sabine / Littig, Beate / Matuschek, Ingo / Stephan, U. / Warsewa, Günter (2019): Nachhaltige Arbeit – Die sozial-ökologische Transformation der Arbeitsgesellschaft. Positionspapier der Arbeitsgruppe »Nachhaltige Arbeit« im Deutschen Komitee für Nachhaltigkeits-forschung in Future Earth. Hamburg: DKN (online: https://www.dkn-future-earth.org/imperia/md/assets/dkn/files/dkn_working_paper_2019_1_ag_nachaltigearbeit_dt_2019juli.pdf; Zugriff: 15.7.2021).

Jochum, Georg (2020): (Techno-)Utopias and the Question of Natural Boundaries. In: Behemoth – A Journal on Civilisation. Volume 13 Issue No. 1, S. 7–22.

Jochum, Georg (2020): Auf dem Weg zur nachhaltigen Lebensführung? Zur Transformation des Naturverhältnisses des Subjekts. In: Ders. (Hg.), Transformationen alltäglicher Lebensführung. Konzeptionelle und zeitdiagnostische Fragen. Weinheim: Beltz Juventa, S. 342–363.

Jochum, Georg (2020): Nachhaltigkeit zwischen Sozial- und Technikutopie. In: Soziologie und Nachhaltigkeit, 6(1), S. 21–48.

Jochum, Georg / Barth, Thomas (2020): Auf dem Weg zu nachhaltiger Arbeit? Zur Rolle von Arbeit in der Entwicklung nachhaltiger sozialer Innovationsprozesse. In: Franz, Hans-Werner / Beck, Gerald / Compagna, Diego / Dürr, Peter / Gehra, Wolfgang / Wegner, Martina (Hg.), Nachhaltig Leben und Wirtschaften. Management Sozialer Innovationen als Gestaltung gesellschaftlicher Transformation. Wiesbaden: Springer VS, S. 53–74.

Jochum, Georg / Jurzcyk, Karin / Voß, G. Günter / Weihrich, Margit (2020): Transformationen alltäglicher Lebensführung. Zur Einführung. In: Ders. (Hg.), Transformationen alltäglicher Lebensführung. Konzeptionelle und zeitdiagnostische Fragen. Weinheim: Beltz Juventa, S. 7–34.

Jochum, Georg / Matuschek, Ingo (2020): Blockchains – Algorithmen für Nachhaltige Arbeit? In: Sturm, Richard / Klüh, Ulrich (Hg.), Blockchained – Digitalisierung und Wirtschaftspolitik. Jahrbuch »Normative und institutionelle Grundfragen der Ökonomik«. Band 18. Metropolis Verlag, S. 183–198.

Jochum, Georg / Matuschek, Ingo (2019): Arbeit im Spannungsfeld von digitaler und sozialökologischer Transformation – Interferenzen, Synergien und Gegensätze. In: Becke, Guido (Hg.), Gute Arbeit und ökologische Innovationen – Perspektiven nachhaltiger Arbeit in Unternehmen und Wertschöpfungsketten. München: oekom, S. 81–100.

Jonas, Michael (2016): Transition or Transformation of societal practices and orders? In: Jonas, Michael / Littig, Beate (Hg.), Towards A Praxeological Political Analysis, London: Routledge, S. 116–133.

Jonas, Hans (1989): Das Prinzip Verantwortung. Frankfurt a. M.: Suhrkamp.

Jonas, Hans: Das Prinzip Verantwortung: Versuch einer Ethik für die technologische Zivilisation (2020 [1979]). Neuausgabe mit einem Nachwort von Robert Habeck. Berlin: Suhrkamp.

Jostmann, Christian (2019): Magellan: oder Die erste Umsegelung der Erde. München: C. H. Beck

Jurczyk, Karin / Voß, Günther / Weihrich, Margit (2016): Alltägliche Lebensführung – theoretische und zeitdiagnostische Potenziale eines subjektorientierten Konzepts. In: Alleweldt, Erika / Röcke, Anja, Steinbicker, Jochen (Hg.), Lebensführung heute – Klasse, Bildung, Individualität. Weinheim und Basel: Beltz Juventa, S. 53–87.

Jürgens, Kerstin (2009): Arbeits- und Lebenskraft. Reproduktion als eigensinnige Grenzziehung. Berlin: Springer VS.

kampagne-bergwerk-peru (2021): Chinesische Investitionen im peruanischen Bergbausektor (online: http://www.kampagne-bergwerk-peru.de/termin/chinesische-investitionen-im-peruanischen-bergbausektor/2021-06-21; Zugriff: 10.10.2021).

Kastenhofer, Karen / Schmidt, Jan C. (2011): Technoscientia est Potentia? In: Poiesis Prax 8 (2–3), S. 125–149.

Kennedy, Paul M. (1987): The Rise and Fall of the Great Powers: Economic Change and Military Conflict from 1500 to 2000. New York, Vintage Books.

Klinger, Cornelia (2016): Leben?! Zwischen Lebensführung und Lebenssorge. In: Alleweldt, Erika / Röcke, Anja, Steinbicker, Jochen (Hg.), Lebensführung heute – Klasse, Bildung, Individualität. Weinheim und Basel: Beltz Juventa, S. 88–121.

Knabe, Wolfgang (2005): 500 Jahre Handel Bayern-Indien. Königsbrunn: W. Knabe.

Knorr-Cetina, Karin (1991): Die Fabrikation von Erkenntnis. Zur Anthropologie der Naturwissenschaft. Frankfurt am Main: Suhrkamp.

König, Hans-Joachim (2002). PLUS ULTRA – ein Weltreichs- und Eroberungsprogramm? Amerika und Europa in politischen Vorstellungen im Spanien Karls V. In: Kohler, Alfred / Haider, Barbara / Ottner, Christine (Hg.), Karl V. 1500–1558. Neue Perspektiven seiner Herrschaft in Europa und Übersee. Wien: Verlag der Österreichischen Akademie der Wissenschaften, S. 197–222

Kohler, Alfred (1999): Karl V. 1500–1558. Eine Biographie. München: C. H. Beck.

Kondratjew, Nikolai D. (1926): Die langen Wellen der Konjunktur. In: Archiv für Sozialwissenschaft und Sozialpolitik. Bd. 56, 1926, S. 573–609.

Koppetsch, Claudia (2019): Das postindustrielle Bürgertum und die illiberale Gesellschaft. Zum Einfluss von Ungleichheitsdynamiken auf den Zeitgeist. In: Röcke, Anja / Keil, Maria / Alleweldt, Erika (Hg.), Soziale Ungleichheit der Lebensführung. Weinheim und Basel: Beltz Juventa, S. 103–130.

Kress, Daniela (2012): Investitionen in den Hunger? Land Grabbing und Ernährungssicherheit in Subsahara-Afrika, Wiesbaden: Spinger VS.

Krickeberg, Walter (1928): Märchen der Azteken und Inkaperuaner, Maya und Muisca. München: Diederichs.

Krohn, Wolfgang (1987): Francis Bacon. München: C. H. Beck.

Krohn, Wolfgang (1990): Einleitung. In: Francis Bacon – Neues Organon, S. IX–XLV. Hamburg: Meiner.

Krohn, Wolfgang (1999): Francis Bacon – Philosophie der Forschung und des Fortschritts. In: Kreimendahl, Lothar (Hg.), Philosophen des 17. Jahrhunderts. Eine Einführung. Darmstadt: Wissenschaftliche Buchgesellschaft, S. 23–45.

Krohn, Wolfgang / Küppers, Günter (1997): Die natürlichen Ursachen der Zwecke. Kants Ansätze zu einer Theorie der Selbstorganisation. In: Küppers, Gütnher (Hg.), Chaos und Ordnung. Formen der Selbstorganisation in Natur und Gesellschaft. Stuttgart: Reclam, S. 31–50.

Krüger, Reinhard (2007): Ein Versuch über die Archäologie der Globalisierung. Die Kugelgestalt der Erde und die globale Konzeption des Erdraumes im Mittelalter. In: Wechselwirkungen (Jahrbuch aus Lehre und Forschung der Universität Stuttgart). Stuttgart: Universitätsbibliothek der Universität Stuttgart, S. 28–53.

Kudera, Werner / Voß, G. Günter (2000): Alltägliche Lebensführung: Bilanz und Ausblick. In: dies. (Hg.), Lebensführung und Gesellschaft. Beiträge zu Konzept und Empirie alltäglicher Lebensführung. Opladen: Leske + Budrich, S. 11–26.

Kugler, Hartmut (2004): Symbolische Weltkarten – Der Kosmos im Menschen Symbolstrukturen in der Universalkartographie bis Kolumbus. In: Horst Wenzel (Hg.), Gutenberg und die Neue Welt, S. 40–59.

Kullmann, Wolfgang (1998): Aristoteles und die moderne Wissenschaft. Stuttgart: Steiner.

Lamb, Ursula (1995): Cosmographers and pilots of the Spanish maritime empire. Aldershot, Hampshire: Variorum.

Lambert, Tobias (2020): Extraktivismus Reloaded – Rohstoffpolitik in Lateinamerika seit dem Boom ab 2003. Berlin: Forschungs- und Dokumentationszentrum Chile-Lateinamerika e.V.

Lander, Edgardo (Hg.) (1993): La colonialidad del saber: eurocentrismo y ciencias sociales. Perspectivas latinoamericanas. Buenos Aires: CLACSO.

Lange, Steffen / Santarius, Tilman (2018): Smarte grüne Welt? Digitalisierung zwischen Überwachung, Konsum und Nachhaltigkeit. München: oekom.

Lateinamerika Nachrichten (2015): Green Grabbing und Bioökonomie in Lateinamerika. Lateinamerika Nachrichten. Nr. 498.

Lateinamerika Nachrichten (2016): Gegen das Vergessen. Lateinamerika Nachrichten. Nr. 502.

Latour, Bruno (1987): Science in action. How to follow scientists and engineers through society. Milton Keynes: Open University Press.

Latour, Bruno (1998): Wir sind nie modern gewesen. Versuch einer symmetrischen Anthropologie. Frankfurt am Main: Fischer-Taschenbuch-Verlag.

Latour, Bruno (2013): Facing Gaia. Six lectures on the political theology of nature. Being the Gifford Lectures on Natural Religion. Edinburg; (Nicht identisch mit Printversionen von Facing Gaia) (online: https://macaulay.cuny.edu/eportfolios/wakefield15/files/2015/01/LATOUR-GIFFORD-SIX-LECTURES_1.pdf; Zugriff: 10.10.2021)

Latour, Bruno (2014): Existenzweisen. Eine Anthropologie der Modernen. Unter Mitarbeit von Gustav Roßler. Berlin: Suhrkamp.

Latour, Bruno (2015): Telling Friends from Foes in the Time of the Anthropocene. In: Hamilton, Clive / Bonneuil, Christophe / Gemenne, François (Hg.), The Anthropocene and the Global Environment Crisis – Rethinking Modernity in a New Epoch. London: Routledge. S. 145–155.

Latour, Bruno (2017): Kampf um Gaia. Acht Vorträge über das Neue Klimaregime. Berlin: Suhrkamp.

Lessenich, Stephan (2016): Neben uns die Sintflut. Die Externalisierungsgesellschaft und ihr Preis. Berlin: Hanser.

Ley, Michael (2005): Zivilisationspolitik: zur Theorie einer Welt-Ökumene. Würzburg: Könighaus & Neumann.

Liebig, Steffen (2019): Arbeitszeitverkürzung für eine nachhaltigere Wirtschaft? In: Dörre, Klaus / Rosa, Hartmut / Becker, Karin / Bose, Sophie / Seyd, Benjamin (Hg.), Große Transformation? Zur Zukunft moderner Gesellschaften. Berlin: Springer: S. 211–228.

Littig, Beate (2016): Nachhaltige Zukünfte von Arbeit? Geschlechterpolitische Perspektiven. In: Barth, Thomas / Jochum. Georg / Littig, Beate (Hg.), Nachhaltige Arbeit, Frankfurt, S. 75–98.

Littig, Beate (2017) Work in the Current Green Economy Debate. A Feminist Perspective. In: MacGregor, S. (Hg.), *International Handbook on Gender and Environment*. London: Routledge: S. 318–330.

Littig, Beate (2020): Ein nachhaltiges Leben führen? Zur Praxis der Lebensführung aus sozial-ökologischer Sicht. In: Jochum, Georg / Jurczyk, Karin / Voß, G. Günter / Weihrich, Margit (Hg.), Transformationen alltäglicher Lebensführung. Konzeptionelle und zeitdiagnostische Fragen. Weinheim: Beltz Juventa, S. 371–379.

Littig, Beate / Spitzer, Markus (2011): Arbeit neu. Erweiterte Arbeitskonzepte im Vergleich. Literaturstudie zum Stand der Debatte um erweiterte Arbeitskonzepte. Arbeitspapier 229. Düsseldorf: Hans-Böckler-Stiftung.

Löbl, Rudolf (2003). Techne. Untersuchung zur Bedeutung dieses Wortes in der Zeit von Homer bis Aristoteles. (Bd. 2. Von den Sophisten bis Aristoteles). Würzburg: Könighaus & Neumann.

Locke, John (1952): The second treatise of government. New York: The Liberal Arts Press (zuerst 1690).

Locke, John (1992): Zwei Abhandlungen über die Regierung. Frankfurt am Main: Suhrkamp.

Löw, Martina / Sayman, Volkan (2021): Am Ende der Globalisierung. Über die Refiguration von Räumen. Bielefeld: transcript.

Longo, Stefano / Clausen, Rebecca (2011): The Tragedy of the Commodity: The Overexploitation of the Mediterranean Bluefin Tuna Fishery. In: Organization & Environment 24 (3), S. 312–328.

Loske, Reinhard (2019): Die Doppelgesichtigkeit der Sharing Economy. Vorschläge zu ihrer gemeinwohlorientierten Regulierung. In: WSI-Mitteilungen 1/2019: Schwerpunktheft »Nachhaltige Arbeit: machtpolitische Blockaden und Transformationspotenziale«, S. 64–70.

Lovelock, James E. (1979): Unsere Erde wird überleben. Gaia, eine optimistische Ökologie. München u.a: Piper.

Lovelock, James (1988): The Ages of Gaia: A Biography of Our Living Earth. New York W. W. Norton.

Lovelock, James E. (1991): Das Gaia-Prinzip. Die Biogaphie unseres Planeten. Zürich und München: Artemis Verlag.

Ludlow, Peter (Hg.) (1996): High noon on the electronic frontier. Conceptual issues in cyberspace. Cambridge, Mass. u. a.: MIT Press.

Ludwig, Guenter (1988): Silber. Aus der Geschichte eines Edelmetalls. Berlin: Verlag Die Wirtschaft.

Lutz, Burkart (1984): Der kurze Traum immerwährender Prosperität. Frankfurt / New York: Campus.

Luxemburg, Rosa (1975): Die Akkumulation des Kapitals. Gesammelte Werke, Bd. 5. Berlin: Institut für Marxismus-Leninismus.

Mahnkopf, Birgit (2003): Zukunft der Arbeit: Globalisierung der Unsicherheit. In: Kurswechsel 3 /2003, S. 63–74.

Malm, Andreas (2018): The progress of this storm. Nature and society in a warming world. Verso, London / New York.

Malm, Andreas (2016): Fossil Capital. The Rise of Steam-power and the Roots of Global Warming.

Manemann, Jürgen (2014): Kritik des Anthropozäns. Plädoyer für eine neue Humanökologie. Bielefeld: transcript.

Matilla Tascón (1558): Historia de las minas de almaden. Vol. I: desde la época romana hasta el año 1645. Editorial: Edición Privada.

Marañón Pimentel, Boris (2017): La colonialidad del trabajo. In: Transformaciones del mundo del trabajo. Controversias y Concurrencias Latinoamericanas, Bd. 9, Nr. 15, S. 20–36,(online: http://ojs.sociologia-alas.org/index.php/CyC/issue/view/16).

Marx, Karl / Engels, Friedrich (1957): Die heilige Familie oder Kritik der kritischen Kritik (zuerst 1845). In: Marx Engels Werke (MEW), Bd. 2. Berlin: Dietz, S. 131–142.

Marx, Karl / Engels, Friedrich (1990): Januar 1859 bis Februar 1860 (Marx Engels Werke, Bd. 13). Berlin: Dietz (zuerst 1884).

Marx, Karl (1962): Das Kapital: Kritik der politischen Ökonomie (Erster Band. Buch I: Der Produktionsprozeß des Kapitals) (Marx Engels Werke, Bd. 23). Berlin: Dietz (zuerst 1884).

Marx, Karl (1964): Das Kapital: Kritik der politischen Ökonomie (Das Kapital. Dritter Band: Der Gesamtprozess der kapitalistischen Produktion) (Marx Engels Werke, Bd. 25). Berlin: Dietz (zuerst 1884).

Matuschek, Ingo (2016): Industrie 4.0, Arbeit 4.0 Gesellschaft 4.0? Eine Literaturstudie. Berlin: Rosa-Luxemburg-Stiftung, (online: https://www.rosalux.de/fileadmin/rls_uploads/pdfs/Studien/Studien_02-2016_Industrie_4.0.pdf; Zugriff: 10.10.2021).

Matuschek, Ingo / Kleemann, Frank / Haipeter, Thomas (2018): Industrie 4.0 und die Arbeitsdispositionen der Beschäftigten. Zum Stellenwert der Arbeitenden im Prozess der Digitalisierung der industriellen Produktion, (online: http://www.fgw-nrw.de/fileadmin/images/pdf/FGW-Studie-DvA-11-Matuschek_et_al_web.pdf; Zugriff: 10.10.2021).

Matzner, Nils (2015): Engineering the Climate. Politik und Planung der Klimaintervention. In: Koch, Matthias / Köhler, Christian / Othmer, Julius / Weich, Andreas (Hg.), Planlos! Zu den Grenzen von Planbarkeit. Paderborn: Fink, Wilhelm, S. 165–179.

Mayer-Ahuja, Nicole / Wolf, Harald (2005): Entfesselte Arbeit, neue Bindungen: Grenzen der Entgrenzung in der Medien- und Kulturindustrie. Berlin: Sigma.

McCurdy, Howard E. (2011 [1997]): Space and the American Imagination, Second Edition. John Hopkins University Press.

McKenzie, Hamish (2019): Insane Mode – Die Tesla-Story: Wie Elon Musk die Automobilbranche auf den Kopf gestellt hat und stellen wird. Kulmbach: Plassen-Verlag https://www.abebooks.de/servlet/BookDetailsPL?bi=30324485110

McKnight, Stephen A. (1989): Sacralizing the secular. The Renaissance origins of modernity. Baton Rouge u.a: Louisiana State Univ. Press.

McKnight, Stephen A. (1992): Science, pseudo-science, and utopianism in early modern thought. Columbia: University of Missouri Press.

McKnight, Stephen A. (2006): The religious foundations of Francis Bacon's thought. Columbia: University of Missouri Press.

Meadows, Dennis L. (Hg.) (1972): Die Grenzen des Wachstums. Bericht des Club of Rome zur Lage der Menschheit. Stuttgart: Deutsche Verlags-Anstalt.

Meadows, Donella / Meadows, Dennis / Randers, Jørgen / Behrens, William W. (1972): The Limits to Growth. New York: Universe Books.

Mensink, Gert B. M. / Brettschneider, Clarissa / Lage Barbosa, Anna Kristin (Hg.) (2016): Verbreitung der vegetarischen Ernährungsweise in Deutschland. In: Journal of Health Monitoring (2), Berlin: Robert Koch Institut, S. 2–15.

Merchant, Carolyn (2008) »The Violence of Impediments« Francis Bacon and the Origins of Experimentation. In: The History of Science Society https://nature.berkeley.edu/departments/espm/env-hist/articles/90.pdf

Miegel, Meinhard, Exit Wohlstand ohne Wachstum (2010): Berlin: Propyläen Verlag.

Mieth, Corrina (2002): Multi pertransibunt et augebitur scientià: Die Inszenierung der Grenzüberschreitung als Begründung der Fortschrittsgeschichte in Francis Bacons Instauration Magna. In: Wolfram Hogrebe (Hg.), Grenzen und Grenzüberschreitungen. XIX. Deutscher Kongreß für Philosophie. Bonn: Sinclair-Press, S. 647–657.

Mignolo, Walter D. (1995): The darker side of the Renaissance. Literacy, territoriality, and colonization. Ann Arbor Mich: Univ. of Michigan Press.

Mignolo, Walter D. (2000): Local histories/global designs. Coloniality, subaltern knowledges, and border thinking. Princeton, NJ: Princeton Univ. Press.

Mignolo, Walter D. (2005): The idea of Latin America. Malden, MA, Oxford: Blackwell Pub.

Mignolo, Walter (2010): Introduction – Immigrant Consciousness. In: Kusch, Rodolfo / Mignolo, Walter (Hg.), Indigenous and popular thinking in América. Durham: Duke University Press, S. xii-liv.

Mignolo, Walter D. (2011): The darker side of Western modernity. Global futures, decolonial options. Durham u. a.: Duke Univ. Press.

Mignolo, Walter D. (2012a): Epistemischer Ungehorsam Rhetorik der Moderne, Logik der Kolonialität und Grammatik der Dekolonialität. Wien: Turia + Kant.

Mignolo, Walter D. (2012b): Die Erfindung Amerikas. Das koloniale Erbe der europäischen Diaspora. In: Charim, Isolde (Hg.), Lebensmodell Diaspora. Über moderne Nomaden. Bielefeld: transcript, S. 75–82.

Miliopoulos, Lazaros (2007): Atlantische Zivilisation und transatlantisches Verhältnis. Politische Idee und Wirklichkeit. Wiesbaden: VS Verlag für Sozialwissenschaften.

Mires, Fernando (1989): Im Namen des Kreuzes. Der Genozid an den Indianern während der spanischen Eroberung; theologische und politische Diskussionen. Unter Mitarbeit von Karel Hermans. Fribourg: Edition Exodus.

Mires, Fernando (1991): Die Kolonisierung der Seelen. Mission und Konquista in Spanisch-Amerika. Fribourg: Edition Exodus.

Moore, Jason W. (2020): Kapitalismus im Lebensnetz. Ökologie und die Akkumulation des Kapitals. Berlin: Matthes & Seitz.

Moore, Jason W. (2011): Transcending the metabolic rift: a theory of crises in the capitalist world-ecology. In: The Journal of Peasant Studies. 38. Jahrgang, Nr. 1. London, S. 1–46.

Moore, Jason W. (2003): TheModernWorld-System as environmental history? Ecology and the rise of capitalism. Theory and Society 32, S. 307–377.

Morsak, Louis C. (2003): Die Bedeutung des Schwazer Silbers für die Habsburger an der Wende des Spätmittelalters. In: Ingenhaeff, Wolfgang (Hg.), Schwazer Silber – vergeudeter Reichtum? Innsbruck: Berenkamp, S. 157–167.

Müller, Hans-Peter (2016): Wozu Lebensführung? Eine forschungsprogrammatische Skizze im Anschluss an Max Weber. In: Alleweldt, Erika / Röcke, Anja / Steinbicker, Jochen (Hg.), Lebensführung heute – Klasse, Bildung, Individualität. Weinheim und Basel: Beltz Juventa, S. 53–87.

Müller-Plantenberg, Urs (2013): Die schwarze Utopie der Chicago Boys. In: Dellwo, Karl-Heinz (Hg.), Diktatur und Widerstand in Chile. Hamburg: Laika-Verlag. S. 329–342.

Münkler, Herfried (2005): Imperien. Die Logik der Weltherrschaft – vom Alten Rom bis zu den Vereinigten Staaten. Berlin: Rowohlt.

Muraca, Barbara (2014): Gut leben. Eine Gesellschaft jenseits des Wachstums. Berlin: Wagenbach.

Neckel, Sighard (2018): Die Gesellschaft der Nachhaltigkeit. Soziologische Perspektiven. In: Neckel, Sighard et al. (Hg.), Die Gesellschaft der Nachhaltigkeit: Umrisse eines Forschungsprogramms. Bielefeld: transcript, S. 11–24.

Neckel, Sighard; Besedovsky, Natalia; Boddenberg, Moritz; Hasenfratz, Martina; Pritz, Sarah Miriam und Wiegand, Timo (2018): Ökologische Distinktion. Soziale Grenzziehung im Zeichen von Nachhaltigkeit. In: Neckel, Sighard (Hg.), Die Gesellschaft der Nachhaltigkeit. Umrisse eines Forschungsprogramms. Bielefeld: transcript, S. 59–76.

Nefiodow, Leo A. (1996): Der sechste Kondratieff. Wege zur Produktivität und Vollbeschäftigung im Zeitalter der Information. St. Augustin: Rhein-Sieg Verlag.

Nesselrath, Heinz-Günther (2002): Platon und die Erfindung von Atlantis. München u.a.: Saur.

Neuweiler, Gerhard (2009): Und wir sind es doch – die Krone der Evolution. Berlin: Klaus Wagenbach Verlag.

O'Gorman, Edmundo (1958): La invención de América. El universalismo de la cultura de occidente. México, Buenos Aires: Fondo de Cultura Económica.

O'Gorman, Edmundo (1972): The invention of America. Westport, Conn: Greenwood Press.

O'Gorman, Edmundo (1993): La invención de América. Investigación acerca de la estructura histórica del nuevo mundo y del sentido de su devenir (3. reimpr.). México: Fondo de Cultura Económica.

Oliva, Rodrigo / Caviedes, Sebastian (2017): Sector pesquero chileno: Concentración, Desarticulation social y crisis ecológica. Cuadernos e coyunuta, Nr. 15, Jg. 5, S. 26–36.

Osterhammel, Jürgen (1995): Kolonialismus. Geschichte – Formen – Folgen. München: C. H. Beck.

Osterhammel, Jürgen (2001): Geschichtswissenschaft jenseits des Nationalstaats Studien zu Beziehungsgeschichte und Zivilisationsvergleich. Göttingen: Vandenhoeck & Ruprecht.

Osterhammel, Jürgen / Peteresson, Niels P, (2003): Geschichte der Globalisierung. Dimensionen, Prozesse, Epochen. München: C. H. Beck.

Osterhammel, Jürgen (2009a): Die Verwandlung der Welt. Eine Geschichte des 19. Jahrhunderts. München: C. H. Beck.

Osterhammel, Jürgen (2009b): Sklaverei und die Zivilisation des Westens. München: Carl-Friedrich-von-Siemens-Stiftung.

Osterhammel, Jürgen (2014): The Transformation of the World: A Global History of the Nineteenth Century. Princeton: Princeton University Press.

Ostrom, Elinor (1990): Governing the Commons: The Evolution of Institutions for Collective Action, Cambridge.

Pabst, Yaak / Wallace, Rob (2020): Ursachen der Pandemie. Interview von Yaak Pabst mit dem Evolutionsbiologen Rob Wallace. In: Marx 21 (Hg.), Coronavirus. Was sie nicht sagen. S. 36–41. (online: Zugriff: 30.06.2020).

Pagden, Anthony (2002): Plus Ultra: America and the Changing European Notions of Time and Space. In: John A. Marino (Hg.), Early modern history and the social sciences. Testing the limits of Braudel's Mediterranean. Kirksville, Mo: Truman State University Press, S. 255–273.

Papacek, Thilo F. (2009): Die neue Landnahme. Amazonien im Visier des Agrobusiness. Berlin: FDCL-Verlag.

Patel, Raj / Moore, Jason W. (2018): Entwertung. Eine Geschichte der Welt in sieben billigen Dingen. Berlin: Rowohlt.

Pearce, Fred (2012): Land Grabbing. Der globale Kampf um Grund und Boden. München: Kunstmann.

Pellmann, Fedor (2021): Tango. Rebellion am Nullpunkt. Eine globale existenzielle Grenzerfahrung. Hamburg: Dr. Kovac.

Penzlin, Heinz (2015): Das Phänomen Leben: Grundfragen der Theoretischen Biologie. Wiesbaden: Springer.

Pesic, Peter (1999): Wrestling with Proteus: Francis Bacon and the »torture« of Nature. In: Isis 90 (1999), S. 81–94.

Pfeiffer, S. (2015): Warum reden wir eigentlich über Industrie 4.0?. Auf dem Weg zum digitalen Despotismus. In: Mittelweg 36, 24. Jg., 2015, Heft 6, S. 14–36.

Pferdekamp, Wilhelm (1938): Deutsche im frühen Mexiko. Stuttgart, Berlin: Deutsche Verlags-Anstalt.

Pieterse, Jan (1999): Globale/lokale Melange. In: Kossek, Brigitte (Hg.), Gegen-Rassismen. Konstruktionen – Interaktionen – Interventionen. Hamburg u. a: Argument-Verlag, S. 167–185.

Pietschmann, Horst (1987): Aristotelischer Humanismus und Inhumanität? Sepúlveda und die amerikanischen Ureinwohner. In: Reinhard, Wolfgang (Hg.), Humanismus und Neue Welt. Weinheim: Acta Humaniora, S. 143–166.

Pietschmann, Horst (1994): Die iberische Expansion im Atlantik und die kastilisch-spanische Entdeckung und Eroberung Amerikas. In: Bernecker, Walther L. / Carmagnani, Marcello (Hg.), Handbuch der Geschichte Lateinamerikas. Stuttgart: Klett-Cotta, S. 207–273.

Pietschmann, Horst (2002): Karl V. und Amerika: Der Herrscher, der Hof und die Politik. In: Kohler, Alfred / Haider, Barbara / Ottner, Christine (Hg.), Karl V.: 1500–1558. Neue Perspektiven seiner Herrschaft in Europa und Übersee. Wien: VÖAW, S. 533–548.

Pietzsch, Joachim (2017): Bioökonomie für Einsteiger. Wiesbaden: Springer.

Pilgrim, Hannah / Groneweg, Merle / Reckordt, Michael (2017): Ressourcenfluch 4.0. Die sozialen und ökologischen Auswirkungen von Industrie 4.0 auf den Rohstoffsektor, Berlin.

Pindarus (1923): Siegesgesänge. Berlin: Propyläen-Verlag.

Pindarus (1992): Siegeslieder. Griechisch-deutsch. Darmstadt: Wiss. Buchges.

Platon (1856): Timaios. Unter Mitarbeit von Franz Susemihl. Stuttgart: Metzler.

Platon (1857): Kritias. Unter Mitarbeit von Franz Susemihl. Stuttgart: Metzler.

Platon (1974): Die Werke des Aufstiegs. Euthyphron, Apologie, Kriton, Gorgias, Menon. Unter Mitarbeit von Rudolf Rufener. Zürich u. a.: Artemis & Winkler.

Platon (2000): Der Staat. (Politeia). Unter Mitarbeit von Karl Vretska. Stuttgart: Reclam.

Plessner, Helmuth (1928/1965): Die Stufen des Organischen und der Mensch. Einleitung in die philosophische Anthropologie. Berlin: Walter de Gruyter.

Polanyi, Karl (1944(1978)): The Great Transformation: Politische und ökonomische Ursprünge von Gesellschaften und Wirtschaftssystemen. Frankfurt a. M.: Suhrkamp.

Polanyi, Karl (2001 (1944)): The Great Transformation: The Political and Economic Origins of Our Time. Boston, Beacon Press.

Popitz, Heinrich (1989): Epochen der Technikgeschichte. Tübingen: Mohr.

Popitz, Heinrich (2000): Wege der Kreativität. Tübingen: Mohr.

PowerShift (2021): Weniger Autos, mehr globale Gerechtigkeit. Warum wir die Mobilitäts- und Rohstoffwende zusammendenken müssen (online: https://power-shift.de/wp-content/uploads/2021/09/Weniger-Autos.pdf; Zugriff: 10.10.2021).

Prescott Webb, Walter (1964 (1951)): The Great Frontier. Univ of Texas Press.

Pumm, Günter (Hg.) (1992): Die Welser in Venezuela 1528 bis 1546 – süddeutsche Konquistadoren zur Zeit der spanischen Eroberungen. Hamburg: Amt für Schule.

Projektgruppe »Alltägliche Lebensführung« (Hg.) (1995): Alltägliche Lebensführung. Arrangements zwischen Traditionalität und Modernisierung. Opladen: Leske + Budrich.

Quijano, Aníbal (1992): Colonialidad y modernidad/racionalidad. In: Bonilla, Heraclio (Hg.), Los conquistados. 1492 y la población indígena de las Américas. Santafé de Bogotá: Ed. Tercer Mundo, S. 439–447.

Quijano, Aníbal (1997): Colonialidad del poder, cultura y conocimiento en América Latina. In: Anuario Mariateguiano. ix/9, S. 113–121.

Quijano, Aníbal (2000a): Colonialidad del poder, eurocentrismo y América Latina. In: Lander, Edgardo / Castro-Gómez, Santiago (Hg.), La colonialidad del saber. Eurocentrismo y ciencias sociales; perspectivas latinoamericanas. Buenos Aires: CLACSO, S. 122–151.

Quijano, Aníbal (2000b): Coloniality of power, eurocentrism, and Latin America. In: Nepantla: views from south. Bd. 1, Nr. 3, S. 533–580.

Quijano, Aníbal (2010): Die Paradoxien der eurozentrierten kolonialen Moderne: In: PROKLA 158, Zeitschrift für kritische Sozialwissenschaft, S. 29–48.

Quijano, Aníbal (2016): Kolonialität der Macht, Eurozentrismus und Lateinamerika. Wien; Berlin: Turia + Kant.

Quijano, Aníbal / Wallerstein, Immanuel (1992): Americanity as a concept, or the Americas in the modern world-system. (The Americas: 1492–1992): International Journal Of Social Sciences, No. 134, Nov. 1992, UNESCO, Paris, S. 549–558.

Rajan, Kaushik Sunder (2009): Biokapitalismus. Werte im postgenomischen Zeitalter. Frankfurt a. M.: Suhrkamp.

Randles, William G. (2000): Geography, cartography and nautical science in the renaissance. The impact of the great discoveries. Aldershot u. a.: Ashgate Variorum.

Raworth, Kate (2018): Die Donut-Ökonomie. Endlich ein Wirtschaftsmodell, das den Planeten nicht zerstört. München: Hanser.

Ray, Paul H. / Anderson, Sherry Ruth (2000): The Cultural Creatives: How 50 Million Are Changing The World. New York: Harmony.

Recasens, Andreu Viola (2014): Discursos »pachamamistas« versus políticas desarrollistas. In.: Íconos – Revista de ciencias sociales, Nr. 48, S. 55–72.

Rehner, Gertrud / Daniel, Hannelore (2010): Biochemie der Ernährung. Heidelberg: Spektrum.

Reichel, André (2018): Traut Euch! Vom Plattformkapitalismus zum Plattformkooperatismus? In: Smartopia – Geht Digitalisierung auch nachhaltig? Politische Ökologie, Bd. 155, München, S. 78–83.

Reinhard, Wolfgang (1983): Geschichte der europäischen Expansion. Die Alte Welt bis 1818 (Band 1). Stuttgart: Kohlhammer.

Reinhard, Wolfgang (1985): Geschichte der europäischen Expansion. Die Neue Welt (Band 2). Stuttgart: Kohlhammer.

Reinhard, Wolfgang (1988): Geschichte der europäischen Expansion. Die Alte Welt seit 1818 (Band 3). Stuttgart: Kohlhammer.

Reinhard, Wolfgang (1990): Geschichte der europäischen Expansion. Geschichte der europäischen Expansion. Dritte Welt. Afrika (Band 4). Stuttgart: Kohlhammer.

Reinhard, Wolfgang (2016): Die Unterwerfung der Welt. GLOBALGESCHICHTE DER EUROPÄISCHEN EXPANSION 1415–2015. München: C. H. Beck.

Reißig, Rolf (2014): Transformation – ein spezifischer Typ sozialen Wandels. Ein analytischer und sozialtheoretischer Entwurf. In: Brie, Michael (Hg.), Futuring. Perspektiven der Transformation im Kapitalismus über ihn hinaus, Münster, S. 51–99.

Rifkin, Jeremy (2014): Die Null-Grenzkosten-Gesellschaft. Das Internet der Dinge, kollaboratives Gemeingut und der Rückzug des Kapitalismus. Frankfurt am Main: Campus.

Rifkin, Jeremy (2014): The Zero Marginal Cost Society: The Internet of Things, the Collaborative Commons, and the Eclipse of Capitalism. St. Martin's Press.

Ringmann, Matthias/Waldseemüller, Martin (1507): Cosmographiae introductio cum quibusdam geometriae ac astronomiae principiis ad eam rem necessariis. Insuper quattuor Americi Vespucij nauigationes. Deodate: G. Lud.

Ringmann, Matthias / Waldseemüller, Martin (2010): Cosmographiae introductio cum quibus dam geometriae ac astronomiae principiis ad eam rem necessariis. Insuper quatuor Americi Vespucii navigationes. In: Lehmann, Martin (Hg.), Die Cosmographiae Introductio. München: Meidenbauer, S. 262–327; Reproduktion der Originalaushabe, S. 329–370.

Rink, Dieter (2002): Lebensweise, Lebensstile und Lebensführung: soziologische Konzepte zur Untersuchung von nachhaltigem Leben. In: Rink, Dieter (Hg.), Lebensstile und Nachhaltigkeit. Konzepte, Befunde, Potentiale. Wiesbaden: Springer VS, S. 27–52.

Ritter, Joachim (Hg.) (1998): Historisches Wörterbuch der Philosophie; St – T. Darmstadt: Wiss. Buchgesellschaft.

Rockström, Johan et al. (2009a): Planetary Boundaries: Exploring the Safe Operating Space for Humanity. In: Ecology and Society 14 (2), 32. (online: https://www.ecologyandsociety.org/vol14/iss2/art32;Zugriff: 30.06.2020)

Rockström, Johan et al. (2009b): A safe operating space for humanity. In: Nature: 461, 2009, S. 472-475.

Rosemberg, Anabella (2013): Developing global environmental union policies through the International Trade Union Confederation. In: Räthzel, Nora / Uzzell, David L. (Hg.), Trade Unions in the Green Economy: Working for the Environment. New York, NY: Routledge, S. 15-28.

Rosenthal, Earl E. (1971): Plus ultra, non plus ultra, and the columnar device of Emperor Charles V. In: Journal of the Warburg and Courtauld Institutes 34, S. 204-228.

Rosenthal, Earl E. (1973): The Invention of the Columnar Devise of Emperor Charles V at the Court of Burgundy in Flanders in 1516. In: Journal of the Warburg and Courtauld Institutes 36 (1973), S. 198-230.

Roth, Julia (2015): Lateinamerikas koloniales gedächtnis. In: Diess. (Hg.), Lateinamerikas koloniales Gedächtnis – Vom Ende der Ressourcen, so wie wir sie kennen: Baden-Baden. Nomos, S. 11-24.

Rückert-John, Jana/Bormann, Inka / John, René (2013): Umweltbewusst in Deutschland 2012. Ergebnisse einer repräsentativen Bevölkerungsumfrage. (online: www.umweltbundesamt.de/sites/default/files/medien/publikation/long/4396.pdf; Zugriff: 12.12.2019).

Russell, Jeffrey Burton (1991): Inventing the flat earth. Columbus and modern historians. New York: Praeger.

Sachs, Wolfgang (2013): Missdeuteter Vordenker. Karl Polanyi und seine »Great Transformation«. politische ökologie 133, S. 18-23.

Sánchez Parga, José (2011): Discursos retrorevolucionarios: sumak kawsay, derechos de la naturaleza y otros pachamamismos, Ecuador Debate, Nr. 84, S. 31-50.

Santarius, Tilman (2015): Der Rebound-Effekt: ökonomische, psychische und soziale Herausforderungen für die Entkopplung von Wirtschaftswachstum und Energieverbrauch. Marburg: Metropolis.

Santarius, Tilman / Lange, Steffen (2018): Smarte grüne Welt? Digitalisierung zwischen Überwachung, Konsum und Nachhaltigkeit, München: oekom.

Schabert, Tilo (1989): Die Atlantische Zivilisation. Über die Entstehung der einen Welt des Westens. In: Haungs, Peter (Hg.), Europäisierung Europas? Baden-Baden: Nomos, S. 41-54.

Schäfer, Lothar (1993): Das Bacon-Projekt. Von der Erkenntnis, Nutzung und Schonung der Natur. Frankfurt am Main: Suhrkamp.

Schäfer, Wolf (1998): Zweifel am Ende des Baconschen Zeitalters. In: Hauskeller, Michael / Rehmann-Sutter, Christoph / Schiemann Huakelle, Gregor, Naturerkenntnis und Natursein. Für Gernot Böhme. Frankfurt am Main: Suhrkamp, S. 76-85.

Schäfer, Wolf (2001): Global Civilization and Local Cultures: A Crude Look at the Whole, International Sociology, Bd. 16 (3), S. 301–319.

Schäfer, Wolf (2003a): The New Global History: Toward a Narrative for Pangaea Two, Erwägen Wissen Ethik 14 (April): 75–88.

Schäfer, Wolf (2003b): Making Progress with Global History. In: Erwägen Wissen Ethik 14 (April), S. 128–135.

Schaupp, S. (2017): Vergessene Horizonte. Der kybernetische Kapitalismus und seine Alternativen. In: Buckermann, Paul / Koppenburger, Anne / Schaupp, Simon (Hg.): Kybernetik, Kapitalismus, Revolutionen. Emanzipatorische Perspektiven im technologischen Wandel. Münster: Unrast Verlag, S. 51–74.

Schaupp, Simon / Jochum, Georg (2019): Die Steuerungswende. Zur Möglichkeit einer nachhaltigen und demokratischen Wirtschaftsplanung im digitalen Zeitalter. In: Butollo, Florian / Nuss, Sabine (Hg.), Marx und die Roboter. Vernetzte Produktion, Künstliche Intelligenz und lebendige Arbeit. Berlin: Dietz, S. 327–344.

Schimank, Uwe / Mau, Steffen / Groh-Samberg, Olaf (2014): Statusarbeit unter Druck? Zur Lebensführung der Mittelschichten. Weinheim und Basel: Beltz Juventa.

Schipperges, Heinrich (1983): Alte Wege zu neuer Gesundheit – Modelle gesunder Lebensführung. Bad Mergentheim: Atrioc.

Schluchter, Wolfgang (1988): Religion, Wirtschaft, politische Herrschaft und bürgerliche Lebensführung: Die okzidentale Sonderentwicklung. In: Schluchter, Wolfgang (Hg.), Max Webers Sicht des okzidentalen Christentums. Frankfurt a. M.: Suhrkamp, S. 11–128.

Schmelzer, Matthias / Vetter, Andrea (2019): Degrowth/Postwachstum zur Einführung. Hamburg: Junius.

Schmidt, Jan C. (2011): Toward an epistemology of nano-technosciences. In: Poiesis Prax 8 (2–3), S. 103–124.

Schmitt, Carl (1950): Der Nomos der Erde im Völkerrecht des Jus Publicum Europaeum. Berlin: Duncker & Humblot.

Schmitt, Carl (1995): Staat, Grossraum, Nomos: Arbeiten aus den Jahren 1916–1969. Berlin: Duncker & Humboldt.

Schmitt, Eberhard / Meyn, Matthias / Mimler, Manfred / Partenheimer-Bein, Anneli (Hg.) (1984): Die großen Entdeckungen. Dokumente zur Geschichte der europäischen Expansion, Bd. 1 (1984), Bd 2 (1986). München: C. H. Beck.

Schneider, Peter M. (2018): Goldrausch im All. Wie Elon Musk, Richard Branson und Jeff Bezos den Weltraum erobern – Silicon Valley, New Space und die Zukunft der Menschheit. München: FBV.

Scholz, Trebor (2016): Plattform-Kooperativismus: Wie wir uns die Sharing Economy zurückholen können. In: Stary, Patrick (Hg.), Digitalisierung der Arbeit Arbeit 4.0, Sharing Economy und Plattform-Kooperativismus. Berlin, S. 62–94.

Schor, Juliet (2016): Wahrer Wohlstand. Mit weniger Arbeit besser leben. München: oekom.

Schröder, Lothar / Urban, Hans-Jürgen (2018): Jahrbuch Gute Arbeit 2018. Ökologie der Arbeit – Impulse für einen nachhaltigen Umbau. Bund Verlag.

Schulte Nordholt, Jan W. (1995): The myth of the West. America as the last empire. Grand Rapids, Mich: Eerdmans.

Schumann, Florian (2019): Bericht zur Artenvielfalt. Eine Million und eine bedrohte Art. In: Tagesspiegel 06.05.2019 (online: https://www.tagesspiegel.de/wissen/bericht-zur-artenvielfalt-eine-million-und-eine-bedrohte-art/24308408.html; Zugriff: 30.06.2020).

Schumpeter, Joseph Alois (1987): Theorie der wirtschaftlichen Entwicklung (zuerst 1934). Berlin: Duncker & Humblot.

Schwägerl, Christian (2011): Menschenzeit: Zerstören oder gestalten? Die entscheidende Epoche unseres Planeten. München: Riemann Verlag.

Schwendemann, Wilhelm (1996): Leib und Seele bei Calvin. Stuttgart: Calwer.

Secretariat of the Convention on Biological Diversity (2020): Global Biodiversity Outlook 5 (online: Montreal. https://www.cbd.int/gbo/gbo5/publication/gbo-5-en.pdf; Zugriff: 10.10.2021).

Seidl, Irmi / Zahrnt, Angelika (Hg.) (2019): Tätigsein in der Postwachstumsgesellschaft. Weimar bei Marburg: Metropolis.

Sen, Amartya (1982 (1979)): Equality of What? In: Sen, Amartya (Hg.), Choice, Welfare and Measurement. Oxford: Blackwell, S. 353–369.

Settele, Josef (2020a): Wie kam das Coronavirus zum Menschen? (Interview) (online: Zugriff: 30.06.2020).

Settele, Josef (2020b): Biozönose: Das Netz des Lebens (Interview). In: National Geographic 4/2020 (online: https://www.nationalgeographic.de/umwelt/2020/03/biozoenose-das-netz-des-lebens; Zugriff: 30.06.2020).

Settele, Josef / Spangenberg, Joachim (2020): Die Wahrscheinlichkeit von Pandemien steigt mit der zunehmenden Vernichtung von Ökosystemen (Interview) (online: https://www.riffreporter.de/flugbegleiter-koralle/pandemie-interview-settele-spangenberg/; Zugriff: 30.06.2020).

Sieferle, Rolf Peter (1982): Der unterirdische Wald: Energiekrise und industrielle Revolution. München: C. H. Beck.

Sloterdijk, Peter (1986): Der Denker auf der Bühne. Nietzsches Materialismus. Frankfurt am Main: Suhrkamp.

Sloterdijk, Peter (1991): Weltrevolution der Seele. Ein Lese- und Arbeitsbuch der Gnosis von der Spätantike bis zur Gegenwart. Erster Band. Zürich u. a: Artemis & Winkler.

Sloterdijk, Peter (1999): Sphären II. Globen, Makrosphärologie. Frankfurt am Main: Suhrkamp.

Sloterdijk, Peter (2001): Nicht gerettet. Versuche nach Heidegger. Frankfurt am Main: Suhrkamp.

Sloterdijk, Peter (2010): Das Zeug zur Macht. In: Sloterdijk, P. / Voelker, S. (Hg), Der Welt über die Straße helfen, Designstudien im Anschluss an eine philosophische Überlegung. München: Wilhelm Fink; S. 7–25.

Sommer, Bernd / Welzer, Harald (2014): Transformationsdesign. Wege in eine zukunftsfähige Moderne. München: oekom.

Sommer, Moritz /Rucht, Dieter / Haunss, Sebastian / Zajak, Sabrina (2019): Fridays for Future. Profil, Entstehung und Perspektiven der Protestbewegung in Deutschland, ipb working paper, 2/2019. Berlin: ipb (online: https://protestinstitut.eu/wp-content/uploads/2019/08/ipb-working-paper_FFF_final_online.pdf;Zugriff: 12.12.2019).

Spangenberg, Joachim (2020): Corona-Fakten: Herkunft, Verbreitung, Wiederholungsrisiko durch Zerstörung von natürlichen Lebensräumen. Sustainable Research Institute (online: https://www.de-ipbes.de/files/Corona-Fakten_Joachim%20Spangenberg.pdf; Zugriff: 30.06.2020).

Spangenberg, Joachim / Settele, Josef (2010): Precisely incorrect? Monetising the value of ecosystem services. Ecol. Complex. 7, S. 327–337.

Srnicek, Nick / Williams, Alex (2016): Die Zukunft erfinden. Postkapitalismus und eine Welt ohne Arbeit. Berlin: edition TIAMAT.

Stacy, Lee (Hg.) (2003): Mexico and the United States. New York: Marshall Cavendish.

Statista (2016): Anteil der Verbraucher mit umwelt- und sozialethischer Konsumhaltung (LOHAS) in Deutschland in den Jahren 2007 bis 2015 (online: https://de.statista.com/statistik/daten/studie/270686/umfrage/haushalte-mit-umwelt-und-sozialethischer-konsumhaltung-in-deutschland; Zugriff: 16.1.2010).

Staudinger, Hermann (1947): Vom Aufstand der technischen Sklaven. Essen: Chamier.

Steffen, Will / Crutzen, Paul J. / McNeill, John R. (2007): The Anthropocene: Are Humans Now Overwhelming the Great Forces of Nature?, Ambio 36, S. 614–62.

Steffen, Will / Sanderson, Regina A. / Tyson, Peter D. / Jäger, Jill / Matson, Pamela A. / Moore III, Berrien / Oldfield, Frank / Richardson, Katherine (2004): Global Change and the Earth System: A Planet under Pressure. Series: Global Change – The IGBP Series. http://www.igbp.net/publications/globalchangemagazine/globalchangemagazine/globalchange-magazineno83.5.950c2fa1495db7081e35b.html

Steffen, Will / Boradgate, Wendy / Deutsch, Lisa / Gaffney, Owen / Ludwig, Cornelia (2015): The trajectory of the Anthropocene: The Great Acceleration. The Anthropocene Review, 2 (1), S. 81–98.

Steffen, Will / Boradgate, Wendy / Deutsch, Lisa / Gaffney, Owen / Ludwig, Cornelia (2016): Zum Entwicklungsverlauf des Anthropozäns: »Die Große Beschleunigung«. Eine Einführung in das Thema und die Animationen. https://www.bpb.de/themen/umwelt/anthropozaen/234831/zum-entwicklungsverlauf-des-anthropozaens-die-grosse-beschleunigung/.

Storch, Volker / Welsch, Ulrich / Wink, Michael (2013): Evolutionsbiologie. Heidelberg: Springer.

Sühlmann-Faul, Felix/Rammler, Stefan (2018): Der blinde Fleck der Digitalisierung. Wie sich Nachhaltigkeit und digitale Transformation in Einklang bringen lassen. München: oekom Verlag.

Svampa, Maristella (2015): Neuer Entwicklungsextraktivismus, Regierungen und soziale Bewegungen in Lateinamerika. In: Roth, Julia (Hg.), Lateinamerikas koloniales Gedächtnis – Vom Ende der Ressourcen, so wie wir sie kennen. Baden-Baden: Nomos; S. 153–184.

Thomas, Hugh (1997): The slave trade. The history of the Atlantic slave trade, 1440–1870. London: Picador.

Thomas, Hugh (1998): Die Eroberung Mexikos. Cortés und Montezuma. Frankfurt am Main: S. Fischer.

Tittor, Anne (2021): Towards an Extractivist Bioeconomy? In: Backhouse, Maria / Lehmann, Rosa / Lorenzen, Kristina / Lühmann, Malte / Puder, Janina / Rodríguez, Fabricio / Tittor, Anne (2021): Bioeconomy and Global Inequalities: Socio-Ecological Perspectives on Biomass Sourcing and Production. Palgrave Macmillan.

Thunberg, Greta (2018): »School strike for climate – save the world by changing the rules.« Rede von Greta Thunberg auf der TEDx-Konferenz in Stockholm am 12.12.2018. (online: www.fridaysforfuture.org/greta-speeches#greta_speech_tedx; Zugriff: 14.12.2019).

TNI (TNI Agrarian Justice Programme) (2014): The Global Ocean Grab. A primer. Umverteilen: Lighthouse Foundation.

Tollefson, Jeff (2020): Why deforestation and extinctions make pandemics more likely. In: Nature, Bd. 584, 13.082020, S. 175–176.

Topitsch, Ernst (1958): Vom Ursprung und Ende der Metaphysik. Eine Studie. Wien: Springer.

Topitsch, Ernst (1972): Vom Ursprung und Ende der Metaphysik. Eine Studie zur Weltanschauungskritik. München: Dt. Taschenbuchverlag.

Toulmin, Stephen Edelston (1991): Kosmopolis. Die unerkannten Aufgaben der Moderne. Frankfurt am Main: Suhrkamp.

Toynbee, Arnold (1979): Menschheit und Mutter Erde. Die Geschichte der großen Zivilisationen. Düsseldorf: Claassen Verlag.

Tully, James (1993): An approach to political philosophy. Locke in contexts. Cambridge: University Press.

Turner, Frederick Jackson (1947): Die Grenze. Ihre Bedeutung in der amerikanischen Geschichte. Bremen-Horn: Dorn.

Turner, Frederick Jackson (1962): The frontier in American history. New York u. a: Holt Rinehart & Winston.

Uexküll, Jakob von (1921): Umwelt und Innenwelt der Tiere. Berlin: Springer.

Uexküll, Jacob von (1928): Theoretische Biologie. Berlin: Springer.

Uexküll, Jakob von (1973): Theoretische Biologie. Frankfurt am Main: Suhrkamp.

Ullrich, Herbert (1991): Menschwerdung: Millionen Jahre Menschheitsentwicklung: natur- und geisteswissenschaftliche Ergebnisse: eine Gesamtdarstellung. Akademie Verlag.

UNDP (United Nations Development Programme) (Hg.) (2015a): Human Development Report 2015. Work for Human Development. New York: UNDP (online: http://hdr.undp.org/sites/default/files/2015_human_development_report.pdf; Zugriff: 10.10.2020).

UNDP (United Nations Development Programme) (Hg.) (2015b): Bericht über die menschliche Entwicklung 2015: Arbeit und menschliche Entwicklung. Berlin: Deutsche Gesellschaft für die Vereinten Nationen.

UNO (2015): Transforming Our World. The 2030 Agenda for Sustainable Development. New York: United Nations.

Urban, Hans-Jürgen (2018): Ökologie der Arbeit Ein offenes Feld gewerkschaftlicher Politik? In: Schröder, Lothar / Urban, Hans-Jürgen (Hg.),Ökologie der Arbeit. Impulse für einen nachhaltigen Umbau (Jahrbuch Gute Arbeit). Köln, S. 329–349.

Urmes, Dietmar (2003): Handbuch der geographischen Namen. Ihre Herkunft, Entwicklung und Bedeutung. Wiesbaden: Fourier-Verlag.

Vidal-Naquet, Pierre (2006): Atlantis. Geschichte eines Traums. München: C. H. Beck.

Voegelin, Eric (2004a): Ordnung und Geschichte, Band VIII. Das ökumenische Zeitalter. Die Legitimität der Antike. München: Wilhelm Fink Verlag.

Voegelin, Eric (2004b): Ordnung und Geschichte, Band IX. Das ökumenische Zeitalter. Weltherrschaft und Philosophie. München: Wilhelm Fink Verlag.

Vogel, Klaus Anselm (1995): Sphaera terrae – das mittelalterliche Bild der Erde und die kosmographische Revolution. Dissertation. Univ, Göttingen.Vogel, C. (1999): Menschliches Verhalten: Biogenese und Tradigenese. In: Vogel, C., Anthropologische Spuren: Zur Natur des Menschen. Stuttgart: Hirzel, S. 75–91.

Voß, G. Günter (2018): Arbeitende Roboter – Arbeitende Menschen. Über subjektivierte Maschinen und menschliche Subjekte. In: Friedrich, Alexander / Gehring, Petra / Hubig, Christoph /Kaminski, Andreas / Nordmann, Alfred (Hg.), Jahrbuch Technikphilosophie 2018 »Arbeit und Spiel«, Baden-Baden. S. 139–180.

Voß, G. Günter (1991): Lebensführung als Arbeit. Über die Autonomie der Person im Alltag der Gesellschaft. Stuttgart: Enke.

Voß, G. Günter (1998): Die Entgrenzung von Arbeit und Arbeitskraft. Eine subjektorientierte Interpretation des Wandels der Arbeit. In: Mitteilungen aus der Arbeitsmarkt- und Berufsforschung, 31 (3), S. 473–487.

Voß, G. Günter / Pongratz, Hans J. (1998): Der Arbeitskraftunternehmer. Eine neue Grundform der »Ware Arbeitskraft«? In: Kölner Zeitschrift für Soziologie und Sozialpsychologie 50 (1), S. 131–158.

Voß, G. Günter / Weiss, Cornelia. (2013): Burnout und Depression – Leiterkrankungen des subjektivierten Kapitalismus oder: Woran leidet der Arbeitskraftunternehmer?, in: Neckel, S. / Wagner, G. (Hg.), *Leistung und Erschöpfung*, Berlin: Suhrkamp, S. 29–57.

Waechter, Matthias (1998): MythenMächte im amerikanischen Geschichtsbewusstsein. Der Frontier-Mythos. In: Völker-Rasor, Anette / Schmale, Wolfgang (Hg.), MythenMächte – Mythen als Argument. Berlin: Spitz. S. 111–131.

Wallerstein, Immanuel (1986): Das moderne Weltsystem. Kapitalistische Landwirtschaft und die Entstehung der europäischen Weltwirtschaft im 16. Jahrhundert. Frankfurt am Main: Syndikat.

Wallerstein, Immanuel Maurice (2000): The Essential Wallerstein. The New Press, New York, 2000.Wallerstein, Immanuel Maurice (2004): Die große Expansion. Das moderne Weltsystem III: Die Konsolidierung der Weltwirtschaft im langen 18. Jahrhundert Wien; Promedia Verlag.

Wallerstein, Immanuel Maurice (1989): The Second Era of Great Expansion of the Capitalist World-Economy, 1730-1.

Wallerstein, Immanuel Maurice (2000): The Essential Wallerstein. The New Press, New York.

Walter, Hermann (1999): Die Säulen des Herkules – Biographie eines Symbols. In: Neukam, Peter (Hg.), Musen und Medien. München: Bayerischer Schulbuchverlag, S. 119–156.

Walter, Rolf (2003): Das Silbergeschäft der Oberdeutschen in der Zeit Karls V. unter besonderer Berücksichtigung Lateinamerikas. In: Bair, Johan / Ingenhaeff, Wolfgang (Hg.), Schwazer Silber – vergeudeter Reichtum? Innsbruck: Berenkamp, S. 237–252.840. San Diego: Academic Press.

Weber, Jutta (2001): Umkämpfte Bedeutungen. Natur im Zeitalter der Technoscience. Dissertation. Universität Bremen.

Weber, Jutta (2003): Umkämpfte Bedeutungen. Naturkonzepte im Zeitalter der Technoscience. Frankfurt am Main, New York: Campus.

Weber, Jutta (2012): Neue Episteme: Die biokybernetische Konfiguration der Technowissenschaftskultur. In: Maasen, Sabine (Hg.), Handbuch Wissenschaftssoziologie. Wiesbaden: Springer VS, S. 409–416.

WBGU (2011): Welt im Wandel: Gesellschaftsvertrag für eine Große Transformation. Berlin: Wissenschaftlicher Beirat der Bundesregierung Globale Umweltveränderungen.

WBGU (German Advisory Council on Global Change) (2011): World in Transition – A Social Contract for Sustainability. Flagship Report, Berlin (online: https://www.wbgu.de/fileadmin/user_upload/wbgu.de/templates/dateien/veroeffentlichungen/hauptgutachten/jg2011/wbgu_jg2011_en.pdf; Zugriff: 10.10.2021).

WBGU (Wissenschaftlicher Beirat Globale Umweltveränderungen) (2016): *Entwicklung und Gerechtigkeit durch Transformation*, Sondergutachten, Berlin.

Weber, Max (1920/1988): Gesammelte Aufsätze zur Religionssoziologie. 8. Auflage. Tübingen: J. C. B. Mohr

Weber, Max (1925): Wirtschaft und Gesellschaft. Grundriss der verstehenden Soziologie. III Abteilung, 1. Halbband. Tübingen: J. C. B. Mohr.

Weber, Max (1989): Die Wirtschaftsethik der Weltreligionen. Konfuzianismus und Taoismus. Max Weber Gesamtausgabe. Band 19. Tübingen: J. C. B. Mohr.

Wenzel, Eike / Kirig, Anja / Rausch, Christian (2008): Greenomics. Wie der grüne Lifestyle Märkte und Konsumenten verändert. München: Redline.

Whiten, Andrew / Goodall, Jane / McGrew, William / Nishida, Toshiada / Reynold, Vernon / Sugiyama, Yukimaru / Tutin, Caroline / Wrangham, Richard / Boesch, Christophe (1999): Cultures in Chimpanzees, Nature, Nr. 399, S. 68–685.

Wiener, Norbert (1948): Cybernetics: or the Control and Communication in the Animal and the Machine. Paris/Cambridge.

Williams, Rosalind H. (2013): The Triumph of Human Empire. Verne, Morris, and Stevenson at the end of the world. Chicago: Univ. of Chicago Press.

World Commission on Environment and Development (1987): Our Common Future. Oxford: Oxford University Press.

Wootton, David (2015): The Invention of Science: A New History of the Scientific Revolution. New York, Harper.

WWF (2020): Covid 19: urgent call to protect people and nature. (online: https://c402277.ssl.cf1.rackcdn.com/publications/1348/files/original/FINAL_REPORT_EK-Rev_2X.pdf?1592404724; Zugriff: 30.06.2020).

Yates, Frances A. (1975a): Astraea. The Imperial Theme in the Sixteenth Century. London: Routledge & Kegan Paul.

Yates, Frances A. (1975b): Aufklärung im Zeichen des Rosenkreuzes. Stuttgart: Klett.

Zea, Leopoldo (1989): 12 de octubre de 1492: Descubrimiento o encubrimiento. In: Ders. (Hg.), El descubrimiento de America y su sentido actual. Mexico: Fondo de Cultura, S. 193–204.

Zeuske, Michael (2019): Handbuch Geschichte der Sklaverei. Eine Globalgeschichte von den Anfängen bis zur Gegenwart.

Zeuske, Michael / Stephan Conermann (2020): The Slavery/Capitalism Debate Global. From »Capitalism and Slavery« to Slavery as Capitalism. In: Comparativ 30 (2020), 5/6.Zeitschrift für Globalgeschichte und Vergleichende Gesellschaftsforschung.

Zündorf, Lutz (2009): Das Weltsystem des Erdöls. Wiesbaden: Springer.

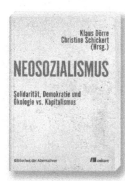

Neue Wege jenseits des Kapitalismus?

In Zeiten der »Großen Transformation« müssen wir uns fragen: Kann, soll und darf sich eine sozialökologische Transformation noch innerhalb kapitalistischer Bahnen bewegen? Oder sollten neue Wege jenseits des Kapitalismus – etwa in Richtung einer neosozialistischen Entwicklung – beschritten werden? In der Kontroverse vereint, setzen sich die Autorinnen und Autoren dieses Bandes kritisch mit Vorschlägen dazu auseinander.

K. Dörre, C. Schickert (Hrsg.)
Neosozialismus
Solidarität, Demokratie und Ökologie vs. Kapitalismus
216 Seiten, Broschur, 22 Euro
ISBN 978-3-96238-119-6
Auch als E-Book erhältlich

Neue Männer braucht die Welt?

Ein sich durch grenzenloses Wachstum stabilisierender Kapitalismus wird vor allem durch Männer getragen. Die für den Fortbestand der Welt zentralen Aspekte der Lebenssorge werden als weibliche Aufgaben aus dem männlichen Denken und Handeln ausgeklammert und männlichem Expansionsstreben untergeordnet. Die in diesem Band versammelten Beiträge diskutieren das kulturell vorherrschende Selbstverständnis von Männlichkeit aus den Perspektiven von Geschlechterforschung und Postwachstumsdebatte.

S. Scholz, A. Heilmann (Hrsg.)
Caring Masculinities?
Männlichkeiten in der Transformation
kapitalistischer Wachstumsgesellschaften
268 Seiten, Broschur, 26 Euro
ISBN 978-3-96238-120-2
Auch als E-Book erhältlich

DIE GUTEN SEITEN DER ZUKUNFT

Das Ende des Extraktivismus

Die wirtschaftliche Dynamik Lateinamerikas und die Umverteilungspolitik der dortigen Mitte-links-Regierungen zu Beginn des 21. Jahrhunderts basierten vor allem auf der Ausbeutung natürlicher Ressourcen. Dieser Extraktivismus steckt heute in der Krise. Der Band beleuchtet seine ökologischen, politischen und sozialen Folgen.

Martín Ramírez, Stefan Schmalz (Hrsg.)
Extraktivismus
Lateinamerika nach dem Ende des Rohstoffbooms
216 Seiten, Broschur, 22 Euro
ISBN 978-3-96238-151-6
Auch als E-Book erhältlich

Wie resilient ist Resilienz

Das Konzept der Resilienz ist populär – verständlich angesichts der vielfältigen Krisenerscheinungen. Aber wie weit trägt dieses Konzept? Was bedeutet es, wenn Menschen in Krisengebieten als resilient adressiert werden? Welche Vorstellungen von Krise und Gesellschaft transportiert der Begriff der Resilienz? Entlang dieser und weiterer Fragen bietet der vorliegende Band vielfältige Anregungen zum Nachdenken und Weiterdiskutieren.

S. Graefe, K. Becker (Hrsg.)
Mit Resilienz durch die Krise?
Anmerkungen zu einem gefragten Konzept
144 Seiten, Broschur, 22 Euro
ISBN 978-3-96238-234-6
Auch als E-Book erhältlich

DIE GUTEN SEITEN DER ZUKUNFT

Wachstum, nein danke!

Um den Klimakollaps zu vermeiden, brauchen wir eine sozialökologische Transformation, die durch weniger Wachstumszwang zu deutlich weniger Naturverbrauch führt. Und über mehr soziale Gleichheit und ökologische Gerechtigkeit zu einem qualitativ anderen Wohlstand. Frank Adler stellt Diskurs, wissenschaftliche Grundlagen, Akteure, Hauptargumente, Strömungen und politische Vorschläge dazu vor.

F. Adler

Wachstumskritik, Postwachstum, Degrowth
Wegweiser aus der (kapitalistischen) Zivilisationskrise
616 Seiten, Broschur, 34 Euro
ISBN 978-3-96238-364-0
Auch als E-Book erhältlich

Wie könnte eine bessere Wirtschaft aussehen?

Werner Onken wirft einen unkonventionellen Blick auf die rund 250-jährige Geschichte der modernen Wirtschaft und die sie prägenden ökonomischen Theorien. Davon ausgehend, schlägt er eine Transformation der kapitalistischen Marktwirtschaft in eine »Marktwirtschaft ohne Kapitalismus« vor – mit einer breiten Dezentralisierung von Geld-, Boden- und Realkapital, einer egalitären Arbeitswelt und wirtschaftlicher Stabilität ohne Wachstumszwang.

W. Onken

Marktwirtschaft ohne Kapitalismus
Von der Akkumulation und Konzentration in der Wirtschaft zu ihrer Dezentralisierung. Band 1/2/3
424/495/476 Seiten, Hardcover, 99 Euro
ISBN 978-3-96238-376-3
Auch als E-Book erhältlich

DIE GUTEN SEITEN DER ZUKUNFT

Befreiung vom Kapitalismus

Jason Hickel
Weniger ist mehr
Warum der Kapitalismus den Planeten zerstört und wir ohne Wachstum glücklicher sind

352 Seiten, Gebunden, 24 Euro
ISBN 978-3-96238-284-1
Erscheinungstermin: 15.03.2022
Auch als E-Book erhältlich

»*Er schreibt elegant, er hat Temperament und er ist skrupellos.*«
Deutschlandfunk Kultur

Jason Hickel ist überzeugt: Wenn wir die ökologischen Krisen überleben und Gerechtigkeit schaffen wollen, müssen wir uns vom Kapitalismus verabschieden. Er schlägt dafür konkrete Schritte vor und zeigt, wie Nachhaltigkeit sozial gerecht umgesetzt werden kann.

DIE GUTEN SEITEN DER ZUKUNFT